Marianne Greenwood

MEIN INDIANISCHER SOMMER

Ein Reisebuch

C. Bertelsmann Verlag

Aus dem Schwedischen übersetzt von
Monica Wettergren-Riehle
Fotos: Marianne Greenwood, wenn nicht anders angegeben

Gesamtherstellung Welsermühl, Wels
Printed in Austria · ISBN 3-570-00017-6

Inhalt

I

Fledermäuse, Candomblé und Dorsch für tausend Teufel

Meine Gedanken fliegen umher wie die Fledermäuse, mit denen ich mein Haus teile, oder richtiger: die das Haus mit mir teilen – da ich ja der Eindringling bin! Sie wohnten hier in aller Ruhe, nachdem die sogenannte Saison gerade überstanden war, und sie glaubten wie immer, daß sie ihre Wohnung bis zum nächsten Weihnachtsfest für sich allein haben würden, abgesehen von irgendeinem Sonntagsbesuch des Besitzers und seiner Familie aus Salvador. Tagsüber hängen die Mitglieder meiner neuen Familie an den Dachbalken und schlafen, um erst bei Einbruch der Dämmerung mit dem Leben zu beginnen. Ich kann sie wie verworrene Gedanken in den Palmenschatten hinein- und wieder herausflattern sehen, hinein und heraus durch die offene Tür meines Wohnzimmers, in dem eine Gaslampe brennt.

Draußen scheint der Mond. Gerade unterhalb des Hauses badet das Meer im Silberlicht, und auf der anderen Seite ruht die Lagune, in deren dunkelblauem Wasser ich genauso viele und deutliche Sterne und Palmenkronen sehen kann wie am Himmel. Der Sand leuchtet weiß wie Schnee zwischen den schwarzen Palmen und ihren noch schwärzeren Schatten.

Die lauwarme Abendbrise streichelt mich auf der Terrasse, wo ich in meiner Hängematte aus Oaxaca schaukele. Doch ich bin zur Zeit gar nicht in Mexiko. Ich bin weit davon entfernt. Ich bin in Arembepe! Versucht nicht, Arembepe auf einer Landkarte zu finden – dieses kleine brasilianische Fischerdorf ist dort ebensowenig eingezeichnet wie das Paradies! Ich bin hierhergekommen, um ein Buch über die letzten zehn Jahre meines Lebens zu schreiben. Aber wie macht man das, wenn ein Leben so voller Erinnerungen und Erlebnisse ist, daß es einer Flickendecke ähnelt? Und wie macht man das, wenn man es nicht fertigbringt, sich von der Welt abzusondern, sich einfach hinzusetzen und zu schreiben, sondern darauf besteht, im Jetzt zu leben, genauso intensiv wie immer? Worauf haben meine Leser ein Recht? Ich habe einen ganzen Monat gründlich darüber nachgedacht, hört hier meinen Vorschlag: Warum soll ich Euch nicht auf meine Reise ins Jetzt mitnehmen? Wir werden zu Beginn in Arembepe sein, und während der langen Abende, beim spärlichen Schein der Gaslampe, unter Mond und Sternen oder wenn der Sturm brüllt und durch die Wedel der tausend Palmen rauscht, wenn das Meer tost und der Regen gegen Dachziegel und Fenster peitscht, können wir uns gemeinsam an meine Reisen und Abenteuer erinnern.

Das JETZT vollzieht sich immer der Reihe nach, während die Erinnerungen wie Schatten sind; sie verschwinden tagsüber unter unseren Füßen, werden länger und dunkler gegen Abend, flattern um uns her und ängstigen uns zur Nacht; aber sie folgen uns ständig. Und dann die Farben! Der Erzähler spricht immer in Farbe, während der Zuhörer in schwarz und weiß aufnimmt.

Trotzdem wollen wir mein Buch gemeinsam schreiben. Kommt mit ins Abenteuer, in das Leben von Arembepe! Sehen wir zu, was uns jeder einzelne Tag bringt, erinnern wir uns, hauchen wir den Schatten Leben ein. Laßt uns JETZT beginnen.

Wir sind jetzt. Jetzt ist mein Heim. Unser Heim ist jetzt. Jetzt ist alles.

Ich bin Du. DU ist mein Name.

Jetzt ist das Brausen des Meeres. Das Meer ist immer anwesend. Wenn ich schreibe, wenn ich lese, wenn ich esse, wenn ich mich im Spiegel sehe. Seine blaue Nähe erfüllt meine Augen, sein Lied meinen Sinn, sein Duft meine Nase. Das Meer ist JETZT. Nachts werde ich von seinem Brausen eingeschläfert, meine Träume werden darin geboren. Manchmal klagt das Meer, seufzt und stöhnt wie in Schmerz und Verzweiflung; manchmal tönt es wie ein Blasorchester mit tausend Posaunen, manchmal spielt es Verkehrslärm und bildet sich ein, wie tausend Düsenflugzeuge zu sein, die mit tausend Zügen um die Wette eifern – so brüllt und tost es. Manchmal, wenn auch selten, flüstert es leise. Und oft, allzu oft, tut es, als wäre es ein Auto, das auf dem Sandhügel vor meinem Haus anhält. Aber das ist nur meine Sehnsucht, die ich höre. Kommt er nicht bald, meine Sehnsucht? Er, den ich in einem Zimmer in Guadalajara zurückgelassen habe?

Das Meer! Im Meeresbrausen zu leben! Ein Teil des Meeres zu sein! Wenn ich weit vom Meer weg bin und mich bedrückt fühle, ist mein einziger Gedanke: das Meer suchen, um Trost und Ausgeglichenheit zu finden. Ich sehne mich immer nach dem Meer. Sogar in Arembepe, wo das Meer nur hundert Meter von der Hütte entfernt liegt, sehne ich mich danach. Ich will zu ihm hinlaufen, mich ins Meer hineinstürzen, mich überspülen, mich umarmen lassen …

Das Meer ist die Welt der Männer hier in Arembepe. Ihr Arbeitsfeld. Das immer virile, wechselhafte, gefährliche und herausfordernde Meer! Frühmorgens, noch ehe die Sonne über dem Horizont des Meeres aufgegangen ist, verlassen die Männer in ihren bunt angemalten Fischerbooten mit Segel oder Motor den kleinen, von Klippen geschützten Naturhafen des Dorfes dort unten bei der kleinen Kirche, die genauso aussieht wie die andere, die wir auf dem Weihnachtstisch meiner Kindheit hatten. Etwas später beginnt der Hahn meines Nachbarn Piboca zu krähen. Er ist der prachtvollste Hahn, den ich je erblickt habe, alle Tapisseriehähne von Jean Lurçat eingeschlossen. Er kommt jeden Tag, um sich mit seinem gut erzogenen Harem zu zeigen: vier Hennen in verschiedenen Farben mit den jeweiligen Küken. Er plustert sich dann vor mir auf, spreizt seine Schwanzfedern und kräht dreimal hintereinander, wobei er sich der Wirkung seiner Vorstellung mit seinem runden Hahnenauge vergewissert, das genauso rot ist wie das Auge von Piboca, wenn er am Samstagabend seinen »cachaça«, den Arembeper Zukkerrohrschnaps, getrunken hat.

Die Menschen sind ebenso schön und schlank wie die tausend Palmen in Arembepe. Sie gehen auf dem roten Lehmweg längs der Lagune unterhalb meines Hauses und tragen Wäsche, Kokosnüsse oder Krüge auf dem Kopf; ihre Spiegelbilder mischen sich mit denen der Palmen in dem ruhigen Wasser der Lagune. Die Lagune ist die Welt der Frauen. Ihr Arbeitsfeld. Dort verbringen sie ihren Tag mit ein bißchen Klatsch bei der großen Wäsche unter einer Palme, während die Kinder in dem klaren und amberfarbigen Wasser plätschern, umherschwimmen und mit selbstgebastelten Segelbooten spielen, die genauso aussehen wie die ihrer Väter.

Ich versuche, das Orchester des Meeres zu überhören und nur dem Lied der Lagune zu lauschen – aber das ist ebenso schwer wie auf allen Plätzen der Erde. Ich ziehe immer die Welt der Männer vor.

Plötzlich kommt Leben ins Bild. Die Knaben, die noch nicht recht wissen, wohin sie gehören, reiten auf Eseln und Maultieren herbei; sie galoppieren heran, vom Meer über die Sandzunge zur Lagune, und verbreiten Schrecken unter den Frauen, die die Wäsche in großen Stücken ausgebreitet haben. Das Wasser spritzt um die Hufe, und die Schreie der Knaben übertönen den Wind und das Brausen des Meeres. Da sie ohne Sattel auf dem Hinterteil der Tiere sitzen und fast ganz nackt sind, sehen sie wie tropische Kentauren aus, die irgendeiner Mythologie entsprungen sind, wie sie da auf der Dorfstraße zwischen den struppigen Palmhütten verschwinden.

Es ereignet sich immer etwas in Arembepe. Die ständigen Veränderungen des Meeres mit seinem Atemholen, mit seinen Gezeiten, die der Mond reguliert; die Wellen, launisch, aufsässig, verspielt und wild; die Wolken über dem weiten Himmel wandern, der Regen, das Gewitter, die Sonne, ja vor allem die Sonne! Allein das bloße Dasein beansprucht schon die ganze Zeit in Arembepe. Man beginnt rasch, an verschiedenen Zeichen zu erkennen, was im Dorf geschieht. Wenn zum Beispiel die Geier zwischen den Palmen auf den Hafen zugleiten, weiß man, daß sich die Fischerboote nähern und daß die Raubvögel bald ihr tägliches Fressen bekommen werden. Dann rennen die beiden Töchter Pibocas, Rosalba und Ana, davon – in ihrer nackten schwarzen Haut, mit kleinen

Höschen, Ohrhängern und Haarschleifen –, ihrem Vater entgegen und tragen uns allen den Mittagsfisch nach Hause; wenn es Sturm gibt, essen wir Reis und Bohnen.

Richtig: die ersten Fischerboote kommen mit vollen Segeln herbei und lavieren sich durch die schmale Öffnung zwischen den gefährlichen Klippen oberhalb meines Hauses und unterhalb des natürlichen Schwimmbeckens hindurch, das vom Meer und von den Klippen gebildet wurde. Dort wird das Wasser in hohen Kaskaden über den Felsen geworfen, aber man kann in dem ruhigen, lauwarmen Salzwasser schwimmen, ohne Angst vor Haien haben zu müssen. Die Boote fahren gleich unterhalb meines Wohnzimmerfensters in den Hafen, wo Ehefrauen, Bräute, Kinder und Cachaça zusammen mit den anderen Freuden Arembepes auf sie warten.

Der Babaolorixá und Pai de Santos von Arembepe, der Hexenmeister Damião Batista de Souza in höchsteigener Person, hat mich zu einem Candombléfest eingeladen, das drei Tage und Nächte dauern soll. Und damit ich genau darüber unterrichtet bin, wie man das Fest feiert und welchen Sinn es hat, hat er mir ein Buch in die Hand gedrückt: *Comidas de santo offrenda* von José Ribeiro, Brasiliens einzigem Professor für sudanesische Sprache. Zuerst glaubte ich, es sei ein Kochbuch. Die Götter, die Heiligen und vor allem die zahlreichen Teufel, die Exús, aber auch die Caboclos, die Seelen der Verstorbenen, müssen die wahrsten Feinschmecker sein; denn die Hälfte des Buches besteht aus Rezepten.

Das Candomblé war ursprünglich ein religiöses Fest zu Ehren der afrikanischen »Götter«, die von den Negersklaven auf den amerikanischen Kontinent mitgebracht wurden. Die Herren der Neuen Welt, die Conquistadoren, erkannten bald, wie sehr die alte Religion die unterdrückten Neger untereinander verband, welche Gefahr ihnen von einer starken religiösen Vereinigung der Schwarzen drohte. Kurzerhand befahlen sie den Sklaven, Katholiken zu werden. Alle Äußerungen der afrikanischen Kultur wurden verboten.

Wie reagierten darauf die Sklaven?

Vor jeden ihrer alten »Götter«, vor jeden Orixá, setzten sie einen christlichen Heiligen, den sie offiziell anbeteten. Iroko wurde Sankt Franziskus, der Gott aller Bäume; Omulu Sankt Lazarus, der Gott der Gesundheit; Oxalá ist Jesus, und Tupy der christliche Gott ...

Die afrikanischen Orixás kleidete man sozusagen in katholische Gewänder und identifizierte sie mit den Heiligen, deren Legenden in irgendeiner Weise an die Sagen der alten Götter und Heiligen erinnerten. Afrikanische und später indianische Riten vermischten sich derart mit katholischen, daß es nicht leicht ist auseinanderzuhalten, wo der eine Ritus beginnt und der andere aufhört.

Die »Teufel« heißen Exús; sie ähneln allen Teufeln dieser Erde, nur daß sie hier zahlreicher vorkommen als anderswo, die meisten von ihnen als gehorsame Diener des obersten aller Teufel, Exú Reys. Exú Rey ist auch der Gott der Fruchtbarkeit und auf allen Abbildungen mit einem riesigen Phallus ausgerüstet. Man opfert ihm wie dem christlichen Gott und allen Heiligen und serviert ihm seine Lieblingsspeisen. Bekommt er »Dorsch für tausend Teufel« zu essen, kann er nicht widerstehen, wie sehr man auch gesündigt haben mag; schwarze Hähne ißt er jedoch am allerliebsten.

Beim Opferfest müssen eine Fülle von Regeln und Reinlichkeitsvorschriften befolgt werden: die Farbe der Opfertiere muß übereinstimmen; keine menstruierende Frau darf sich in der Küche aufhalten, wenn das Opfermahl vorbereitet wird; ein Mann, der am Vorabend des Festes mit seiner Frau geschlafen hat, darf nicht daran teilnehmen und so fort ...

Unser Damião, der Vater der Heiligen – Onkel meines Dienstmädchens Analia, so daß ich sozusagen zur Familie gehöre –, ist das Oberhaupt der Sultão das Mata in Arembepe, eines Clans von einundzwanzig Mitgliedern, der seine Abstammung auf die Sklaven zurückführt, die seinerzeit aus Afrika herüberkamen. Die Rituale des Clans sind zum größten Teil so geheim, daß kein Außenstehender an ihnen teilnehmen darf.

Im Alter von sieben Jahren fühlte Damião, wie der Geist des ersten Oberhaupts des Sultão-das-Mata-Clans in seinen Körper drang, von ihm Besitz ergriff und ihn zu seinem Nachfolger berief; in Wirklichkeit übt Damião ein fast priesterliches Amt aus. Sein Tag ist von Pflichten ausgefüllt, wie dem Heilen der Krankheiten des Körpers und der Seele durch Gebete, Predigten, Ratschläge, Tänze, Zaubertränke und andere Geheimkünste. Er verheiratet die Mitglieder des Clans und unterrichtet sechs Monate lang diejenigen von ihnen, die sich berufen fühlen, bei einem Candomblé-Fest ihre Seele von einem Heiligen in Besitz nehmen zu lassen. Außerdem leitet er die Opferrituale für die vielen Götter, Heiligen und Teufel. Bei diesen Opfern suchen die Versammlungsmitglieder Trost und Hilfe, Glück, gute Gesundheit, Erfolg im Liebesleben und bei Geschäften. Iemanjá, die Göttin des Meeres, bekommt zum Beispiel viele Blumen, Liebesbriefe und Gedichte sowie verschiedene Zelluloidpuppen, deren rosige nackte Körper und abgerissene Glieder das Meer bei Sturm an Land schwemmt, zusammen mit toten Muscheln, Tang, leeren Plastikbehältern und schwarzem Teer, dem Geschenk unserer Zivilisation an die gleiche Göttin.

Es ist nicht verwunderlich, daß Damião zwischen den einzelnen Opferhandlungen die Lagune durchwatet und erschöpft in meine

Hängematte aus Oaxaca sinkt, um sich mit kaltem Bier oder Cachaça zu erfrischen – denn ich habe einen Kühlschrank, der mit Alkohol arbeitet – ja, der auch! Dann erzählt Damião von seiner Arbeit und beklagt sich gelegentlich darüber, daß der Priester der kleinen katholischen Kirche den Mitgliedern des Clans den Eintritt in das Gotteshaus verweigert und sie draußen vor der Tür den christlichen Gott, Jesus Christus und den Heiligen Geist anbeten müssen. Damião ist auch Feuerwehrmann in Salvador, und zwischen allen seinen Fetischen und Götzenbildern hängt – sehr richtig – ein Feuerwehrhelm. Er befindet sich also sozusagen immer zwischen Donner und Feuer!

Die Sonne hat schon ein abendliches Bad in der Lagune genommen und ist hinter der Palmenkulisse verschwunden, die sich schwarz vom rötlichen Himmel abhebt; jetzt spiegelt sich der Mond auf der schwarzen See, zwischen den auf den Kopf gestellten Kronen der tausend Palmen Arembepes, und vom gegenüberliegenden Strand sind Trommeln zu hören. Langsam und tastend kommt das Geräusch näher, seinen Weg zwischen den Baumstämmen suchend. Die Frösche und die Grillen, die zusammen mit dem ständigen Brausen des Meeres und dem Rauschen der Palmwedel für Musik gesorgt haben, schweigen plötzlich erstaunt; dann quaken und zirpen sie noch lauter als zuvor. Der Schlag der Trommeln nimmt an Stärke und Präzision ebenfalls zu; er wird heftiger, herausfordernder.

»Komm, gehen wir«, sage ich etwas ungeduldig zu Analia, denn ich will den ersten Tanz nicht versäumen, der ja immer Exú Rey gewidmet ist. Aber erst, nachdem Dona Francisca, Analias Mutter, und Anauto, ihr Verlobter gekommen sind, ziehen wir gemeinsam los.

Anauto, der gewöhnlich unter einer Palme sitzt und darauf wartet, daß Analia ihm das zum Geschenk macht, was nur eine Jungfrau besitzt, sieht aus wie einer jener Panther am Eingang eines ägyptischen Tempels oder wie eine Dekoration aus Aïda. Er trägt vier Weinflaschen und meine Gaslampe, ohne die meine Teilnahme am Fest vielleicht nicht ganz so erfolgreich wäre.

Es ist eigenartig, barfuß zu einem Fest zu gehen; das Wasser reicht mir über die Knie, und den Rock halte ich über die Schulter, damit er nicht naß wird! Damião hat meine Garderobe besichtigt und ein weißes mexikanisches Kleid mit gehäkelten Spitzen am Saum des außergewöhnlich weiten Rockes ausgewählt – und mir ist, als wanderte ich in einem Zelt über das Rote Meer. Der Mond beleuchtet unseren Weg, und wir folgen seiner Silberstraße genau auf die Trommeln zu, die uns aus dem Gewirr der Palmhütten am Strand der Lagune rufen.

Und wir haben Glück! Zu Ehren Exús singt gerade der Meister, während er ein Weihrauchfäßchen über der Versammlung schwenkt:

Nossa Senhora
Incençou o seu altar
Para o seu bento filho cheirar
Eu incenso a minha
Aldeia de caboclos
Para o mal sair
E o bem entrar
Eu estou incensando
Eu estou defumando
A casa do meu bom
Jesus da Lapa
Incensa, incensador
A casa do meu avô.

(Unsere Liebe Frau
schwang das Weihrauchfaß über seinen Altar,
damit ihr gesegneter Sohn den Duft riechen könne.
Ich schwinge das Weihrauchfaß über mein
Caboclo-Dorf,
damit das Böse auszieht
und das Gute hereinkommt.
Ich schwinge gerade das
Weihrauchfaß
über das Haus meines guten
Jesus da Lampa.
Beweihräuchere du Beweihräucherer
das Haus meines Großvaters.)

Und jetzt singen alle mit kräftiger Stimme:

Pompa-Gira já mucanguê já mucanguê iaiá irêré
Pompa-Gira já mucanguê iaiá oiaê
Pompa-Gira cujá conjanjo ...[1]

und so weiter, Strophe für Strophe.

Mitten in der Musik zu sein – drei Tage und drei Nächte lang! Die Schläge der Trommeln zu denen des eigenen Herzens werden zu lassen! Am Ende keinen einzigen Gedanken mehr fassen zu können, als ob alle Vernunft durch die beharrliche Trommelmusik herausgewirbelt wäre! Nur zu fühlen, nur zu sein! Schließlich Teil einer Gemeinschaft zu werden in einem gemeinsamen geistigen Erlebnis von beinahe hypnotischer Art, hervorgerufen und gefördert von einer eintönigen Trommelmusik, von Gesang, Klappern und Weihrauch sowie den plötzlichen ekstatischen Auftritten von Teilnehmern, die von allerhand Geistern, Heiligen und Göttern besessen zu sein scheinen. Sich nicht vorstellen zu können, daß man noch lebt, wenn die Trommeln verstummt sind!

Erdbeben kommen in Brasilien nicht vor – aber es gibt Samba! (Und Fußball, aber das ist eine andere Geschichte!) Die Samba ist ein Erbe aus Afrika, genauso kraftvoll, menschlich und unzerstörbar wie der Mensch selbst. Samba ist nicht nur ein Tanz. Samba ist ein Symbol, das Ausdrucksmittel einer ganzen Rasse.

Im Tanz zu sein, ein Teil der Samba zu werden, Teil eines Rhythmus, Teil eines Lebensstils.

Nichts existiert mehr außerhalb Damiãos Hütte. Die Palmenwedel, die den Hof einzäunen, sind wie dicke uneinnehmbare Festungsmauern, obwohl es dem Mond gelingt, durch sie hindurchzuleuchten; und die Sterne bilden die Deckendekoration. Wir sind zusammen, Mitgefangene in Samba, Gesang und Trommeln, wir erleben in Wirklichkeit ein »Happening«, das alle vorangegangenen »Happenings« im Leben weit übertrifft. Es ist ein ekstatisches Erlebnis, in Szene gesetzt von Damião, einem etwas exhibitionistischen Herrn; aber er ist ein ausgezeichneter Regisseur und auch ein guter Schauspieler.

Ich kann mich nicht erinnern, ob ich je aß, schlief oder übers Wasser nach Hause ging; ich kann mich nicht an die Reihenfolge der verschiedenen Auftritte erinnern, alles ist ein Durcheinander von Erinnerungen und Eindrücken. Tanzte die dicke Dona Maria, die ich im Dorf besuche, wenn sie vor ihrer Tür fegt, oder die zu meinem Haus kommt, um sich eine wohlverdiente Cachaça zu geneh-

[1] Dieser Kehrreim und die folgenden Lieder sind in nagô abgefaßt, einer afrikanischen Sprache aus der Nigerregion. Die »Candomblé-Religion« ist übrigens eine monotheistische Religion, die Orixás sind keine Götter im europäischen Sinne, sondern Vermittler zwischen den Gläubigen und der obersten Gottheit Ôlôrún, allenfalls vergleichbar den Heiligen der katholischen Kirche.

Wer sich für diese Religion interessiert (und Portugiesisch lesen kann), sollte zu dem ausgezeichneten Band von Edison Carneiro, CANDOMBLES DA BAHIA, Rio de Janeiro 1969, greifen. (Anmerkung der Redaktion)

migen, tanzte sie wirklich eine ganze Stunde lang die wildeste Samba mit einem Tisch auf dem Kopf? Taumelte eine verwirrte Ophelia, der die Haare ins Gesicht hingen, um die stämmige Tischträgerin herum wie eine Betrunkene? Hielten beide wirklich die ganze Zeit die Augen geschlossen, ohne ein einziges Mal zusammenzustoßen? Wie eine geschickt inszenierte, monatelang wiederholte Theaterszene!

War sie wirklich die Göttin aller Meere, die etwas fette Mulattin in ihrem weißen Kleid, die anscheinend willenlos hereingeführt wurde und mit einem seligen Lächeln einen Strauß struppiger Blumen entgegennahm, den sie dann an ihre Brust gedrückt hielt wie eine junge Braut? Die Trommelmusik ließ sie vibrieren wie im Schüttelfrost, so heftig, daß eine Blume nach der andern aus ihrem improvisierten Hochzeitsstrauß fiel. Bei jedem Anzeichen, daß sie in die Wirklichkeit zurückkehren wollte, schüttelte der Hexenmeister eine Art Doppelklapper über ihrem Kopf und bestreute sie mit Talkpuder, der weiß wie Schnee über ihr krauses Haar und ihren struppeligen Strauß fiel. Der Schüttelfrost hielt an und steigerte sich mit den beharrlichen und aufreizenden Schlägen der Trommeln; er erreichte seinen Höhepunkt, als der jetzt wild tanzende Hexenmeister das übelriechendste Parfum, das ich je gerochen habe, über sie spritzte. Im Crescendo der Trommeln und in dem suggestiven Gesang, der wie eine große Woge über ihr zusammenschlug, stieß plötzlich die Jungfrau aller Meere ein fürchterliches Brüllen aus, das mich an eine über die Carmargue gallopierende Bullenherde in der Frühlingsbrunst denken ließ.

War sie es wirklich, die beseelte Clarissa, die in ihrem Traum mit Gesten unendlicher Verzeihung alle umarmte, einen nach dem andern? Sie war wie ein Vogel im Walde, ein Caboclo Erú war in ihren Körper geschlüpft, und demütig warf sie sich vor dem Meister nieder, der mit dem Zeichen des Kreuzes ihren Rücken zwischen den Schultern berührte und ihr damit erlaubte, sich zu erheben. Nachdem sie sich vor den Musikern verbeugt hatte, um ihre Mitwirkung zu erflehen, erhob sie sich vor den drei Trommeln auf die Knie. Dort spielte sie lange mit dem Schweigen, spielte mit den Gefühlen der Anwesenden. Sie wartete, atemlos warteten alle, die Trommeln verstummten, und niemand bewegte sich; vielleicht fiel ein Stern, ohne von irgend jemandem durch das offene Dach bemerkt zu werden. Hinter ihren jetzt weit offenen Augen sah ich jenseits von Sternen und Mond bis in die Seligkeit. Plötzlich durchschnitt ein schriller, langgezogener Pfiff das Schweigen, dem ein noch tieferes Schweigen folgte, das Ewigkeiten zu dauern schien, bevor der nächste Pfiff zu hören war. Der Vogel war in Clarissas Körper eingetreten, Caboclos Geist sprach durch ihren Mund. Auf den Knien vor der Musik, sie anfeuernd, ihm zu folgen und ihn zu leiten, halb rezitierend, halb singend, sprach jetzt unser Caboclo Erú, unser Arapongavogel, durch den Mund der schönen Mulattin:

Foi nesse passo
Que eu saí da minha aldeia
Com o meu chapéu de lado
minha calça arregaçada
quando eu saí
minha mãe me abençoou.

(Mit diesem Schritt
zog ich aus meinem Dorf fort,
meinen Hut schräg auf dem Kopf,
die Hosen hochgekrempelt.
Als ich fortzog,
umarmte mich meine Mutter.)

Der Meister schlug auf eine Adijá, eine Art Glocke, und im Takt des sich steigernden Tempos der Trommeln sangen alle im Refrain:

Quando eu saí
minha mãe me abençoou.

Während ihres Vortrags erhob sich Clarissa, und der Tanz, den sie – noch einige dreißig Strophen ihres Liedes singend – darbrachte, übertraf wohl das meiste, was ich bisher an künstlerischer Expressivität gesehen habe. Sie drückte nacheinander die Gefühle eines jeden einzelnen aus, dann wieder das, was wir alle empfanden, so wie der Künstler die Empfindungen des Publikums, die es nicht auszudrücken vermag. Sie war der Sonntag nach der Plackerei der Woche, sie war die Farbe im eintönigen Grau; mit einer Freigiebigkeit ohne Grenzen gab sie sich selbst, und zur gleichen Zeit wurden wir vom Vogel in ihrer Brust gefangen, wir wurden der Vogel, die anderen, Clarissa, die Trommeln, ein einziger Körper, eine Masse, aus der man nicht mehr einzelne aussondern konnte, in der es keinen Abstand mehr gab; ich war es, die tanzte, ich war der Vogel, ich war in allem; schneller, immer wilder tanzte ich Samba im Samba, die langgezogenen Pfiffe kamen aus meiner Brust, und in einer Ekstase, die das Universum in Myriaden von Sternen sprengte, vergaß ich, daß es Grenzen gibt, unterschiedliche Rassen und Religionen, Distanzen, fremde Sprachen und verschiedene Götter!

Glaubten die beiden Mädchen, die unter einem Tischtuch gakkerten und scharrten, das von vier ernstzunehmenden Männern mindestens eine Stunde lang gehalten wurde, glaubten sie wirklich, daß sie richtige Hühner waren und Omulu anbeteten, den Gott der Gesundheit? Die krampfhaft verdrehten Hände, die steifen, fast zu Krallen gewordenen Finger und die starren Augen deuteten darauf hin.

Cafungue
Catulembaracme
cacenzala, e, e, e,
Cafungue

Sambuê
E popo de
Monã
Sambuê
Sambozangue
Sambuê é
popo de monã ...

sang die Gemeinde, und nur mit Mühe konnte der Meister sie in unser sündiges Alltagsleben außerhalb der Freuden des Hühnerstalls zurückrufen. Woher hat er die Macht, sie in diesen Zustand zu versetzen? Und wie ruft er sie wieder in die Wirklichkeit zurück? Wie erwachen sie aus ihrer Hypnose? Denn es ist wohl irgendeine Art von Hypnose, ein Produkt von Suggestion und Autosuggestion, hervorgerufen durch die verdichtete Stimmung, den gemeinsamen Gesang, das Echo der Trommeln, den Weihrauch, den Willen sich auszudrücken und den Hemmungen, die angeboren oder von der Gemeinschaft aufgezwungen sind. Ganz einfach: der Meister zieht langsam an einem Haarbüschel, wobei er dreimal den Namen sagt – und plötzlich werden sie wieder gewöhnliche Menschen. Sie ziehen die Röcke bis zu den Knöcheln herunter, so daß man nicht einmal die Spitzen der langen weißen Unterhosen sieht, die an den Fußknöcheln festgebunden sind; sie schieben die Füße in die Sandalen, die man ihnen wie Perlenketten und Ohrgehänge abgenommen hat, und binden den Schal auf, der fest um ihre Brust geschlungen war, um zu verhindern, daß sie sich in der Ekstase nach rückwärts werfen und sich das Rückgrat brechen. Das Haar, das sich gelöst hat, als sich die ersten Äußerungen der Besessenheit zeigten, wird wieder hochgebunden und vom Kopftuch bedeckt, und die gerade eben noch besonders wilden Sambatänzerinnen und manchmal auch Tänzer lächeln und unterhalten sich, als wäre nichts Befremdendes, nichts Übernatürliches geschehen.

Ach, Sankt Georg, ich möchte dir gerne ein Kompliment machen für dein mutiges Auftreten, deine Rüstung mit dem federgeschmückten Helm – alles in allem die genaue Kopie eines Bildes des Helden zu Pferd, den Speer im Drachen, das bei Damião hängt. Aber erst, als du erschöpft in der Hütte des Hexenmeisters lagst, zwischen Reliquien, Fetischen, der Opfermahlzeit zu Ogums Füßen und Hahnenblut in großen Schalen, erst nachdem ich den mutigen Drachentöter wie tot daliegen sah, den Helm wie Napoleons Hut auf dem Bauch, fühlte ich mich ein wenig betroffen. Das ganze Fest war übrigens von der Dame bezahlt worden, die sich als heiliger Georg verkleidet hatte, aus Dankbarkeit gegenüber Ogum, der vor einigen Jahren nach einem Opferfest ihrem Ehemann Arbeit verschafft hatte. Seitdem ist der Mann so beschäftigt, daß er an keinem Candomblé-Fest mehr teilnehmen kann, während die Dame seines Herzens ihre Zeit beim Hexenmeister verbringt, in einer nie versiegenden Ekstase tanzend.

Dort saß in den Pausen mein Freund Damião auf einem thronähnlichen Sitz wie bei einem Box- oder Stierkampf, umgeben von seinen Schülern, die mit dem Handtuch schnell herbeiliefen, um der Ehre teilhaftig zu werden, den Schweiß vom Körper des Meisters abzutrocknen, der wie ein Topas glänzte. Sie halfen ihm auch beim häufigen Kleiderwechsel, denn der Meister trug das eine Mal einen Indianeranzug mit einem Federbusch – schöner als die Trachten im Xingúreservat –, das andere Mal einen brasilianischen Gauchoanzug mit ausgefransten Lederhosen und einem Lederhut und war dann wieder fast nackt, lediglich mit Perlen- und Muschelhalsketten und einer silbergestreiften Pyjamahose bekleidet. Der Meister ging oft zu einer fremden Mundart über – zu einer afrikanischen Sprache, wie er mir erklärte; aber ich bin nicht so sicher, ob er nicht selbst den Zuhörern zugerechnet werden mußte, die kein Wort davon verstanden.

Was wollte unser Babaolorixá bewirken, wenn er sich den Schweiß von der Stirn wischte und ihn immer wieder einem Mann ins Gesicht schmierte, der dies offenbar so aufnahm, als würde er mit Weihwasser bespritzt? Trank ich wirklich gehorsam vom Blut der geopferten Hähne, deren abgehackte Köpfe auf einem Haufen lagen, blutige Zeugen eines Geheimrituals, bei dem angeblich die Gemeindemitglieder das Blut trinken und das rohe Fleisch essen, um mutig und stark zu werden? Sind es vielleicht Opferhühner, mit denen Damiãos Neffe über die Lagune angerannt kommt, einem Geschenk seines Onkels, des geistlichen Vaters von Arembepe?

In diesem Durcheinander von Erinnerungen sah ich viele Male einen der Tanzenden stehenbleiben, wie betrunken umherschwankend, viele von ihnen Charuto-Zigarren rauchend, das brennende Ende im Mund. Die Augen geschlossen, mit leidender und zugleich nachdenklicher Miene, begannen sie, dem Geist Ausdruck zu geben, der in ihren Körper eingetreten war. Beseelte und Besessene, ekstatische Tänzerinnen und solche, die nur berauscht waren oder unter einer anderen Belastung standen. Ich erinnere mich, wie alle sogenannten »Söhne und Töchter der Heiligen« sich nacheinander der Länge nach auf den Boden warfen, um den Meister – der jetzt schwarze Kniehosen und Hunderte von Perlen um den Hals trug, deren Glanz mit dem Schweiß auf seiner Elfenbeinbrust wetteiferte – auf ihren Rücken auf- und abspringen zu lassen. Erst wenn er das Kreuzeszeichen über ihren untertänigen Körpern geschlagen hatte, erlaubte er ihnen, sich für eine väterliche Umarmung zu erheben.

Ich fürchte, daß meine Leser nicht viel mehr als ich von Bahias Candomblé wissen, als schließlich die letzte Trommel verstummt ist und wir in der Nacht zum Montag nach Hause wandern unter dem Mond und den Sternen, die sich immerfort im schwarzen Wasser der Lagune spiegeln, als wäre nichts Außergewöhnliches geschehen. Die Fledermäuse flattern noch in den Palmenschatten hinein und wieder heraus, und wenn ich in meinem Bett liege, singt das Meer, begleitet von dem Rascheln der Palmenblätter:

Nanã
o já o ci
Nanã
o je ci do
Alode

A, a
Lode
Nanã
já o ci
Alode ...

II

Es gibt keine Hähne mehr in Arembepe

Die Luft ist heiß und feucht. Tropische Feuchtigkeit und die Düfte, die ich jetzt so gut kenne, umgeben mich. Ich empfinde eine Art Erregtheit, verbunden mit einer gewissen Faulheit, richtiger gesagt: Gleichgültigkeit. Es ist dunkel um mich. Ich höre einen Luftzug, aber ich fühle ihn nicht. Es ist dunkler als dunkel. Pechschwarz. Ich liege in einer undurchdringlichen, dichten Dunkelheit, die man geradezu anfassen kann. Umhüllt von dem Nichts, das wir ständig um uns fühlen und das unsere Gedanken ausfüllt, als ob es wie die Erde und die Planeten existierte, liege ich im Dunkel wie in den Armen eines Mannes. Ich strecke die Hand aus und befühle das Dunkel. Es liebkost mich, flüstert mir zu, bettet mich in seine schwarzen Laken – das Dunkel wird zu meinem Liebhaber ...

Nach Träumen, die schwärzer sind als gewöhnlich, werde ich von einem unglaublichen Lärm geweckt. Ein tropischer Regen ist wie ein gewaltiger Orgasmus, eine phantastische, eine vollständige Entspannung. Das Brausen des Meeres erfüllt das Universum bis in die letzten Windungen meines Hirns. Der Wind schüttelt und zerrt an den tausend Palmen, so daß ich allmählich fürchte, sie würden gleich mit den Wurzeln herausgerissen und segelten dann gegen freundlichere Strände. Der strömende Regen peitscht das Haus, und nach einer Weile fühle ich, wie das Wasser durch die Decke tropft, durch die Fenster rinnt, als ob sie weit offen wären, und durch die Wände sickert, als gäbe es sie gar nicht. Bald bin ich durchnäßter, als wenn ich im Meer schwimme, feuchter als vor meiner Geburt; es gibt keine Grenzen mehr zwischen mir, dem Regen und dem Meer, wir sind alle unzertrennbar aus dem gleichen Stoff gemacht – Wasser!

Als der Morgen nach Arembepe kommt, blicke ich aus dem Fenster meines Schlafzimmers, das fast einem Unterseeboot gleicht. Es ist nicht zu glauben, aber alle Palmen stehen noch da, mit ihren Wurzeln im Sand. An einer von ihnen ist der immer geile Esel meines Nachbarn Piboca angebunden. Der Regen tropft traurig von seinem Schwanz, es tropft vom Dach, und alle Palmen schütteln sich, daß es spritzt. Die kleine Lagune ist über ihre Ufer getreten, und der schmale Weg längs des Ufers ist nicht mehr zu sehen. Leute waten von ihren überschwemmten Hütten am anderen Ufer der Lagune herüber. Bis zu den Brustwarzen steht ihnen das Wasser; Kinder klammern sich an alles, woran sie sich festhalten können, und auf dem Kopf balancieren die Erwachsenen ihre Habe, angefangen von Matratzen bis zu Körben und Eimern.

Plötzlich bricht die Sonne hervor, um auf die Verwüstung herabzuschauen, die vergossenen Tränen zu trocknen und die Schrecken der Nacht zu vertreiben. Ach, in der Stadt Salvador werden hundertfünfzig Menschenkinder nie wieder lachen oder weinen! Sie sind in der roten Erde, die sie so sehr liebten, begraben, zwischen den Trümmern ihrer Hütten oder dem armseligen Gerümpel, das von der Sintflut nicht die Abhänge hinuntergeschwemmt wurde. Fast vierzig Zentimeter Regen sind seit gestern abend gefallen, und mehr als anderthalb Meter hoch steht das Wasser in vielen Straßen der Stadt. Der Verkehr ist lahmgelegt, es gibt weder Elektrizität noch Trinkwasser, noch genügend Särge – nur Trauer und Tränen.

Keine Sintflut vermag jedoch die Leidenschaft meines feurigen Bewunderers Sissi oder den Durst der armen Geralda zu stillen. Gerade nähern sie sich meinem Haus aus verschiedenen Richtungen.

Wo Geralda mit einem geistesabwesenden Gesichtsausdruck und den Bewegungen einer Candomblé-Tänzerin von Palme zu Palme torkelt, wird die Landschaft plötzlich unwirklich und verzerrt. Mich überschleicht dabei ein Gefühl wie bei einem Erdbeben. Keine katholischen oder afrikanischen Götter fleht Geralda an, sie ist ein gläubiger Untertan des Gottes Bacchus, des Schutzherrn aller Schelme und Trinker. Geralda, dieser armselige Rest der menschlichen Speisekammer, ist das schwarze Schaf des Dorfes und das Gespött aller Kinder. Von Kamm und Seife scheint sie noch nie etwas gehört zu haben. Bis zur Taille ist ihr zerlumptes Kleid hinten offen und enthüllt die Ansätze ihres schlaffen Po's. Ihre einzige Sorge gilt etwas Trinkbarem oder Geld, damit sie sich eine Flasche kaufen kann, um in ihr Nirwana zu gelangen. Aber wenn einer von uns in seinem stahlharten Sinn weich wird und ihr aus Mitleid auch nur den allerkleinsten Schnaps zu trinken gibt, ist wie durch Hexerei sofort ihr Mann zur Stelle und schimpft uns gehörig aus. So schwankt Geralda weiter zwischen den schrägen Palmen, aufgelöst und verschwommen, mit einem unheilbaren Durst, der für jedermann sichtbar ist.

Sissi liebt Frauen fast so sehr wie Cachaça. Daß er mich zur Dame seines Herzens erkoren hatte, merkte ich schließlich an seinen täglichen Geschenken in Form von Fischrogen, der in der Sprache Arembepes den »roses for a lady« gleichzusetzen ist. Ich aß den Rogen mit gewaltigem Appetit, aber wenn ich abends in meiner Hängematte lag, um das Naturschauspiel des Sonnenopfers an die Nacht zu genießen, kam Sissi, um Gunstbeweise in Form zärtlicher Worte und Versprechungen zu erhalten. »Mein Herz ist nicht frei«, sagte ich immer, um meine harte Ablehnung zu beschönigen, »ich warte auf einen Mann.« Daher weiß jedermann im Dorf, daß mein aufgezwungenes Zölibat auf einem Mann beruht, der mich eines Tages übers Meer, zu Fuß, mit einem Hubschrauber, mit einem

Auto oder Fahrrad abholen wird. Und das ohne ein Wort der Warnung, denn es gibt ja, wie alle wissen, weder Telefon noch Telegraph, Taxi, Post oder einen Briefträger im Dorf.

Doch Sissi gab nicht auf. Jeden Nachmittag lag etwas Gutes auf meinem Tisch und wartete auf mich, wenn ich vom Baden nach Hause kam, und jeden Abend tauchte Sissi bei mir auf und flehte um seinen Lohn. Eines Abends, als ich gerade das Kreuz des Südens betrachtete, das über Salvador heller wurde, und mir dabei geistesabwesend Sissis eindringliche Worte anhörte, die sich mit dem Gesang der Zikaden und dem Gequake der Frösche mischten, kam Analia in Gesellschaft einer Frau, schwarz wie die Nacht. Der Gesichtsausdruck der Frau erinnerte bedenklich an ein nächtliches Gewitter und ihr Geschrei an das Geräusch von Blitz und Donner. Sissi sprang von der Bank auf und schlich hinter ihr her; sie verschwanden im Schatten der Palmen, das Grollen des ehelichen Unwetters hinter sich lassend. Es war, wie alle schon gemerkt haben, Sissis Ehefrau, der er alle Fischrogen des Lebens vor dem Priester und dem Altar in der kleinen Kirche am Hafen versprochen hatte. Deshalb irrt der liebeskranke Rogen-Fischer nunmehr um mein Haus herum und traut sich nicht mehr hereinzukommen.

Meine Analia, gut wie frisches Brot und sonnig im Gemüt, räumt im Wohnzimmer auf; es riecht nach Kaffee. Wäre ich nicht ganz von selbst aufgewacht, hätte mich sicherlich das Sambalied geweckt, das sie beim Fegen mit ihrem großen Besen singt. Ich krabble aus dem Bett. Ein neuer Tag wartet in Arembepe auf mich.

Der Fischer Piboca, in dessen großem Mund jeder zweite Zahn fehlt, weshalb er viel breiter lächeln kann als andere Leute, bringt eine Kokosnuß. Das ist der Preis für ein kaltes Bier aus meinem Kühlschrank – ein todsicheres Mittel gegen Kater. Er erzählt, eine Horde von Zigeunern habe sich im Dorf breitgemacht. Mit ihrem ganzen Sack und Pack, aufgeladen auf einigen zwanzig Pferden, seien sie angekommen und hätten ihre Zelte auf der anderen Seite der Lagune aufgeschlagen. Nackte Kinder, Frauenzimmer in frechen Kleidern – Pibocas rotgesprenkelte Augen rollen in seinem

Oben: *Zwischen der See und der Lagune, im Schatten der tausend Palmen von Arembepe, steht mein Haus, daneben die Fischerhütte Pibocas.* Unten: *Die Sonne hat ihr Abendbad in der Lagune beendet und ist hinter den Palmen verschwunden.* Folgende Seite: *Das rote Auge von Pibocas Hahn wird nie wieder die Sonne erblicken.* Übernächste Seite: *Damiãos Ekstase erreicht ihren Höhepunkt.*

Schädel, er spitzt den Mund und macht schmatzende Geräusche mit der Zunge – und Männer, die Pferde verkaufen und Holz und Kokosnüsse stehlen ... »Sie stehlen auch junge Mädchen«, wimmert Analia, die ihrer angeborenen Bräune zum Trotz blaß geworden ist. »Jetzt traue ich mich nicht mehr, Wasser vom Brunnen zu holen.« Wie alle im Dorf ist sie davon überzeugt, daß Zigeuner Kinder stehlen, und hat auch, wie die meisten hier, eine unglaubliche Angst vor Hippies. Ich tröste sie damit, daß man sicherlich weiße Mädchen stiehlt, kaum aber eine häßliche Schwarze wie sie. Analia, die gerade Zwiebeln schneidet und das Kokosfleisch aus Pibocas widerborstiger Kokosnuß für das Muceça des Mittagessens herausnimmt, öffnet ihre hellroten Lippen und läßt ein Lachen erschallen, das man bis nach Salvador hören kann, während sie sich gleichzeitig, und heute zum dritten Mal, in den Finger schneidet. Sie weiß: Wenn sie in der Abenddämmerung – frisch gebadet, mit meinem französischen Parfum bespritzt und einem Deodorant unter den Achselhöhlen – losläuft, um ihren Verlobten Anauto unter einer Palme zu treffen, dann wird er ihr sagen, sie sei die schönste und begehrteste Frau auf dieser Seite des Äquators – fertig, basta!

Der Regen gießt immer noch Tag und Nacht in Strömen. Das Meer tost. Man kann den Hunger fühlen, einen kollektiven Hunger. Den Hunger, der den Fischer dazu treibt, trotz des Sturmes auf das Meer hinauszusegeln. Das Dorf wartet. Ich bin schon ein Teil des Wartens in Arembepe. Jeden Tag hält das ganze Dorf fast den Atem an, bis das letzte Boot wohlbehalten in den Hafen eingelaufen ist. Die Machthaber des Wetters müssen beschwichtigt werden! Die Göttin des Meeres wartet auf Opfer, aber auch die Teufel warten darauf. Jede Nacht höre ich die Trommeln aus Damiaõs Hütte, und eines Tages wache ich auf und sehe zu meinem Entsetzen Pibocas vier Hennen ohne den stattlichen Hahn umherirren, der noch am Tag zuvor mit seinem Harem herumstolzierte und wichtigtuerisch drauflos krähte. Ich beobachtete den Hahn, wie er allein einen Spaziergang zum Meer machte, um wie alle andern nach dem Sturm zu schauen. Vielleicht wartete er auf Pibocas Boot und machte sich Sorgen, daß es an den Klippen zerschellen oder die himmelhohen

Oben links: *Tanzte Dona Maria wirklich die wildeste Samba, einen Tisch auf dem Kopf?* Oben rechts: *Das Auge der geopferten Ziege ist erloschen: Damião hat ihr Blut getrunken.* Unten: *Kinder schauen verstohlen durch den Palmenblattzaun, fasziniert von dem Opfer, das dem obersten aller Teufel dargebracht wird.*

Wellen nicht meistern würde. Aber Undank ist der Welt Lohn! Keinen Fisch hatte Piboca gefangen, Durst hatte er, und da es São Pedro war, der Tag des Heiligen der Fischer, mußte gefeiert werden. Wer kommt da wohl, wie ein lange erwarteter Freund in der Not, über die Lagune? Damião, der Vater der Heiligen, der Hohepriester der Opferfeste in Arembepe. Er, der sein Leben nicht auf dem Meer zu opfern braucht, sondern Witwen und Bräute am Strand mit väterlichen Ratschlägen tröstet. Dort wurde der Kauf ohne mein Wissen abgemacht. Und erst, als ich in Damiãos Hof komme, um mein erstes Opferritual zu sehen, zu dem er mich endlich eingeladen hat, begreife ich, warum ich nicht wie sonst von Pibocas Hahn geweckt worden bin. Da liegt mein schöner Freund mit ordentlich zusammengebundenen Füßen und drei weiteren Unglücksbrüdern auf den grünsten aller grünen Bananenblätter, und vor ihnen stochert Damiãos alte Großmutter in einem offenen Feuer herum, auf dem ein großer Lehmtopf mit Wasser kocht. Anauto ist damit beschäftigt, für das abendliche Candombléfest Palmenblätter um den Hof aufzustellen, und aus der Hütte dröhnt eine einzelne Trommel. Da es die Göttin des Meeres ist, die das Opfer entgegennehmen soll, muß die Zeremonie drinnen, im »Quarto dos Santos« des Babaolorixá, erfolgen – nur die Opfer für den Teufel und seine Sippschaft finden auf dem Hof in einer kleinen Reisighütte statt. Zu einem solchen Fest bin ich bisher noch nicht eingeladen worden – leider!

Ich komme herein und umarme die alte Oma, deren schönes Gesicht sich in tausend feine Fältchen auflöst. Liebevoll streichelt sie mir über die Wange und stellt mich den Versammlungsmitgliedern vor, die für die Opferzeremonie, ihren eigentlichen Gottesdienst, zusammengekommen sind. In dem winzigen Quarto dos Santos, der als Kapelle dient, haben schon drei stämmige Bahianerinnen in ihren weiten, weißen Kleidern auf dem Fußboden Platz genommen, zwei weitere Frauenzimmer sitzen aneinandergedrängt in einer Ecke, und auf der Türschwelle kauert, ganz in sich zusammengesunken, mit geschlossenen Augen, ein junges, sehr dunkelhäutiges Mädchen. Der Babaolorixá, dessen nackter Oberkörper mit vielen Perlenketten geschmückt ist, kniet auf einem Bastteppich und predigt oder redet im Takt mit den Trommelschlägen, die der kleine Georg auf einer schmalen, hohen Trommel mit Troddeln an den Kanten hervorbringt. Alle Anwesenden singen den Refrain mit.

Der Raum ist mit allerhand Nippes vollgestopft, ein unbeschreibbares, malerisches Durcheinander. Auf einem Altar steht eine schön bemalte Gipsstatue von Iemanjá, der Göttin des Meeres.
 Wie die Jungfrau Maria hat sie eine Krone auf dem Kopf und einen

zarten Schleier; er verdeckt nicht ganz einen glänzenden Fischschwanz, der sich in einer Arabeske um ein Korallenriff von Muscheln und Seesternen windet. Um das Bild der Göttin liegen eine Reihe von Geschenken: Papierblumen, Stapel von Charutos, die für die Anrufung Caboclos wichtig sind, Flaschen mit Cachaça, Gläser in verschiedenen Farben und Formen für den Opfertrank, Papier- und Porzellankaninchen, die besten Fruchtbarkeitssymbole – nach Exú Rey natürlich –, Plastikautos und anderes Spielzeug als Opfer für die kleinen Zwillingsgötter und eine ganze Menge allerrosigster Zelluloidpuppen in allen Größen, je nach dem schlechten Gewissen, der Reue und dem Geldbeutel des Sünders. Und so weiter ...

Die Luft ist schwer von Weihrauch, der angeblich die Stimmung erhöht und die verschiedenen Nervenzentren des Mediums anregt, so daß sie auf gleicher Wellenlänge mit der Ausstrahlung des beschützenden Geistes vibrieren. In der Tür drängeln sich die Zuschauer, zumeist Kinder, die neugierig auf alles starren, was hier vor sich geht. Sie singen den Kehrreim mit und klatschen im Rhythmus der Trommel in die Hände. Unter den Schaulustigen entdecke ich natürlich Analia, die allerdings mehr an dem interessiert ist, was Anauto tut, als an den Beschwörungen ihres Onkels. Vielleicht denkt sie bei sich: Wäre er ein richtiger Hexenmeister, brauchte ich nicht bei Marianne Magd zu sein! Mit ein bißchen Schwarzkunst könnte er den Gegenstand meiner Liebe so behexen, daß er mich heiratet! Ja, wenn man schon die Nichte eines Hexenmeisters ist, warum soll man dann keine Vorteile davon haben?

Unter Damiãos Gebeten beginnt plötzlich das Mädchen auf der Türschwelle, sich das Haar zu raufen; wie im Fieber schüttelt sie sich zur Musik der Trommel und gackert dabei wie eine Henne, die gerade geschlachtet wird. Ihr jammervolles Gegacker vermischt sich mit dem Gerassel der Doppelklapper, die der Hexenmeister über ihrem Kopf schüttelt. Nun gibt der Babaolorixá Anauto ein Zeichen, der sofort mit zwei Hähnen angerannt kommt. Zwei der stämmigen Frauen nehmen je ein langes Messer und stellen einen emaillierten Napf auf den Fußboden, unmittelbar zu Füßen des Hexenmeisters. Wie ein Wahnsinniger tanzt er mit den wild schreienden und flatternden Hähnen umher, hält sie an den Beinen oder am Hals fest, wirft sie in die Luft, fängt sie wieder auf, schwingt sie um seinen Kopf, schleudert sie zwischen den Beinen hindurch und drückt sie mit den Zehen zusammen ... Die Hähne klammern sich mit den Flügeln um Damiãos schweißglänzenden Körper und verfangen sich in den unzähligen Perlenketten; die Trommelmusik steigert sich in einem Crescendo, und plötzlich schlägt der Meister seine Zähne in den Hals eines seiner Tanzpartner, daß das Blut aufspritzt. Der nächste Hahn erleidet das gleiche Schicksal, und die beiden Frauen vollenden die Schlachterei mit dem Abschneiden der Köpfe. Der Meister hält seinen Kopf über den Emaillenapf; und das Blut aus den offenen Hälsen strömt über seinen Kopf, in seinen Mund, den Körper hinunter, wo es sich mit seinem Schweiß vermischt. Das Mädchen an der Tür kann nicht einmal mehr vom Hexenmeister zum Schweigen gebracht werden, und alle übrigen Frauen weinen, schütteln sich, singen und schneiden die Köpfe der Hähne ab, bis der Napf mit Blut gefüllt ist.

Der dritte Hahn wird hereingetragen – mein froher Hahn vom Meeresstrand! Aber selbst wenn er das gleiche Schicksal wie seine beiden Brüder erleidet, so bekommt er doch ein Ende großen Stils. Den Tanz, den Damião jetzt aufführt, werde ich nie vergessen. Wie von einem der großen Flügel des Hahns gefangen, der den Kopf des Meisters umschlingt, beginnt er in Ekstase zu tanzen, am Anfang langsam, fast wie in Zeitlupe, aber dann steigert er das Tempo immer mehr, bis der Höhepunkt erreicht ist. Der kleine Raum wird von Hahn und Meister ausgefüllt, die so ineinander verschlungen sind, daß man sie kaum noch voneinander unterscheiden kann; sie sind eins, eine einzige Materie, ein einziger Schrei, eine einzige Bewegung. Es ist ein dämonischer Tanz, eine Art Magie, etwas aus den ersten Tagen der Menschheit. Ich bin behext von diesem brutalen Tanz, in dem Vogel und Mensch in einer tödlichen Umarmung so untrennbar vereint sind, daß ich mich nicht aus meiner Bestürzung und Faszination lösen kann. Jetzt hat Damião die Zähne im Hals des Hahnes, die roten, starren Augen des Meisters und des Hahnes haben den gleichen Ausdruck von Wildheit, der plötzlich erlischt, als eine Kaskade von Blut aus dem Hals des Hahnes hervorsprudelt und alles rot färbt. Die Trommelmusik erstirbt, die Frauen schluchzen leise, und das Mädchen an der Tür wird von Todeszuckungen geschüttelt wie der Hahn. Der Meister selbst, der Sultan von Mata, Arembepes heidnischer Priester, sinkt erschöpft zu Boden, den geopferten Hahn auf der blutbespritzten Brust.

Als käme er aus weiter Ferne, hebt der Gesang an; er wird stärker und erfüllt bald alle Winkel des kleinen Opferraumes:

E, e, e, e,
Xoro do
O lua ie
Mamãe e
Xoro mã
Fé, fé
Xoro o

Ie, ie, ie, ie
Xoro do
Ie, ie

O iba roco
O idai oco
Ohla ilhe
Ohla iri
Iré, iré
Malé
Oia Afa
Ro gi

Leu a,
Leu a,
Leu
Oxum a
Deus bani
Xoro

Das Mädchen an der Tür wird jetzt von solchen Krämpfen geschüttelt, daß ihr Kleid über die Schulter hinuntergleitet und ihre Brust entblößt. Wie ein schmuddeliger Staubbesen stehen ihr die Haare um das Gesicht. Immer noch sind die Augen geschlossen, und sie hat jenen halb leidenden, halb nachdenklichen Ausdruck, den ich so oft bei Candomblé-Tänzerinnen in der Ekstase angetroffen habe. Pibocas Hahn wird nie wieder mit seinem runden Auge das Meer betrachten. Traurig baumelt sein Kopf an Damiãos Schulter, der das Blut von seinem Mund abwischt und sich von der letzten Umarmung des Hahnes befreit, während alle ausgiebig weinen. Die Trommel grollt, und der Gesang vibriert, daß die Gläser klirren. Eine der tranchierenden Frauen gerät dermaßen in Ekstase, daß sie Samba tanzt und singend alle umarmt, mich eingeschlossen. Die Luft ist schwer von Schweiß, Blut und Tränen, Weihrauch, Zigarrenrauch, Beschwörungen, übelriechendem Parfum und Talkpuder, Gewürzen und Weinduft. Ich nütze die günstige Gelegenheit und schleiche mich davon, stolpere an der Türschwelle über das sich schüttelnde Mädchen, torkele an der Trommel vorbei und all den kleinen Kindern, die grinsen und ihren Spaß haben! Luft! Ich umarme die alte Oma, die vor ihrem Topf hockt, in dem bereits die gelben Körper der beiden ersten Opfer kochen, wate im Sonnenschein über die Lagune nach Hause und denke über die unterschiedlichen Sitten und Religionen der Völker nach. Vielleicht ist es gar nicht verwunderlich, daß der katholische Priester den Mitgliedern dieser Gemeinde verbietet, in die Kirche einzutreten, um unseren Gott anzubeten, den sie ebenfalls verehren, wenn er dabei auch nicht allein auf seinem Thron sitzt. Aber alle Religionen kennen das Opfer in der einen oder anderen Form; man braucht nur in der Bibel nachzulesen: etwa die Opfer Davids beim Bau des Tempels, die Opfer Judiths oder der drei Weisen aus dem Morgenlande ... Was ist Wahrheit?

Zu Hause erwartet mich Piboca, durstig wie immer. Das Geld für den Hahn ist schon vertrunken, und Pibocas Blicke erinnern mich an die starren Augen des abgehackten Hahnenkopfes. Piboca bietet mir nun eine der Witwen zum Kauf an, eine sehnige Henne ohne Federn am Hals, gerupft von dem potenten Sultan im Liebesrausch. Ich gebe Piboca zehntausend Cruzeiros, ungefähr acht Mark, und bitte ihn, meine Henne aufzubewahren, bis es im Meer keine Fische mehr gibt. Piboca wirft einen Blick auf das grüne Meer hinüber – dort rollen große Wellen, und die weißen Wogenkämme schäumen – nein, auf das Meer hinaus will Piboca nicht, solange es Cachaça, Hähne und Hennen an Land gibt! Und Zigeunerinnen! Piboca stößt einen fürchterlichen Kampfesschrei aus, schwingt sich auf seinen geilen Esel, gibt ihm einen kräftigen Schlag auf den Hintern und galoppiert in Richtung Lagune davon.

Und schon kommt der kleine Georg und bringt mir als Geschenk einen zähen Hahn auf einem Teller. Das Blut, gemischt mit Wein und Kräutern, haben die Gemeindemitglieder Gott sei Dank schon getrunken. Friede senkt sich über das Dorf für einige Stunden der Siesta, ehe die Sonne wieder hinter den Palmen der Lagune verschwindet und die Trommeln noch einmal zum Candomblé rufen.

III

Kalypso

Heute ist Tiradentes Geburtstag. Richtig! Das war ja der Zahnzieher! Brasiliens Freiheitskämpfer zog den Leuten im 16. Jahrhundert in Ouro Preto die Zähne, bevor er als Anstifter einer Verschwörung, der Inconfidencia, die für die Befreiung Brasiliens aus portugiesischer Herrschaft kämpfte, gehängt wurde. Und nun sind, eingepackt in ihre Volkswagen, die Stadtmenschen angekommen – Sonntagsmenschen! Vergleiche ich sie mit meinen Arembepe-Menschen, jenen wilden Pflanzen mit dem Rhythmus und der Schönheit der Natur, dann erscheinen sie mir wie Topfblumen. Sie gehen – diese Sonntagsmenschen – schwerfällig am Strand entlang, stochern nach Krabben und sammeln Muscheln. Sie stellen Schirme auf, um sich vor der Sonne zu schützen, und ersticken den Gesang des Meeres mit batteriebetriebenen Radios, aus denen krächzende Sambamusik, garniert mit Werbung und Nachrichten, hervorquillt. Zu Ehren des Tages tragen unsere Alltagsesel, die mit Mangofrüchten und Kokosnüssen beladen sind, Schleifen an den Schwänzen. Ich flüchte mich an den weiten öden Strand im Süden und komme am Schwimmbecken vorbei, wo auch Damião Muscheln für seine Beratungen sucht, während er ein Auge für etwaige Lehrlinge der Hexenkunst offenhält. Er erinnert mich daran, daß ich nun endlich zu einer Schwarzen Messe eingeladen worden bin, die am folgenden Tag zu Ehren des Teufels Pimenta stattfinden soll.

»Es ist nicht gerade Macumba«, sagt mein Freund etwas aufgeblasen. »Mit Quimbanda oder Magia Negra kann man auch den Schaden wiedergutmachen, den die Mächte des Bösen angerichtet haben. Die schwarze Ziege, die morgen geopfert werden soll, stammt von einer Frau, deren Mann vor dreizehn Jahren loszog, um Tabak in El Gringos Schnupftabakladen zu kaufen, und erst jetzt wieder zum heimischen Herd zurückgekehrt ist.«

»Ei der Teufel ...«, sage ich leichtsinnig.

Damião kümmert sich nicht darum, daß ich ihn unterbreche. Wenn er einmal bei seinem Lieblingsthema ist, bringt ihn nichts mehr davon ab.

»Jeder Teufel hat sein eigenes Spezialgebiet, und es ist Aufgabe des Babaolorixá herauszufinden, welcher Teufel das Unheil angestiftet hat und welchen mächtigeren Teufel er durch Opfer und Tänze dazu bewegen kann, für das Gute tätig zu werden und den Leidenden zu helfen. Die Macht aller Teufel beruht darauf, wie stark der Mond ist, wenn sie angerufen werden. Wenn der Mond voll ist wie jetzt, dann ist die beste Zeit für ein Opferfest.«

»Und welcher Teufel hat dieses Mal deinen Patienten behext?«

»Exú das Sete Cruzes, der über den Eingang der Friedhöfe wacht, hat Macht über alle, die Selbstmord begangen, gemordet oder irgendeine andere Untat angestellt haben. Er ist ein mächtiger und gefährlicher Feind, wenn jemand ihn angerufen hat, damit er seine Macht ausübt. Bevor der weggelaufene Ehemann wiedergekommen ist, habe ich geglaubt, daß sich jener Teufel der Seele des Unglücklichen bemächtigt hatte. Exú das Sete Sombras besitzt die Macht, eine Person unsichtbar zu machen. Er lebt in den Schornsteinen ...«

»Gar nicht so einfach in einem Dorf, wo man das Essen über offenem Feuer auf dem Hof zubereitet.«

»Er hat dieses Unglück auch gar nicht angerichtet. Auch nicht Exú das Sete Portas, der über alles wacht, was man zu verstecken sucht. Er kann in abgeschlossene Schubladen, Höhlen und Keller hineinkriechen, und kein Truhenschloß ist so stark, daß er es nicht überwinden und das Unterste zuoberst kehren könnte. Ich hatte jedoch Angst, daß Exú Tata Caveira unser Feind ist. Er ist furchtbar stark und lasterhaft und verdirbt die Menschen mit Vorliebe dadurch, daß er sie zur Trunksucht oder zur Einnahme von Drogen wie Marihuana und Kokain verführt.«

»Dann ist er heutzutage sehr beschäftigt«, versuche ich einzuflechten.

Damião läßt sich in seiner Lektion über die liebenswürdige Kunst, Teufel hinters Licht zu führen, nicht stören.

»Es könnte vielleicht Exú Pemba gewesen sein, der unerlaubte Liebe beschützt, aber ich bin nach reiflichen Überlegungen zu dem Schluß gekommen, daß Exú Pagão dahinter steckt, dieser Spitzbube! Er hat sich darauf spezialisiert, Streit und Haß zwischen Eheleuten und Liebespaaren zu säen, und er gibt erst auf, wenn eine Katastrophe geschehen ist.«

»Und weshalb soll gerade Exú Pimenta morgen die Ziege bekommen?«

»Pimenta oder Lebara, wie wir ihn auch nennen – ein liebes Kind hat viele Namen –, ist mit Sicherheit der Teufel, der alles wieder in Ordnung bringen kann. Er ist ein Meister in der Herstellung von Zaubertränken, die an Stärke und Wirkung unübertroffen sind, und er wacht über ein großes Gebiet mit den unterschiedlichsten Sonderaufgaben, vom Gedächtnisschwund bis zur Alchimie. Pimenta hat immer Erfolg, wenn er etwas unternimmt!«

»Ihr kennt einander mittlerweile recht gut?«

Ein Junge geht den Strand entlang. Damião blickt ihm nach, mit viel Hormonen in den Augen.

»Er hat mich einiges gelehrt«, sagt er bescheiden und fügt hinzu: »Vielleicht willst du ebenfalls Pimenta einen Hahn opfern und dir etwas wünschen, wonach du dich sehnst, wenn er sowieso zu uns angereist kommt? Du lebst so allein!«

»Das einzige, was ich brauche, ist Inspiration«, antworte ich. »Aber vielleicht mag die Meeresgöttin auch Hähne?«

Damião sieht nicht gerade begeistert aus. Opferhandlungen für Iemanjá und Oxúm, die heilige Katharina, haben nichts mit unerlaubter Liebe zu tun.

»In letzter Zeit hat sie viele Opfer bekommen«, sagt er gelangweilt. »Außerdem gibt es kaum einen Hahn mehr in Arembepe!«

Sehnsüchtig schaut mein Freund den Strand hinunter, wo der potentielle Lehrling verschwunden ist, und ich erkenne daran, daß die Séance ihr Ende gefunden hat. Wir sagen uns auf Wiedersehen; ich verlasse die Korallenriffe und schaue einigen jungen Fischern zu, die ihre runden Netze auswerfen: sie ähneln Großmutters Häkelarbeiten, haben aber statt Spitzen Bleikugeln an den Rändern; dann gehe ich weiter, den langen Strand entlang, bis keine Fußspuren mehr zu sehen sind.

Weit hinter dem Horizont werfe ich mich nackt in den Sand. Ich lasse mich von blauen, durchsichtigen Unendlichkeiten tragen. Ich bin allein im Universum, fühle mich von einem Nichts umgeben, das mich ganz erfüllt. Ich erkenne keine Einzelheiten, nur etwas Undefinierbares, Warmes, Liebkosendes, Unendliches. Es gibt weder Zeit, Namen, Erinnerungen, Gegenwart noch Schicksal. Ist es in Indien, wo das gleiche Wort Morgen und Gestern bedeutet? Wünsche ich mir etwas? Ich besitze nichts, ich gehöre mir nicht selbst, niemand besitzt mich, ich gehöre allen und zu allem. Ich fühle mich physisch als ein Teil der Umwelt, ich bin alles, das Sandkörnchen, der Tropfen im Meer, ich habe keinen Namen, keine Identität ...

Plötzlich spüre ich Salzschaum, den der Wind von den Kämmen der Wellen herüberbläst. Krabben mit Stielaugen kommen von nirgendwo seitwärts angelaufen. Sie sehen aus, als ob sie mit keinem ihrer zehn Füße den Boden berührten. Alle kriechen sie gleichzeitig in ihre Löcher hinunter, und zwar genau in dem Augenblick, als die Sonne verschwindet und die ersten Regentropfen fallen. Das Meer ist giftgrün und der Himmel bleigrau. Heftig fegt ein tropischer Regenguß über mich hinweg, der Wind beugt die Palmen auf den Sandhügeln, und das Meer rauscht.

Genauso schnell wie es angefangen hat, hört es zu regnen auf. Wie mit einem Zauberschlag verschwinden die Wolken. Ich drehe mich im Sand um. Neben meinem Bikini liegt etwas Leuchtendes, Unwirkliches, etwas, das einer Seifenblase ähnelt, in der sich alles um mich herum mit dem Regenbogen spiegelt. Ich strecke meine Hand aus und berühre den Gegenstand vorsichtig und voller Angst, daß er verschwinden könnte. Ich nehme ihn in meine Hand. Es ist eine Glühbirne, eine übliche 60-Watt-Glühbirne, die feinen Fäden noch unzerbrochen, vom Meer reingewaschen zum Kristall. Auf der Glühbirne sitzen kleine Trauben winziger dreieckiger Muscheln. Sie öffnen und schließen sich, feine Fühler werden ausgestreckt, man öffnet die Türen ein wenig, schaut aus den Fensterluken, tastet sich heraus und läuft dann schnell wieder in die geheimnisvollen Behausungen hinein. Wie eine imaginäre Skulptur im Museum für Moderne Kunst. Ich könnte den Rest meines Lebens damit verbringen, dieses Meisterwerk der Natur zu betrachten, das sich immer verändert, das lebt und atmet. Ein Geschenk des Meeres, ein Zeichen von Iemanjá, würde Damião wohl sagen. Verzaubert liege ich im Sand und drehe und wende mein Geschenk, vielleicht stundenlang, vielleicht nur einige Minuten, was weiß ich? In der Wölbung der Glaskugel sehe ich mich selbst im Himmel und im Meer, die durch einen goldenen Streifen aus Sand und eine Girlande aus grünen Palmen voneinander getrennt sind. Pausenlos öffnen und schließen die Muscheln ihre wasserdichten Türen. Die Sonne brennt.

Vom Horizont her taucht in meinem Zauberspiegel ein senkrechter Strich auf; er wird immer größer, je näher er kommt, und dann sehe ich einen Mann, der im Innern der schimmernden Seifenblase zu wandern scheint. So unwirklich ist seine Gegenwart, daß ich wie gebannt in die Reflexe der Glühbirne starre und erst zu Bewußtsein komme, als der Schatten des Mannes das Bild zerstört, das meinen Blick so hypnotisch angezogen hat.

Kaum habe ich ihn gesehen, möchte ich allen Abstand zwischen uns beseitigen. Ich habe den klaren und starken Wunsch, er möge nicht stehenbleiben, sondern seine Wanderung geradezu in mich hinein fortsetzen, mich durchdringen, mich zu einem Teil seiner selbst und der Natur um uns machen. Er ist die Antwort auf alle meine Wünsche. Er sieht mich mit bernsteinfarbenen Augen an, in denen sich alle Farben des Meeres brechen.

»Bonjour!« sagt der Besitzer der meeresfarbenen Augen.

Nichts als blaue unendliche Durchsichtigkeit. Alles ist gleich, und alles ist verändert. Er heißt Alain. Sein Körper ist aus Paris, sein Herz – wie sein Segelboot – aus der Bretagne; und seine Seele gehört dem Meer. Ein einsamer Segler auf seiner Weltumseglung! Geradewegs aus Afrika ist er an diesen verlassenen Strand Brasiliens gekommen!

»Du bist eine Leihgabe des Meeres! Vielleicht Odysseus!«

»Und du bist natürlich Kalypso«, lacht er.

»Wenn ich das wäre, könnte ich die Götter bitten, daß du meine

Insel nicht verläßt, ehe sieben Jahre vergangen sind. Vielleicht könnte ich auch Pimenta eine Ziege opfern, um ganz sicherzugehen, daß mein Arembepe dein Ogydia wird. Man muß ortsübliche Heilmittel verwenden!«

Die Sonne sinkt. Wir folgen unseren Fußspuren ins Dorf zurück. Geralda taumelt auf der Dorfstraße umher, mit einem Wasserkrug auf dem Kopf, eine wahrhaft akrobatische Leistung; müde Touristen trinken in El Gringos Bar Cachaça. Der Mond hängt voll in einer Palmenkrone, und das Sternbild des Großen Bären reitet, mit dem Kopf nach unten, auf dem Horizont, während der Polarstern, der Leitstern der Seeleute, an Brasiliens Himmel niemals aufgeht. Durch die Tür unseres Hauses flattern die Fledermäuse in den Palmenschatten hinein und wieder heraus. Dann zieht die Nacht ihren schwarzen Vorhang zu.

Ich fühle mich, wie sich ein Baum fühlen muß nach einer langen und unfruchtbaren Zeit in Kälte und Winter, wenn endlich die Blätter aus den Knospen hervorbrechen. Der Saft des Baumes ist wie das Blut, das durch meinen Körper rinnt, und seine grünen Blätter sprießen an meinen Armen und Beinen hervor. Ich bin ganz berauscht, aber mein Durst ist noch nicht gelöscht, und ich erwache mit demselben süßen Durst.

Von der anderen Seite der Lagune ruft eine Trommel. Wir waten durch das purpurfarbene Wasser und betreten Damiãos Hof, wo alles für das Opferfest bereitgestellt ist. Es ist heiß. An einen Pfahl ist eine Ziege gebunden; wegen des bevorstehenden Festes hat man einen Umhang aus schwarzer Seide mit feuerrotem Futter über ihren Rücken gelegt. Die alte Oma, deren Gesicht wie ein frischgepflügtes Feld aussieht, begrüßt uns, und ich stelle meinen Begleiter den Versammlungsmitgliedern vor. Man geleitet uns in die Hütte hinein, wo Damião sich gerade für die Opferzeremonie vorbereitet. Er steht in seinem Sprechzimmer vor einer großen wassergefüllten flaschengrünen Glaskugel, wie sie die Fischer benutzen, um ihre Netze auf dem Meer wiederzufinden, und betrachtet ein Durcheinander von etwa fünfzig bunten Perlenketten, die zwischen Amuletten gegen den bösen Blick und anderen Fetischen herumliegen. Der Babaolorixá begrüßt meinen Freund und besteht darauf, ihm auf der Stelle eine unentgeltliche Beratung zuteil werden zu lassen. Er starrt lange in die Glaskugel und murmelt einige unverständliche Zauberformeln. Dann gibt er Alain ein Zeichen, er solle auf die Kette deuten, die ihm am meisten gefalle. Alain wählt eine Kette mit bernsteinfarbenen Perlen; Damião faßt sie vorsichtig an und versucht, sie aus dem Wirrwarr zu lösen. Er schüttelt den Kopf, murmelt und rollt die Augen, schmatzt mißbilligend mit den Lippen, wenn die Perlen widerspenstig sind, und es dauert ziemlich lange, bis er die Kette in der Hand hält.

»Ziemlich kompliziert«, sagt er bekümmert, »was für ein Leid hast du der Meeresgöttin angetan?«

Ich übersetze.

»Nichts, das ich wüßte. Im Gegenteil, sie ist meine einzige Begleiterin auf den Meeren gewesen!«

»Du mußt ihr etwas opfern! Ich werde mir etwas ausdenken. Hier ist ein Geschenk. Es soll dich beschützen. Trage es immer!«

Der Hexenmeister hängt die Kette um den Hals meines Meeresprinzen.

Plötzlich ruft uns ein ohrenbetäubender Lärm auf den Hof hinaus. Kinder spielen in einer Ecke Candomblé. Einige torkeln wie betrunken umher, tanzen wie besessen Samba, fallen um und kreischen, während sich alle vor Lachen krümmen. Ein Kind hämmert auf einer leeren Blechdose. Nebenan, im Hinterhof, kräht ein Hahn. Ein jämmerliches Krähen; alle großen fetten Hähne mit kräftiger Stimme sind schon längst zwischen den starken Zähnen Damiãos verstummt.

Der Hexenmeister übernimmt jetzt die Regie und organisiert im Nu die ganze Vorstellung. Zuerst gibt er ein Zeichen, daß alle Kinder und Hunde vom Opferplatz verscheucht werden sollen. Die Kinder halten sich jedoch nahe genug auf, um jede Einzelheit des Opferfestes mitbekommen zu können; ich kann ihre neugierigen kleinen Nasenspitzen zwischen den Pfählen der Einzäunung hervorgucken sehen. Dann versammelt Damião die Teilnehmer um die Trommeln, die am Eingang einer winzig kleinen Hütte aufgestellt worden sind, der Kapelle des Teufels, vor der die Ziege angebunden ist. Auf einem Stuhl sitzt eine Frau in einem weißen Kleid, und an ihrer Seite steht ein Mann mit gesenktem Kopf, wahrscheinlich unser Sünder. In der Hütte befindet sich Ogan oder Pai pequeño, die zweitwichtigste Person nach dem Chefe de terreiro, dem Hexenmeister höchst persönlich. Ogan muß sich sehr lange und sorgfältig auf eine bestimmte Zeremonie, die sogenannte Matança, vorbereiten, und oft hängt es von ihm ab, ob der angerufene Gott oder Teufel entgegenkommend oder unbeugsam ist. Die Aufgabe dieses Matadors ist es, das Messer zu halten und das Opfer zu vollstrecken oder – wie in diesem Fall – die letzte Opferhandlung vorzubereiten, die dann vom Hexenmeister zelebriert wird; er hat also gewissermaßen die gleiche Funktion wie der Picador beim Stierkampf. Ogan hat einen Meßgehilfen zur Seite, und auf dem Altar liegen zwei lange glänzende Messer zwischen heidnischen Symbolgegenständen und allerhand Tonschüsseln mit verschiedenem Inhalt.

Die Trommeln beginnen zu wirbeln, und der Hexenmeister singt, während er zu tanzen anhebt:

Tenda, tenda é Pompa-Gira
Tendaiô
Tenda, tendé é Pompa-Gira ...

denn zuerst muß man die Damen begrüßen, vor allem die Gattinnen der sieben allerschlimmsten Teufel. Die Zuschauer stimmen in den Gesang ein:

Mavile, mavile mavangûe
Recompenso ê
a, a, a, recompenso

É um mavile, é um mavile
É um mavile mavengo
O quianga ê
O quianga ê, ô
Xô apavenã, xô apavenã
minha aldeia ê
Xô apavenã ...

Allmählich steigert sich der Rhythmus; Schweißtropfen perlen auf dem nackten Oberkörper des Meisters. Die Ziege wird unruhig und versucht, einige gelbe Blumen auf dem Boden zu erreichen, jedoch ohne Erfolg. Auf ein Zeichen Damiãos bringt Anauto die Kleidung des Meisters herbei, die dem Umhang der Ziege ähnelt: einen glänzenden Seidenanzug im Harlekinstil, zur Hälfte blutrot, zur Hälfte schwarz, mit weiten Hosenbeinen, die mit Gummibändern um die Fußknöchel festgebunden sind. Eine furchterregende rotgefütterte Kapuze verleiht dem ganzen einen wahrhaft satanischen Anstrich, und Damião sieht aus wie Beelzebub in Person.

Immer wilder wird der Tanz. Die Ziege wird in die Kapelle gezerrt, und jemand bringt eine Schüssel Farofa, das Lieblingsgericht des Teufels. Das gelbe Mehl wird über den Kopf des Tieres gestreut, über die Gefäße und Fetische auf dem Altar, über ein Bündel buschiger Blumen und auf die geschärften Messer, begleitet von Gesang, Tanz, Trommelmusik und Gekreisch. Man bietet der Ziege Farofa an, aber aus irgendeinem unersichtlichen Grund scheint ihr der Appetit vergangen zu sein. Daraufhin muß die arme Kreatur das trockene Blumenbündel hinunterschlingen, vermutlich einige Gräser, die Teufeln sehr, Ziegen aber gar nicht schmecken.
 Mit Gewalt werden die Pflanzen der Ziege in den Hals hineinge-

stopft, und ihr jämmerliches Meckern mischt sich unter die Trommelschläge. Der Hexenmeister ist jetzt in einer solchen Ekstase, daß nichts mehr auf ihn einzuwirken scheint; er kriecht auf dem Boden umher und trinkt Opfer-Cachaça, der auf einem Teller brennt; er stößt die fürchterlichsten Schreie aus und singt aus vollem Hals, während er es außerdem noch fertigbringt, eine riesige Zigarre zu rauchen, und zwar mit dem brennenden Ende im Mund. Aus seinen Nasenlöcher raucht es wie bei einem verstopften Kamin, um die Pupillen seiner weitgeöffneten Augen leuchtet das Weiße, und Schaum steht ihm vor dem Mund. Dann hält er plötzlich mitten in seinem wirbelnden Tanz inne, hebt die Hände zum Himmel und verstummt. Pimenta nähert sich! Der Gesang erstirbt. Die Trommeln schweigen.

»LEBARA!« brüllt der Babaolorixá und fällt wie tot zu Boden.

Niemand zweifelt daran, daß Lebara jetzt mitten unter uns weilt. Er war es, der die Zigarre rauchte, er war es, der den Branntwein trank, und er ist es, der jetzt zu dem Medium spricht, das wie bewußtlos am Boden liegt. Störe nicht! Wir atmen kaum! Kein Laut ist zu hören, nur das jämmerliche Krähen vom nächsten Hinterhof.

Nach einer Unendlichkeit kommt Damião allmählich wieder zu Bewußtsein. Er scheint von einer langen Reise in fremde Länder zurückzukehren. Noch schweift sein Blick in die Ferne, und seine Bewegungen sind schleppend. Mühsam erhebt er sich und gibt mit allen Anzeichen der Ermüdung den Trommlern einen Wink. Als sie reagieren, beginnt er langsam auf das Ehepaar zuzutanzen, das alles mit gespannter Aufmerksamkeit verfolgt hat, wie jeder einzelne von uns. Ich verstehe natürlich nichts von Damiãos mahnender Rede und von dem, was Lebara-Pimenta dem ungehorsamen Ehemann empfohlen hat. Der steht immer noch mit gesenktem Kopf da und blickt sehr schuldig drein, während seine Xantippe im Takt mit des Meisters Worten die Faust schüttelt. Ich muß sagen, daß ich Pimenta bewundern werde, wenn er jenen armen Mann dazu bewegen kann, bei solch einem zänkischen Weib auszuharren! Zum Schluß gibt sie dem Meister ein Blatt Papier, das er zu einem kleinen Viereck zusammenfaltet, nachdem er den Inhalt zur Kenntnis genommen hat. Er tanzt auf die Ziege zu und zwingt sie, den Zettel zu verschlingen, auf dem wahrscheinlich die Wünsche der Dame nach ewiger Treue geschrieben stehen. Herzzerreißend meckert das verängstigte Tier, und aus seinen geheimnisvollen Augen sehe ich Tränen, richtige Tränen quellen. Es weint über die Bösartigkeit der Menschen, über die gelben Blumen, die es nicht erreichen kann, und über die Sonne, die sich plötzlich verfinstert, als ihm Pai pequeño das Messer in den Hals sticht, so daß das Blut aufspritzt.

Der Meister kriecht jetzt in die Kapelle hinein, zerrt das sterbende Tier heraus, nimmt es auf die Schulter und beginnt den Todestanz, während er die Opferung mit den Zähnen vollendet. Er trinkt das Blut der Ziege, das über seinen ganzen Körper rinnt, und stößt so gräßlich Schreie und Beschwörungen aus, daß selbst der Erdboden zu beben scheint. Immer schneller und wilder wird der Tanz: ein dämonischer Tanz im Wartezimmer der Hölle, der erst aufhört, als die Augen der Ziege für immer gebrochen und die gelben Blumen vom Blut feuerrot geworden sind. Meine Tränen trüben das Bild in der Linse meiner Kamera und machen es verschwommen; ich zittere am ganzen Körper, und die Sonne scheint kalt.

O que pembe
I que pembeu iza
Casangeo iza

De angola
O que pembe
Samba angola ...

singen die Menschen und tanzen Samba auf den blutgetränkten Blumen.

IV

Fußgänger des Meeres

Die Reveille der brasilianischen Marine weckte mich aus meinem Schlaf in der Kabine der Pen-Kalet. Hunderte von Matrosen standen in langen Reihen auf dem Kai, als die brasilianische Flagge emporstieg – die Flagge, auf der ein rundlicher grüner Fleck umherflattert, den ich lange Zeit für einen Fußball und das Nationalsymbol des Landes hielt, bevor ich erkannte, daß er die Erdkugel darstellt, und zwar so gedreht, daß fast nur Brasilien darauf zu sehen ist.

Unter dem Schmettern der Musik sprang ich ins Wasser; als ich wieder auftauchte, beleuchteten die ersten Strahlen der Sonne die Kuppel des Gouverneurspalastes auf dem Hügel. Salvadors bunte Häuser, die auf den Steilhängen bis zur oberen Stadt hinaufklettern, begannen eins nach dem anderen zu glitzern, und die Lacerda-Aufzüge flitzten mit fröhlichen Bahianern auf und ab. Unter Mario Crabos Zementskulptur, vom Volksmund »Hodensack des Polizeipräsidenten« genannt, einem gigantischen Fruchtbarkeitssymbol von brutaler Schönheit, war der Handel schon in Gang gekommen, wie auch auf den Kais und zwischen den Lastkähnen. Als mein Blick langsam den Hafen streifte, kam Christians schwarzes Segelschiff in Sicht. Dort stand der fröhliche schwedische Maler und pißte an die eigene Reling. »Isabelita Betancourt, Las Palmas« las ich am Heck. Ein Frachter passierte die Einfahrt zum Hafen, und die beiden Kokospalmen am alten Fort São Marcelo sahen für eine kurze Minute aus, als wüchsen sie auf dem Deck des Schiffes zwischen Masten und Kränen empor.

Alain war auch aufgewacht und stand schlaftrunken an Deck, bevor er ins Wasser tauchte, einige Schwimmzüge machte und mich umarmte. Seine bernsteinfarbenen Augen verwandelten sich in eine goldene Sonne, er küßte mich, und wir sanken im grünblauen Wasser wie ein Stein zu Boden.

Ich löse mich langsam aus seiner Umarmung. Sie hat jetzt schon über drei Monate gedauert. Was haben wir die ganze Zeit gemacht? Gebadet in der Salzgischt des Meeres am langen Sandstrand von Arembepe, der unsere erste Begegnung miterlebt hat; gefaulenzt im roten Wasser der Lagune, wo der Bambus seine unirdische Weise singt, und gesegelt auf Alains Schaluppe in einer der schönsten Buchten der Welt: der Bahia de Todos os Santos. Und oft haben wir hier im Hafen von Salvador geankert, das im Volksmund nach der Provinz auch Bahia heißt. Wir sind durch die winkeligen Gassen der Stadt gezogen oder haben den Mercado Modelo besucht, gleich neben dem »Hodensack des Polizeipräsidenten«, um bei einer improvisierten Samba oder beim Capoeiras zuzuschauen, halb Vorführung, halb Wettkampf, der aus Ballett, Ringkampf oder Judo besteht. Capoeiras ist wie Maculélé ein Relikt der Tänze, die die Sklaven dazu benutzten, ihr hartes körperliches Training für den Kampf gegen die Unterdrückung zu tarnen.

Bahia, das Pablo Neruda einmal für mich besungen hat, ist ein Delirium der Menschheit, ein südamerikanisches Neapel. Was macht Bahia so unverfälscht brasilianisch und zur kulturellen und traditionellen Hauptstadt des Landes? Vielleicht die Tatsache, daß die beiden so unterschiedlichen Rassen hier keine Kompromisse eingegangen sind und nicht versucht haben, zu einem grauen Gemisch – wie an so vielen anderen Orten – zu verschmelzen, sondern ihre eigenen Religionen und Traditionen behalten haben, ihre Wesensart, ihren Rhythmus, ihren Lebensstil und ihre Werte. Sie leben heutzutage Seite an Seite in gegenseitigem Respekt und voller Stolz auf ihr Erbe und ihre eigene Art; das macht Bahia zu einem Ort mit zwei Seelen, einer schwarzen und einer weißen. Der jahrhundertelange Wettbewerb der beiden Parteien um Proselyten hat dazu geführt, daß sich ihre Ausdrucksmittel jetzt dem Sublimen nähern.

Man muß die Menschen sehr lieben, um ihre Ausdunstungen und den Geruch ihrer Exkremente auszuhalten. In Bahia muß man sowohl den Geruch von Dünger als auch den von Blumen lieben, die abgrundtiefe Armut, die barocke Prahlerei, den Schmutz, das Leiden, die prahlerische Arroganz und das erbarmungswürdige Kriechen, das Schwarze und das Weiße, das Prachtvolle und das Geringe, Leben und Tod. Dies alles ist der Preis für die Schönheit, für die Nähe. Tausende fast nackter Jugendlicher in allen Nuancen von Pechschwarz bis zum hellen Weiß baden an den vielen Sandstränden, die die Stadt umgeben und sich nach Norden und Süden gegen den fernen Horizont erstrecken. Mulattinnen wippen in sehr kurzen Miniröcken umher oder in der traditionellen Bahiatracht mit weiten wallenden Röcken, mit oder ohne Obstkorb auf dem Kopf. Es wird überall gesungen und gespielt, und man fühlt ständig eine festliche Stimmung in Bahia trotz der allgegenwärtigen, greifbaren Armut. Wo man auch geht, sieht man die schönsten Bauten und Kirchen im Zuckerbäcker-Barock der Kolonialzeit, in denen die immer etwas hungrigen Bahianos das Gold der ganzen Welt auf Altären und in Wanddekorationen gesammelt haben. Und sie selbst sehen aus, als ob sie von Obst lebten, hin und wieder auch von einem stark gepfefferten, in Fett gebackenen Maiskuchen und von dem süßesten Kaffee, den ich je gekostet habe.

Kaffee, Morgenkaffee! Wir schwingen uns aufs Deck hinauf. Kaffeetopf an! Eine lange Piroge – aus einem Baumstamm ausgehöhlt – schießt zwischen den ankernden Booten hindurch. Sieben braune Burschen springen heraus, mit einem kilometerlangen Netz, das sie zum Trocknen auf der Mole auslegen. Lang wie das Netz ist, erscheint es mir unvorstellbar, daß auch nur ein einziger Fisch im ganzen Meer ihm entkommen könnte. Die Jungen bewegen sich, als ob sie gleichzeitig Fußball spielten und Samba tanzten.

Die Sonne glüht. Es ist Sonntagmorgen, und alle Kirchenglocken haben mit ihrem Konzert begonnen. Da es in Salvador für jeden Tag des Jahres eine Kirche gibt, vibriert die ganze Luft. Liegt in der Musik der Kirchenglocken nicht auch ein Samba-Ton? Oder ist das nur Einbildung? Die Samba erklingt dauernd in meinem Kopf und macht alle Laute zur Sambamusik: das Plätschern der Wellen an den Bootswänden, das entfernte Aufbrausen des Meeres gegen die Mole, Kirchenglocken, Verkehrslärm aus der Stadt, die Rufe der Verkäufer im Hafen. Summt Alain nicht auch eine Samba, während er an den Segeln arbeitet?

E, e, e, e,
Xoro do,
O lua ie …

summt er wirklich! Ja, es ist auf jeden Fall richtig, sich mit Iemanjá gutzustellen, nun, da wir in See stechen werden! Und es ist sicherlich das Echo aller Sambas – die für uns vor einigen Abenden beim Abschiedsfest in Arembepe getanzt und gesungen wurden –, das uns noch in den Ohren klingt.

Doch, wir haben Arembepe verlassen, das kleine Dorf mit seinen struppigen Palmenblattdächern und seinen fröhlichen und gastfreundlichen Menschen, die unsere Freunde geworden sind, den schönen Sandstrand und unser Haus unter den wogenden Palmen. Die Fensterläden sind zugenagelt worden, die Sonne kann nicht mehr hineinscheinen, und die Fledermäuse sind wieder in ihren Palast eingezogen. Aber zuvor gab es – wie gesagt – ein Abschiedsfest. Und was für ein Fest! Da kamen sie alle unter den abenddunklen Palmen herbei, um dem romantischen Paar des Dorfes auf Wiedersehen zu sagen: ein unterwürfiger Sissi mit Frau; Analias Anauto, der mit dem Panthergang und der Hoffnung, das Juwel einer Jungfrau zu gewinnen; Geralda, deren Mann wie ein Habicht jeden ihrer heimlichen Seitenblicke auf die Cachaçaflasche überwachte; dort fegte Dona Maria in ihrem weiten Kleid herbei; das zänkische Weib, das die Ziege opferte; der arme Teufel, der vor dreizehn Jahren Schnupftabak kaufte; »Sankt Georg« natürlich, diesmal ohne Helm; die schöne Clarissa; Piboca mit seiner Frau, die ihm die Ausflüge ins Zigeunerlager doch noch verziehen hatte; und Martin, der unser Dach vierzehn Tage lang mit ununterbrochenem Sambagesang geflickt hatte. Da kamen sie, jung und alt, um uns als Überraschung eine »Samba de roda« zum Abschied zu widmen. Der kleine Georg schleppte seine hohe Trommel herbei, die mit den bunten Troddeln an der Kante, und bald schon erdröhnte sie, unterstützt vom rhythmischen Geklapper der Topfdeckel und Kochtöpfe aus meiner Küche. Aber einer fehlte! Damião, der Hexenmeister, der Sultan von Mata! Die Seele des Festes! Das Haus begann sich zu füllen; aber kein Damião! Die Trommel beschleunigte ihren Rhythmus, und der Tanz fing an, trotz des fehlenden Zauberers. Ein Paar nach dem anderen tanzte Samba, während die Zuschauer in die Hände klatschten, aus vollem Halse sangen, stampften und auf Topfdeckel und Kochtöpfe schlugen, daß sich fast das Dach hob. »Samba de roda« ist eine Art Schautanz: Es tanzt immer nur ein Paar zur gleichen Zeit, bis einer der Tanzenden anhält, während sich der andere einen neuen Partner sucht und so weiter.

Plötzlich füllt Damião die Türöffnung, und seine Stimme übertönt das Gedonner der Trommel. Er schreitet in den Raum hinein, und alles hält vor Bewunderung den Atem an. Er trägt ein Kostüm, das jeden Operettenhelden vor Neid erblassen ließe. Man könnte glauben, er habe einen Weihnachtsbaum geplündert, um dessen Schmuck und Glanz zu stehlen. Um den Hals hängt die Ausbeute stundenlanger Spaziergänge an den Sandstränden: Perlmuttschimmernde Muscheln, Seepferdchen, Korallen und getrocknete Seesterne tanzen auf dem nackten Oberkörper des Meisters zwischen all den Perlenketten Samba, während die nachtblauen Seidenhosen so eng anliegen, daß kein einziges Haar anonym bleibt; sie sind mit Straß und Flitter, mit Sonne, Mond und Sternen so dicht bestickt, daß es an die Milchstraße erinnert. Auf dem Kopf, dem der liebe Gott längst das letzte Härchen genommen hat, funkelt ein Helm – Gott helfe mir, ist das nicht der Feuerwehrhelm, schön vergoldet und mit einem Kranz der schönsten Wiesenblumen aus Plastik verziert? Um die Fußknöchel klirren viele Glöckchen wie bei einem indischen Tempeltänzer. In der einen Hand schwenkt der Meister einen Stab, geschmückt mit den Federn irgendeines exotischen Phantasievogels, der gewiß nie in einem Dschungel gesungen hat; und mit der anderen Hand schüttelt er die berühmte Doppelklapper, deren Laut sofort die versammelten Frauen aus ihrer staunenden Reglosigkeit weckt und in augenblickliche Ekstase versetzt.

Bevor ich mich von meiner Überraschung und Bewunderung erholt habe, umfangen mich die Arme des Hexenmeisters und reißen mich in einen wirbelnden Sambatanz hinein, der eine wahre Naturkatastrophe ist – so, als befände ich mich nach stundenlanger

Flaute plötzlich in einem Hurrikan. Die Trommel scheint in meinem Kopf zu hämmern, Kochtöpfe und Deckel klappern wie tausend Zimbeln, alle stampfen, klatschen in die Hände und singen ohrenbetäubend, während ich mit Damião tanze, der allein in seiner Person alle Elemente verkörpert: Wasser, Himmel, Erde und Luft. Erschöpft lasse ich mich auf einen Stuhl fallen. Der Meister hält ebenfalls inne und bekommt einen weltfernen Ausdruck im Gesicht. Seine Augen schließen sich. In unrhythmischen Bewegungen wankt er hin und her, murmelt unverständliche Worte und deutet an, daß er dabei ist, mit irgendeiner fremden Macht Kontakt zu suchen. Dann bricht – wie aus den innersten Eingeweiden – urplötzlich ein gräßlicher Schrei aus ihm hervor, dem ein langgezogenes Gebrüll folgt; er hebt die Hände gegen die Decke und fängt einen ekstatischen Derwischtanz an, dessen Crescendo aus einer eigenartigen und etwas feuchten Zeremonie besteht: Er drückt den Daumen auf die Öffnung einer großen Bierflasche, schüttelt sie kräftig und läßt dann den Inhalt wie eine Fontäne über den ganzen Raum spritzen. Niemals hätte ich mir vorstellen können, daß eine einzige Flasche so viel Bier enthalten kann! Bier läuft die Wände herunter, über den Fußboden, macht alle Fenster naß und fällt wie ein dichter Regen über die Versammlung. Jetzt hat das Fest wirklich begonnen. Wir tanzen Samba wie besessen.

Wer könnte in einem Land, in dem Sinnlichkeit das primäre Ausdrucksmittel ist, nicht in der Samba seinen Gefühlen Anschaulichkeit verleihen? Als Analia von einem zwergähnlichen buckligen Mann auf den Tanzboden gezogen wird, klatschen alle vor Entzücken in die Hände, und das Stampfen wird lauter. Fasziniert starre ich auf den phantastischen Tänzer. Seine Gesten sind größer als der Umkreis seines Körpers, seine verschieden langen Beine und fadendünnen Arme, die wegen seiner geringen Körpergröße doppelt so lang wirken wie sie sind, bewegen sich in vollkommener Harmonie mit der Musik. Er füllt den ganzen Raum mit Gefühl und Tanz aus; und plötzlich ist er nicht mehr verkrüppelt, er hat keinen Buckel mehr, und seine Arme und Beine sind nicht mehr wie Stricke, die an einer unförmigen Kugelgestalt befestigt sind. Er ist in unseren und gewiß auch in seinen eigenen Augen ein Faun im Walde, dem großen Tänzer Nijinsky mit seinem berühmten Sprunge ebenbürtig; er ist der Märchenprinz des Festes, begehrt von allen Frauen, Gegenstand der Eifersucht für die Männer, und Analia ist die Prinzessin von Arembepe, die Sambakönigin aller Karnevale, und zusammen sind die beiden das schönste Paar der Tanzfläche, der Mittelpunkt des Abends!

 Der Sieg des Gefühls über den Körper!

Doch Damião, der sich nicht damit abfindet, daß ihn jemand überstrahlt, ruft uns in die Wirklichkeit zurück. Ganz allein und unbemerkt ist er von seiner Reise in andere Sphären zurückgekehrt und möchte uns jetzt das Ergebnis mitteilen. Er zündet eine Zigarre aus Senegal an, die Alain ihm spendiert hat und von der er behauptet, sie sei seines Caboclos Lieblingszigarre; dann fängt er an:

»Unsere Religion hat einen wissenschaftlichen und einen philosophischen Aspekt; sie versucht zu zeigen, daß die Welt nicht nur materiell ist und daß es unsichtbare Wesen gibt, die uns helfen und beschützen können. Die Götter und Göttinnen haben Kontakt mit den Planeten, und ihr müßt wissen, daß Iemanjá, von der euer Leben abhängt, in enger Verbindung mit dem Mond steht. Schlafe nie bei Vollmond, Alain! Übe deine Seele in Iemanjás Dienst. Laß sie dein Schiff über die Meere steuern! Und achte genau auf die Zeichen, die sie dir gibt. Sie ist es, die den Vogel schickt, der den Sturm ankündet; sie ist es, die die Cirruswolken zeichnet und die den Mond verschleiert. Und um ihres Wohlwollens sicher zu sein, habe ich ein Opfer für sie vorbereitet, das ich euch nun als Abschiedsgeschenk überreichen werde.«

Der Hexenmeister öffnet die Tür zum Meer so dramatisch, daß ich geradezu erwarte, die Göttin selbst werde jetzt auf der Schwelle erscheinen; aber statt dessen befiehlt uns Damião, zum Strand hinunterzugehen. Und siehe da – hier ist das Geschenk an die Meeresgöttin: ein fünfzig Zentimeter langes Segelboot, zwar kein genaues Ebenbild der Pen-Kalet, aber ihr doch immerhin ziemlich ähnlich, weiß gestrichen, mit einem Mast und gehißtem Groß- und Vorsegel. Das Vorsegel ist jedenfalls eine getreue Kopie der »Baumfock«, die sich Alain von Analia aus rauhem Baumwolltuch hat nähen lassen, ohne sich dabei von ihrem Jammern und Klagen beeindruckt zu zeigen, daß ihr dann ja für den Klatsch am Brunnen zu wenig Zeit übrigbliebe. Aha, das Basteln dieses kleinen Bootes war also der Grund dafür, daß Damião uns so ausführlich über das Aussehen unserer Schaluppe befragt hatte.

Im Boot sitzt eine scheußlich rosafarbene Zelluloidpuppe; ihr einziges Kleidungsstück ist ein Schleier, der von einem Diadem mit blauen Steinen zusammengehalten wird; es sollen Saphire sein, meine und der Göttin Lieblingssteine. Um die Taille trägt die Puppe einen Perlengürtel, allerlei Zierat umgibt sie: Blumen und Zelluloidfische, Amulette gegen den bösen Blick und anderer Flitter; und das Ganze wird von mehreren kleinen Fackeln beleuchtet, die in der Meeresbrise flackern.

Unter Gesang und Sambaklängen folgen wir Georg mit der Trommel und Damião, der sein Geschenk durch die Palmen hindurch zum Meer trägt, wo das kleine Boot unter den üblichen Zeremonien vom Stapel gelassen wird. Anstatt Champagner wird bei der Taufe allerdings Cachaça benutzt, der jedoch, wie ich bemerke, im Schutz der Dämmerung die Gurgel des Meisters hinunterrinnt und nicht in die gierige See fließt. Während Damião auf dem Sand umhertanzt, dabei noch einige Beschwörungen ausstößt und immer lauter brüllt, bläht der Wind die kleinen Segel, und Iemanjás Spielzeug-Schaluppe wippt auf die See hinaus. Sehe ich nicht einen recht ängstlichen und flehenden Blick in den porzellanblauen Augen der Puppe, als eine schreckliche Welle über das Deck spült und die Fackeln an Bord auslöscht? So verschlingen Meer und Nacht die Opfergabe an Iemanjá; der Babaolorixá wirft ihr den Plastikkranz nach und deutet ihr Verhalten:

»Die Meeresgöttin ist mit dem Geschenk sehr zufrieden. Sie führte das Boot auf die See hinaus, ohne daß es kenterte, und das bedeutet für euch natürlich eine glückliche Fahrt, ohne daß ihr stranden werdet. Beobachtet nur genau die Lichter auf dem Meer und laßt euren Leitstern nie untergehen.«

Und was hat uns dazu gebracht, jemals unser Paradies in Arembepe zu verlassen? Brasilianische Holzwürmer! Sie sind nicht gerade südländisch, denn sie arbeiten ununterbrochen Tag und Nacht wie hungrige elektrische Bohrer. Man behauptet von ihnen, sie könnten in jenen tropischen Gewässern einen Schiffsrumpf in weniger als drei Monaten auffressen. Alain hat einige dieser gefürchteten Holzfresser unter dem runden Bauch der Pen-Kalet gefunden, wo eine Kette die schützende Kupferfarbe abgescheuert hat. Wenn man das Boot vierzehn Tage an Land zieht, sollen die Würmer angeblich eingehen, da sie weder Süßwasser noch Luft vertragen können. Die Eingänge zu ihren Tunnels sind so mikroskopisch klein, daß man sie mit bloßem Auge nicht entdecken kann; aber die Würmer wachsen und gedeihen, während sie sich durch das Holz hindurchfressen, bis schließlich eine ganze Planke zu Staub zerfällt! Es wäre ziemlich naß, im Atlantik unterzugehen, und so hoffen wir, den Wettlauf nach Französisch-Guayana zu gewinnen, wo Alain das Boot an Land hieven und reparieren kann.

So, liebe Leser, unser friedliches Geplauder bei der Gaslampe ist zu Ende, und vorüber ist auch unser müßiges Leben an Land! Unser JETZT ist künftig das Meer. Das Meer ist unser Zuhause. Wir sind Fußgänger des Meeres unterwegs nach Norden, auf der Flucht vor brasilianischen Holzwürmern. Betet zu Iemanjá, bittet sie um Wind, denn wir haben keinen Motor, der uns helfen könnte.

 Die Pen-Kalet ist segelfertig, der Proviant im Innern des Bootes verstaut. Bevor wir in See gehen, müssen wir uns aber um frisches Trinkwasser kümmern, und das muß auf der Insel Itaparica auf der gegenüberliegenden Seite der Bucht geholt werden. Das Mineralwasser von Itaparica wird in allen brasilianischen Restaurants serviert; trotzdem kann man – ohne einen einzigen Cruzeiro zu bezahlen – auf jener Insel seine Wasserbehälter an einem Springbrunnen füllen, aus dem das klarste Mineralwasser direkt aus dem Boden hervorsprudelt.

Der Wind ist schwach, und der Hafen wird allmählich immer kleiner. Ich spüre eine seltsame Erregung, einen Schauder, als wäre ich betrunken. Ich fühle mich, als wäre ich gleichsam mit den Wurzeln aus der Erde gerissen und schwebte in der Luft, ohne Ziel vor Augen, bloßgestellt in völliger Nacktheit, zugleich aber in eine Intimität eingehüllt, als befände ich mich in einer Muschel. Mein Meer ist bis jetzt das Meer der Landratte gewesen, das Meer der Strände, das Meer der Häfen.

Der Hafen ist das Geschlechtsorgan des Meeres und des Landes. Dort werden die Menschen mit den verschiedenen Elementen konfrontiert, dort begegnen sich Land und Meer in einer leidenschaftlichen Umarmung; Salzwasserluft mischt sich mit dem Geruch von Abwässern, die Stimmen der Stadt ertränken das Brausen des Meeres, das Schmutzige vermengt sich mit dem Reinen; dort wird im gleichen Atemzug das Verbrechen begangen und gesühnt, dort wird das Unreine rein gewaschen und die Unschuld besudelt. Dort begehen die Seeleute ihre Treuebrüche. Die Frau, die Vertreterin der Erde, gibt sich hin, und ein fremdes Element strömt in ihren Schoß. Der Mensch am Strand sucht mit dem Blick die Unendlichkeit des Meeres, während der Seemann die Lichter des Hafens sucht und mit steigender Erregung an die Freuden denkt, die ihn an Land erwarten.

»Das Meer ist für den Seemann nicht gefährlich, er fürchtet das Land«, sagt Alain. »Deshalb betet man bei Sturm in der Bretagne: Lieber Gott, rette den Seemann, der an Land ist; die auf dem Meer werden es schon schaffen!«

Wir haben das Fort umsegelt, und die beiden Palmen sehen bald nur noch wie zwei auf den Kopf gestellte Ausrufezeichen aus; der Lärm der Stadt ist zu einem Flüstern geworden, das vom Brausen des Kielwassers ertränkt wird. Bald ist Bahia nicht mehr als eine undeutliche Erscheinung in jener Ferne, wo in einem durchsichtigen Universum Himmel und Meer eins werden. Ein bunt bemalter »Saveiro« mit einem mehr als hundert Quadratmeter großen, lavendelfarbenen und sonnengebleichten Segel taucht aus dem gleißenden Licht auf und verschwindet in Richtung Stadt.

Die von Alain selbst gebaute kleine Jolle ähnelt verdächtig einem Sarg und ist für höchstens anderthalb Personen gemacht. Im Gegensatz zur Pen-Kalet besitzt sie jedoch einen Motor, einen altmodischen, drei PS starken »Seagull«, der an dem kleinen Rumpf riesig wirkt. In dieses kleine Fahrzeug laden wir unsere Wasserbehälter und tuckern zum Strand von Itaparica. Der Springbrunnen liegt kaum hundert Meter vom Ufer entfernt hinter einigen bonbonfarbigen Häusern mit Spitzenstickereien in Stuck und einer ockerfarbenen Barockkirche.

Der Wächter am Springbrunnen erkennt Alain sofort anhand des Photos, das zusammen mit einem Arikel nach Alains Ankunft in einer Zeitung erschienen ist. Er erkundigt sich mit einem solchen Eifer nach den verschiedenen Einzelheiten der Reise, daß sich ein älteres brasilianisches Ehepaar – offenbar Touristen – interessiert zu uns gesellt.

»Er ist ganz allein von Frankreich hierhergesegelt; in einem neuneinhalb Meter langen Segelboot über den wilden Atlantik, den Sie da draußen am Ende der Bucht sehen«, erzählt der Wächter, stolz auf sein Wissen. »Aber«, fährt er bekümmert fort, »wie konnten Sie auf dem Weg hierher über Senegal den Suezkanal passieren ...?« Alain beruhigt ihn damit, daß die dunklen Geographiekenntnisse des Reporters jenen fehlerhaften Bericht verursacht hätten. Von der Bretagne bis Bahia gebe es nur die See.

Die meisten Menschen tragen ihre Jugendträume mit sich durchs Leben wie ein geheimes Laster; nur wenige setzen sie in die Tat um, wie Alain es tut. Als der redselige Wachmann dem älteren Paar erklärt, die Pen-Kalet sei eine Schaluppe aus norwegischer Tanne mit dem ehrwürdigen Alter von fünfundsechzig Jahren, bestehen sie darauf, mit dem Kapitän fotografiert zu werden. Mir wird die Ehre zuteil, auf den Auslöser ihrer Instamatic zu drücken.

Tausend weitere Fragen und Antworten. Alain ist von Natur aus bescheiden und ziemlich scheu. Ja, er sei fünfundzwanzig Jahre alt. Was Pen-Kalet bedeutet? Das ist bretonisch und heißt »Dickschädel«, starrköpfig. Guter Name! Nein, er habe nicht segeln können, als er das Boot gekauft und den Anker gelichtet habe. Das Meer sei zu seinem Lehrmeister geworden, die Notwendigkeit. Aber er sei zwei Jahre Sardinen- und Krabbenfischer in Le Croisic in der Bretagne gewesen, bevor er losgesegelt sei; und dabei habe er das Meer kennengelernt, das dort drüben sehr gefährlich sei. Alains Augen bekommen einen träumerischen Ausdruck, wie immer, wenn er von der Bretagne spricht.

Einem leibhaftigen Seehelden zu begegnen, ist anscheinend der Höhepunkt der Urlaubsreise des alten Paares. Ich kämpfe unterdessen völlig unbeachtet damit, die Wasserbehälter zu füllen, und allmählich gelingt es mir, meinen Helden der Öffentlichkeit und den Ehrungen zu entziehen, und wir können die Behälter zum Strand tragen. Dort laden wir sie in die Jolle, die bis zur Reling ins Wasser sinkt.

»Wir schaffen's, wenn wir ganz still sitzen«, meint Alain optimistisch und startet den Motor. Wir tuckern zur Pen-Kalet, die ungefähr zweihundert Meter weiter draußen vor Anker liegt. Aber jetzt beginnt das Wasser in die Bucht zurückzufluten, und die Strömung wird sehr stark – ungefähr drei bis vier Knoten schätze ich –, und nach einigen Minuten merken wir, daß wir hoffnungslos untergehen. Alain steuert schnell zum Ufer zurück, und kaum sind wir so nahe, daß wir den Grund sehen, sinkt die Jolle mit Behältern, Motor und allem.

Als ich – bis zum Nabel im Wasser – versuche, das »Wrackgut« aufzufischen, schaue ich zufällig zum Strand. Dort sitzt das alte Ehepaar auf einer Bank unter einer Palme und sieht mit Bestürzung auf den faltigen Gesichtern, wie vor seinen Augen der eben erst entdeckte Held Schiffbruch erleidet.

V

Du bist der einzige Baum
im Wald ohne Bäume

»Du bist der einzige Baum
im Wald ohne Bäume.
Ich bin der Vogel
im Wald ohne Bäume,
der Dich sucht
im Wald ohne Bäume.«

»Meinst du mich oder den Mast?«

»Dich«, sage ich und füge hinzu: »Welche Blume magst du am liebsten, Alain?«

»Die Frau!« kommt blitzschnell die Antwort. »Die Frau auf dem Meer! Eine rote Rose auf einem blauen Meer!«

Die beiden Segel spannen ihre Dreiecke im südöstlichen Passatwind. Die Sonne steht hoch, so hoch, daß es dem Mast nie gelingt, direkt auf sie zu zeigen; und das Meer ist hoffnungsvoll blau.

Das Meer ist ein abstrakter Begriff, selbst dann, wenn man sich auf seiner kreisrunden Scheibe befindet, von einem ungebrochenen Horizont umgeben, nur Meer-gegen-Himmel, Himmel-gegen-Meer. Da man selbst immer Mittelpunkt der Scheibe ist – so viel man auch segelt –, glaubt man, nie vorwärtszukommen, sondern fortwährend auf der Stelle zu bleiben. Erst wenn ein anderes Boot auftaucht, verschwindet dieser Eindruck. Das Meer dagegen scheint immer auf Reisen zu sein – von irgendwo bis nirgendwo; unaufhörlich bricht eine Welle die andere und entschwindet zu unbekannten Zielen.

Das Leben auf einem kleinen Segelboot bedeutet, körperlich zusammenzuschrumpfen, während Blicke und Gedanken in die Unendlichkeit gehen. Ein fast unglaublicher Unterschied zwischen der Bewegungsfreiheit des Körpers und der Sinne. Während mein Auge die Weite des Meeres und des Himmels mißt, bewegt sich mein Körper auf einem knapp bemessenen Raum. Ich muß mich gleichsam auf einem Pfennigstück umdrehen, auf einer Zehe balancieren und mich beim Sitzen an der daumendicken Reling festhalten. Ich fühle mich in enger Berührung mit allen Elementen; ich bin ganz dem Wind und den Wellen preisgegeben, und weder Gedanken noch Körper können ihren eigenen Rhythmus beibehalten. Die Wellen des Meeres regeln meine Bewegungen, und ich segle Tag und Nacht mit dem ganzen Körper, mit meinem ganzen Ich. Es ist ein »Marathon« im Bauchtanz; im Schlafen und Wachen, im Sitzen, Liegen und Stehen führe ich Rumpf- und Kniebeugen aus. Mindestens fünfzigmal am Tag ziehe ich mich mit den Armen den einen Meter hoch, der die Kabine vom Deck trennt. Wie ein Affe hänge ich in den Stagen und Leinen, im Knien erledige ich den Aufwasch auf einem immer schaukelnden Deck, ich rolle, biege und drehe mich in alle Richtungen, ich stemme mich auf, wenn es krängt, und koche – für einen Franzosen (!) – auf einem Gasofen, der sich oft in einem Winkel von sechzig Grad zur Seite neigt. Selbst wenn wir beim Sonnenuntergang an Deck Schach spielen und uns einen Cachaça aus Arembepe genehmigen, hört der Bauchtanz nicht auf.

Behaglich sitze ich auf Deck und lasse einen Fuß an der Bootsseite herunterhängen, so daß er beim Schaukeln in das lauwarme Wasser taucht; aus der Nähe betrachtet, hat es eine erstaunlich tiefe Türkisfarbe, mit dunkelblauer Tinte darin – eine Farbe, die es an Land nicht gibt und die kein Wort beschreiben kann. Der Salzschaum vom Bug spritzt über mein nacktes Ich. Flugfische – aus schäumenden Wellen geboren – fliehen davon wie die Gedanken des Meeres.

Besorgt frage ich mich, ob wir zwei oder Hunderte von Passagieren auf der Pen-Kalet sind und ob die Holzwürmer ihre Schandtaten während der vierzehn Tage vollendet haben, die wir bereits auf See sind. Ob vielleicht mitten in diesem sonnenglitzernden Nichts plötzlich eine Planke nachgibt und wie Asche ins Meer fällt? Zur Freude des großen, gefleckten Tigerhais, der sich neulich zeigte, als wir gerade drauf und dran waren, für ein kurzes Bad im Meer über Bord zu springen. Das Boot lag ganz still in einer Flaute, die Segel hingen schlaff und traurig, die Sonne brannte, und das Wasser sah mehr als einladend aus. Unsere Delphine und Doraden tummelten sich wie üblich um das Boot. Aber hinter der Flosse der Pen-Kalet hatte sich der Hai versteckt, und hätte sich der kleine gelb und braun gestreifte Pilotfisch nicht als Beute angeboten, hätte sein Verfolger sicherlich eine prächtige »Europäer-Mahlzeit« bekommen. Ich muß gestehen, daß unser Bad seither aus Eimern voller Salzwasser besteht, die wir an Deck über uns gießen. Unnötige Akrobatik wird nicht mehr ausgeübt, seit wir in inniger Nähe mit unserem Hai leben, dessen Flosse – groß wie die Kappe eines Heinzelmännchens – hin und wieder emportaucht, als Zeichen dafür, daß er geduldig wartet. Ich blicke auf das Tau, das sich wie eine lange Schlange hinter dem Boot herwindet, und frage mich, ob ich oder der Hai zuerst dort sein würde, wenn ich ins Wasser fallen sollte. Alain, der meint, Rettungsgürtel und Schwimmwesten würden seine Freiheit beeinträchtigen, ist fest überzeugt, daß ich schneller als ein Hai schwimme. Obwohl mir dies grenzenlos schmeichelt, habe ich meine Zweifel; eine lange Narbe auf meiner Stirn beweist das Gegenteil.

Alain verschwindet im Bootsinnern und kommt mit einer Uhr herauf, die er in meine Hand legt. Splitternackt draußen auf dem

Atlantik zu sitzen mit einer Uhr in der Hand und auf den Sekundenzeiger zu starren! Nirgendwo wird die Zeit so genau gemessen wie auf dem Meer! Ein paar Sekunden werden zu vielen Seemeilen, zu vielen verhängnisvollen Seemeilen vielleicht! Daß Navigation so viel mit Mathematik zu tun hat, wußte ich nicht. Auf dem Tisch der Kabine liegt ein Wust von Papieren mit Ziffern darauf, so dicht wie Fliegendreck; und die Seekarte bekommt jeden Tag neue Striche in allen Richtungen. Jetzt versucht Alain, von der BBC in London die Greenwich-Zeit aufzufangen. Aber sein kleines Transistorradio scheint alle Störungen des Äthers zu enthalten, außer Zeit und Musik; nur wenn man das Radio dicht ans Ohr hält, kann man jede Stunde in einem Feuerwerk von Knistern und Krachen eine Geisterstimme auffangen, die der Welt in einem unverkennbaren Oxford-Akzent die Zeit ansagt. Wir vergleichen die Zeit der Uhr mit der des Radios.

Da, ganz nah, ein Plätschern!

»Sebastian!« rufe ich, »Sebastian!«

Ich pfeife leise, und da kommt mein Freund, wie ein treuer Hund! Eine Dorade in phosphoreszierendem Blau mit gelbgrünen Flossen und goldglänzendem Schwanz! Sie ist uns jetzt über eine Woche lang gefolgt, sie kommt, wenn ich ihr pfeife, und sieht mich mit ihrem roten Auge wiedererkennend an. Wie kann man einen Fisch im Meer erkennen? Ja, wie erkennen Menschen ihre Hunde an Land? Übrigens hat sie eine Narbe auf ihrem Rücken – vielleicht von einer Harpune oder einem Rivalen, gar einem Hai? Ich bin überzeugt, daß Sebastian aus Sympathie und Freundschaft bleibt, obwohl Alain behauptet, daß er die Flosse des Bootes als Versteck benutzt. »Ich hatte Doraden, die mir drei Wochen lang über den Atlantik gefolgt sind«, sagt Alain. »Sie schwammen vor dem Boot her und machten einige Minuten lang ein Schläfchen, so daß sie zurückblieben; aber dann holten sie mich wieder ein.«

Oben: *Der Hafen von Salvador, Bahia, mit dem Lacerda-Aufzug; rechts die Skulptur Mario Crabos, der »Hodensack des Polizeipräsidenten«.* Unten: *Mein Kapitän steuert die Pen-Kalet im Sturm.* Folgende Seite links oben: *Wir nähern uns Saint George's auf Grenada, einer der Inseln unter dem Wind.* Rechts oben: *Alain liest »Das Tier im Menschen« von Zola, aufmerksam beobachtet von einem Besucher, der vom hundert Meilen entfernten Festland herübergeflogen ist.* Unten: *Die Autorin am Maroni-Fluß.* Übernächste Seite: *Die Pen-Kalet im Sonnenuntergang.*

ZOLA

Es ist tatsächlich nicht das erste Mal, daß ich ein wenig in einen Fisch verliebt bin! Es gab einmal einen Fisch in Monte Carlo, der mir sogar in die Träume folgte ...

Ich träumte, daß ich wieder vor einem der beleuchteten Aquarien im Zoologischen Garten von Monte Carlo stand – etwas beschämt über meine wunderliche Leidenschaft und voller Angst, daß der Wärter sich wundern würde, warum ich so oft komme. Ich war schon ziemlich oft mit dem Bus von Saint Paul de Vence losgefahren, um meinen Fisch zu besuchen. War er noch dort? Würde er mich – wie die anderen Male – erkennen? Im Glitzern der Blasen schwamm er zwischen Algen und Seegras direkt auf mich zu und sah mich mit seinen runden Fischaugen an. Er spitzte seinen schnabelähnlichen Mund und bewegte langsam den Schwanz, so daß die prächtigen Farben des Körpers unter den silberglänzenden Schuppen leuchteten. Bestimmt erkannte er mich wieder. Wir standen lange und sahen einander an. Zwinkerte er mir nicht mit einem Auge unter dem Lid aus Türkis und Gold zu? Ich schnitt eine Grimasse, und er machte es mir nach; dann lief ich von einer Seite des schimmernden Glasgefängnisses zur anderen. Er folgte mir, und wir spielten lange Versteck. Müde vom Spiel redete ich dann zu ihm, erzählte ihm von meinem Leben und meinen Gedanken, und er schien zu verstehen, was ich sagte. Er war sogar derselben Meinung, darauf kann ich schwören. Wir lächelten in tiefem Einverständnis. Ich kannte seinen Namen nicht, wußte nur, daß auf einem Zettel an der Seite des Aquariums sein lateinischer Name und »Papageifisch« zu lesen stand.

Dies alles ist wirklich wahr, in jeder Einzelheit. Aber eines Tages, als ich zum Aquarium kam, war mein Fisch verschwunden. Ich trauerte lange um ihn. Ich hatte ihn jedoch völlig vergessen, als ich draußen auf dem Karibischen Meer wieder von ihm träumte. Aber dieses Mal nahm die Geschichte einen ganz anderen Ausgang. Plötzlich hielt ich den Fisch in meinen Händen, und wir befanden uns an Deck des norwegischen Frachters »Arctic Gull«, auf dem ich als weiblicher Matrose arbeitete. Nichts trennte uns jetzt, es gab keine Glaswand mehr zwischen uns. Wir waren draußen auf dem Meer, nur vom Meer umgeben. Blaues Meer. Das Deck war ein

Links oben: *Unser hilfsbereiter Lopen Martinez, der uns in seinem Kanu den Maroni-Fluß hinaufrudert.* Rechts oben: *Der Waiana-Indianer Yamé, der Sohn Otakas, in Festbemalung.* Unten: *Unser Lieblingsvergnügen am Nachmittag: Läusejagd im Haarschopf des Nachbarn!*

schaukelnder Fußboden. Die Sonne schien. Delphine jagten Flugfische, fingen sie auf dem nächsten Wellenkamm und spielten mit ihnen wie die Katze mit der Maus. Ich warf meinen Fisch in die Luft hoch und fing ihn wieder auf. Er zappelte und lachte, wir tanzten übermütig und ausgelassen umher und fühlten weder Gewicht noch Widerstand, weder Gefahr noch Angst. Die neugierigen Blicke meiner Schiffskameraden störten mich nicht; ich liebkoste den glatten Körper meines Freundes, und dann sangen wir, der Papageifisch und ich, und vergaßen, daß weder ich noch Fische singen können. Unser Gelächter mischte sich mit dem tosenden Geräusch der Wellen am Bug des Schiffes und dem Geschrei der Seevögel.

In Träumen gibt es selten Übergänge. Wie auf einem zusammengeschnittenen Filmstreifen sah ich mich – eins, zwei, drei – plötzlich unten in der Kombüse der »Arctic Gull«. Mein Freund, der dänische Koch Karl-Johan, öffnete die Bratröhre und nahm eine jener länglichen rostfreien Bratschüsseln heraus. Ich versuchte, nicht hinzusehen, denn ich wußte schon, was auf der Schüssel lag. Aber unerbittlich zog es meine Augen dorthin. Ich versuchte, sie zu schließen, versuchte zu entkommen. Ich strengte mich bis zum Äußersten an, aber die Augen bewegten sich nicht und blieben offen, und ich schaute auf die Schüssel. Dort lag mein Fisch, gebraten und schön garniert, mit Zitronenscheiben und Petersilie hinter den Kiemen! Ganz außer mir, begann ich zu weinen. Ich nahm meinen Freund von der Schüssel und versuchte, ihn zum Leben zu rütteln. Ich liebkoste seine gebratene Haut, auf der alle Farben zu einem Braun geworden waren. Karl-Johan lachte. Vergebens versuchte ich, noch eine Spur Leben in meinem Fisch zu entdecken und blies mehrere Male in sein kleines Maul. Keine Reaktion! Seine Augen starrten blind in der Küche umher. Ich fühlte das Bratenfett an den Armen entlanglaufen und von den Ellenbogen heruntertropfen und erwachte in Tränen gebadet.

Man kann in einen Fisch verliebt sein! Vielleicht ist Sebastian die Inkarnation meines Fisches in Monte Carlo!? Ich habe auf jeden Fall um sein Leben gebettelt, und Alain darf unsere Doraden nicht harpunieren. Denn wer kann seine Freunde essen?

Der Kapitän steht jetzt im Bug des Bootes, mit einem Kunststoff-Sextanten in der Hand, um den Sonnenstand zu messen.

»Marianne, paß auf, die Zeit!«

Ich starre auf die Uhr. – »Jetzt!« ruft er, und meine Augen heften sich auf die Spitze des Sekundenzeigers.

»89 Grad und 36 Sekunden!« grölt Alain nach einer Weile. »Wir sind mitten auf dem Äquator!«

Ja, die Sonne steht wirklich im Zenit! Es ist kein einziger Schatten zu sehen.

»Als ich das erste Mal über den Äquator geflogen bin, habe ich ihn gespürt«, sage ich.

Alain blickt mich zweifelnd an.

Wir saßen in einem Militärflugzeug auf dem Flug von Bogotá nach Leticia. Ich hatte zunächst nicht daran gedacht, daß ich zum ersten Mal in meinem Leben den Äquator überqueren würde. Ich saß nur da und döste vor mich hin. Unter uns breiteten sich die gewaltigen Urwälder des Amazonas aus, ein grüner Teppich, von Strömen und Flußwindungen durchbrochen. Plötzlich fühlte ich, wie ein Schock mich durchfuhr, wie soll ich es ausdrücken, als ob alles in mir in Atome zersprengt würde, in ein kurzes, aber gründliches Chaos, das nichts mit dem Vibrieren des Flugzeugs und dem Sturz in ein Luftloch zu tun hatte. Als ob die beiden Hälften meines Körpers den Platz wechselten, als ob ich eine Wand durchdrungen hätte und auf der anderen Seite herausgekommen wäre ...

Ich stand auf und ging zum Piloten.

»Haben wir schon den Äquator passiert?« fragte ich, obwohl ich sicher war, daß ich ihn gespürt hatte.

»Wir haben ihn vor ein paar Minuten überflogen«, antwortete er und fuhr fort: »Man fühlt ihn, und man kann ihn auch sehen. Das erscheint dem Uneingeweihten vielleicht unmöglich, aber man erkennt ihn an den Wanderungen der Wolken, an der veränderten Richtung des Windes, an der Vegetation ... Das Wasser fließt auf den beiden Halbkugeln der Erde ja unterschiedlich; warum sollten dann nicht die Flüssigkeiten des Körpers auch vom Magnetismus der Pole reguliert werden? Was wissen wir von der Weltharmonie? Alles hat seinen Ton, ja sogar seine Musik, und kann mathematisch gemessen werden!«

Wie eine Illustration zu den Worten des Piloten flogen wir geradewegs in eine kohlschwarze Wolke hinein. Das Flugzeug zitterte wie im Schüttelfrost, der Tag wurde zur Nacht, in der uns nur grelle Blitze leuchteten. Es donnerte und krachte. Dann leerte sich die Wolke, als ob ein Damm sperrangelweit geöffnet würde, und wie aus einer dunklen Höhle flogen wir in den Sonnenschein hinein, hinein in eine Welt, die das Paradies zu sein schien. Drei Regenbogen spannten ihre gegen den Horizont blasser werdenden Wölbungen über die gewaltige Silberschlange des Putomayo, und ich fragte mich, ob wir über die Regenbogen hinweg oder mitten durch sie hindurchfliegen würden.

Von meiner Kindheit an war das Wort Amazonas ein Symbol für

alles Bunte und Exotische, für alles Gefährliche und Abenteuerliche. Da ich aus dem Lande des Nordlichts komme, waren die Winter meiner Kindheit neun Monate lang und wurden hinter den mit Eisblumen verzierten Fenstern verbracht; von hier aus schaute ich auf eine silberweiße Landschaft hinaus, die – von Kälte versteinert – einem riesigen Eispalast ähnelte, der von Lichtkronen aus tausend Eiszapfen erleuchtet war. Dort träumte ich von der grünen Welt. In dem durchsichtigen Polarlicht sahen die in glitzernden Reif gekleideten Zweige der Hängebirken wie bloße Wünsche aus, und man konnte sich nicht vorstellen, daß sie eines Tages wieder zum Leben erwachen und grüne Blätter und herabhängende Früchte tragen würden.

In dieser ewig weißen Welt wurde jede Farbe zum Schock. Bedeutungsvoll und unvergeßlich! Die rote Amaryllis-Lilie, die einmal gegen das Weiß des Schnees erblühte! Der Weihnachtsbaum, alle Weihnachtsbäume! Die bunten Trachten der Lappenkinder mit all den Streifen und Troddeln! Oder, wenn eine Postkarte ankam von glücklichen Freunden oder Bekannten, die sich an der Riviera oder in Havanna sonnten – Palmen gegen einen unglaublich blauen Himmel, den es nur auf Postkarten geben konnte! Den größten Eindruck machte aber mit seinen phantastischen Farbphotographien das »National Geographic Magazine«, das in den Briefkasten hineinplumpste. Sobald der Plumps zu hören war, schnappte ich das gelbe Heft und lief damit – als ob ich einen Goldschatz gefunden hätte – zu meinem Leseplatz, dem großen braunen Bärenfell im Wohnzimmer. Vortrefflich untergebracht und gegen den ausgestopften Kopf des Bären gelehnt, aus dessen offenem Rachen, der mit einer Menge spitzer vergilbter Zähne versehen war, eine hellrote Gipszunge heraushing, verschlang ich alles im Heft und träumte von den Ländern im Süden. Von Ländern, in denen die Sonne nicht zwei Monate lang im Jahr ganz und gar verschwindet, wo die Blätter der Bäume groß sind wie die Schilde der alten Wikinger und wo die Leute sich nicht in Pelze einzuwickeln brauchen, sondern sich nur mit bunten Federn herausputzen. Noch heute, wenn ich als Erwachsene ein Exemplar des »National Geographic« sehe, spüre ich augenblicklich den unverwechselbaren Duft des Bärenfells in meiner Nase.

Dort auf dem Bärenfell fingen alle meine Reisen an. Und jetzt, jetzt war ich im Lande des Amazonas, und der heißeste aller meiner Wünsche war Wirklichkeit geworden. Wir taumelten aus dem Flugzeug. Ein betäubender Duft von Pollen und Blumen wurde vom Wind aus dem umliegenden Dschungel herangeweht und füllte unsere Lungen und Sinne.

Ich saß vor dem einzigen Café Leticias und trank mit einem Strohhalm Lulusaft im Schatten eines bienenkorbförmigen Pomarosabaumes, dessen hell-lila Blüten sacht auf meine Schultern herabfielen. Plötzlich kam *er* – wie eines der wilden Katzentiere des Dschungels – im blendenden Sonnenlicht die Straße entlang. Auf seiner Schulter saß ein kleines Äffchen, das sein Ohr leckte und versuchte, auf das schwarze Kraushaar seines Kopfes zu klettern. Er zog es herunter, und dann verschwand es unter seinem aufgeknöpften weißen Hemd. Meinem ersten Impuls gehorchend, winkte ich ihm zu, er möge stehenbleiben.

»Verkaufen Sie Ihren Affen?« fragte ich auf spanisch.

»Ich exportiere Affen nur in großen Mengen«, antwortete er kurz. Seine Augen blickten geradewegs in die meinen, aber er machte keinen Versuch, die Unterhaltung fortzusetzen. Ich wurde von Panik ergriffen, daß er fortgehen und gleichzeitig aus meinem Leben verschwinden könnte, und so mußte ich alles tun, um dieser Katastrophe vorzubeugen.

»Darf ich mir bitte Ihren Affen ansehen«, bat ich. Er wühlte unter dem Hemd umher und entblößte dabei zur Freude meiner Augen die Brust mit der seidenweichen nußbraunen Haut. Dann zog er ein kleines dauniges Tier hervor und legte es in meine Hand. Es war leicht wie eine Fledermaus und kletterte sofort über Arm und Schulter auf meinen Kopf, wo es in meiner blonden Haarmähne verschwand.

Er zeigte eine Reihe weißer Zähne, während er flüchtig lächelte.

»Es glaubt, daß Sie seine Mutter sind. Es ist ein ziemlich zahmes Tier. Ein Boca blanca, ein weißlippiger Krallenaffe.« Die Art, in der er das S nicht aussprach, verriet, daß er von der karibischen Küste im Norden Kolumbiens kam.

»Haben Sie viele Tiere?« fragte ich, um unser Gespräch zu verlängern.

Er nickte nur.

»Darf ich kommen und sie mir ansehen?« Ich schaute ihn voller Eifer an, aber er verzog keine Miene. Er schwieg eine Weile, und dann sagte er:

»Ich bin Antonio aus Cartagena. Man nennt mich El Moreno.« Er drehte sich kurz um und ging schnell fort, die Hüften bewegend, als tanzte er Cumbia aus seiner Heimat. Ich mußte mich beherrschen, um ihm nicht nachzulaufen. Die Straße sah plötzlich öde aus, fast unwirklich. Ein kleines Kitzeln in den Haarwurzeln erinnerte mich an die Anwesenheit des Affen und rief mich in die Wirklichkeit zurück. Ich fühlte eine große Erleichterung und zugleich Zweifel. Hatte er den Affen absichtlich zurückgelassen oder nicht?

Jetzt hatte ich auf jeden Fall einen Grund, ihn zu besuchen. In dem kleinen Amazonasdorf dürfte es nicht allzu schwer sein herauszufinden, wo er wohnte. El Moreno!

Dann sank mir der Mut wieder. Es war Mittag, und die Sonne stand im Zenit. Niemand geht vor vier Uhr nachmittags auf die Straße. »Nur Touristen und Hunde gehen auf der Sonnenseite spazieren«, sagte neulich jemand im Scherz. Die Stunden wurden zur Ewigkeit, und ich stand auf, um ins Hotel zurückzukehren. Der Affe bewegte sich, um sich besser festklammern zu können, und ich fühlte voller Dankbarkeit, daß er da war, als wäre er ein Teil seines Herrn.

Ich kann die Zeit dazu verwenden, meine Haare zu waschen, dachte ich, als ich ein warmes Bächlein durch die Haarwurzeln rinnen fühlte. Ein flachbodiger Raddampfer hob sich gegen den dunklen, lapislazulifarbenen Himmel ab, eine intensive, wie auf ein Tuch gepinselte blaue Farbe mit wolligen Wolken, die handgemalt zu sein schienen. Der Postkarten-Himmel war Wirklichkeit geworden. Der bleigraue Horizont kündete das Gewitter und den Wolkenbruch des Nachmittags an. Die Flut stieg. Die Blätter der Bäume bewegte kein Wind. Die Flosse eines rosafarbenen Delphins schnitt die Oberfläche des Wassers zwischen großen, grünen Blättern, die gemächlich ihre lange Reise zum Atlantik antraten.

Eines der palmblattbedeckten Holzhäuser am Flußufer südlich des Hafens gehörte Antonio. Es war leicht gewesen, dort hinzufinden: »Wilde Tiere, Hunde und Andenken« stand in großen Buchstaben an der Fassade, die keine Fenster hatte, sondern nur eine Tür, die zum Wasser führte. Das Haus war auf Pfählen gebaut und sah wie ein Frauenzimmer aus, das den Rock hochhält, um ihn nicht naß werden zu lassen. So mußte man sich auch verhalten, um das Haus zu erreichen. Der Pfad verschwand im schlammigen Fluß, das Wasser reichte einem bis zu den Knien, und der schlüpfrige Lehmboden machte jeden Schritt zu einem Abenteuer. Während meines etwa zweihundert Meter langen Barfußspazierganges erinnerte ich mich an allerhand Geschichten von Krokodilen, Zitteraalen, Piranhas und anderen kannibalischen Bestien, aber der Glanz jener Augen hatte mich für alle Gefahren blind gemacht.

Endlich angelangt, kletterte ich auf einer kleinen Leiter zu einem wackeligen Laufsteg hinauf und klopfte an die Tür. Niemand antwortete, und so ging ich nach einer Weile hinein. Der Geruch wilder Tiere erstickte mich fast.

Das Haus bestand aus einem großen Raum ohne Möbel mit Ausnahme eines Tisches und einer zusammengezurrten Hängematte in einer Ecke. Der Fußboden aus losen Planken mit ziemlich großen Zwischenräumen erweckte den Eindruck, als ginge man unmittelbar auf dem Fluß, dessen Rauschen und Glucksen sich mit den Lauten und Schreien der vielen Tiere mischte, die in dem Zimmer hausten. Sie waren überall: in Käfigen oder Aquarien, frei, mit Stricken gefesselt, hüpfend und kletternd – Hunderte von Augen starrten mich plötzlich an. Drei kleine Leoparden kämpften um einige rohe Fleischstücke, und ein Piranha sah mich mit einem gierigen Ausdruck in seinem grausamen und häßlichen Gesicht an. Ich war wirklich recht froh, daß sich eine Glaswand zwischen uns befand. Einige kleine Krokodile krochen in einem großen Glasbecken aufeinander; vielleicht unterhielten sie sich mit ihren freien Brüdern unter dem Haus in einer Sprache, die nur Krokodile verstehen. Ein kleiner eulenähnlicher Affe öffnete seine schläfrigen Augen, um den Eindringling anzublinzeln; dann träumte er weiter vom Unfug der kommenden Nacht.

Plötzlich hüpfte der kleine Boca blanca, den ich ganz vergessen hatte, von meinem Kopf herab, und als ich mich umdrehte, stand Antonio da, mit dem Affen in der ausgestreckten Hand. Ich hatte ihn nicht gehört, als er vom Speicher hinter dem Haus hereinkam, und begann sofort, mich dafür zu entschuldigen, daß ich ungebeten eingedrungen war. Ich wurde mit einem einfachen Satz zum Schweigen gebracht:

»Ich werde dich heute abend auf die Krokodiljagd mitnehmen!«

»NO! Antonio, NOOOOO!« hörte ich eine Stimme schreien, bevor ich antworten konnte. »ANTOOOONIO! NOOOOO!« Die Stimme kam aus der Ecke mit der Hängematte, aber kein Mensch war zu sehen. Antonio ließ ein gurgelndes Lachen hören und rief:

»Sei nicht eifersüchtig, Salome! Es ist nur eine Frau!«

»Bist du verheiratet, Antonio?« fragte ich.

»Poquito!«

Ein bißchen! Mit dieser geheimnisvollen Antwort war ich erst zufrieden, als ein großer grüner Papagei schwerfällig durch das Zimmer flatterte und sich auf Antonios Schulter niederließ. Mit einer eindeutigen Besitzermiene schaute er mich mißtrauisch und ohne Zwinkern aus einem runden Auge an.

Die Regenwolken, die wie schwere Säcke über der Erde gehangen hatten, explodierten und leerten sich; sie isolierten uns von der Welt und machten uns zu Gefangenen in Antonios kleiner privaten Arche Noah. Er zeigte mir alles und lehrte mich die Namen von Tieren, die so ausgefallen waren, daß ich nicht einmal in Enzyklopädien etwas über sie gelesen hatte. Dann erzählte er von den Wundern der Natur, Geschichten von den Flüssen und vom Dschungel.

»Ich werde dich Tahiti nennen«, sagte er und berührte leicht meine Wange. Wir saßen auf einem Bastteppich eng beieinander, und jedes Wort war eine Liebkosung, jeder Blick ein Versprechen.

»Wer war Tahiti?«

»Ein Vogel, der über den Bäumen des Dschungels umherirrt und nie zur Ruhe kommt. Die Legende sagt, er sei ein Mädchen gewesen, das ihren Geliebten treffen wollte, sich aber im Dschungel verirrte. Seitdem fliegt sie über den Bäumen des Dschungels und sucht ihn. Du bist Tahiti!«

Nach einer Weile fuhr er fort:

»Das Konzert der Vögel im Dschungel ist einmalig schön. Dort gibt es aber nur einen einzigen großen Solisten, einen unansehnlichen und Furcht einjagenden Vogel, der Uirapuro heißt. Er singt nur einmal im Jahr, während der vierzehn Tage, in denen er sein Nest baut. Sein Gesang ist kurz, aber so harmonisch und schön, daß alle anderen Vögel schweigen, um ihm zuzuhören. Er imitiert die Flöte, entlockt ihr aber mehr Töne, als irgendeine der Flöten hervorzubringen vermag, die bis zum heutigen Tag gebaut worden ist. Besitzt ein Mann eine Feder dieses merkwürdigen Vogels, so ist er unwiderstehlich, und alle Frauen erliegen seinem Charm. Hängt eine Frau eine Feder des Uirapurovogels über das Bett ihres Geliebten, so bleibt er ihr ein Leben lang treu ...«

»Auch wenn er in einer Hängematte schläft?« fragte ich. Einer der kleinen Leopardenjungen legte sich um meinen Hals und leckte mir sorgfältig das Salz hinter meinem Ohr ab. Seine krausen Bauchhaare kitzelten meinen Haaransatz, und seine Klauen verwickelten sich in meinen Haaren. Als Antwort holte Antonio eine Halskette, die an der Wand hing.

»Sie ist aus den Zähnen einer Jararaca gemacht, einer Lanzenschlange, deren Gift tödlich ist. Sie wird dich beschützen«, sagte er und hängte mir die Kette um den Hals. »Die Jungen der Lanzenschlange haben bei der Geburt schon so viel Gift in sich, daß die Mutter auf einen Baumzweig klettert und die Neugeborenen zu Boden fallen läßt, um nicht während der Entbindung von den eigenen Jungen getötet zu werden.«

Der Regen hörte ebenso plötzlich auf, wie er begonnen hatte. Antonio öffnete die Tür, und wir erlebten einen flammenden Sonnenuntergang, wie er in der Welt nicht seinesgleichen hat. Ein kleiner Kapuzineraffe setzte sich auf die Türschwelle, um zu onanieren; der Mond grüßte die untergehende Sonne, und ein stattlicher Regenbogen verband die beiden Flußufer miteinander.

»Der Regenbogen ist eine Schlange, Yruba genannt«, fuhr Antonio fort. »Sie steigt von der Erde auf, um am Himmel zu trinken, sagt die Legende der Jivaro-Indianer vom Putomayo. Ein Junge fing die Schlange, als sie noch klein war, und sie wurde seine Spielgefährtin; doch als sie ausgewachsen war, lief sie ihm weg. Lange Zeit ringelte sie auf der Erde umher und tötete Menschen, bis es schließlich einer Armee von Vögeln gelang, sie zu töten. Jeder Vogel tauchte seine Federn in das Blut der Schlange und schmückte sich so mit allen Farben des Regenbogens. Was du dort siehst, ist nur der Geist der Schlange.«

Antonio schwieg und sagte dann abrupt:

»Komm, gehen wir! Ich hoffe, daß sich der Mond verstecken wird, denn es ist nicht leicht, Krokodile im Mondschein zu fangen.« Er reichte mir die Hand, um mir aufzuhelfen, und ich erwachte aus meiner Verzauberung. Der Regenbogen verblich, und aus seinem Schimmer fiel ein smaragdgrüner Honigvogel wie ein Stein zu Boden.

Als ich durch das mittlerweile ziemlich dunkle Zimmer ging, trat ich zufällig auf einen unförmigen Sack; ich glaubte, er sei voller Körner für die Tiere, aber er begann zu meinem Schreck, sich zu bewegen.

»Um Gottes willen, Antonio, was ist in dem Sack?« schrie ich.

»Eine Boa constrictor, Tahiti. Sie schläft dort monatelang; zumindest hat sie das getan, bis du auf sie getreten bist.«

»Wie groß ist sie? Wenn sie allein den ganzen Sack füllt, muß sie schrecklich groß sein!«

»Nur etwa sieben Meter! Man erzählt sich viel von Boas und Anakondas, die bis zu vierzehn Meter lang werden; aber hier findet man selten eine, die länger ist als neun Meter. Es gibt sicherlich größere weiter drin im Dschungel, aber kein Mensch ist bis jetzt dort gewesen.«

»Aber Antonio, sie kann sehr gefährlich sein! Warum hast du sie nicht im Speicher, zusammen mit den anderen Tieren in den Käfigen? Warum hast du sie hier, wo du schläfst?«

Er sah mich mit seinen schräggestellten Augen an: »Sie leistet mir Gesellschaft!« sagte er.

Er nahm ein seerosenblattförmiges Paddel von der Wand, eine Taschenlampe und ein paar Seile vom Tisch und ging zur Tür; dort pfiff er vorsichtig in die Dämmerung hinaus. Bald darauf war ein leises Plätschern zu hören.

»Mein Freund Eliseo. Er ist Spezialist für Krokodile, wie du bald sehen wirst!«

Stromaufwärts in die schwarz werdenden Gewässer dieses mächtigen Flusses zu paddeln, ist wirklich gefährlich. Man muß vorsichtig gegen heimtückische Unterwasserströmungen und starke Strudel ankämpfen und den abwärts treibenden Bäumen und Zweigen ausweichen, während man selbst in einem schlanken Kanu mühsam das Gleichgewicht zu halten sucht. Sollte man über Bord fallen, so beträgt die Chance, wieder an die Oberfläche zu gelangen, etwa zwanzig Prozent, mag man auch ein noch so guter Schwimmer sein. Ich dachte mit ein wenig Stolz daran, daß ich einige Tage zuvor auf dem Amazonas Wasserski gelaufen war; das ist recht aufregend, wenn man die Gefahren kennt, die in diesen Gewässern lauern. Der Zitteraal – manchmal über dreißig Kilo schwer – wartet auf einen mit seinen fünfhundert Volt starken Liebkosungen, die einen lähmen und zu einer wehrlosen Beute machen. Und außer Piranhas lauern auch mehrere Meter lange Haie auf ihre Beute! So saß ich also sehr still im Kanu, vom Geheimnis der Tropen verzaubert. Meine beiden Gefährten sprachen nicht; ab und zu grunzten sie zufrieden, wenn der Mond sich hinter einer Wolke verbarg und uns in einer undurchdringlichen, beinahe greifbaren Finsternis zurückließ.

Als wir nach einer Stunde Paddeln in einen schmalen Nebenfluß hineinkamen, hüllte uns ein betäubender Duft von Pollen, Blumen, Honig und frischem Grün ein, der sich mit dem erstickenden Geruch von Erde und Verwesung vermischt hatte. Der Ruf einer Eule bildete den Auftakt zum nächtlichen Konzert der Natur. Die meisten Tiere des Dschungels leben erst während der Nacht auf. Nachts geschieht alles. Man fühlt die Gegenwart unzähliger Lebewesen, die einen mit tausend Augen anstarren. Man selbst sieht dagegen nichts, außer fliehenden Schatten im Dunkel. Wenn man nur hören, aber nichts sehen kann, wirken alle Geräusche viel intensiver. Sie werden außerordentlich deutlich, und die Phantasie fängt an, einem Streiche zu spielen. Verwirrt und atemlos wird man Zeuge eines unbarmherzigen Kampfes auf Leben und Tod. Die Liebesrufe der Tiere während des Fortpflanzungsaktes und Schreie der Qual und Furcht durchdringen einander. Der Schmerzensschrei eines Danta, eines Wildesels, der mit einem Krachen im Regenwald verschwindet, bringt alles für einen kurzen Augenblick zum Schweigen – dann fängt das Knistern, Trompeten, Zirpen und Summen wieder an. Man hört den Lockruf eines Wasserhuhns, das dem Gequake der Frösche antwortet, Affengeschnatter und das Lachen eines Falken. Irgend etwas streift leicht meine Wange – so leicht, daß es nur wie die Ahnung einer Erinnerung wirkt –, und die Schwingen eines Vampirs gleiten lautlos in die Nacht.

Unter den niedrigen Zweigen von Riesenbäumen paddeln wir in einen kleinen Kanal hinein und tasten uns im Dunkeln weiter, bis wir eine Lagune erreichen. Ein leichter Wind bewegt den Bambus am Ufer und erzeugt eine Musik wie aus tausend Orgelpfeifen, während die Geräusche aller Tiere, wie die Hintergrundmusik einer fernen Klage, immer leiser werden. Und dann kommt plötzlich der Mond aus seinem Versteck hervor und offenbart ein Schauspiel überirdischer Schönheit. Ein geheimnisvoller See breitet sich vor uns aus, bedeckt von einem Teppich gewaltiger Blätter, deren Durchmesser mehr als anderthalb Meter beträgt. Sie liegen so dicht auf dem schwarzen Wasser, daß die glänzenden weißen Seerosen – groß wie Langspielplatten – den Anschein erwecken, als wüchsen sie auf den Blättern selbst. Die Victoria regia, die größte Blume der Welt, kann man nur hier am Amazonas finden. An den Blatträndern leuchten rubinrote Augenpaare, bevor sie im kohlschwarzen Wasser erlöschen; ein lautes Geplätscher, und die Krokodile verschwinden in ihren Verstecken zwischen den Säulengängen aus Seerosenstielen, die bis zu achtzig Meter hoch sind und deren Dach nur aus Seerosen besteht.

»Wir müssen warten, bis es dunkler wird«, flüstert Antonio und paddelt weiter um den Seerosenteppich herum. Gäbe es nicht die kleinen Mücken mit dem großen giftigen Biß, die Piuns, so würde ich glauben, im Paradies zu sein. Aber wer denkt schon an so etwas Triviales wie Mückenstiche, wenn er sehen kann, wie der Mond mit Seerosen baden geht, die so groß sind, wie der Mond selbst, und die hin und wieder untertauchen, um Rubine zu fangen? Doch heute abend – wie alle Abende – behält der Fluß seine Juwelen, und schließlich gähnt der Mond und verschwindet hinter ein paar bequemen Wolken, um schlafen zu gehen. Unsere Jagd kann beginnen.

Kaimans mit den bloßen Händen zu fangen, ist nicht leicht. Antonio hatte recht, Eliseo ist wirklich ein Meister dieses Sports. Ein plötzlicher Lichtstrahl aus der Taschenlampe – und die Rubinaugen werden festgenagelt. Die Bestie wartet wie gelähmt auf das sich nähernde Kanu. Jetzt ist es wichtig, dafür zu sorgen, daß das Licht keine einzige Sekunde die Augen des Krokodils losläßt; sonst verschwindet die Beute wieder in der Tiefe. Der Abstand zwischen den Augen zeigt natürlich die Größe des Krokodils – je weiter die beiden Rubine voneinander entfernt sind, desto größer ist es! Wenn das Kanu nahe genug herangekommen ist, packt derjenige, der nicht die Taschenlampe hält, die Bestie mit festem Griff im Nacken, während der andere Jäger ihr ein Seil um den Rachen bindet, bis er ordentlich zugeschnürt ist. Dann wird das Seil um die Beine des Tieres geschlungen und das strampelnde Bündel ins Kanu geworfen. Die Tiere sind Gott sei Dank nicht besonders groß, nur ungefähr einen Meter lang; aber es sind so viele, und sie strampeln so wild, daß es in dem Boot bald keinen Platz mehr für etwas anderes gibt als Krokodile. Ich hocke auf dem Rand des Kanus, das sich immer mehr dem schwarzen Wasserspiegel nähert.

Bevor wir uns alle mitten unter den noch freien Brüdern unserer Kaimans befinden, erwacht glücklicherweise der Mond, und das Zurückpaddeln beginnt. Eliseo hat eine schöne Stimme und singt schmachtende romantische Lieder von ewiger Liebe, finsterem Verrat und einsamen Herzen, so daß mehr als nur ein Krokodilsauge Tränen vergießt.

Ich liege wach, im Rascheln und Knistern der Nacht, erschöpft, aber gegen den Schlaf kämpfend, um neue Eindrücke zu genießen. Der liebestolle Kapuzineraffe hat jetzt ein kleines Erdtier gefunden, einen Nasenbären mit unschuldigen, gutmütigen Augen, den er mit beiden Armen fest an sich drückt. Nur die kleine spitze Schnauze des Coatis guckt noch unter dem struppigen Arm des Affen hervor. Der Boca blanca rennt wie ein unseliger Geist mein Rückgrat hinauf und hinunter. Die Krokodile in und unter dem Hause schwimmen aufeinander zu und machen Konversation, die Frösche quaken und die Grillen zirpen. Dann höre ich das Tapsen kleiner Füße. Eine Ratte huscht auf der Mondstraße zur Tür und verschwindet im Silberlicht. Dann tauche ich in Träumen unter.

»Meine Boa constrictor ist in der Nacht verschwunden«, sagt Antonio am nächsten Morgen. »Eine Ratte muß ihr bei der Flucht geholfen haben, sie hat ein Loch durch den Sack genagt.«

VI

Der weinende Baum

Viele Tage schwimmt unser Flußboot nun schon wie ein Schatten auf dem isabellfarbenen Fluß durch eine Landschaft, die an Erzählungen von Joseph Conrad erinnert. Einzelne Bootwracks sehen wie gespensterhafte Archen Noahs aus, die weit von allen biblischen Gestaden gestrandet sind; die Wracks sind der einzige Beweis, daß diese Gewässer bereits von Menschen befahren wurden. Was ist aus den Männern geworden, die diesen unergründlichen Fluß aufwärts gereist sind? Warum haben sie in dieser Wildnis ihre Boote verlassen? Der üppige Urwald und die Sümpfe, an deren Rand Mangrovenbäume wie auf Stelzenfüßen stehen, gleiten wie die Kulisse eines Horrorfilms vorbei. Wie eine schwere feuchte Decke liegt die Hitze über uns. Der Dschungel ist noch dichter geworden und drängt den Fluß immer mehr zusammen, bis er schmal ist wie das Labyrinth einer Gespensterbahn in einem Vergnügungspark, wo Spinnen und Schlangen von den Baumzweigen hängen und wo bei jeder Biegung Ungeheuer ihre Mäuler aufreißen.

Die feuerrote Sonne verschwindet so plötzlich, als wäre sie von dem trüben Kulissenhimmel heruntergefallen, und die Dämmerung kommt so schnell wie ein Überfall; schwarze Flügel fegen die Baumwipfel. Antonio schaltet den Motor ab und bindet das Boot an einigen Wurzeln fest, die in den Fluß hineinragen. Das eintönige Stöhnen des Motors wird sofort durch das ebenso monotone Summen der Insekten ersetzt, und der laute Schrei eines Riesenvogels, der aus dem Dickicht auffliegt, bringt unser Kammermusikorchester in Gang, in dem die Mücken die erste Geige spielen. Alle die kleinen Affen in den Käfigen sind bereits auf die Rücken ihrer großen Brüder geklettert, damit es den Mücken nicht gelingt, in ihre ungeschützten Bäuche zu stechen. Ein Eichhörnchenaffe mit schwarzen Lippen und einer weißen Brille klammert sich an den Rücken einer häßlichen »Piel roja« und piepst kläglich, während sich ein großer boshafter Affe, ein »Macho prego«, mit wütenden Bissen dagegen wehrt, daß ein kleiner »Mico leão« seinen Rücken als Mückenschutz verwendet. Der Boca blanca hat sich unter meiner Achsel versteckt. Die Papageien – angefangen beim großen Ararapapagei bis hin zu den vielen kleinen grünen mit dem blauen Fleck auf den Augenlidern und dem roten auf dem Rücken unter den Flügeln –, sie alle haben gelernt, wie die Affen zu schreien, zu schnattern und zu piepsen, und der einzige schweigende Passagier in unserem Boot scheint die Boa constrictor mit ihrem geifernden Züngeln zu sein, die Antonio wieder eingefangen und in den Sack gesteckt hat. Ich hüte mich sehr davor, darauf zu treten.

Nein, die Mata-Mata-Schildkröten, die mit ihren flachen vierekkigen Köpfen und Stacheln vorgeschichtlichen Ungeheuern ähneln, machen natürlich keinen Lärm, wie sie so dicht zusammengedrängt in einem wassergefüllten Benzinfaß liegen. Ein krähengroßer »Berghahn« mit stattlichem Helm, der von den Füßen bis zum Kamm so rotgelb ist, daß er aus echtem vierundzwanzigkarätigem Gold zu sein scheint, sitzt ebenfalls schweigend in seinem Käfig und träumt vielleicht davon, daß er beim nächsten Paarungstanz, wenn die Hähne der Reihe nach vor der ganzen Versammlung auf exotische Weise um die Auserwählte werben, Erfolg hat.

Alle diese Tiere hat Antonio von den Indianern an einem anderen Nebenfluß des Amazonas gekauft, der übrigens so weit im Landesinnern Solimões heißt. Wir sind jetzt auf dem Weg zu einem abgelegenen Ticuna-Dorf, in dem – wie Antonio gehört hat – ein Fest vorbereitet werden soll, ein Pelazón, eine Haarausreißzeremonie, das Initiationsritual für eine junge Indianerin, die im Alter von ungefähr vierzehn Jahren als heiratsfähig gilt. Auch den Jungen werden, wenn sie ein Jahr alt sind, von den Müttern die Haare ausgerissen, wobei sie obendrein noch eine Beschneidung über sich ergehen lassen müssen, damit sie später einmal mutige Männer werden.

Wie verbreitet man die Neuigkeit, daß ein Fest stattfinden wird? Wie funktioniert das Dschungeltelefon? Die Indianer, die alle Geräusche des Waldes kennen, unterscheiden sehr genau die Töne ihrer Echoinstrumente: des »Aurican«, der – wie unsere alten Waldhörner – weithin hörbar ist, und der Maguaré-»Trommel«, die aus mehreren Meter langen, etwa vierzig Zentimeter starken Baumstämmen besteht und die an beiden Enden in einen leierähnlichen Schnabel ausläuft. Ein etwa zwei Zentimeter breiter »Kanal« verbindet die beiden Enden, und wenn man mit zwei verschieden schweren Gummihämmern auf die »Trommel« schlägt, entsteht eine Art alphabetischer Sprache, die unserem Morsealphabet ähnelt. Dieser Telegraph der Indianer kann angeblich bis zu sieben spanische Meilen weit gehört werden.

»Woher weißt du, daß das Fest ein Pelazón ist, Antonio?«

Antonio spannt gerade die Hängematten im Boot auf; er vergißt dabei auch nicht, die Moskitonetze aufzuhängen, und antwortet mit einer Frage:

»Siehst du den Mond, Tahiti?«

»Ja.« Dort oben zwischen ein paar dürren Zweigen, die über die Dschungelmauer hinausragen, leuchtet ein trüber Mond. Er ist bereits unförmig schwanger und hat noch ein paar Tage vor sich, bevor er voll sein wird.

»Das Pelazón oder Moça Nova beginnt genau drei Tage vor Eintritt des Vollmonds. Dann trifft der Curaca ein, der Priester, Zauberer, Medizinmann und Hexenmeister der Indianer, und alle trinken wie besessen Chicha. Das Mädchen, das die Probe bestehen muß, darf als einzige nicht daran teilnehmen. Sie sitzt schon seit Monaten in einem aus den Stämmen der Hiriti-Palme eigens dafür angefertigten »Curral«, wo sie lernen soll, Hängematten und Körbe zu flechten. Sie hat mit niemandem gesprochen; nur mit ihren nächsten Verwandten, die sie über ihre Pflichten als Ehefrau belehren müssen, hat sie ein paar Worte wechseln dürfen. Man hat sie auch daran gewöhnt, zu rauchen und Chicha zu trinken, von dem sie nach und nach größere Mengen bekommt. Das Haarausreißen – Depilacão auf brasilianisch, Itale-erú in der Ticuna-Sprache – muß man ohne zu klagen ertragen – vor den Augen des ganzen Stammes, vor allem aber in Anwesenheit der Familie des Bräutigams. Ein neues Mitglied wird nur dann in die Familie aufgenommen, wenn es zuvor seine Seelenstärke bewiesen hat.«

Das ist also der Grund, warum ich viele junge Ticuna-Indianerinnen gesehen habe, die ein Taschentuch um den Kopf gebunden haben! Sogar in Leticia!

»Glaubst du, daß wir bei dem Fest dabeisein dürfen? Ich habe gehört, daß die Indianer zivilisierte Menschen für unwürdig halten, ihre Geheimnisse kennenzulernen. Die Weißen kennen die Bedeutung der verschiedenen Rituale nicht, so daß ihre Anwesenheit hemmend, ja sogar schädlich sein kann, wie ja auch in vielen anderen Religionen Außenstehende nicht geduldet werden.«

Ich sehe Antonios weiße Zähne im Dunklen aufblitzen.

»Die Indianer kennen mich! Außerdem sind weder du noch ich besonders weiß oder zivilisiert!«

Er reicht mir eine Tasse Kaffee aus unserer Thermosflasche und ein Butterbrot, das ich schnell in den Mund stecke, bevor sich tausend Mücken darauf gesetzt haben. Die Mücken sind so unglaublich zahlreich, daß man sie wie eine kompakte Wand spürt, wenn man die Hand im Dunklen ausstreckt. Nur wenn es unbedingt nötig ist, bietet man Teile seines Körpers diesen »Kannibalen« dar, und ich habe schon eine ganze Flasche »Black-Flag«-Mückenöl aufgebraucht.

Behutsam schaukele ich – von der lauwarmen Dschungelnacht umgeben – in meiner Hängematte, lausche der Affen- und Papageienmusik, den Geräuschen des Waldes und des Flusses, und denke darüber nach, was ich von dem Stamm weiß, den wir besuchen werden.

Die Ticunas sind ein Rest der stolzen und kriegerischen Arawaks, die von Osten her in ihr jetziges Stammesgebiet kamen. Von dort flohen sie vor den eindringenden Eroberern, den Spaniern und den

Portugiesen, die sie nach und nach zu Sklaven machten und außerdem ansteckende Krankheiten – wie zum Beispiel die Pocken – verbreiteten, denen die Indianer wehrlos ausgesetzt waren. Ganze Stämme gingen damals an den Pocken zugrunde, so wie heute an Tuberkulose. Die Ticunas siedelten sich am Jacurapa an, einem Nebenfluß des Ica, der wiederum ein Nebenfluß des Putomayo ist, und zwar in Santa Rita, San Jeronimo und einigen anderen Orten in der Nähe Belems. Andere Überlebende des Stammes flohen nach Mariaca bei Leticia und ließen sich dort nieder; sie haben die schlimmsten Verfolgungen erdulden müssen. Nicht zufällig stammt der Märtyrer der Ticunas, ein junger Indianer namens Verissimo, aus dieser Gegend.

Gegen Ende des vorigen Jahrhunderts, zur Zeit des »schwarzen Goldes«, des Gummis, wurden die Ticunas entsetzlich mißhandelt und ausgebeutet, als gierige und rücksichtslose Abenteurer sie gefangennahmen und zwangen, die begehrte Ware zu transportieren. Es spottet jeder Beschreibung, wie man die Indianer behandelt hat, und jeder Stamm weiß von den Grausamkeiten zu erzählen, die an ihm verübt worden sind. Für das kleinste Vergehen hackte man ihnen die Hände ab. Indianer wurden in Säcke gesteckt, die man in Brand setzte. Wenn die Opfer dann »lustig« umhertanzten, bevor sie starben, nannte man das »Indianerballett« … Lucien Bobard, der französische Journalist und Autor, hat in seinem ausgezeichneten, aber haarsträubenden Buch *Le massacre des Indiens* die Leidensgeschichte der Ticuna-Indianer geschildert, eine Geschichte, die mit geringfügigen Abänderungen auf die meisten aussterbenden Indianerstämme Südamerikas zutrifft:

»In Tabatinga, ganz in der Nähe von Leticia, schon auf der brasilianischen Seite, wohnte zu einer Zeit, an die sich die Leute noch erinnern können, ein portugiesischer Abenteurer namens Leander mit seinem Sohn Jordan, dessen Mutter Indianerin war. Diese beiden haben die Ticuna-Indianer in der Nähe von Tabatinga fast vollkommen ausgerottet; die Überlebenden sind ein gebrochenes und trauriges Volk. Die Indianer waren in ein unbewohntes Tal geflohen; weil man unbezahlte Arbeitskräfte haben wollte, schickte Jordan einen katholischen Priester, den Pater Jeronimus, zu ihnen; er sollte ihnen das Evangelium predigen und sie bekehren. Der furchtbarste und mächtigste Feind der Indianer ist noch heutzutage nicht die Feuerwaffe – obwohl sie sicherlich wie nie zuvor verwendet wird –, sondern der viel zuverlässigere und wirksamere Alkohol! Der Indianer, der die Demütigungen und die Niederlagen der Jahrhunderte nur allzugern vergessen möchte, wird leicht eine Beute des Alkohols, gegen den er keine Widerstandskraft besitzt.

Mit Gottes Wort und Alkohol brachte es Pater Jeronimus fertig, den Indianern einzureden, ihr Rausch habe sie gegenüber dem Señor in Tabatinga schuldig gemacht, und der Christengott befehle ihnen, als Buße eine bestimmte Menge Gummi vom ›weinenden Baum‹ – wie die Indianer ihn nennen – zu liefern. Weigerten sich die Indianer, dies zu tun, ließe der allmächtige Gott, den Pater Jeronimus so würdevoll vertrat, viel Übel und Leid auf den ungehorsamen Stamm herniederfahren. Versklavt von ihrem neuen Laster Alkohol, wurden die Indianer zu Tode geschunden; kamen sie ihrer ›Pflicht‹ nicht nach, verhängte man die grausamsten Strafen über sie. An Händen und Füßen gefesselt, wurden sie der prallen Sonne ausgesetzt, bekamen weder einen Schluck Wasser zu trinken, noch einen Bissen zu essen; man warf sie den Ameisen zum Fraß vor oder peitschte sie auf der Veranda des Señors aus.

Verissimo gelang es, zu fliehen; sofort beschwerte er sich beim Hauptmann der Grenzpatrouille, der ihn jedoch seinem Henker auslieferte; Jordan machte kurzen Prozeß und veranstaltete auf seiner berüchtigten Veranda eine Auspeitschung. Verissimo wurde an einen Pfahl gebunden. Um das Vergnügen der Zuschauer zu erhöhen, ließ man einen seiner Arme frei, weil der Gefangene versuchte, mit diesem Arm seine kleine Tochter zu beschützen, die man an seine Brust gelegt hatte. Die Tochter starb, während Verissimo überlebte und nochmals entkommen konnte. Als dies bekannt wurde, lieferte man die Angehörigen des Stammes grauenhaften Repressalien aus. Man band sie in der glühenden Hitze an Zäune, wo sie, entblößt und ausgemergelt, von Fliegen, Stechmücken und Ameisen zu Tode gepeinigt und in ihren eigenen Exkrementen liegen gelassen wurden.

Jordan, dieser Verbrecher und Feind aller Menschlichkeit, feierte jedes Jahr ein Fest, auf dem der Cachaça in Strömen floß und das schönste Ticuna-Mädchen zur Jungfrau Maria gewählt wurde. In Anwesenheit ihrer Verwandten wurde sie von Jordan vergewaltigt. Und als die Indianer aus ihrem Rausch erwachten, da erwachten sie nur zu einem weiteren Jahr der Ausbeutung und Sklaverei.«

»Antonio, hast du von Leander und Jordan in Tabatinga gehört?« frage ich in die Nacht hinaus.

»Den Ticunas ist in den letzten dreihundert Jahren Schlimmes widerfahren, aber nichts kommt den Grausamkeiten dieser Blutsauger gleich«, höre ich aus der anderen Hängematte.

»Wenn du den Namen Jordan Sousa de Almeida nennst, erblaßt heute noch jeder Ticuna-Indianer! In Tabatinga werde ich dir das Haus zeigen, wo er mit seinem Sohn gewohnt hat; er war ein richtiger Zungaro, dieser Jordan!«

»Was ist das?«

»Ein Tigerfisch. Er ist gefräßiger als alle anderen Raubfische«, sagt Antonio. »Er frißt Piranhas zum Frühstück!«

Antonio verstummt. Das Piepsen, Schnattern und Summen hört nicht auf. Ein merkwürdiges Plätschern, die Schreie einer Eule im Wald, Geraschel und das Glucksen des Wassers mischen sich mit dem Singsang der Affen. Ich kann nicht einschlafen. Alles scheint wie ein Traum zu sein – manchmal wie ein Alptraum. Ein Traum im Traum. Der Fluß, der Dschungel, Indianer und Weiße! Der Zauber eines Landes, das der Mensch noch nicht vergewaltigt hat. Was läßt sich über diesen sechstausend Kilometer langen Strom sagen? »O Rio Mar«, das Flußmeer, nennen ihn die Brasilianer! Er gleicht dem Blutkreislauf eines Giganten, mit seinen über tausend Nebenflüssen und deren Nebenflüssen, die ihrerseits Nebenflüsse haben. Sie alle durchdringen einen Urwald, der größer als ganz Europa ist! Immer bemühe ich mich herauszufinden, wie Mensch und Landschaft aufeinander bezogen sind; auf diese Weise hoffe ich auch, das Volk im Dschungel verstehen zu lernen, denn der Mensch wird ja überall auf der Erde von seiner Umgebung geformt.

Wer zum ersten Mal in ein fremdes Land kommt, sollte zunächst versuchen, ihm Gestalt zu geben, ich meine damit, seine Natur zu beschreiben; das ist verhältnismäßig einfach. Dann gilt es, seine Seele zu entdecken, was viel Zeit in Anspruch nimmt. Hier, im Dschungel des Amazonas, versagen unsere europäischen Maßstäbe. Zeit, Raum, Distanz – alle diese Begriffe bedeuten etwas anderes und machen jede Schlußfolgerung zunichte, lassen alle Vergleiche mißlingen. Die Natur unterwirft mit der Zeit den weißen Mann, raubt ihm Vergangenheit und Zukunft und überläßt ihn einem unzuverlässigen Jetzt. Das Klima betäubt alle Sinne: den Willen, die Energie und das Gedächtnis. Das bloße Überleben scheint schließlich der einzige Sieg des Menschen zu sein.

Ich habe nach einiger Zeit in Amazonien eine sehr wichtige Tatsache entdeckt, die es mir ermöglicht, jenen grünen Ozean zu beschreiben, und die für mich einer der psychologischen Gründe ist, warum sich der Mensch hier der Natur unterwirft. An den Ufern des gewaltigen Stromes gibt es keinen einzigen Stein, nicht einmal einen, der so groß wäre wie ein Ei! Es gibt keinen festen Grund, nichts, worauf man sicher stehen könnte! Steine müssen von den Putomayo- und Caguetáflüssen herbeigeholt werden. Der Strom fließt mächtig und furchterregend, manchmal bis zu hundert Meter tief, und zerschneidet die Erde nach Belieben. Sein Wasser birgt Gefahren und Geheimnisse, und die Ufer bestehen nur aus Lehm und Erde. Jederzeit kann der Fluß seine Richtung ändern; seine Unterwasserströme arbeiten heimlich und unterhöhlen das Erdreich, und urplötzlich wirft sich der Fluß in ein anderes Bett und vernichtet auf seinem Weg alles, ohne dabei die geringste Spur von dem zu hinterlassen, was einmal war; die Riesenbäume des Dschungels, die Wohnstätten der Menschen – alles verschwindet im Handumdrehen.

Die menschlichen Wohnsitze scheinen sowohl dem Land als auch dem Wasser zuzugehören; zierliche Bambushütten auf Stelzen erwecken den Eindruck, als ob die Menschen sich so unsichtbar wie möglich zu machen versuchten, um nicht den Zorn der Natur auf sich zu lenken und ihre zerstörerischen Kräfte herauszufordern. Alles ist zurückhaltend, diskret. Sogar die kleinen, zerbrechlichen Kanus schwimmen nur selten auf dem Fluß, und die Menschen sehen aus, als ob sie unmittelbar auf einem der schwarzen Blätter säßen, die von irgendeinem der riesigen Dschungelbäume herabgefallen sind.

Die Ureinwohner des Landes, die Indianer, müssen eine größere Chance haben, mit der Natur zusammenzuarbeiten als der weiße Mann. Sie haben eine Vergangenheit, die diesem Land angehört; Dinge und Wahrnehmungen haben für sie einen Namen und eine Geschichte. Ihre Naturmystik, ihre Tätowierung und das Totem, spirituelle Phänomene, die ihr soziales und religiöses Leben bestimmen, helfen ihnen körperlich und seelisch. Mit allerlei Hexenkunst und magischen Beschwörungen, mit Drogen und Fetischismus rufen sie überirdische Mächte zum Kampf gegen die Widrigkeiten des Schicksals auf, gegen die Leiden und Qualen des Menschen. Auf diese Weise vergewissern sie sich des Schutzes der allmächtigen Sonne, der Götter und Totemtiere. Sie alle stehen ihnen bei, in dieser übermächtigen und beängstigenden Natur zu überleben, die den Menschen als unbedeutende, winzige Ameise erscheinen läßt.

Aufgrund seiner Neigung zur Philosophie hat der Indianer in der abstrakten Betrachtungsweise mehr Erfahrung als wir. Er ist in besonderem Maße seelisch empfindsam und hat noch nicht seine Intuition, wie wir es nennen, verloren. Er kann den Wind lesen, Geräusche hören, die wir nicht vernehmen, und Dinge sehen, die für uns verborgen bleiben. Der Indianer geht durch den Urwald wie durch einen Palast – in der »Zivilisation« fühlt er sich wie ein Gefangener, er wird vogelfrei und verliert alles – seine Freiheit und seinen Glauben.

Die Idee der Seelenwanderung gibt dem Indianer außerdem ein
 wunderbares Gefühl vom ewigen Leben und vom endgültigen Sieg

über die Widerwärtigkeiten des Erdendaseins. Diesen Glauben haben fast alle Indianer seit Menschengedenken. Ein Kapitän, Franciscus Ribeiro de Sampabe, der im Jahre 1775 den Amazonas hinauffuhr, hat in sein Tagebuch notiert: »Die Passés-Indianer bei Santo Antonio glauben, daß die guten Indianer zum Schöpfer kommen, während die bösen für immer unter den Mächten der Finsternis weilen müssen.« Der Kapitän schreibt danach mit sichtlichem Erstaunen, daß jene Indianer an eine unbewegliche Sonne mit einer sich bewegenden Erde glauben; er meint, daß sie dies auf irgendeine rätselhafte Weise von den Schülern des Pythagoras und schließlich von Kopernikus selbst erfahren haben müssen. Die Passés-Indianer sagen auch, daß die Bewegung der Erde die Strömungen der Flüsse hervorrufe. Die Flüsse sind für sie die Adern, die Bäche die Blutgefäße der Erde. Da die Sonne stillsteht, muß sich ihrer Meinung nach die Erde bewegen, damit nach und nach alles, was existiert, seinen Anteil Leben von der Wärme der Sonne empfängt. Die Sonne heißt bei ihnen Simá, heißer Himmelskörper, der Mond Uanitú, kalter Himmelskörper ...

Wie ich so durch den Schleier meines Moskitonetzes meinen Uanitú betrachte, verwischen sich die Grenzen zwischen Wirklichkeit, Phantasie und Traum; eingeschläfert vom Schaukeln der Hängematte und vom Konzert der Natur, versinke ich ins Reich der Träume.

Kaum bin ich eingeschlafen, werde ich von einem leise plätschernden Laut geweckt. Ein Jacaré, ein Flußdrachen? Oder irgendein anderes Raubtier, das von den Beutetieren in den Käfigen angelockt worden ist? Nein, im schwachen Licht der Dämmerung sehe ich, wie ein junger Indianer angepaddelt kommt, und ich lasse mich aus der Hängematte gleiten. Antonio ist schon auf und kocht auf dem Spirituskocher Kaffee. Der junge Indianer, der bis auf einen Lendenschurz und eine Perlenkette nackt ist, bindet seinen schlanken »Casquinho« an der Reling unseres Bootes fest; dann springt er aufs Deck hinauf. In der Hand schwenkt er zwei »Pirapitingas«, zwei große Plattfische mit silberglänzenden Schuppen, und ruft fröhlich:

»Numa! Coáne numa tchi-ún!« – »Guten Tag! Ich komme, um euch zu besuchen!« Dann wendet er sich mir zu: »Ta-éke-coéga?«

»Numa! Tchá-ma tchaéga Marianne!« sage ich stolz, weil ich verstanden habe, daß er meinen Namen wissen will. Antonio hat mir ein paar Wörter und Redewendungen der Ticuna-Sprache beigebracht, die ziemlich viele portugiesische Wörter enthält – aber die Unterhaltung verläuft recht stockend.

Es muß kurz vor sechs Uhr morgens sein, denn der erste Chor der Guariba-Affen ist bereits laut im Wald zu hören. Wenn er aufhört, beginnt der nächste Chor und antwortet in der gleichen Tonart. Danach singen die Affen noch um neun und um elf Uhr vormittags, um drei Uhr nachmittags und zuletzt um sechs Uhr, bevor die Nacht anbricht. Hier braucht man wahrhaftig keine Uhr! Der Surucavogel, groß wie ein Rabe und mit smaragdgrün schimmernder Brust wie ein Käfer, pfeift außerdem jede Stunde im Wald, und die »zahme Uhr« in den Hütten ist der Jacaminvogel. Die Indianer behaupten, daß bei all diesen Uhrwerken des Dschungels nie ein Fehler vorkomme und man sie außerdem nie aufziehen müsse.

»Tchá-ma tchaéga Abocgua!« sagt der junge Indianer und fährt fort: »Conáuae né tcháunta co-ún?« – »Willst du mit mir kommen?« Er spricht eifrig mit Antonio und zeigt flußaufwärts; ich verstehe Worte wie »Yagé« und »Nonosopa curaca«. Antonio übersetzt, daß Abocgua gekommen sei, um uns zu einem Fest einzuladen, das gerade in einem nahe gelegenen Dorf stattfinde, und er sagt zu Abocqua, daß wir die Einladung annehmen würden, da man dort vielleicht Tiere kaufen könne.

Bevor wir aufbrechen, braten wir die Fische zum Frühstück; es sind herrliche Fische, die ich fast so lecker wie Piranhas finde – ein Geschmack, den ich offenbar mit dem Zungaro teile. Ich schätze außerdem etwas Abwechslung beim Essen, denn die fetten Schildkröten der letzten Tage – mit Maniokmehl zubereitet – liegen schwer in meinem armen Magen.

Während der Fahrt flußaufwärts sitzt Abocgua an meiner Seite und fährt mit seiner Sprachlektion fort. Sein Kanu schlingert an einem Tau hinter unserem Boot her. Antonio steuert, und ich muß ihn oft bitten, zu übersetzen. Abocgua zeigt zuerst auf die Sonne: »Naáme!«, dann auf meinen Mund: »Co-á«; er hält die Hand auf sein Herz: »Ná-tchama natcho-é«, spitzt den Mund und schmatzt mit den Lippen: »Enguí«, sagt er, »enguí«, wiederholt er auffordernd! Ich tue so, als ob ich nicht verstünde, daß dies Kuß bedeutet. Daraufhin tut er so, als wäre er sehr betrübt, und ein Wortschwall ergießt sich über mich:

»Côma cu-mé taigororo ningón-an-iaque, co-tché, tchá-ma etcha-tgi-é, tchau-ámete!« – »Du bist schön wie das Licht der Sonne und weiß; ich aber bin häßlich und dunkel!« Dann leuchtet die Sonne in seinen Augen, und er sagt:

»Cutchanquétcham, naetcham!«

»Antonio, was heißt naetcham?«

»Das wichtigste Wort in allen Sprachen«, sagt Antonio. »Es bedeutet Liebe, Amor!«

»Amor, Amor!« ahmt Abocgua nach. »Nhá tchétatke Amor!« – »Liebe, Liebe heute abend!« Er zieht an einer meiner hellen Haarsträhnen, lacht entzückt und sagt: »Namá mé – étchi! Taingui! Itale – erú!« – »Schönes Haar! Wir heiraten! Depilacão – Haare ausreißen!«

Ich fasse mich erschreckt am Schopf. Offenbar sind diese Indianer ganz besonders daran interessiert, einem bei jeder gebotenen Gelegenheit die Haare auszureißen!

Ehe ich ein einziges Haar auf meinem Kopf verloren habe, gelangen wir glücklicherweise zur Mündung des kleinen Flusses, an dessen Ufer das Dorf liegt. Der Fluß ist von Canabrava-Schilf so überwuchert, daß es unmöglich ist, den Motor in Gang zu halten; deshalb staken meine beiden Kameraden in einer kleinen Rinne voll schwarzen Wassers aufwärts. Eine schwarz-gelb-rote Korallenschlange ringelt sich durch das Schilf. Hunderte von kleinen grünen Eidechsen rennen auf den herunterhängenden Baumzweigen blitzschnell in alle Richtungen davon, und das kompakte Grün wird von einem Schwarm Kolibris belebt, deren grelle, metallisch glänzende Körper auf unsichtbaren Flügeln vor einem Strauß honigduftender Blüten in der Luft stillstehen.

Auf einer Lichtung, hinter den Uferbäumen, breitet sich das Dorf aus: einige verstreut liegende Tambus mit Palmwedeldächern. Im höchsten Yogébaum schwingen die Nester des Tocardvogels hin und her, die wie gefüllte Nikolaus-Strümpfe aussehen, und ein großer Brotfruchtbaum mit lederartigen Blättern beschattet den größten Tambu, vor dem viele Indianer versammelt sind und in dem wahrscheinlich die Feierlichkeiten stattfinden. Wir gehen auf den Tambu zu und grüßen. Als Begleiter hat sich ein Bursche zu uns gesellt, der dunkler ist als die Indianer selbst! »Gringo negro« nennen sie ihn liebevoll; offenbar ist er sehr beliebt. Abocgua hat es sich zur Pflicht gemacht, mich vorzustellen, und hält sich treu an meiner Seite; dabei flüstert er zärtliche Worte in mein Ohr und zieht bedeutungsvoll an meinen Haarsträhnen.

Eine »Delegation« nähert sich uns: drei kleine Jungen in den Armen ihrer Mütter, die alle im Gesicht furchterregend tätowiert sind: mit Sonnenstrahlen, die vom Mund ausgehen, mit Punkten zwischen den Strahlen und Linien von der Nase zu den Ohren. Und alle haben spitz zugefeilte Zähne wie Katzentiere! Beine und Arme sind hier und dort mit Strichen tätowiert, die Brüste sind unbedeckt. Die Frauen sind ein wenig betrunken. Die Kinder brüllen, schluchzen und wimmern. Kein Wunder! Es ist schmerzvoll, bei den Ticunas getauft und verheiratet zu werden! Die Jungen sind offenbar gerade von ihren tätowierten Müttern beschnitten worden. Große Teile ihres Haarschmucks haben ihnen die Mütter aus dem Kopf gerissen, an vielen Stellen wird die blutende Kopfhaut sichtbar. Die Jungen sind mit Federn in allen Farben geschmückt, sind auch hier und dort ein bißchen tätowiert und haben fest zugezogene rote Kordeln um Arme und Beine. Auf ihrem Rücken sind schwarz-gelbe ausgestopfte Vögel festgebunden. Die außergewöhnlich großen gespreizten Flügel erwecken den Anschein, als könnten die Jungen über die Dschungelbäume hinweg auf- und davonfliegen.

»Ticunas haben meistens Vögel als Totemtiere«, flüstert Antonio. »Pfefferfresser, Araras, Rabengeier! Aber auch Jaguare und Tiger! Wenn man zum Beispiel einem Stamm mit einem Vogel als magischem Symbol angehört, ist man mit allen Indianern verwandt, die Vögel als Totemtiere haben. Das ist wie eine Staatsangehörigkeit und wichtiger als die Familie. Man muß innerhalb seines Totems heiraten – und darf niemanden essen, der zum eigenen Totem gehört.«

»Das gilt für alle Gemeinschaften«, flechte ich ein. »Das Totemsystem erinnert mich übrigens an unsere Astrologie; bei uns gibt es ja auch Menschen, die glauben, verschiedenen Gruppen von Lebewesen anzugehören, und zwar nach dem Zeichen des Horoskops. Apropos, was bist du?«

»Schütze, wußtest du das nicht? Zur Hälfte Mensch, zur Hälfte Tier!«

Ein fürchterliches Stöhnen ertönt aus dem Innern der Hütte, gefolgt von einem dreimaligen Huf, Huf! Die Neugier überwältigt mich, und ich gehe einige Schritte auf die Tür zu. Meine beiden Trabanten kommen mit – auf jeder Seite einer –, und wir treten ein.

»Frauen und Hunde dürfen beim Yagé-Ausschenken nicht dabeisein«, sagt Antonio. »Aber vielleicht glaubt man, daß du die Göttin Yagé bist, die gewöhnlich von einer splitternackten Indianerin dargestellt wird!«

Es stimmt; seit meiner Ankunft im Dorf habe ich noch keinen Hund gesehen, und in der Hütte stehen nur Männer. Mitten unter ihnen sitzt der Curaca, Nonosopa persönlich; ein Tuch um die Hüfte und eine Halskette aus Tigerzähnen ist alles, was er anhat. Er starrt auf einen Kessel an seiner Seite, in dem eine schleimige erbsensuppenähnliche Flüssigkeit brodelt: Yagé, »das Getränk, das Erscheinungen hervorbringt«. Es wird aus der Rinde verschiedener Bäume – oder aus den Blättern der Ukué-Pflanze – gebraut; einer der Bäume heißt Ukuke.

Nonosopa stößt noch einige Huf! Huf! aus, stöhnt laut, nimmt eine Prise Asche, schöpft eine Kalebassen-Kelle voll Yagé aus dem

Kessel und spült das ganze schlürfend die Kehle hinunter. Daraufhin umklammert er den Kessel mit beiden Füßen und ruft mit großer Lautstärke die höheren Mächte an. Immer schneller tanzt er dann um den Kessel herum und schlägt mit einem Palmwedel darauf. Keiner der Zuschauer darf sprechen und noch viel weniger lachen, weil das die Geister verscheuchen könnte.

Ein sonderbarer gutturaler Gesang dringt aus dem Hexenmeister hervor, ein Singsang, der irgendwo in seinen Eingeweiden geboren zu sein scheint und mehr aus Tönen als aus Worten besteht. Die Zuschauer müssen jedoch verstehen, was er singt, denn sie stimmen in den Refrain ein. Jetzt nähert sich der Lehrling und hilft dem Meister, das Festgewand anzuziehen: eine Krone aus Papageienfedern, die mit Guacamayo-Federn verziert ist; dazu Unmengen von Halsketten, die so dick sind, daß die gesamte Partie von den Ohren bis zu den Schultern voller Perlen ist und der Curaca den Kopf nicht mehr bewegen kann. Schließlich ein Kranz von Papageienfedern, der noch um den Hals gehängt wird. Auch in die Ohren werden Federn gesteckt, und nun tanzt Nonosopa einen hektischen Tanz, den Gott Yagé, die Geister in den Wolken und vielleicht Yurupari, den Teufel selbst, anflehend. Danach verteilt er an sämtliche Anwesenden Yagé, allerdings erst, nachdem er selbst einen kräftigen Schluck getrunken hat.

Als ich an die Reihe komme, nehme ich auch einen Schluck, und zwar einen großen! Es ist das furchtbarste Getränk, das ich je geschluckt habe! Mir wird sofort schlecht, und alles beginnt sich zu drehen.

»Sei nicht traurig. Es hat Jahre gedauert, bis der Curaca Yagé vertragen konnte«, flüstert Antonio, der meine Übelkeit bemerkt hat. »Als Lehrling mußte er eine Stunde weit vom Dorf entfernt wohnen. Dort war er mehrere Jahre von allen isoliert und durfte nichts außer verfaultem Fleisch und Würmern essen. Nach und nach gewöhnte er sich dann an immer größere Yagé-Mengen, bis er das Stadium erreichte, in dem sein Geist frei in Raum und Zeit umherfliegen konnte, ohne daß sich sein Körper von der Stelle bewegte. Er nimmt jetzt Kontakt mit den Geistern auf, die ihm durch Visionen Anweisungen erteilen.«

»Eine halluzinogene Droge?«

»Man erzählt sich Geschichten von indianischen Curacas, die im entlegensten Dschungel hausen und nach dem Erwachen ganze Städte mit ihren Denkmälern und ihrem Verkehr exakt beschrieben haben, sogar Städte in anderen Erdteilen! Dabei haben sie noch nie eine Stadt, ein Haus, Autos, Züge oder dergleichen mit eigenen Augen gesehen!«

»Eine bittere Reise«, sage ich, denn ich spüre immer noch den Yagé im Mund, bis in den Magen hinunter. Mein Blick fällt auf eine Art Statue, die aus Kalebasse und Baumrinde geschnitzt ist und in einer Ecke steht.

»Hó-hó«, sagt Antonio. »Ein Götze, der bei den Ticunas sehr beliebt ist!«

An der geflochtenen Palmenblattwand hängen Pfeile, Bögen und Cerbatanas, die langen Blasrohre der Indianer, sowie Speere und Paddel; sie sind so schön, daß sie von Brancusi modelliert sein könnten. Ein großer blauschimmernder Schmetterling, ein »Busca-Casas«, flattert in der Hütte umher und kündigt den Regen des Nachmittags an. Wir gehen in die Sonne hinaus und lassen den Hexenmeister bei seinem Yagé zurück. Er wird jetzt immer mehr trinken und tanzen, seinen Zweig schwenken und den großen Geist Diosú, Yagé und vielleicht einige kleine Geister anrufen, bis er endlich unter dem Einfluß der Droge Halluzinationen bekommt.

Antonio muß Tiere einkaufen, denn sie sind der eigentliche Zweck unserer Reise. Ein kleiner Junge kommt mit seinem Spielkameraden, einem gelben Papa Uisca Real, der mit seiner rosafarbenen, in Blau eingefaßten Krone einem indischen Sagenvogel ähnelt. Die Ticunas sind Meister im Ausstopfen von Vögeln und haben nicht allzuviel lebende Vögel zu verkaufen. Außerdem essen sie einige, wie den Mutum, einen großen schwarzen Vogel mit einem Helm und einem gelbroten Schnabel, der aussieht, als wäre er aus Plastik und nachträglich aufgesetzt. Die Eier dieses Vogels gelten als ausgesprochene Leckerbissen.

Was essen die Indianer sonst? Sie haben Bananen jeder Art, Yukkas, Zuckerrohr für Panela, sie fangen Fische und viele Arten von Wild, Affen, Krokodile, Iguanas, Frösche, Kröten und Würmer; sehr beliebt sind die Mojojoy, Larven, die in den Palmenstämmen leben. Sie sollen am besten leicht angefault schmecken, man ißt sie gekocht oder roh; nach dem Urteil eines Kenners schmecken sie wie Palmenwein. Die Indianer essen auch Ameisen jeder Art; die großen heißen Arrieras, und die zwei bis drei Zentimeter langen Comejen. Vielleicht sind es Termiten? Fliegende Ameisen sollen angeblich wie Butter schmecken und sind sehr beliebt. Land- und Flußschildkröten sind auch sehr nahrhaft und gut, genauso wie ihre Eier. Die Milch holt man von einem Riesenbaum, dem Massaranduba, und vom Juansoco. Die Früchte dieses Baumes haben einen herrlichen Geschmack, aber da sie auch zur Lieblingsnahrung der Affen gehören, hat man behende Konkurrenten. Sollte man Magenschmerzen von all diesen Leckereien bekommen, so liefert der Yogébaum ein zuverlässiges Abführmittel.

Es gibt aber eine Menge Dinge, die man nicht essen darf. Sollte es zum Beispiel vorkommen, daß man den Kopf eines Eichhörnchens verschluckt, so wird man für den Rest seines Lebens vergeßlich. Und die Biberratte – ein unreines Tier – darf man nicht einmal anschauen. Ebenso darf eine schwangere Frau nicht einmal daran denken, Wildesel zu essen, weil das Kind sonst kriegerisch und bösartig wird. Auch der werdende Vater muß sich von ihnen fernhalten, obwohl das Fleisch recht gut schmeckt. Diese Verbotsliste ließe sich beliebig fortsetzen ...

Wir brauchen uns jedoch nicht zu ängstigen! Uns führt keiner jener erlaubten oder unerlaubten Leckerbissen in Versuchung. Auf unserer Speisekarte stehen portugiesische Sardinen in Öl und dänische Wurst. Antonio lädt die Indianer zu dieser exotischen Mahlzeit ein, einem Mitbringsel aus dem zollfreien Leticia. Und alles, was von dort kommt, weiß man im Dschungel sehr zu schätzen. Der arme federbehangene Potentat mit seinem Rausch und seinen Visionen wird in der Hütte bald ganz allein gelassen, und alle drängeln sich um uns, um kosten zu dürfen. Man höre und staune! Essen wir nicht Gebäck zum Nachtisch? Buttergebäck, genau dasselbe, an das ich mich vom Kaffeetisch meiner Kindheit erinnere! Kringeln und finnische Stöckchen, »Träume« aus Vanille und Sterne mit Perlzucker und Mandeln darauf! Nirgendwo auf der Erde – außer in Skandinavien – habe ich dieses Gebäck gefunden, doch hier an einem Nebenfluß eines Nebenflusses von einem Nebenfluß des Solimões im Amazonas-Gebiet stehen Dosen mit mehreren Kilo Buttergebäck vor mir. Die Affen können warten, die Würmer auch!

Die Caraxué, Brasiliens Nachtigall, singt. Wir müssen unsere neuen Freunde verlassen, ehe uns der Regen von der Außenwelt abschließt. Wir nehmen Abschied, aber wir dürfen erst wegfahren, wenn wir eine Kalebasse voll Chicha ausgetrunken haben. Ich versuche tapfer das Getränk hinunterzuschlucken, aber da ich gesehen habe, wie es hergestellt wird, finde ich es ziemlich scheußlich. Alle Stammesangehörigen, die nicht viel zu tun haben, zum Beispiel alte Frauen und Männer, sitzen in einem Kreis auf dem Erdboden und kauen Maniokwurzeln, die sie nach und nach zusammen mit ihrem Speichel in einen großen Topf in der Mitte des Kreises spucken. Diese schleimige Suppe läßt man dann zu einer Flüssigkeit vergären, die ungefähr unserem Bier ähnelt. Leider mag ich nicht einmal dieses Getränk, und so ist auch jener Ersatz durchaus nicht nach meinem Geschmack; aber wenn man Gastfreundschaft in Anspruch nimmt, muß man schon höflich sein, wo immer man sich auch befindet.

Antonio ist bereits auf dem Weg zum Boot, während ich noch zurückbleibe und mich nach Abocgua umsehe, der auf einmal verschwunden ist.

Plötzlich höre ich ein Flüstern: »Tsch!«

Und da steht mein schöner Indianer. In der Hand hat er seinen Bogen und einen Pfeil. Ohne ein Wort zu sagen, reicht er mir einen Vogel mit den prächtigsten Federn – leblos. Und hinter den gelben Trompeten eines Trompetenbaumes nimmt er seinen ersehnten Kuß, seinen Enguí, entgegen.

»Cúna tchaia – mé éntchní« – »Ich mag dich sehr gern«, sage ich.

»Cútchanquétcham!« Er sieht mich mit seinen dunklen Augen an, in denen das Dschungelfeuer brennt, dreht sich plötzlich um und läuft zu seinem Kanu. Und dann paddelt er schnell fort – ohne sich noch einmal umzuschauen – und verschwindet im Urwald. Ich fühle den warmen Körper des Vogels in meiner Hand. Er wird immer kälter, bis seine Eiseskälte in meinen Körper dringt und sich in allen meinen Gliedern ausbreitet.

Was wird mit diesen Naturkindern, den letzten Indianern in den Wäldern Südamerikas, geschehen? Eine hoffnungslose Verzweiflung ergreift mich. Sind wir nicht gerade dabei, an ihrem Untergang mitzuwirken? Ist nicht unser Interesse an ihnen wie das von Menschen, die sich um das Bett eines Toten scharen, den sie kaum kannten und für den sie während seines Lebens keine Liebe empfanden, für den sie sich nicht einmal interessierten? Wir schauen zu und sind nicht imstande, eine Lösung oder eine Rettung für sie zu finden. Als Antonio kommt, findet er mich hilflos weinend im Wald, den kalten Vogel in meiner Hand.

Nein, er weiß auch keine Lösung. Der Indianer, so sagt er, ist im Innersten mit seinem Untergang einverstanden. Er sitzt da, philosophiert und wartet – er ist ein Teil des Dschungels, und wenn dieser verschwindet, geht er mit ihm unter.

Und er weiß, daß der weiße Mann dabei ist, dies mit allen Mitteln zu beschleunigen.

VII

Itale-erú – eine Geschichte, bei der die Haare nicht nur zu Berge stehen!

Erst spät in der folgenden Nacht erreichen wir das Dorf, in dem das Moça-Nova-Fest stattfindet. Der Mond kann nicht mehr voller werden, und in seinem Silberlicht steuern wir den Trommeln entgegen, die so laut erdröhnen, daß wir sie trotz des Motorenlärms schon weit aus der Ferne hören können. Als wir uns dem Ufer nähern, sehen wir ungefähr zehn Indianer, deren einzige Kleidung aus Taparaus, Tätowierungen und Halsketten besteht und die uns mit grimmiger Miene empfangen. Alle mit Pfeil und Bogen in den Händen! Sie scheinen von unserem Kommen überhaupt nicht begeistert zu sein, und erst als Antonio eine Weile in seiner weichen Art mit ihnen in ihrer eigenen Sprache gesprochen hat, laden sie uns ein, ihnen zum Festplatz zu folgen. Dort wimmelt es von Leuten, die Trommeln wirbeln, Panflöten und Pfeifen aus Bambusrohr trillern, das Feuer knistert. Alle sind ungemein betrunken, denn man feiert schon seit drei Tagen und drei Nächten unter ständigem Tanzen und Chichatrinken.

Doch nicht unseretwegen haben sich die Indianer bewaffnet, denn nun stellen sie sich in einer Reihe auf, und einer nach dem anderen schießt einen Pfeil gegen symbolische Zeichen, die an die Wand einer Hütte gemalt sind, aus der Lärm und Schreie herausdringen. Plötzlich treten zwei Indianer aus der Hütte hervor und geleiten die Hauptperson des Festes auf den Platz. Die junge Indianerin ist splitternackt, aber so sehr mit Federn geschmückt und von Tätowierungen bedeckt, daß sie völlig angezogen zu sein scheint. Um ihre Arme und Beine hat man rote Kordeln straffgebunden. Das schwarzglänzende Haar reicht ihr bis zur Taille hinab und umgibt sie wie ein Umhang – sie ist sehr schön und sehr betrunken!

Immer mehr Ticunas springen und hüpfen aus der Hütte hervor. Sie sind am ganzen Körper bunt bemalt und tragen ihre berühmten realistischen Masken aus Baumrinde; dort kommen der »Vater des Windes« und die »Mutter des Windes«, der dämonische Juruparí persönlich, der Jaguar, der Tiger, der Affe und andere Tiere. Sie tanzen um die Braut herum und tun so, als ob sie das Mädchen gegen böse Mächte und gefährliche Feinde verteidigen würden. Auf diese Weise kämpfen sie zu einer eintönigen Musik die ganze Nacht, und die Morgendämmerung findet uns alle ziemlich erschlafft, aber dennoch voller Leben. Das verdanken wir dem aufmunternden Chicha – von dem es ein ganzes Kanu voll gibt!

Ein heißes Frühstück aus Zitteraal – »Poraquécoára« – kräftigt uns, und wir können weiter ausharren, bis die Sonne den Zenit erreicht. Dann wird ein »Auriri« auf dem Boden ausgebreitet, ein mit Symbolen bemalter Teppich aus Baumrinde. Der Höhepunkt des Itale-erú-Festes steht unmittelbar bevor, und alle versammeln sich um die Braut, die in der Mitte des Teppichs Platz nehmen muß. Ein kräftiger Schluck Chicha wird noch einmal in ihre Kehle gegossen, und dann lösen sich plötzlich zwei alte Indianerinnen mit flachen faltigen Brüsten aus dem Publikum und gehen auf das Mädchen zu. Während alle Zuschauer aus vollem Halse zu singen beginnen, damit man die Schreie und Klagerufe des Opfers nicht hören kann, winden die alten Weiber mit geübter Hand je eine Haarsträhne aus der Mähne des Mädchens um die Finger und reißen dann mit einem einzigen Ruck den Schopf mitsamt den Wurzeln aus ihrem Skalp. Das Mädchen dreht und windet sich, aber kein Laut kommt über seine Lippen. Man flößt ihm noch einen Schluck Chicha ein, den es wahrhaftig nötig hat; denn jetzt beginnt ein einziges Abschlachten der Schönheit: Unter frenetischem Tanzen und Schreien kommen alle der Reihe nach herbei und reißen ganze Strähnen seines langen Haares aus, so daß die Kopfhaut in großen blutigen Flecken immer mehr zum Vorschein kommt. Kein Schrei dringt über die Lippen der jungen Indianerin, nur ein leiser gurgelnder Laut, und aus ihren Augen quellen die Tränen. Sie macht unbeholfene Versuche, sich mit den Armen zu schützen; aber der Rausch, zusammen mit dem Schmerz, läßt sie zusehends apathisch werden. Schließlich ist die originelle Skalpierung beendet, und es gibt kein einziges Haar mehr auf ihrem Kopf, der wie eine einzige große Wunde aussieht. Der Tanz hört auf, der Gesang verstummt.

Das Mädchen sitzt mit starren und leeren Augen da. Die Eltern richten es auf, und willenlos läßt es sich in die Hütte führen. Die Federn hängen schlaff herab, und es torkelt dahin.

Mir ist auch ganz weich in den Knien geworden, und ich fühle mich schwindlig.

»Kein Mann ist so gut und schön, daß er solch ein Opfer wert ist«, sage ich mit Überzeugung.

»Das finden offenbar die jungen Ticuna-Frauen nicht! Deine Haare sind übrigens recht lose auf deinem Kopf gesessen, als du Abocgua begegnet bist«, neckt mich Antonio. Aber er sieht auch ziemlich mitgenommen aus, obwohl es sicher nicht das erste Mal ist, daß er ein Depilacão gesehen hat.

»Was geschieht jetzt?«

»Die Eltern säubern den Kopf des Mädchens und reiben ihn mit Salben ein; und sie kleiden es für den nächsten Teil des Rituals, bei dem es zeigen soll, daß es für das sexuelle Leben in der Ehe geeignet ist«, erklärt Antonio, und nach einer Weile kommen die Eltern mit dem Mädchen heraus, das jetzt ziemlich gerade geht. Das »Kleid« besteht aus einer Menge bunter Ararafedern, die am Kopf der Indianerin, den sie stolz aufgerichtet hält, festgeklebt sind. Sie stellt sich freiwillig auf den Teppich und fängt an, im Takt der Musik die Hüften wie eine orientalische Tänzerin zu bewegen. Die spitzen Brüste zittern, der Bauch macht kreisrunde Bewegungen, und alle Federn wippen. Sofort beginnt um sie herum ein Tanz, der so ungezügelt und obszön ist, daß die Nachtklub-Besitzer aus aller Welt an den Amazonas fahren sollten, um endlich einmal mit eigenen Augen zu sehen, wie ein sexuell anregender Tanz aussieht; dort findet man den rechten Gegensatz zu dem lahmen Striptease, den sie einem blasierten Publikum anbieten. Alle Frauen stellen sich in einer Reihe auf und tanzen laut singend einen »Lenga-Lenga« um das Mädchen herum, das sich ihnen anschließt. Die Masken versuchen, sich ihm mit herausfordernden und leidenschaftlichen Gesten zu nähern; aber sie werden von den Eltern daran gehindert, die symbolisch und manchmal recht handgreiflich versuchen, ihre Tochter zu beschützen. Das gelingt jedoch nicht immer, und besonders Juruparí ist sehr aufdringlich und sichtlich erregt. Schließlich bringt er es fertig, das Mädchen auf den Boden zu werfen und es dann beinahe zu vergewaltigen, während die Eltern ihre Tochter unter lauten Wehrufen aus den Armen dieses Teufels ziehen und zerren. Alle springen und tanzen, die Musik ist ohrenbetäubend, und jede Maske spielt ihre Rolle in diesem realistischen Theater. Der »Affe« steht Juruparí in seiner Frechheit nicht nach, und die Unschuld des Mädchens ist wirklich in Gefahr; aber trotzdem retten die Eltern mit vielen Mühen die Ehre ihrer Tochter.

Plötzlich löst sich die Braut aus den Umarmungen, vermeidet es behend, wieder eingefangen zu werden und läuft schnell wie der Wind, als trüge sie Flügel aus bunten Federn, zum Fluß hinunter. Ein junger Indianer, den man beim Tanzen nicht gesehen hat, setzt ihr nach und verschwindet im grünen Dickicht, wo sie wahrscheinlich – nach ihren Haaren – noch eine weitere Zierde verliert. Wer weiß, ob es ein Araravogel oder unsere Jungfrau ist, die zwischen den fingerähnlichen Yarumablättern flüchtig auftaucht; vielleicht kommt der Schrei aus der Kehle eines Vogels?

»In alten Zeiten«, sagt Antonio, »war es Sitte, daß viele junge Männer dem Mädchen nachliefen; wer es als schnellster fertigbrachte, sie zu fangen, bevor sie den Fluß erreichte, wurde unver-

Links oben: *Unsere Freunde, die Waianas in Französisch-Guayana.* Rechts oben: *Arap beim Korbflechten; er bereitet sich nicht gerade begeistert auf sein Maraqué vor!* Unten: *Anarapte bäckt Cassave-Brot.* Folgende Seiten: *Unser Kanu fährt im Nebel den Rio de Oro hinauf.*

PATROL

züglich ihr Ehemann. Aber junge Menschen von heute wählen sich ihren Geliebten selbst – hier und überall auf der Erde.«

Das Fest ist vorüber. Das Chicha-Kanu ist fast leer, und alle sind völlig betrunken. Und müde! Wolken, die wie mit dicker Ölfarbe auf einen syenitfarbenen Himmel gemalt zu sein scheinen, kündigen Regen an. Man lädt uns in eine Tambu-Hütte ein, und wir setzen uns auf einige Stämme aus schönstem Rosenholz, um auszuruhen. In einer Ecke liegt ein Federbündel: Es ist der Curaca des Dorfes, der auf den Flügeln Yagés in fremde Sphären geflogen ist und seinen Körper in einem weltlichen Federgewand zurückgelassen hat, um zu schlafen.

Der »Vater des Windes« nimmt seine Maske ab und gibt sie mir als Geschenk. Sie steht heute auf einem Bücherschrank meines Bruders in Stockholm, Slottsbacken 2, wo sie zwischen Vaters Paradehut mit Straußenfedern und einer siamesischen Tanzkrone aus lauter Perlen thront. Da ich weiß, wie wichtig den Indianern der Austausch von Geschenken ist – er ist für sie wie das Vorstellen, ein Maßstab der gegenseitigen Wertschätzung, die Basis zukünftiger Freundschaft, eine Sprache fast! –, gebe ich ihm das Beste, was ich bei mir habe: ein silbernes Armband, das ich von einer polnischen Schauspielerin, Lili Valenty, bekommen habe und das einst Max Reinhardt gehört hat. Dann tausche ich mein Türkis-Ohrgehänge gegen ein aus Balsaholz geschnitztes Tier, das leichter als Kork ist. Ich glaube, es stellt einen Nasenbären dar, ein Totemtier. Ich habe viele ähnliche Tiere in Leticia gesehen, wo sie den Touristen zum Kauf angeboten werden, die wahrscheinlich glauben, es handele sich um Spielzeug von Indianerkindern.

Antonio kauft noch einige Affen, die er nach Hollywood exportieren will: ein paar winzige »Sagui de Cauda Preta« mit hellen Minkpelzen, schwarzen Schwänzen und haarlosen hellroten Gesichtern und Ohren und außerdem einen »Siam«-Affen mit Hauzahn, schwarzen Lederlappen-Ohren, weißem Krauskragen und Federbuschschwanz. Alle Käfige sind jetzt so überfüllt, daß wir an die Heimreise denken müssen, die wir aber erst antreten können, wenn der Regen aufhört. Ein Regen am Äquator ist kein Regenguß; es ist auch kein Platzregen, kein Wolkenbruch. Keiner dieser Ausdrücke reicht aus, einen tropischen Regen zu beschreiben, denn er

Oben: *Endlich hat sich Felipe aufgerafft und filmt Claudia in der Wüste von La Guajira.* Unten: *Drehpause. Claudia ruht sich aus. Eine schöne Guajira-Indianerin posiert mit ihren Kindern für unsere Kamera.*

ist mehr als dies alles: eine Naturkatastrophe, eine Überschwemmung, eine Sintflut! Und trotzdem dringt kein Tropfen durch das dicke Palmwedeldach, wenn auch die Wände aus Wasserfällen bestehen, während draußen ein Blitz dem anderen folgt und das Gewitter kein Ende nehmen will.

Selbst wenn wir trocken bleiben und geschützt sind, ist solch ein Unwetter nicht gerade dazu geeignet, die Geister im Himmel zu besuchen; deshalb kommt der Curaca von seiner Weltraumfahrt zurück und kriecht brav in das Federbündel auf dem Boden, das sich langsam aufzuwickeln beginnt. Sicherlich hat er einen Brummschädel wie die meisten von uns; er sitzt mäuschenstill da und starrt mit roten Plötzenaugen vor sich hin. Schließlich hört der Regen auf, wir verabschieden uns und begeben uns auf die Reise.

Unzählige Tage sind wir wieder wie ein Schatten auf dem isabellfarbenen Strom durch jene so unberührt wirkende Landschaft dahingeglitten, deren Urwald aber tausend Gefahren und Geheimnisse in sich birgt. Laufen dort unter den Bäumen nicht riesige Nager, die Capyvaras, umher, und winden sich um die Äste nicht Loros, lindenblütenfarbene Schlangen, zusammen mit smaragdgrünen Boas? Sind dort die Kakerlaken nicht über zehn Zentimeter lang, und gibt es nicht schöne fleischfressende Pflanzen, singende Sirenas, die einen ergreifen und verschlingen? In diesem ewig grünen Land, in einem ewigen Sommer, der vom Regen gemildert ist, in dieser brutalen Schönheit – wer verlöre dort nicht seine Seele, seinen Verstand? Aber bevor dies geschieht, gleiten wir auf den Solimões hinaus, auf ein offenes Meer, denn das gegenüberliegende Ufer ist kaum zu sehen. Wir passieren einzelne Flußboote mit Häusern aus Planken und dicken Palmwedeldächern, und manchmal erkennt man ein Indianerkanu, das unter den hängenden Lianen der Riesenbäume am Ufer entlang gegen den Strom ankämpft. Flußabwärts schwimmen Salatblätter, Stöcke, Zweige, ja ganze Riesenbäume mit Wurzeln, die genauso buschig sind wie die Baumkronen. Nur selten sieht man eine Hütte, und die Dörfer liegen weit voneinander entfernt. Habe ich nicht gelesen, daß der Amazonas bei der Ankunft der Spanier dicht bevölkert gewesen ist, daß es hier viele große Siedlungen und Dörfer in Mengen gegeben hat? Was hat eigentlich der weiße Mann in den dreihundert Jahren zustande gebracht, die er nun über jenes Land herrscht? In dieser grünen, üppigen Fülle, in der die Pflanzen aus der Erde hervorzuschießen scheinen, sind die Menschen arm, grau, traurig und voller Angst.

Spät am Nachmittag steuern wir in die Mündung eines kleinen Nebenflusses hinein; hier kennt Antonio eine Siedlerfamilie, bei der wir die Nacht verbringen können. Ein krankes Kind liegt in einer Hängematte. »Malaria«, flüstert die Mutter traurig. Das Kind besteht nur aus großen fieberglänzenden Augen. Kein Arzt, keine Medizin! Hilft vielleicht mein Vorrat an Chinin, den ich zurücklasse? Die Tochter wird aufgefordert, das Mittagessen zuzubereiten, das mit unseren mitgebrachten Konserven, mit Milchpulver und Kaffee zu einem Fest wird.

Wir haben so viele Affen an Bord, daß wir wie Affen riechen; vielleicht schnattern wir auch schon wie sie? Ehe die Sonne verschwindet und die Mücken zu stechen beginnen, gehen wir an den Fluß hinunter, um zu baden und uns zu waschen. Es ist nicht besonders einladend, in das gelbe Wasser hineinzuwaten; das lehmige Ufer fällt so steil ab, daß man nach einem halben Meter keinen Grund mehr hat. Und das Wasser ist – obwohl es das sauberste der Welt sein soll – derart mit Erde vermischt, daß man schon einen Zentimeter unter der Oberfläche nichts mehr sehen kann.

»Wie heißt der blutdürstige, etwa fünf Zentimeter lange Fisch, der sich in die kleinste Körperwunde hineinzwängt und den man herausschneiden muß, weil er die Flossen wie Flügel spreizt?«

»Candirú vielleicht?« Antonio wirft mir die Seife zu. »Es gibt viele Wurmarten im Wasser«, tröstet er mich fröhlich.

»Keine Piranhas?«

»Nicht daß ich wüßte. Außerdem baden hier auch unsere Gastgeber. Denk an die Medizinmänner, die mehrere Tage nacheinander im Fluß sitzen, um auf das Weibchen des Bufeo zu warten!«

Ich vergesse die Piranhas; ich vergesse die Schlangen, die sich wie eine Feder spannen und mit solcher Kraft durch die Luft schnellen, daß sie die Glieder eines Menschen zerschlagen können, und ich vergesse alle Blutsauger.

»Erzähle«, bitte ich. Daß Bufeos Delphine sind, weiß ich schon, nämlich jene großen hellroten und schwarzen Delphine, deren Flossen ich so oft aus dem Fluß herausragen sehen habe.

»Es gibt zahlreiche Legenden über den Menschen und den Bufeo; bei den Indianern ist er ein heiliges Tier, es würde ihnen nie einfallen, ihn zu töten. Man hält ihn für einen Menschen, und von den Männchen behauptet man, daß sie in menschlicher Gestalt aus dem Fluß kommen, um den Indianermädchen Kinder zu machen, die weißer sind als die Indianerkinder. Der Sohn oder die Tochter ei Bufeo zu sein, ist sehr aristokratisch und das schönste Komplimen Im Gegensatz dazu ist Stiefsohn einer Ameise die schlimmste Beleidigung, die man zu hören bekommen kann. Nun gut, die Bufeo-Geschichte ist der Anlaß dafür, daß die Kolonisten den Hut auf dem Kopf behalten, wenn sie eine Indianerhütte betreten.«

»???«

»Sie wollen natürlich nicht zeigen, daß sie ein Loch im Kopf haben!« lacht Antonio und fährt dann fort:

»Der Curaca ist der einzige, der einen Bufeo töten darf. Tagelang setzt sich der Medizinmann in den Fluß, um auf das Weibchen des Bufeo zu warten; wenn es kommt, verführt er es. Danach töten seine beiden Gehilfen die Treulose und schneiden ihr die Geschlechtsorgane ab, deren elastischen Gebärmuttermund sich der Curaca wie einen Armreif auf den Oberarm streift. Dieser Fetisch verleiht ihm die Fähigkeit, in Zukunft nicht nur weibliche Delphine zu verführen, sondern auch alle Frauen der Welt.«

»O je, deine Geschichten enden immer auf die gleiche Weise!«

Eine smaragdgrüne riesige Iguana mit einem Kamm auf dem Kopf sitzt reglos im Grün des Ufers und starrt mich unentwegt an. Alle Geräusche sind verstummt, kein Wind bewegt die Blätter der Bäume, die Natur scheint zu warten. Und dann ist es plötzlich wie ein Rauschen, und die ganze Luft vibriert von Flügeln! Von allen Himmelsrichtungen kommen Tausende von Vögeln aus dem Dschungel und lassen sich im höchsten Baum nieder: große und kleine, in Formationen und auch allein, in flatternden Schwärmen und paarweise. Kein Ton ist zu hören. Und plötzlich, nach einer Pause, nach einem atemlosen Warten, beginnt – wie auf das Zeichen eines unsichtbaren Dirigenten, der seinen Taktstock schwingt – das Konzert. Es trillert, es jubelt, es flötet. Solisten, Chöre, Soprane, Tenöre, Bässe. Ich wünschte, ich könnte wie mein Vater die verschiedenen Vögel an ihrem Gesang erkennen. Im Konzert konnte er den Klang der einzelnen Instrumente genau voneinander unterscheiden und so ihre individuellen Darbietungen genießen; vom Chor unserer Singvögel in den Wäldern Lapplands kannte er die Lebensbedingungen und Eigentümlichkeiten eines jeden Musikanten; mit ihnen war er vertraut, wie er im Umgang mit Menschen unerfahren war.

So besuchte er mich zum Beispiel eines Tages in Stockholm, und ich bat ihn um Entschuldigung, weil ich ihn allein lassen mußte: Ich wollte eine Freundin besuchen, die im »Pro-Patria« – wie die Entbindungsanstalt dort ganz patriotisch heißt – ein Kind zur Welt gebracht hatte.

»Der Vater ist Neger. Und das ist hier, wo alle Babys weiß wie Schnee sind, etwas peinlich; deshalb ist es wichtig, daß ich zu ihr gehe«, erklärte ich. Mein Vater mußte jetzt – Gentleman, der er war – zu dieser akuten Rassenfrage etwas sagen. Er dachte lange nach, und dann erhellten sich seine Züge, und erleichtert sagte er:

 »Ja, ich las in der Zeitung, daß man einen schwarzen Storch bei

Katrineholm gesehen hat, was sehr selten ist. Es ist sicherlich dieser Storch, der das Kind gebracht hat!« Die Sache war damit klar, die Vögel hatten das Phänomen voll und ganz erklärt. Vögel kennen keine Grenzen, keine Nationalitäten. Ihre Sprache ist Musik.

Der unsichtbare Dirigent senkt seinen Taktstock, und das Konzert hört genauso plötzlich auf, wie es begonnen hat. Ein Rauschen, und die Luft vibriert wieder von Flügeln, als die Vögel wie Wolken im Dschungel verschwinden.

Leticias Curaca, der Bischof und zugleich der Minister für das Schulwesen in der kolumbianischen »Intendencia« Amazonas, Monseñor Marcelano Canyes, ist ein stattlicher Katalane mit Pockennarben und einer blendend weißen, bodenlangen Soutane. Dieser Repräsentant des Papstes mit dem Titel »Prefecto apostolico« hat neben seiner Figur noch viele weitere Vorteile. Er ist ein aufgeklärter, intelligenter und toleranter Despot und ein Frauenheld; für sein schnelles Motorboot bekommt er unbegrenzte Mengen von Benzin, obwohl diese Ware hier genauso schwer erhältlich ist wie Burgunder; er serviert den besten Whisky, den ich je getrunken habe, und besitzt außerdem das Kino neben der Kirche. Der Pater dieser Kirche soll übrigens sehr darauf bedacht sein, die Geburtenziffer zu erhöhen, und es hält sich das Gerücht, daß ihn alle im Dorf – wie es sich gehört – »Padre« nennen, mit Ausnahme von fünfzehn Bälgern, die zu ihm »Tío« (Onkel) sagen. Als Abwechslung zu den Geschäftsreisen mit Antonio nimmt mich Bischof Monseñor Marcelano auf mehrere Inspektionsreisen mit: Er besucht Internatsschulen für Indianerkinder, die von Nonnen geleitet werden. Vom Besuch des Bischofs entzückt, zaubern sie die leckersten Gerichte hervor.

Monseñor Marcelano ist die einzige Amtsperson, mit der ich über die Lebensbedingungen und die Probleme der Indianer offen reden kann. Natürlich reiche es nicht aus, den Indianerkindern Lesen, Schreiben und Psalmodieren beizubringen, was sie übrigens sehr schön können! Auf jeden Fall nütze ihnen das im Dschungel wenig. Und wenn sie in die Stadt ziehen, können sie mit dieser Ausbildung nichts anderes machen als die Sklavenarbeit unserer Zeit. Vor jedem Tambu, in dem ein Weißer oder ein Halbblut wohnt, schläft ein Indianer auf einem Bastteppich vor der Tür, wie arm sein Herr auch sein mag! Aber der Bischof hat Werkschulen in Leticia eingerichtet, in denen die Indianer sich weiterbilden können. Nicht viel in diesem grünen Ozean, aber immerhin ein Anfang.

Fortschritt, Kolonisation, Landgewinnung! Dies alles bedeutet für den Indianer Degeneration, Tod, Vernichtung! In unserer mechanisierten und materialistischen Gesellschaft hat der Indianer keinen Platz. Mit dem Übermut des weißen Mannes gehen wir immer davon aus, daß der Indianer von uns zu lernen habe, daß er sich anpassen und unsere Werte übernehmen müsse. Sie sind fast immer mit seinen Wertvorstellungen unvereinbar. Wieviel wir von den Indianern zu lernen haben, davon wird nie gesprochen. Erst wenn die Ausrottung perfekt ist, wird die Welt entdecken, was sie verloren hat.

»Haben Monseñor eine Lösung? Reservate?«

»Schulen, Aufklärung!« antwortet der Bischof und genehmigt sich einen Schluck seines ausgezeichneten Whiskys. »Das Reservat ist eine Utopie. Denken Sie an das Xingú-Reservat der Brüder Villa Boa! Sie haben die Überreste von Stämmen gesammelt, die sie unter ihren ursprünglichen Lebensbedingungen und nach ihren eigenen Traditionen leben lassen. Eine indianische Schweiz, könnte man sagen. Die einzige Bedingung war, daß die verschiedenen Stämme aufhören, sich weiterhin untereinander zu bekriegen. Dies ist nämlich einer der Gründe, weshalb die Indianer in ganz Amerika so verwundbar sind: Sie liegen immer in Fehde miteinander. Keine Solidarität zwischen den Stämmen!«

»Was mit Erfolg von Leuten ausgenutzt wird, die an das Land der Indianer herankommen wollen! Sie verbreiten Uneinigkeit zwischen den Stämmen, die sich dann gegenseitig vernichten!«

Der Bischof gibt keinen Kommentar, sondern entwickelt seinen Gedanken weiter:

»Was geschieht zum Beispiel jetzt in Xingú? Die transamazonische Fernstraße wird das Reservat durchqueren, dessen Existenz die idealistisch denkenden Brüder niemals durch staatliche Garantien abgesichert haben! Da man dort Mineralien, Öl, fruchtbares Land und viele andere wertvolle Dinge gefunden hat, sind jetzt mächtige und skrupellose Finanzleute der ganzen Welt in gigantische Landspekulationen verwickelt. Die gute Tat hat sich damit für die, denen man helfen wollte, fatal ausgewirkt. Die Xingú-Indianer sind nun in einer viel schlechteren Lage als die Indianer, die nach und nach assimiliert worden sind ...«

»Oder getötet worden sind! Ein guter Indianer ist ein toter Indianer, sagte man in den Staaten!«

Der Bischof blickt etwas sauer drein und genehmigt sich noch einen ordentlichen Schluck.

»Es haben viele Rassen gelebt, die im Laufe der Weltgeschichte ausgelöscht worden sind. Die Lebensdauer einer ganzen Rasse ist nur eine Sekunde in der Weltewigkeit!«

 Während der Conquista erließ der Papst ein Dekret, das den

Gläubigen das Recht gab, einen Indianer zu töten. Denn die Indianer hielt man für Tiere, die sich nicht taufen ließen und die zudem nicht für die Weißen arbeiten wollten. Ich hätte große Lust, den Bischof zu fragen, ob der heutige Papst vielleicht vergessen hat, dieses humane Dekret aufzuheben – aber ich verzichte.

Nach vier Monaten Aufenthalt in Leticia und Umgebung ist nun der Tag meiner Abreise gekommen. Ich sitze auf der Mole am Fluß und warte darauf, daß der Dampfer, der hier ungefähr jeden vierzigsten Tag von Iquitos nach Belem fährt, mich nach Manaus am Rio Negro mitnimmt. Ein Kerl mit fuchsartigem Aussehen schleicht mit einer Schubkarre an mir vorbei, zu einem Kanu, das am Kai schaukelt und in dem einige Indianer sitzen; sie alle wenden mir ihr rechtes Profil zu. Der Kerl lädt grüne Bananen in die Karre, schleicht wieder an mir vorbei und kommt außer Sicht. Die Indianer haben sich nicht bewegt. Die Sonne brennt. In einem kleinen Kanu sitzt ein kleines Mädchen unter einem roten Schirm. Salat auf dem Weg zum Meer ist das einzige Bewegliche in diesem unbeweglichen Bild. Nach einer Weile taucht der Kerl wieder auf, jetzt ohne Schubkarre. Er hat bloße Füße und ein paar Tage alte Bartstoppeln. Die Hosenbeine seiner verschlissenen Hose hat er verschieden weit hochgekrempelt, und seine Beine gucken wie zwei Röhrenknochen aus der Hose heraus. Er kommt zu mir und setzt sich auf eine leere Kiste an meiner Seite, zündet sich eine Zigarette an und beginnt zu reden, abgehackt und langsam, als kaute er die Worte, bevor er sie ausspuckt.

Wenngleich die Welt Papillons berühmte Flucht von der Teufelsinsel gelesen und auch im Kino gesehen hat, werde ich hier die düstere Geschichte wiedergeben, die mir dieser lebenslängliche Gefangene der Tropen erzählt hat; vielleicht etwas zur Abschrekkung für Autodiebe!

»Ich heiße Carlos Arturo und wurde in Bogotá geboren. Ich arbeitete in einer Fabrik. Als ich zwanzig Jahre alt war, lernte ich eine sehr schöne Frau kennen. Sie hieß Blanca Cecilia. Ihre Brüder waren Diebe und hießen Jesus, Alberto und Alfredo Umberto Rodrigues Torres. Am Abend des 29. März 1949 kam Jesus zu mir nach Hause zusammen mit einer Frau, deren Namen ich vergessen habe, und sagte: ›Komm, wir stehlen ein Auto, das wir in Cali verkaufen können.‹ Ich ging mit ihm. Als wir ankamen, erfuhr ich, daß der Wagen Don Henrique Cotero gehörte. Wir brachen die Garagentür auf, und während die Frau eines Burschen, den wir in der La Hampa, Kolumbiens Mafia, Caroli nannten, an der Ecke der Avenida Caracas Schmiere stand, holten wir das Auto, einen schwarzen Lincoln, heraus. Wir fuhren sofort in Richtung Cali davon, wo sich Aufkäufer der La Hampa befanden. Als wir bei Girardot an der Aguilakurve waren, ging ein Rad kaputt. Wir kamen von der Straße ab und rollten einen Hang hinunter. Dabei wurde ich am Kopf verletzt.

Meine Kameraden blieben in Girardot, und ich fuhr nach Bogotá zurück, wo mich die Polizei festnahm, da die Frau schon verhaftet worden war. Sie hatte gestanden und meinen Namen erwähnt.

Der Richter, Dr. Raphael Ocampo Restrepo de la Torre, verurteilte mich zu sechs Jahren Gefängnis. 1950 wurde ich in die Strafkolonie Araraquara am Caquetáfluß geschickt. Der Wald dort ist voller Fliegen, Moskitos, Spinnen und giftiger Schlangen. Wir litten unter Malaria, Durchfall und Hunger. Keine Kleider, keine Frauen, nichts! Zu essen gab es Maniok ohne Fleisch und ein wenig Fisch im Sommer, zu trinken den Saft der Yukkawurzel. Der Chef der Gefangenenwärter hieß Sanchez. Er war ein bösartiger Mensch. Er ritt immer auf einem Maulesel. Für jedes Versehen wurde man dadurch bestraft, daß Sanchez über einen hinwegritt, wenn man gefesselt auf dem Boden lag. Er lachte, wenn er eine Rippe brechen hörte. Achthundert Gefangene, nackt und hungrig! Am Zaun, der acht Meter hoch war, befand sich ein Holzkreuz. Dort wurde man angebunden und viele Tage und Nächte lang ohne Essen und Wasser stehen gelassen. Am Tag Fliegen und Hitze, nachts Moskitos. Man konnte sich nicht beim Kommandanten, Major Alfredo Castilli, beschweren; denn er nahm sich das Geld, das für die Verpflegung der Gefangenen bestimmt war. Wir mußten Landarbeit verrichten, Bäume fällen und beim Bau eines Flugplatzes helfen. ›La Linia Verde‹ hieß das Gebiet, in dem die allgemeingefährlichen Gefangenen eingesperrt waren; sie mußten mehr arbeiten und wurden die ganze Zeit bewacht. Als der erste Fluchtversuch mißlang, kam ich drei Tage ans Kreuz, drei Monate ins Krankenhaus und dann nach ›Linia Verde‹. 1952 floh ich zum zweiten Mal mit zwei Kameraden. Der eine starb an Hunger. Morgens die Sonne auf der einen Wange, nachmittags auf der anderen in Richtung Putomayo. Kein Essen im Dschungel, nur Humari-Früchte, Wundschorf und Rotz. Wir machten Balsaflöße, um die Flüsse zu überqueren. Nach zweiunddreißig Tagen trafen wir Seringueiros, Gummiarbeiter, und Huitotosindianer, die uns halfen. Am Putomayo empfing uns Vincente Sierra. Wir waren so mager, daß nicht mehr viel von uns übrig war, und die Moskitos hatten uns alles Blut ausgesogen.«

»Warum sind Sie nicht nach Bogotá zurückgefahren?« frage ich, als er seine traurige Geschichte zu Ende erzählt hat.

 »Hab' ich versucht. Bin aber zurückgekommen. Wen der

Dschungel einmal hat, den behält er. Aus diesem grünen Gefängnis kommt keiner mehr fort!«

Er spuckt in den Fluß, zeichnet mit den dreckigen Zehen einige Kreise in den Sand, saugt an seiner Zigarette und sagt dann:

»Ich bin glücklich hier. Ich bin weiß, ein Herr!« Er zeigt auf die Indianer, die noch wie versteinert dasitzen, und fügt verächtlich hinzu:

»Nicht wie die da!«

Ich höre ein Tuten, und aus der Flußbiegung heraus naht der weiße Dampfer.

VIII

Auf der anderen Seite des Sonnenuntergangs

Auf der anderen Seite des Sonnenuntergangs, dort, wo der Dschungel jeden Abend das Gold der Sonne auffängt, habe ich Dich verlassen. Viele Sonnenuntergänge trennen uns jetzt, und viele Sambas – gespielt für das Gewirr der Hängematten – haben in meinen Ohren geklungen. Zwei Gewitterstürme haben die Zeit zwischen uns gefüllt, aber der rosafarbene Delphin folgt mir noch immer im isabellfarbenen Wasser. Fünf Tage sind inzwischen vergangen, seit ich an Deiner Seite in einem Paradies aufgewacht bin, in dem die Schlange frei ist. Das gleiche Wasser, das an Deiner Tür vorbeifließt, begleitet mich auf meiner Reise fort von Dir, auf meiner Reise zu neuen Sonnenuntergängen, zu neuen Morgendämmerungen, fort von der Morgendämmerung über dem Solimões.

Der Morgennebel lichtet sich, und aus seinem Schatten steigt der Urwald hervor, der unergründliche Dschungel, der seit meiner Abreise an den Ufern Wache steht. In den Hängematten beginnt es sich zu regen. Aus den Transistorradios dudelt Musik, unterbrochen von Werbesendungen für Dinge, die man hier sowieso nicht kaufen kann. Kinder schreien, und die Unterhaltung von gestern wird dort weitergeführt, wo der Schlaf sie unterbrochen hat. Wenn man den Amazonas auf dem Deck der dritten Klasse erlebt, ist er viel weniger eintönig als oben in der ersten Klasse, wo man mit einem hochmütigen und langweiligen Kapitän Konversation treibt und so tun muß, als ob man feiner wäre als die anderen. Hier geschieht immer etwas zwischen den über hundert Hängematten, die kreuz und quer aufgespannt sind, und in dem Durcheinander habe ich schon mehrere Freunde gefunden. Der Koch, mit dem ich französische Kochrezepte gegen brasilianische austausche, möchte unbedingt mein hellblaues schwedisches Baumwollhemd haben und, angeregt von meinem Versprechen, es ihm nach der Ankunft zu schenken, wählt er beim Servieren die besten Stücke für mich aus. Das Essen ist übrigens reichlich und ausgezeichnet, obwohl es in verbeulten Blechschüsseln serviert wird. Mein Duschbad habe ich in der Kabine des Steuermanns nehmen dürfen, der vergebens gehofft hat, einmal in seinem Leben eine nackte Schwedin sehen zu können. Der Preis für die Reise mit dem Flußdampfer beträgt weniger als vierzig Mark, die Verpflegung inbegriffen.

Der beste Freund, den ich an Bord habe, ist Dorothea, die Krankenschwester, eine echte Zigeunerin; man kann das an den schweren goldenen Filigranohrhängern sehen, die so lang sind, daß sie auf den Epauletten ihrer Khakiuniform mit dem Goldemblem des brasilianischen Staates ruhen, übrigens der gleichen Uniform, die der Kapitän trägt. Nicht einmal im Traum könnte es sich eine

Zigeunerin vorstellen, ihre Ohrhänger in einer Schublade zu lassen – das muß der brasilianische Staat schon entschuldigen.

Aus meiner Freundschaft mit Dorothea entstehen unerwartete Folgen. Das erkenne ich, als wir nach Manaus hineindampfen und die Linie überquert haben, wo das dunkle Wasser des Rio Negro auf den lehmfarbenen Amazonas trifft, ohne sich mit dem »Flußmeer« zu vermischen. Kaum haben wir am Kai angelegt, stürmen an die zwanzig Menschen den Landesteg hoch. Sie werfen sich buchstäblich über Dorothea her, mit überwältigenden Gefühlsausbrüchen und großem Geschrei. Es sind ihre Verwandten, die ganze Sippe aus Manaus, die sie in der Stunde, in der das Boot im Hafen liegt, natürlich besuchen muß. Als Dorotheas Freundin werde ich sofort behandelt, als gehörte ich zur Familie. Dann tutet der Dampfer zum Abschied, und bevor ich etwas begriffen habe, sind alle meine Koffer und meine Kameratasche auf dem Dach eines ruckeligen Autos verstaut, und zusammen mit einer großen Zahl Erwachsener und Kinder werde ich nach Bairro Santa Lucia an den Stadtrand verfrachtet. Das »Lager« der Zigeuner besteht aus einer Barackensiedlung, und ich werde Dona Ana zugeteilt, einer stattlichen Zigeunerin in weitem Rock. Sie wird meine brasilianische Mutter und auch meine Lehrmeisterin in der Wahrsagekunst. Unter dem Namen Madame Jacaira führt sie Seancen durch; die billigste, das Lesen aus der Hand, kostet fünf Mark, das Deuten der Kristallkugel ganze zwanzig Mark. Dona Ana ist eine schöngeistige und weitgereiste Frau, eine ausgezeichnete Menschenkennerin, deren Herz genauso groß sein muß wie die unter einem Schal mit Goldfransen verborgene Kristallkugel. Sie bringt mir viel über das Leben bei, nicht nur über Handlinien und Wahrsagerei. Zur Essenszeit wird ein Tischtuch auf dem Fußboden ausgebreitet – obwohl sich im Raum auch ein richtiger Tisch befindet –, und alle Mitglieder der Sippe bilden darum einen Kreis wie um ein Lagerfeuer. Nach dem Essen tanzen wir. Ich bin glücklich mit den Zigeunern – sei es nun, weil ihr Lebensstil meiner Art zu leben entspricht oder weil ich meine Großmutter in mir fühle. Sie soll eine richtige Zigeunerin mit rabenschwarzen Haaren gewesen sein, die inmitten schwer arbeitender Bauern auf der Insel Gotland lebte, aber selbst nur Kaffee trank, im Kaffeesatz las und tanzte.

Die Stadt Manaus schläft ihren Dornröschenschlaf seit vielen Jahren. Jung und schön, im Alter von etwa dreißig Jahren, starb sie einen Scheintod und wartet nun – umgeben von einem dreitausend Meilen dicken Regenwald – auf ihren Prinzen, während sie von vergangenem Ruhm träumt. Manaus hieß – bevor die Zeit des schwarzen Goldes gegen Ende des 19. Jahrhunderts begann – Villa Barra und wurde 1850 Hauptstadt der Provinz Amazonas. Damals hatte die Stadt 3640 freie Einwohner und 1848 Sklaven, nicht mehr und nicht weniger! Dann entstand auf dem Weltmarkt eine stärkere Nachfrage nach Gummi, und Manaus wurde plötzlich zur wichtigsten Stadt Brasiliens. 1876 richtete die Red Cross Line einen Dampfbootverkehr von Liverpool nach Manaus ein; von dort aus konnte man mit der Booth Line sogar nach New York reisen. Die große Gummijagd hatte begonnen. Aus der ganzen Welt strömten die Glücksritter herbei. Manaus schwamm im Geld. Cafés, Kabaretts und Bierkneipen, in deren schattigen, grünen Gärten Musikkapellen spielten, schossen wie Pilze aus der Erde, und aus Europa wurden Handwerker und Künstler importiert, um Paläste und öffentliche Bauten prachtvoll auszuschmücken.

Manaus ist nur das Gestern! Eine Geisterstadt der Vergangenheit! Manaus ist der Traum des Menschen, der nie Wirklichkeit wurde, sondern schon beim Träumen verwitterte und in Ruinen zerfiel. Die Phantasie einer hinterlistigen und bösen Natur, die mit einer Geste plötzlicher Großzügigkeit ihren Überfluß über die Menschheit ausgießt und genauso plötzlich alles wieder zurücknimmt. Ich wandere durch Straßen, auf denen die Schienen der Straßenbahn noch das kunstvoll gelegte Mosaik durchschneiden, bewundere öffentliche Bauten, das Barock und die Ornamente der Kirchen und schleiche mich in die verlassenen Gärten alter Paläste, die wieder von der Natur besiegt worden sind. Die Dschungelbäume stecken ihre riesigen Blätter durch weitgeöffnete Fenster und geborstene Wände, gewaltige Baumkronen haben die Dächer emporgehoben, und der Efeu verdeckt die zerbröckelnden Stuckdekorationen. Werden die Geier jemals von den Dächern und Türmen, wo sie auf Harfen, Kreuzen und Marmorengeln thronen, verjagt werden? Wird die Taube auf dem versiegten Springbrunnen, auf dem sie schon seit langem versteinert sitzt, zum Leben erwachen? Werden die Paläste jemals von Schritten und Gelächter widerhallen, die Geschäfte mit den Wundern von morgen gefüllt sein, wird die Oper die berühmten Tenöre unserer Zeit begrüßen, wie sie einmal Giovanni Emmanuel an der Spitze des römischen Opernensembles begrüßt hat?

Denn in diesem verwitterten Traum gibt es eine Oper, die an norditalienischen Barock erinnert! Eine Oper, größer als die von Paris, erbaut nach Zeichnungen Gustave Eiffels, des Turmbauers, und ausgeschmückt von Angelis und Capranesi! Als Gast des Präfekts Pedro Block erlebe ich dort die Aufführung von »As Mãos de Euridice«. Der einzige Schauspieler des Stückes, Roberto Duval, versucht vergebens, mit seiner einsamen Stimme den Riesenraum auszufüllen und ein in roten Plüsch niedergesunkenes Publikum zu fesseln, ein Publikum, das weder Disziplin hat noch an Theaterbesuche gewohnt ist. Katastrophe! Am Ende des zweiten Aktes fällt der Schauspieler, wie im Manuskript vorgesehen, zu Boden, aber so dramatisch, daß alle glauben, er sei tot. Da er der einzige Akteur auf der Bühne ist, kann ja nicht mehr viel kommen, so daß das Publikum mit dem Präfekten an der Spitze das Theater verläßt. Der verzweifelte und beleidigte Schauspieler weigert sich, den dritten Akt vor den wenigen Besuchern zu spielen, die das Programmheft aufmerksam durchgelesen haben.

Hinter einer Säule aus echtem Carraramarmor versteckt höre ich eines Nachmittags, wie Manaus' neugebildetes Symphonieorchester im Opernhaus Beethoven übt, daß die venezianischen Kronleuchter erzittern – mehr Dschungelkonzert als Beethoven!

Ich sitze auf dem Markt der Sehnsucht, »Praça da Saudade«, ich gehe die »Largo da Saudade«, die Straße der Sehnsucht, entlang. Der ewige Traum von El Dorado, der Goldenen Stadt! Der ewige Traum und die ewige Sehnsucht des Menschen nach Reichtum. Schwarzes Gold in grünen Wäldern!

Zigeunerleben bedeutet Aufbruch, Reisen.

Eines Tages stehe ich wieder am Kai und nehme Abschied von meiner neuen Familie, die sich in einen flachbodigen Raddampfer hineinzwängt, um den Rio Madeira hinaufzufahren. Ich hatte geglaubt, einen solchen Dampfer gäbe es nur auf alten Kupferstichen vom Mississippi, eine mehrere Stockwerke hohe Konstruktion, deren einzelne Etagen von den Spinnenweben der Hängematten zusammengehalten werden. Sehe ich dort nicht die Silhouette einer Kuh, die sich deutlich gegen den Abendhimmel abhebt, laufen nicht Hühner an Bord herum?

Ich reise weiter mit meiner Einsamkeit. Die Flugreise von Manaus nach Brasilia bringt mich aus dem Gestern ins Morgen ohne Zwischenlandung im Heute, weder in der Zeit noch im Raum. Es ist schwer, etwas über Brasilia zu sagen, das mehr eine Idee als die Verwirklichung einer Idee ist, mehr ein nationales Symbol als eine wirkliche Stadt. Brasilia ist wie das Spiel eines Kindes mit Bauklötzen, die aufs Geratewohl auf ungebrochener feuerroter Erde aufgestellt worden sind. Die Straßen sind bisher nur geplant, die schönen Gebäude wirken wie aus einem Flugzeug herausgeworfen. Brasilia ist ein sublimer Gedanke, anschaulich, aber noch im Versuchsstadium – ein Gedankenexperiment. Es scheint, als habe es mit dem gewöhnlichen Leben der Menschen nichts zu tun.

Aber, meine lieben Leser, wo sind wir inzwischen angelangt, während ich in meinen Erinnerungen an den Amazonas umherreise? Doch, wir sind auch dort gewesen, und obwohl wir uns etwa achtzig Seemeilen von der Mündung des Flußmeeres entfernt hielten, sahen wir oft dessen Riesenbäume mit ihren breiten Kronen und Wurzeln umhertreiben, die in der Nacht eine große Gefahr für den Segler sind. Ich vergaß übrigens zu kosten, ob das Wasser so weit draußen noch süß ist, wie man behauptet.

Wie ein schnaufendes Pferd galoppiert die Pen-Kalet durch die Nacht. Phosphoreszierender Salzschaum spritzt an den Bootswänden auf, und die lange »Seilschlange« folgt uns wie ein blutgieriger Drachen. Bei dem steten Passatwind funktioniert die Selbststeuerung ausgezeichnet, so daß ich nur aufzupassen brauche, ob nicht vielleicht ein Schiff unseren Kurs kreuzt. Seit über einer Woche haben wir kein einziges gesehen, und keiner der Sterne, die über dem Horizont aufgehen, verwandelt sich in die Lichter eines Schiffes. So träume ich vor mich hin. Die Sterne und die Mondsichel leisten mir dabei Gesellschaft, wie auch die Delphine, die sich um das Boot tummeln und Silberstraßen aus Phosphor im Meeresdunkel hinterlassen. Alain schläft in der Kabine.

Draußen auf dem Meer gehen die Sterne wie Mond und Sonne auf und verschwinden wieder, wie sie am Horizont aufgetaucht sind. Einige Sterne sind so groß und klar, daß sie auf der dunklen Meeresoberfläche Sternstraßen bilden. Wir folgen der Silberstraße der Venus, als ob wir uns auf einer Bundesstraße befänden. Das Drachenbild des Südlichen Kreuzes glitzert, der Große Bär hat seine Kalesche aufgerollt. Da wir noch nahe am Äquator sind, hält der Kleine Bär seine Schwanzspitze, den Polarstern, noch unterhalb des Horizontes im Norden. Es wird immer dunkler, und die Myriaden von Sternen der Milchstraße treten noch klarer hervor. Bis heute habe ich die Milchstraße so gesehen, als hüllte sie den Nachthimmel mit einem Tüllschleier ein, und keinen einzigen Himmelskörper habe ich für sich allein erkennen können; aber jetzt könnte ich sie zählen, wenn ich die Ewigkeit zur Verfügung hätte. Nur auf dem Meer habe ich die Sterne dreidimensional gesehen: runde, im Weltraum schwebende Kugeln. Wie soll ich meinen Eindruck beschreiben? Früher sah ich Mond und Sterne wie auf den Himmel gezeichnet oder wie Löcher in einem aufgespannten Himmelsschirm, aber erst auf dem Meer sehe ich den Weltraum dahinter bis in die Unendlichkeit. Vielleicht erblicke ich zum ersten Mal in meinem Leben die Unendlichkeit?

Die Nacht ist lang. Meine dreistündige Nachtwache ist vorbei. Ich krieche in die dunkle Kabine hinunter und wecke Alain. Er bewegt sich im Schlaf und zieht mich zu sich herab, umarmt mich. Das Boot schaukelt weiter durch die Sternennacht, wir liegen in seinen Armen, und die Zeit steht still.

Plötzlich erwachen wir, weil die Kabine bis in die letzte Ecke von Licht überflutet ist. Geblendet stürzen wir an Deck und stehen einer ungeheuren Wand gegenüber, die unmittelbar an unserer Bootsseite emporragt, eine Wand mit Hunderten von Lichtlöchern in drei Doppelreihen! Die erleuchteten Bullaugen eines riesigen Ozeandampfers, dessen Scheinwerfer in allen Sprachen Flüche morst, da das Schiff den Kurs ändern mußte, um uns auszuweichen. Die Segel sind natürlich ohne Wind, und jedesmal, wenn die Pen-Kalet mit ihrem Holzschädel in die großen Schlagwellen hinuntertaucht, krängt sie maßlos und rutscht fast in das Heck des Riesen hinein, während der Baum mit rasender Geschwindigkeit über unsere Köpfe schwingt. Wir sind völlig durcheinander. Welch ein Wunder, daß der Matrose am Ausguck die kleine Petroleumlampe an unserem Mast gesehen und nicht gerade mit dem Steuermann Karten gespielt hat! Wie kommt es, daß sich die Wege zweier Boote auf einem sonst einsamen Meer auf den Meter genau kreuzen müssen? Was hatte übrigens dieser Riese hier zu suchen? Er sollte sich an die Schiffsrouten halten, die auf allen Seekarten angegeben sind! Und den Rest des Meeres den Fußgängern überlassen!

Solch ein Wunder kann natürlich in derselben Nacht kein zweites Mal geschehen, so daß wir wieder in die Koje gehen. Das Boot schaukelt weiter durch die sprühende Sternennacht, und das phosphoreszierende Salzwasser wirft Millionen Sterne empor, die am Bullauge der Kabine explodieren.

Wir nähern uns Französisch-Guayana. Das Meer hat eine schmutzig-grüne Farbe – immer noch das morastige Wasser des Amazonas! Sebastian hat uns wahrscheinlich verlassen – wenigstens sehe ich ihn nicht mehr; dafür ragen hin und wieder schwarze Haiflossen aus dem Wasser. Eine Linie aus Jade und Gold trennt den Himmel vom Meer. So verläßt uns die Sonne, und es wird dunkel. Schwarz. Auf dem Nachthimmel sind alle Nuancen von Schwarz miteinander vermischt.

Ich sitze wieder auf Wache, aber diesmal halte ich Augen und Ohren offen, denn wir befinden uns vor der gefährlichen und berüchtigten Küste zwischen dem Amazonas und dem Orinoco. Der flachen Küste sind weite Sandbänke vorgelagert, die auf keiner Seekarte eingetragen sind, da sie sich ständig bewegen und immer wieder neue entstehen. Übrigens, wir haben keine Seekarte mehr! Brasilien, das in einer Art nationaler Erneuerung lebt, verkauft nur Seekarten bis an die Grenzen des Landes, und keine Seemeile weiter! Eine Kopie auf einem Butterbrotpapier zeigt, daß es nach Cap d'Orange zwei Felseninseln gibt: »Le Grand Connétable«, fünfzig Meter hoch, und »Le Petit Connétable«, nur fünf Meter hoch. Ohne Leuchttürme! Nach Alains Berechnungen sollen wir noch ein gutes Stück vom Land entfernt sein – aber man wird bereits kribbelig!

Ich bin schläfrig. Vielleicht muntert eine Tasse Kaffee meine Lebensgeister auf? Ich springe in die Kabine hinunter und zünde eine Petroleumlampe an. Die Kabine wimmelt von Kakerlaken! Sie lieben die Tropen und die Wärme, aber nicht das offene Meer! Seit unserer Abreise haben wir keine einzige mehr gesehen, aber jetzt sind sie aus ihren Schlupfwinkeln herausgekrochen. Sie spüren das Land! Ich wecke den Kapitän, der sich unzufrieden auf die Socken macht, und ich fühle und höre, wie das Boot über Stag geht, um in die entgegengesetzte Richtung zu segeln. Unsere guten Kakerlaken! Sie dürfen noch ein bißchen leben, ehe wir die Borsäure verwenden, das einzige Mittel, das sie rasch in den Kakerlakenhimmel befördert.

Wer hat sich noch keine Vorstellung von Französisch-Guayana gemacht? Heiß wie Cayennepfeffer, grausam wie Papillons Geschichten, grün wie ein Bild des Zöllners Rousseau, voller Malaria, Lepra, Piraten; Sklavenhandel und Piranhas, Haie und Moskitos natürlich, Schmetterlinge, größer als anderswo, und Schlangen, giftiger als in Afrika. Nun gut, hier in Cayenne ist es ziemlich kühl, wir haben keinen Barbesitzer getroffen, der Strafgefangener gewesen ist, und nicht alle Pförtner sind alte sadistische Gefangenenwärter. Der Wind vom Meer jagt die Mücken aus der Stadt. Sicher lauern Haie im rotbraunen, schlammigen Wasser, so daß ich sehr still in der kleinen Jolle sitze, mit der wir von der Pen-Kalet, die in der Bucht vor Anker liegt, in den Hafen hineinrudern.

Aber es gibt kaltes Bier auf den Straßenterrassen, auf denen man sitzen und die Passanten betrachten kann wie zu Hause in Frankreich: Schwarze und Weiße, Indianer und Chinesen, Hindus, Brasilianer und so weiter und dazu die Mischung von alledem. Und man kann Einkäufe machen in einem Warenhaus, das so hell erleuchtet ist, daß es wie eine öffentliche Röntgenstation aussieht; und Mengen von Camembert, Burgunder, Butter aus der Normandie und andere gute Dinge sind zu sehen; wirklich ein Erlebnis für sich.

Als Alain eines Tages den Kanal hinaufrudert, um einen Platz zu finden, wo er die Pen-Kalet an Land ziehen und die Holzwürmer an die Luft setzen kann, trifft er einen alten Segelfreund aus Dakar, Thierry, der hier ein Segelboot verlassen hat und Direktor einer Holzhandlung geworden ist. Mit einem Kran wird die Pen-Kalet hochgehievt und auf einem LKW transportiert, mit vier Benzinfässern als Stützen! Dann wird sie bei Thierrys Holzfirma aufgestellt, wo freies Holz für alle nötigen Reparaturen vorhanden ist. Unsere Hängematten können wir unterdessen auf Thierrys Terrasse aufspannen. Niemand, der nicht wie ein Hering in Salzsoße gelegen hat, kann sich vorstellen, welches Gefühl von Luxus es ist, wenn man wieder eine Dusche Süßwasser bekommen kann! Wochenlang unterhalten sich mein Kapitän, Thierry und noch ein dritter Franzose über Boote und Segelboote. Sie träumen von Booten, sie planen Boote und Segelzeug – und ich koche für drei Franzosen (!) auf einem Herd, der endlich einmal nicht schief steht.

Mittlerweile sterben unsere Holzwürmer. Das glaubt wenigstens Alain; sicherheitshalber leiht er sich von einem befreundeten Arzt, der zu Besuch kommt, ein Stethoskop aus und horcht damit die Planken ab! Vielleicht nur aus Spaß!

IX

Wie kann man nur Indianer sein?

»Comment peut-on être indien?« fragte sich zu seiner Zeit Montesquieu. Doch, Monsieur Montesquieu, man kann sogar ein französischer Indianer sein, französisch sprechen wie in den Sälen des Elysée-Palastes und einen Hund haben, der auf den Namen Pompidou hört! Da die Pen-Kalet an Land ist und die Hurrikansaison über der Karibischen See begonnen hat, nehmen wir die Gelegenheit wahr, Alains indianische Landsleute in La Haute Litanie am Oberlauf des Maroniflusses zu besuchen. Wir sind jetzt in dem berüchtigten Hafen Saint Laurent du Maroni, wo die Strafgefangenen aus Frankreich an Land gesetzt wurden, um in die »bagnes« von Guayana abtransportiert zu werden.

Es ist Sonntag. Die jungen Ärzte, bei denen wir im alten Krankenhaus des Gefangenenlagers wohnen, streichen Stühle an. Alain liest Asterix, und das Rundfunkkonzert von Aranjuez mischt sich mit dem Motorenlärm der schlanken Boote, die auf dem Fluß auf und ab flitzen. Am gegenüberliegenden Ufer erscheinen verschwommen die holländischen Bauten Albinas. Genau unterhalb der Terrasse, auf der ich in einer Hängematte schaukele, ragt die hohe Steinmauer empor, die einst die Gefangenen von der Freiheit getrennt hat – einem Meer voller Haie und einem undurchdringlichen Urwald! Und dort, wo die Mauer von tropischen Pflanzen völlig überwuchert ist, soll die Stelle sein, wo Papillon einmal geflohen ist.

Zwischen der Mauer und dem Fluß befindet sich ein Gewirr von Bambus- und Palmenblatthütten, die wegen der Gezeiten auf Stelzen stehen. Dort wohnen die schönen Boni-Neger, die zusammen mit den Bosch-Negern den Verkehr auf dem Maronifluß nach Maripasoula aufrechterhalten, wo das Land der Indianer beginnt. Schon um fünf Uhr früh sollen wir morgen am Landesteg sein, um mit flußaufwärts fahren zu können. Der Fahrpreis entspricht der Fracht von zwei Benzinfässern, und die Reise dauert drei Tage.

Sobald man auf der anderen Seite der Mauer ist, sieht man eine ganz andere Welt als das düstere Gefangenenlager, dessen Ruinen von einer grauen Melancholie und einem Elend überzogen sind, das der Dschungel voller Mitleid zu verdecken sucht. Hier war das »Camp de transportation«, das Ende der langen Reise der Gefangenen übers Meer, einer Reise, auf der sie wie wilde Tiere in Käfige gesperrt waren, bei Kälte und Regen, in fürchterlichen Stürmen und danach in der Glut einer unbarmherzigen tropischen Sonne. Hier begann die nächste, noch gefährlichere Reise in eine Gefangenschaft voller Schrecken, Entbehrungen, Krankheiten; denn dies war der Ort, von dem aus die Gefangenen in die verschiedenen Lager Guayanas weitergeleitet wurden.

Unten bei den Bonis ist das Leben farbenfroh, erfüllt vom breiten, weißen Lachen in schwarzen Gesichtern; hier wirbeln die Trommeln, und eine herrlich wollüstige Musik strömt aus Radios und Grammophonen, hier wehen die Palmen, und die Kinder hüpfen am Strand umher und spielen. Die Frauen, nur mit einem bunten Tuch bekleidet, das um die Hüfte geschlungen ist, scheinen den ganzen Tag lang zu waschen, obwohl die Kinder keinen Fetzen auf ihren glänzenden schwarzen Körpern tragen. Statt einer Bluse zieht die Mutter den Büstenhalter an, wenn sie in die Stadt einkaufen geht. Zusammen mit den Bosch- und Saramakanegern gehören die Bonis zu den »reinrassigen« Stämmen Französisch-Guayanas und Surinames, die noch in Übereinstimmung mit ihren afrikanischen Traditionen leben. Sie sprechen ihre ursprünglichen Dialekte, allerdings bereits mehr eine französisch-holländisch-englisch-afrikanische Mischsprache.

Die Grillen reiben ihre Flügel zu einem Zirpen, das Radio Aranjuez übertönt. Die Bougainvillea blüht in vielen Farben. Ich gehe hinaus, um ein Schwätzchen mit dem Bibliothekar des Krankenhauses, Monsieur Raymond Houzel, zu machen, einem alten Strafgefangenen; er ist ganz Gentleman, sehr »Vieille France« und natürlich sehr belesen! Ich finde ihn auf einer Bank unter einer blühenden Magnolie im Park des Krankenhauses zusammen mit einigen ehemaligen Mitgefangenen. Wahrscheinlich reden sie gerade über gemeinsame Erinnerungen. Die alten Strafgefangenen kann man leicht erkennen, da sie alle eine Maske tragen: Sie sind totenblaß, als wären sie aus Pergament, und ihre erduldeten Leiden stehen in gefurchten Gesichtern und erloschenen Blicken deutlich geschrieben. Sie gehen langsam mit gebeugtem Rücken, und alle sind in eine Art Uniform gekleidet: in ein weißes, ärmelloses Trikot-Unterhemd und eine ausgebeulte altmodische Khakihose, die ein Gürtel oberhalb des geschwollenen Bauches auf ihren mageren Körpern festhält. Die Kleidungsstücke bekommen sie von den Nonnen im Krankenhaus zugeteilt, wo sich viele der letzten ehemaligen Strafgefangenen aufhalten – zusammen mit ihren früheren Gefangenenwärtern, die meistens Araber waren.

Monsieur Houzel freut sich offenbar, mich zu sehen, und küßt chevaleresk meine Hand, während er auf die Weinflasche schielt, die ich als Beigabe zu meinem weiblichen Charme mitgebracht habe. Gemächlich spazieren wir zur Bibliothek, die zugleich Monsieurs Wohnung ist, während er mir von seinen und anderer Leute Verbrechen und Strafen erzählt – und über Papillon natürlich!

»Er hat alle Geschichten zusammengetragen, die den Gefangenen hier im Laufe der Zeit zugestoßen sind, und als seine eigenen ausgegeben«, sagt er sauer. »Ich kannte ihn – er war auch nicht klüger oder besser als die andern!«

»Auf jeden Fall ist sein Buch eine aufschlußreiche Lektüre, und seine Geschichte dürfte im großen ganzen die Geschichte aller Gefangenen sein!«

Monsieur Raymond läßt sich nicht besänftigen, und ich frage weiter:

»Wieviel Gefangenen ist es gelungen, aus den ›bagnes‹ zu entkommen, Monsieur?«

»Ungefähr fünfhundert«, antwortet mein Freund, der Bibliothekar, der gut informiert zu sein scheint. »Sie kamen nie weit. Am leichtesten war es natürlich, aus Saint Laurent zu fliehen; hier waren die Verhältnisse nicht so schlimm wie in den übrigen Lagern; denn viele Gefangene arbeiteten in der Stadt als Tischler, Maurer, Krankenpfleger, im Straßenbau und anderswo, und die ›bagnards‹ in ihren rot- und weißgestreiften Anzügen gehörten zum Straßenbild. Jeden Abend mußten sie allerdings wieder ins Gefängnis zurückkehren. Ihr Los war viel leichter als das der Gefangenen, die in die ungesunden Lager im Urwald geschickt wurden, wo sie in Minen arbeiten, Wege und Dämme bauen oder Bäume fällen mußten. Sie gingen meistens an Krankheiten zugrunde, wie Malaria, Gelbfieber, Ruhr und ähnlichem.«

Mittlerweile sind wir in der Bibliothek angelangt, und die Weinflasche schmückt den Tisch zwischen uns.

»À votre santé, Mademoiselle«, sagt der Bibliothekar und kostet den Burgunder.

»À la vôtre, Monsieur«, sage ich und trinke einen Schluck; dann halte ich es für angebracht, das Gesprächsthema zu wechseln.

»Erzählen Sie etwas Romantisches, Monsieur«, bitte ich.

»Romantik gibt es überall, auch in Hinterhöfen«, sagt mein Franzose. »Es gab Frauen, schöne Frauen ...« Er verliert sich in Erinnerungen, die schön sein müssen, wenn man den Glanz in seinen Augen richtig deutet. Er hebt wieder sein Glas und sagt:

»À nos amours!«

Darauf trinke ich auch gern. Dann reißt er sich wieder zusammen.

»Einige Gefangene wurden als Hausgehilfen an die weißen Beamten hier vermietet und an die Kreolen; das sind – wie Mademoiselle sicher wissen – die Einwohner Guayanas, die schwarzes und weißes Blut in sich haben, vielleicht auch mit einem Tropfen chinesischen und indischen, ja sogar indianischen Blutes. Guayanas Bourgoisie mit anderen Worten! Diese Gefangenen hatten oft Romanzen mit der Frau des Hauses, gefährliche Romanzen ...« Er er-

»Französisch-Guayana ist ein seltener Fleck auf unserer Erde, da es das einzige Land war, wo ein weißer Mann der Sklave eines Schwarzen sein konnte. Die Gefangenen verrichteten alle schweren, gefährlichen und minderwertigen Arbeiten im Lande, sie wurden von ihren Eigentümern schlecht behandelt und waren dem Spott aller ausgesetzt. Der Respekt vor einem Weißen ist hier sehr gering, und oft kann man hören, wie ein Neger eine schwere und schmutzige Arbeit stolz mit den Worten ablehnt: ›Das ist ein Job für einen weißen Mann!‹

Jawohl, das stimmt. Wenn man weiß ist, wird man in den Geschäften nicht gut bedient; das schwarze Postfräulein will einem die Briefe nicht aushändigen, und ich habe in den Cafés und Restaurants keinen Schwarzen als Bedienung gesehen. Die meisten Neger wollen Staatsbeamte werden und Uniform tragen.«

»Warum sind dann so viele Strafgefangene hier geblieben, nachdem man sie freigelassen hat, Monsieur Raymond?«

»Das ist eine lange Geschichte«, sagt mein umständlicher Freund und stärkt sich mit einem weiteren Glas. »Zunächst einmal sollten Mademoiselle wissen, daß es an Arbeitskräften fehlte, als die Sklaven in Guayana im Jahre 1848 befreit wurden. Die chinesischen und indischen Kulis, die man nun importierte, ertrugen jedoch das Klima und die Lebensverhältnisse auf den Plantagen nicht; sie starben wie die Fliegen gleich nach ihrer Ankunft. Als es den Machthabern klarwurde, daß freiwillige Arbeitskräfte nicht zu bekommen waren, errichteten sie kurzerhand die ›bagnes‹, nach dem Vorbild ähnlicher Einrichtungen in den französischen Hafenstädten. Gleichzeitig wollte man das Land kolonisieren, und deshalb wurden die Gefangenen nach ihrer Strafverbüßung gezwungen, nochmals die gleiche Zeit, in der Regel zehn bis fünfzehn Jahre, als ›freie‹ Männer in Guayana zu bleiben. Sie verloren ihre besten Jahre, und schließlich hatte kaum noch einer den Wunsch, in die Heimat zurückzukehren, die ihn zu dieser grünen Hölle verurteilt hatte.«

Mein Freund tröstet sich mit einem Schluck und fügt hinzu:

»Die meisten waren gesundheitlich völlig am Ende, ohne Freunde und ohne einen ehrlichen Beruf; was sollten sie in Frankreich machen? Schmetterlinge jagen? Es ist schwer, zu sterben, wenn man nicht gelebt hat!«

Ich verlasse Monsieur Houzel mit einer leeren Flasche zwischen all den Büchern und spaziere durch die Altstadt Saint Laurents zum Hafen; ich habe versprochen, dort einen ehemaligen Strafgefangenen zu fotografieren, Juan Torres, einen Spanier aus Marokko, der in seiner Jugend aus Eifersucht einen Rivalen erschossen und sein ganzes Leben hier verbracht hat. Er besitzt einen kleinen Krämerladen, zwei Frauen von unterschiedlicher Hautfarbe und zwei bunte Papageien; ich sollte zwei Papageien und zwei Frauen sagen, denn er will nicht mit den Frauen fotografiert werden, wohl aber mit den Papageien, die er voller Zärtlichkeit und Stolz betrachtet.

»Ich bin glücklich hier«, sagt Juan und kitzelt einen Papagei hinterm Ohr, während die Frauen in dem dunklen Laden bleiben müssen.

In einer Hütte am unteren Ende der Straße sitzt ein anderer seiner Unglücksbrüder im Schaukelstuhl und starrt anscheinend blind in den Raum hinein, ohne das geringste Anzeichen, daß er mein Kommen bemerkt hat. An den Wänden, hinter Glas und Rahmen, befinden sich die schönsten Schmetterlinge des Dschungels – phantastische Farbexplosionen, einige phosphoreszierend, andere metallen glänzend oder seidenweich, Schmetterlinge, die wie Totenschädel, Eulen oder Schleiertänzerinnen aussehen, ein Dschungel für sich, den der Alte bewacht. Auf einem kleinen Zettel an der Tür steht, daß die Schmetterlinge zu verkaufen sind, aber der Mann sitzt wie versteinert in seinem unbeweglichen Schaukelstuhl und antwortet nicht auf meine Frage, wieviel sie kosten. Käme eine Antwort von ihm, so würde er vielleicht als Preis angeben: »Jeder das Leben eines Mannes!«

Lopen Martinez, unser Bootsmann, ist ein prachtvoller Repräsentant seines Stammes; ein viriler, energischer und ewig lächelnder Boni-Neger, der seinen muskulösen Körper mit einer Eleganz bewegt, wie sie nur der schwarzen Rasse eigen ist. Eine Statue aus Ebenholz, die plötzlich lebendig wird und sich zu bewegen anfängt! Als wir pünktlich am Landeplatz erscheinen, lädt er bereits die Benzinfässer ins Kanu, einen etwa zehn Meter langen ausgehöhlten Baumstamm. Lopens Sohn Jonny ist sein Assistent und verstaut unser Gepäck: zwei Seemannssäcke mit Kleidern und Hängematten und meine Kameratasche, einen Eisbehälter aus Schaumgummi.

»Fährst du zu den Indianern, um Eis zu verkaufen?« scherzte Lopen, als er sie sieht.

Unsere beiden Mitreisenden, eine junge Negerin und ihre Nichte, sitzen bereits im Kanu. Das krause Haar der jungen Frau ist in etwa dreißig Rattenschwänze geflochten; sie spreizen sich auf ihrem Kopf wie die Antennen einer Weltraumfrau und bilden ein kunstvolles geometrisches Muster. Ihre kleine Nichte hat nur zehn Antennen und flüstert: »Pony!«, als ich sie nach ihrem Namen frage. Dann stoßen die Männer das Kanu vom Ufer ab, und wir springen hinein; wir werden hinter Pony und ihrer Tante plaziert, und Lopen startet den Johnson-Motor. Es ist noch dunkel, aber eine schwache Dämmerung kündet bereits den Tag an. Niemand spricht; erst als eine Häuserreihe am linken Ufer auftaucht, deutet Lopen dorthin und sagt:

»San Juan, altes Gefangenenlager!«

»Ich weiß. Mein Freund, der Bibliothekar, hat mir von dieser Gefangenenkolonie erzählt, die gleichzeitig ein Lepralager war; ein Aufenthaltsort des Schreckens, wo die Gefangenen, die sich diese Krankheit zugezogen hatten, gleich doppelt bestraft wurden – von der Justiz und vom Schicksal, ohne Hoffnung auf Gnade.«

Es wird heller, und die Tätowierungen auf den Rücken meiner Mitreisenden treten hervor, eine Art Perlenstickerei mit geometrischem Muster, als ob man eine Menge Bohnen unter die schwarze Haut geschoben hätte. Der Verkehr ist lebhaft, und wir begegnen immer wieder Kanus, die mit Menschen und Waren beladen sind. Jeder kennt jeden; man grüßt einander, ruft und fragt: »Wie geht es deinem Vater, wie geht es deiner Mutter, deiner Schwester, deinem Bruder, deinem Kind ...« Auf allen Booten wehen Trikoloren oder holländische Flaggen im Wind. Paddel und Bug der Kanus sind in Filigran geschnitzt und mit bunten Mustern in einem abstrakt sensualistischen Stil bemalt, der für jene Negerstämme charakteristisch ist. Auch die Hausfassaden in den Dörfern sind oft mit Malereien und kunstvollen Schnitzarbeiten aus Edelholz geschmückt. Lopen singt jetzt aus voller Brust, und Pony rennt im Kanu umher, nur mit einem weißen Höschen bekleidet.

Gegen Mittag erreichen wir die erste Stromschnelle. Das Wasser strömt mit rasender Geschwindigkeit durch gefährliche große Steine hindurch, und unsere Bootsleute brauchen ihr ganzes Können und Geschick, um das Kanu ohne zu kentern flußaufwärts zu steuern. Jonny steht balancierend im Bug, von wo aus er den Vater mit Rufen und Gesten lenkt, während er das Boot mit einer langen Stange abstößt.

»Wie heißt diese Stromschnelle, Lopen?«

»Es bringt Unglück, wenn man den Namen der Stromschnelle ausspricht, mit der man seine Kräfte messen muß«, antwortet Lopen und lacht: »Der Wassergott könnte verärgert werden!«

Unsere Fahrt erinnert mich an Bootsfahrten auf den brausenden Flüssen im Lappland meiner Kindheit. Dort sitzt unter dem Strom der Wassergott Näcken; er ist splitternackt und hat nur einen Seerosenkranz um den Kopf. Er kratzt auf seiner Geige, und er ist es, der die manchmal heitere, manchmal melancholische Musik der Bäche und Flüsse im Norden hervorbringt. Aber hier stehen anstelle der dunkelgrünen Monotonie des Tannenwaldes die Riesenbäume des Urwalds in üppigem Grün an den Ufern, und die scheue Linnaea im Moos hat prahlenden scharlachroten Paradiesblumen Platz gemacht.

An der größten Stromschnelle müssen wir alle das Kanu verlassen, und während die Benzinfässer und das Gepäck am Ufer flußaufwärts getragen werden, gehen Alain und ich im Fluß hinter einer Landzunge baden. Versteckt in einem Wald versteinerter Riesenbäume, die aus einem anderen Zeitalter zu stammen scheinen und die bimssteinähnlichen Felsen vom Waldrand bis zum Fluß hinunter bedecken, leben wir in dem klaren Wasser auf; es singt ein so verführerisches Lied, daß mein Kapitän für eine Sekunde sein Meer vergißt. Vielleicht ist er sogar Näcken in eigener Person, wenn auch der Kranz, den ich gepflückt habe, nur aus gewundenem Mondwein besteht; vielleicht ist er der Wassergott des Dschungels! Die Sonne schaut uns durch das Geplätscher zu. Ein blauer Netzflügler fliegt mit seinem eigenen Spiegelbild um die Wette; Licht und Schatten explodieren und vermischen sich, als der Strom durch mein ganzes Wesen fließt. Dann verstummt alles, und ein Vogel pfeift wie ein Mensch. Verwirrt kehre ich in das Jetzt zurück, zu den versteinerten Bäumen, deren Saft versiegt ist. Der Chachalaca, der Klatschvogel, fliegt über den Dschungel davon, um zu erzählen, was er gesehen hat.

Die Dämmerung senkt sich auf den fröhlichen Fluß, und wir nehmen Kurs auf Grand Caba, ein kleines Bonidorf, wo wir die Nacht in einer Palmenhütte verbringen. Aber noch ehe die Nacht mit ihren schwarzen Flügeln davongeflogen ist, sitzen wir alle wieder im Kanu. Das Morgenrot ist blaß, und alles scheint aus Nebel gewebt zu sein; die riesenhaften Dschungelbäume bilden eine gespenstische Kulisse in einer unwirklichen Welt, in der nur das Knattern des Motors das Schweigen durchbricht. Allmählich gewinnt die Sonne die Oberhand, und der Nebel weicht in großen Schleiern in die Berge, die den Fluß immer enger zusammendrängen, so daß seine Stromschnellen immer reißender werden. Als wir gegen Abend in Dagoédé ankommen, sind wir ziemlich erschöpft, insbesondere Alain, der an vielen Stromschnellen – mit dem Wasser bis zum Kinn – das Kanu mit hochgezogen hat. In diesem kleinen idyllischen Dorf, in das man nur gelangen kann, wenn man über einen umgestürzten Baum balanciert, finden wir eine Hütte, die die gastfreundlichen Neger für uns bereit gestellt haben. Dort schlafen wir in unseren Hängematten ein, von dem fernen Brausen des Stromes, dem Quaken der Frösche und dem Echo eintöniger Trommeln in den Schlaf geschaukelt.

 Maripasoula, das wir am nächsten Nachmittag erreichen, hat bestimmt ein Hotel; aber Lopen macht einen Vorschlag, der gewiß besser zu unserem mageren Geldbeutel paßt: ein »Carpet« für Gäste – ein großes rundes Dach aus Palmwedeln, das von zahlreichen Pfählen und Stangen getragen wird; dort befestigen wir unsere Hängematten neben einer Menge anderer, die einer Indianerfamilie gehören. Danach gehen wir ins Dorf, um ein Fahrzeug für unsere Weiterreise aufzutreiben. Man verweist uns an einen Lebensmittelladen, dessen Besitzerin, Madame Abdalah Lalaymia, uns behilflich ist; sie ist eine Frau, die in ein und derselben Person das Liebenswürdigste all der Rassen vereinigt, die sie repräsentiert. Abgesehen davon, daß die Indianer ihre Einkäufe bei ihr machen, kann man auf ihrer Terrasse ein kühles Bier trinken und Sardinen essen; von dort hat man eine gute Aussicht über den Landeplatz am Fluß.

Wir brauchen nicht lange zu warten, und schon kommt ein langes Kanu mit mehreren Indianern flußabwärts getuckert, und – wahrhaftig – sie alle steigen im Gänsemarsch den Pfad zu Madame Abdalahs Lebensmittelladen hinauf.

Ich habe in meinem Leben viele Indianerstämme gesehen, aber außer den Ottavalo-Indianern in Ecuador waren keine Männer so stattlich wie diese Waianas. Ihre hochgewachsenen, rotgefärbten Körper, nur mit feuerroten – von perlenbestickten Gürteln festgehaltenen – Hüfttüchern bekleidet, sind harmonisch gebaut, ihre Gesichtszüge fein geschnitten und edel, mit jenem eigenartigen Ausdruck von Offenheit und Rätselhaftigkeit, wie er für die rote Rasse so typisch ist. Unter den Männern entdecke ich eine junge Indianerin von so auffälliger Schönheit, daß ich vor Bewunderung fast zu Boden sinke. Das Mädchen scheint die Sonne mit hereingebracht zu haben, denn sie hört nicht auf, goldene Reflexe auf seine rotschimmernde Haut zu werfen, und die Sonnenstrahlen spielen in seinen mandelförmigen Augen, als es lächelnd sagt:

»Duanju!« und dann – mit einem entzückenden Akzent – wiederholt: »Bonjour!«

Die Indianerin hüpft im Laden herum wie ein neugieriges Kind; sie kümmert sich nicht darum, daß ihr Hinterteil entblößt ist, wenn man von der Kordel absieht, die dem roten Tuch unterhalb des Nabels Halt gibt. Ihre spitzen Jungmädchenbrüste spreizen sich, und um die Waden sind rote Bänder gewickelt, wodurch ihre Beine gutgewachsen wie Baumstämme sind. Genau wie bei den Verwandten der Waianas, den Ticunas! Das Mädchen deutet auf meine Wolltasche, die mit allen roten Farben bestickt ist, die es gibt; sie stammt von den Huitschol-Indianern in Mexiko. Das Mädchen zeigt sie einem älteren Indianer, der sein Vater sein dürfte. Es neigt den Kopf in einer bezaubernden Geste und sagt etwas; aber er schüttelt den Kopf. Es schmollt ein wenig und sieht so traurig aus, daß ich alles herausnehme, was in der Tasche ist, und sie ihm schenke.

»Anoja, anoja«, (Danke, danke!) ruft es aus und nimmt das Geschenk strahlend vor Freude entgegen. »Hipo, hipo!«

»Madame Abdalah, was heißt hipo?«

»Schön«, antwortet Madame.

Das ist ein Waiana-Wort, das ich in der nächsten Zeit oft gebrauchen werde.

»Jawohl, sie ist schön, eine richtige Roucouyenne! Und unverdorben, ein Naturkind«, sagt Madame. »Nicht wie viele andere Indianer, die motorisiert, alkoholisiert, zivilisiert und assimiliert sind. Und degeneriert! Sie floh von der brasilianischen Seite, und ihr Vater – ein Indianer dieser Sorte: in Jeans gekleidet, immer betrunken und voller Verachtung für die Seinen – hat sie mitsamt ihrer Mutter an zwei Waianas im Palanewa-Dorf verkauft. Ihr Mann ist Otaka, der ältere Indianer, der neben ihr steht, ein guter Mann!«

Wer konnte wissen, daß jene schöne junge Frau unsere Gastgeberin bei den Waianas sein wird? Anarapte! In Otakas und Anaraptes Carpet dürfen wir unsere Hängematten aufhängen, Anarapte holt das von ihr gebackene Cassavebrot hervor und bricht uns große Stücke davon ab, und am Abend unserer Ankunft macht sie Feuer im Herd und kocht für uns alle Kaffee. Aber wir wollen den Ereignissen nicht vorauseilen! Zuvor wird uns nämlich noch ein französischer Anthropologe begegnen und uns etwas über »lange Ohren« und unsere neuen Freunde erzählen. Als die Waianas den Laden verlassen, vereinbaren wir, uns am folgenden Morgen bei Madame Abdalah zu treffen und von dort aus mit ihnen in ihr Dorf zu fahren. Mit Madames Hilfe kaufen wir Proviant und Geschenke für unsere Gastgeber.

Als wir bei Sonnenuntergang auf der Terrasse des Hotels sitzen, um uns mit einem Aperitif zu erfrischen, nähert sich eine merkwürdige Prozession. Ist es gar Mister Livingston persönlich, der aus dem afrikanischen Busch zurückkommt? Der Mann, der den Pfad an der Spitze einer Reihe indianischer Träger hochstolpert, sieht wie der konventionelle Entdeckungsreisende aus, der endlich in die Zivilisation zurückkehrt, die schon seit langem die Hoffnung aufgegeben hat, ihn jemals lebendig wiederzusehen. Seine Indianer schleppen etwas so Schweres, daß einem beim bloßen Zusehen der Schweiß ausbricht. Wie ein Sack baumelt der Khakianzug des Mannes um seine ausgemergelte Gestalt. Das Haar hängt in Strähnen herunter, und die Bartstoppeln stehen in der Abendsonne wie ein Heiligenschein um das Gesicht, dessen Haut mit Schorf und

Insektenbissen bedeckt ist. Er scheint auf beiden Beinen zu hinken und schwankt bedenklich. Aber seine Augen glänzen wie zwei Laternen im Schädel.

»Ich habe den Beweis!« trompetet er. »Die ›Langen Ohren‹! Ich habe gefunden, was die Welt schon so lange sucht!«

Er läßt sich auf einen Stuhl fallen und schaut sich wichtigtuerisch um. Man könnte glauben, er habe soeben El Dorado mit dem Inkaschatz gefunden, den Atabaliba angeblich hier irgendwo unter den Dschungelbäumen versteckt hat. Leider sind nur Alain und ich zugegen, und so bleibt ihm nichts anderes übrig, als in diesem Augenblick des Triumphes mit uns vorliebzunehmen. Doch zuvor hat sich unser Held noch vorsorglich erkundigt, ob wir wenigstens französisch sprechen.

»Die ›Langen Ohren‹?« frage ich.

Er schaut mich verächtlich an. Ob ich denn nicht wüßte, daß in der ewigen Nacht des Urwalds, im undurchdringlichen Schatten der Bäume, ein Indianerstamm mit dem Namen die »Langen Ohren« lebt, der schon seit langem die Wissenschaft in Atem hält? Um die Wahrheit zu sagen: die Fachleute haben seine Existenz bezweifelt, und zwar alle mit Ausnahme unseres Entdeckungsreisenden. Die »Langen Ohren« sollen angeblich noch in der Steinzeit leben und keine Geräte außer Steinäxten besitzen; sie trauen sich nie auf die Flüsse hinaus, weil sie nicht wissen, wie man Boote baut, und sie sind weiß, da nie die Sonne auf sie scheint. Niemand hat sie gesehen, außer einem Indianer der hier seßhaften Stämme, der beim Holzfällen oder Maniokanbau von einem langohrigen Riesen überfallen worden ist. Die Indianer haben Angst vor den »Langen Ohren« und erzählen gern Geschichten von ihnen; und wenn die Kinder nicht artig sind, werden sie mit jenen legendären Ungeheuern erschreckt, wie die kleinen Schweden mit den Trollen im Wald.

»Aber dort!« Der »hausgemachte« Anthropologe zeigt auf seinen kostbaren Fund mit einer Hand, deren Fingerspitzen von scheußlichen Wunden entstellt sind, weil die »Chics« die Haut unter den Nägeln zerfressen haben. »Dort ist der Beweis! Ich habe den Schleifstein der ›Langen Ohren‹ gefunden!«

Wir untersuchen gehorsam den Fund, einen Graustein, der gut eine halbe Tonne schwer sein dürfte. Man braucht wenig Phantasie, um zu erkennen, daß die beiden Aushöhlungen darin beim Schleifen von Äxten oder ähnlicher Gegenstände entstanden sein müssen.

»Ich habe ihn auf eigene Kosten hierhertransportiert, um ihn an das Musée de l'Homme in Paris zu schicken!« sagt er voller Stolz. Daraufhin zieht er sich die Schuhe aus, und es kommt etwas zum Vorschein, das wie Geschwüre, aber nicht wie Füße aussieht!

»Niemand hat bis heute einen Beweis für ihre Existenz gehabt. Ich habe ihn! Den Schleifstein!«

»Sie hätten einen modernen Schleifstein an der Stelle zurücklassen sollen, wo Sie den alten gestohlen haben!« sage ich und versuche mir vorzustellen, welche Gefühle die Indianer haben werden, wenn sie das nächste Mal ihre Äxte schleifen wollen und ihren Stein nicht wiederfinden, in dessen Vertiefungen ihre Vorfahren vielleicht schon vor mehreren tausend Jahren die Äxte geschliffen haben. Vielleicht ist der Stein sogar eine Art Gegenstück zu Moses Steintafel ..., ein Ort ritueller Handlungen! Ein schlechtes Omen für euch, »Lange Ohren«! Der Schleifstein ist der Beweis eurer Existenz. Wir müssen euch unbedingt im Museum des Menschen haben! Der Wald ist vielleicht so dicht, daß die Sonne euch nicht erreicht, aber der weiße Mann läßt sich nicht aufhalten! Er wird euch finden!

Unser Entdeckungsreisender muß auf jeden Fall auch bei den Waianas gewesen sein, und so nehme ich die Gelegenheit wahr, einige Auskünfte über unsere neuen Indianerfreunde einzuholen; vorsichtig erkundige ich mich:

»Die Herkunft der Waianas ist ziemlich unbekannt, und man weiß nicht allzuviel über sie.«

»Ich werde bald Fakten über sie publizieren, die ich auf meinen vielen Reisen in ihr Territorium gesammelt habe«, fängt er bombastisch an, und fährt fort:

»Die Waianas gehören wie die Galibis, Oyampis und Policour-Indianer zum Arawakstamm; wegen des roten Saftes, mit dem sie Gesicht und Körper bemalen – er wird übrigens von einem Baum abgezapft –, nennt man sie auch Roucouyennes. Gegen Ende des 18. Jahrhunderts sind sie von der brasilianischen Seite hierher nach Guayana gezogen; damals zählte der Stamm etwa 30000 Angehörige. Hundert Jahre später gab es nur noch 600, 1920 waren 300 übriggeblieben, und die letzte Berechnung liegt bei 160.«

»Weshalb?«

»Zivilisation, Tuberkulose, Ausrottung! Zur Zeit des brasilianischen Generals Rondon – der bekanntlich die FUNAI, die ›Funda-

Oben: *Wie mutig kann ein Stierkämpfer sein?!?* (Photo Lino, Medellin) Unten: *El Cordobés: ein Picasso der Corrida.* Folgende Seite: *Im Land der Motilonen. Eine Motilonen-Familie an der Grenze zwischen Kolumbien und Venezuela.* Übernächste Seite oben: *Unsere jungen Gastgeber.* Unten: *Der beste »Fischjäger« der Motilonen!*

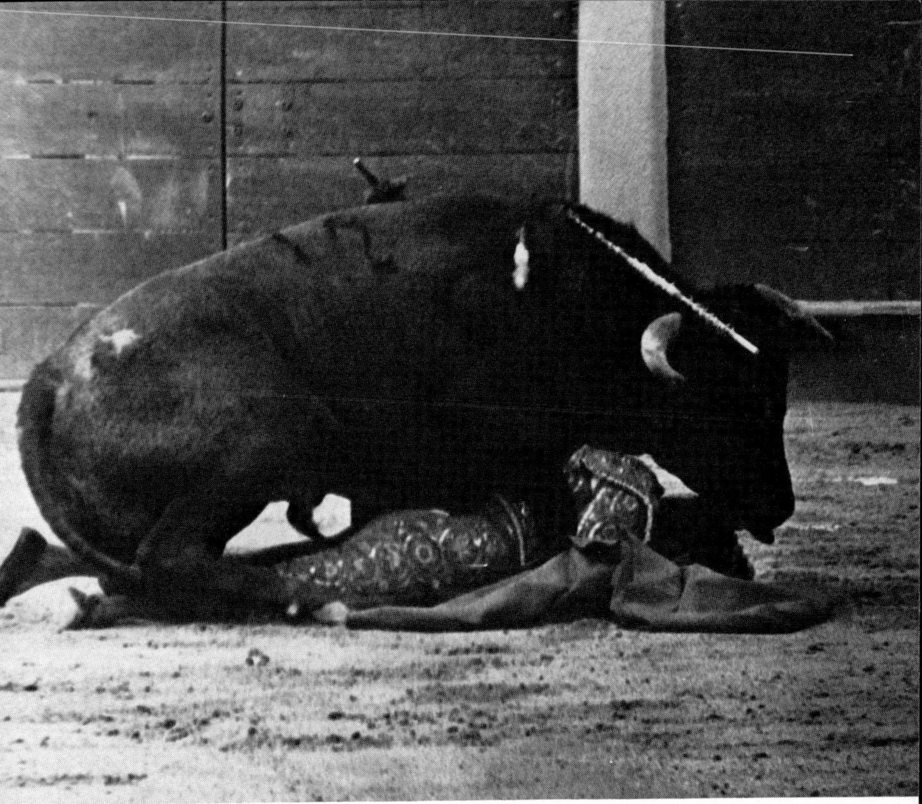

ção Nacional do Indio«, gestiftet hat und so idealistisch war zu glauben, sie würde sich für das Wohl der Indianer einsetzen ...«

»Und die das beste Instrument für deren Ausrottung wurde!« unterbrach ich ihn.

»... kehrten viele Waianas nach Brasilien zurück. Jetzt fliehen sie erneut über die Grenze, weil sie drüben verfolgt werden.«

»Wir werden einige Waianas besuchen, die von der brasilianischen Seite herübergekommen sind«, sagt Alain.

Der Franzose schaut nicht gerade begeistert drein. Es sind seine Indianer!

»Wo?« fragt er.

»Bei Otaka in Palanewa, eine Tagesreise flußaufwärts.«

»Sie sprechen nur brasilianisch«, entgegnet der Entdecker des Schleifsteins zufrieden.

»Wir kommen gerade aus Brasilien«, trösten wir ihn.

Ich sitze in einer Hängematte. »Schon wieder!« denkt ihr sicherlich. »Hängematte aus Oaxaca, Hängematte in Arembepe, Hängematte auf dem Meer, Hängematte auf einer Terrasse in Cayenne, was ist denn nun eigentlich so aufregend an dieser Hängematte?« Nun, ich befinde mich immerhin im Paradies der Hängematten. In der Hängematte wird man geboren, in einer Hängematte leben und sterben die Menschen; in einer Hängematte liebt man sich und pflegt Umgang miteinander, hier werden Märchen erzählt, ja, hier hält man sich immer auf, wenn man nicht gerade im Wald oder auf dem Fluß ist. Angefertigt wird die Hängematte aus wilder Baumwolle, die man im Urwald pflücken muß. Heute morgen ging ich mit Anarapte wilde Baumwolle bei einer Maniokrodung pflücken, aber das bißchen Wolle, das ich zusammenbekam, reichte nicht einmal für ein Taschentuch, um die vielen Schrammen und Wunden von den Dornen der Bäume an meinen Händen zu verbinden. Wenn man genügend Baumwolle gepflückt hat, muß sie gewaschen, gesponnen und rot gefärbt werden; erst dann kann man sie weben. An einer Hüttenwand, neben einem Köcher voller Pfeile, einem Bogen und einem Paddel, liegt ein Baumwollknäuel vor einer Maniokpresse, die wie ein langer, aus Palmenblättern geflochtener Strumpf aussieht. Darin preßt Anarapte den giftigen Saft aus der geriebenen Maniokwurzel mit Hilfe einer Hebestange heraus, die mit einem schweren Stein versehen ist. Das Brot, das in Geschmack und Form

Oben: *Die Motilonen tragen Leitungsdrähte als Schmuck um den Hals.* Unten: *Die »Wilden Männer Kolumbiens« auf Jagd.*

schwedischem Tunnbröd ähnelt, bäckt Anarapte über einem offenen Feuer auf einer Metallplatte – dem Deckel eines Benzinfasses.

Nägel sucht man in einer Indianerhütte vergeblich; als Seile dienen die Lianen des Waldes; mit ihnen sind die Pfähle und Stangen zusammengebunden, die ein Palmwedeldach tragen, das von einer dekorativen Franse abgeschlossen wird. Der Tisch besteht aus einem ausgehöhlten Baumstamm auf Kreuzfüßen; darauf sind blankpolierte Kochtöpfe und Löffel ordentlich aufgereiht. Die Hocker werden aus Edelholz hergestellt. Hoch unter der Decke hängen eine Büchse, ein schwarzer ausgestopfter Vogel, ein Speer und ein grob zugehauenes Holzschwert. Was macht man damit?

Otaka, unser Gastgeber, antwortet:

»Es wird bei der Maraqué-Feier verwendet, wenn die Jungen des Stammes in die Gemeinschaft der Männer aufgenommen werden.«

Und Otaka erzählt von einem Fest, bei dem wir leider – oder soll ich sagen: Gott sei Dank – nicht zugegen sein können.

Die jungen Burschen, die das Maraqué-Ritual über sich ergehen lassen müssen, dürfen lange Zeit vorher kaum etwas essen; nur einige wenige Nahrungsmittel sind erlaubt. Sie dürfen keinen heimgekauten »Cachiri« trinken, sie müssen enthaltsam leben und außerdem alle möglichen Regeln und Riten beachten. Wenn der Tag des Festes nicht mehr fern ist, werden »Counanas« angefertigt – hölzerne Fetische in Form eines Vogels oder einen Fisches. In ihrer Mitte läßt man ein 15 mal 15 Zentimeter großes Viereck frei, in das man Hunderte von Wespen, Bienen und Ameisen, die man im Wald gesammelt hat, hineinsetzt. Die Wespen und Bienen werden zwischen den Maschen eines Eisennetzes so festgeklemmt, daß Vorder- und Hinterleib in der Taille voneinander getrennt sind und die Stechorgane wie ein einziger großer Schwarm hervorstehen, bereit, ihr Gift auszuspritzen.

Am Tag des Festes werden die Jungen – schön bemalt mit der traditionellen roten Farbe – auf ein Brett gelegt und von den Erwachsenen auf den Festplatz getragen. Dort wird das Brett in die Erde eingegraben; auf ihm tanzen die Jungen dann stundenlang, während die älteren Weiber des Stammes unter fürchterlichem Geschrei mit langen Stöcken auf sie einschlagen. Symbolisch, ja: es ist ihre letzte Chance, die Jungen zu züchtigen, ehe sie Männer werden. Es folgen rituelle Tänze, an denen sich alle Erwachsenen beteiligen; danach kämpfen die Jungen mit den Holzschwertern gegen böse Geister und Dämonen. Zum Schluß müssen die Opfer mit ihren künftigen Folterinstrumenten tanzen, aber erst, wenn sie durch eine Unmenge von Cachiri gestärkt worden sind, von dem auch die Alten mehr als reichlich getrunken haben. Auf dem Höhepunkt des

Initiationsritus pressen vom Dorfrat ausgewählte Mitglieder des Stammes die Counanas mit den gereizten Insekten gegen die Körper und Gesichter der Jungen, deren Haut anschwillt und wie Feuer brennt. Keinen Laut der Klage dürfen sie dabei von sich geben, wenn sie in die Reihen der Männer aufgenommen werden wollen.

»Bekommen sie kein Fieber?« frage ich ziemlich erschüttert.

»Während der Kindheit üben die Indianer das Ertragen von Insektenbissen, um für immer immun zu werden«, antwortet Otaka. »Arap hat bald sein Maraqué; er lebt jetzt als Novize!«

Arap scheint nicht gerade entzückt davon zu sein. Er ist unser ständiger Begleiter, wir machen Stromfahrten und baden oft zusammen im Fluß. Das mit dem sittsamen Leben gilt offenbar nicht unter Wasser: Immer wenn Alain nicht bei mir ist, versucht Arap, mich beim Schwimmen zu umarmen. Seine rote Farbe schmiert aber, so daß ich voller roter Flecken aus dem Wasser komme, als ob ich Scharlach hätte.

»Nimmst du gern am Maraqué teil?« frage ich Arap, der gut französisch spricht. Er sieht mich mit seinen unergründlichen mandelförmigen Indianeraugen an und antwortet:

»Nicht besonders. Es gibt bestimmt bequemere Wege, wenn man beweisen will, daß man ein Mann ist!«

Ein weißer Hahn stolziert umher und sucht nach Körnern, Anarapte geht vorbei und klopft sich auf ihren runden schönen Bauch. Wie wir alle hat sie sich mit Zitteraal vollgegessen, den Otaka heute morgen zum Entzücken meiner Kamera mit einem Pfeil geschossen hat; eine fette Bestie, die ich lieber im Topf als im Fluß sehe. Er war auf übliche Weise mit so viel Chilepfeffer zubereitet, daß selbst einem Mexikaner der kalte Schweiß ausgebrochen wäre; serviert wurde der Aal mit Iguanaeiern und Cassavebrot.

Alle Frauen haben sich in unserem Carpet versammelt. Keine trägt mehr als eine kleine rote Schürze auf dem Bauch, Po und Brüste sind nackt. Anaraptes Mutter, fast genauso schön wie ihre Tochter, gibt ihrem letztgeborenen die Brust, und eine Nachbarsfrau bestickt ein »Calimbé«, eine nur aus Perlen bestehende Schürze für die Festtracht ihres Mannes. Die Kinder sind ganz nackt, wenn man von den Perlenketten und den roten Bändern absieht, die unterhalb des Knies um die Beine festgewickelt sind. Ich frage schließlich Otaka, warum man das macht.

»Damit ihre Muskeln stark werden«, erklärt er. »Der Indianer muß so schnell sein, daß er mit dem Reh im Walde um die Wette laufen kann; vor allen aber muß er den Tigerjägern davonlaufen können, bevor sie dazu kommen, auf ihn zu schießen!«

Otaka, der mit einer flötenden und weichen Stimme brasilianisch spricht, weiß, wovon er redet. Er hat uns die Geschichte seines Stammes erzählt, die bereits Legende ist: eine Legende voller Schrecken und Schauerlichkeiten, in der die Flucht aus Brasilien nur eine Episode darstellt. Sogenannte Tigerjäger kamen an den Jarifluß, wo die Waianas siedelten, und nahmen ihnen erst einmal alles weg, was sie besaßen. Als es keine persönliche Habe mehr gab, die man ihnen rauben konnte, ermordete man sie – auf diese Weise wurden die Jäger zu Besitzern des Waiana-Landes. Otaka und sein Sohn Yamé, der auch in Palanewa lebt, gehörten zu den wenigen, die das Massaker überlebten und denen es gelang, über die Grenze zu ihren Verwandten nach Guayana zu flüchten. Otaka blickt auf seine schöne Frau. Er hat Glück gehabt, er ist zufrieden. Aber es gibt wenig Grenzen im weiten Dschungel und noch weniger freundliche Grenzen. Selbst die Grenze nach Guayana bietet kaum Schutz.

Dies alles ist recht traurig, und so bereiten wir uns auf das Lieblingsvergnügen des Nachmittags vor: Läusesuchen im Haarschopf des Nachbarn! Ich fühle sofort, wie sich meinen Lesern beim bloßen Gedanken daran die Haare auf dem Kopf sträuben, aber ich kann versichern, daß es ziemlich gemütlich ist, bei Sonnenuntergang in einem Kreis zu sitzen und einander den Schädel zu harken, während ein batteriebetriebener Plattenspieler Makeba, die Rolling Stones, Belafonte und Miles Davis spielt. Gott sei Dank bin ich kein guter Läusesucher, denn wenn jemand das gesuchte Wild findet, beißt er sofort die Laus tot und ißt sie mit großem Appetit. Alain und ich gelten bald als schlechte Jagdreviere, weil wir noch keine Zeit gehabt haben, einige Haustiere zu züchten.

»Hör den Tukan!« sagt Otaka. »Wenn er munter drauflos singt, wird das Wetter morgen sonnig und schön. Willst du mit auf die Jagd kommen?« fragt er Alain, auf dessen Schoß wie üblich Seramakani sitzt. Sie ist eine kleine Indianerprinzessin von sieben Jahren – zum Glück nicht älter! –, aber schon eine richtige kleine Frau, kokett bis zum »Geht-nicht-mehr«. Sie hat Alain zu ihrem besonderen Liebling auserkoren; er ist der einzige, der mit ihrer weißen Katze spielen, mit ihr auf dem Rücken schwimmen und sie fotografieren darf. Und sie verbringt die übrige Zeit damit, sich für Alain mit Perlen und Federn zu schmücken. Er nennt sie »La Beauté«, was sie immerzu wiederholt. Ja, sie ist wirklich »hipo«! Da Anarapte und die übrigen Frauen nur die Waiana-Sprache sprechen, erfolgt unsere Konversation mittels Gesten und Lächeln – eine weitaus wichtigere Sprache als irgendeine von denen, die sonst auf der Erde gesprochen werden. Man sagt, die Indianer seien ein trauriges Volk, aber wenn man einmal ihr Freund geworden ist und mit ihnen zusammenlebt, entdeckt man, daß sie viel Humor haben und es lieben, zu scherzen und zu lachen.

Noch bevor die Nebel der Nacht sich gelichtet haben, brechen wir unter dem Brausen des Stromes aus unserem kleinen Dorf auf, um in einem langen ausgehöhlten Kanu stromabwärts zu paddeln. Otaka und Alain besorgen das Paddeln, während Etekerapan, der Häuptling des Dorfes, zusammen mit einem stattlichen Indianer im Bug steht, um das Boot zu steuern. Anarapte und ich sitzen in der Mitte des Kanus. Ich wage es nicht, mich zu bewegen, weil meine Kamera nicht besonders gut schwimmt. Unsere Bootsmänner kennen sich mit den Stromschnellen aus und vermeiden es geschickt, gegen die Steine zu stoßen, die mit violetten Blumen bewachsen sind. Nach etwa einer Stunde Fahrt paddeln wir in einen Nebenfluß hinein und binden das Kanu an den Zweigen eines Dschungelbaumes fest. Anarapte und ich gehen durch den Wald zur Maniokrodung in der sonnigen Lichtung hinauf, während die Männer in der ewigen Dämmerung des Waldes untertauchen.

Meine Augen sind satt, und ich kann nichts mehr sehen. Meine Worte verschwinden wie das Reh im Wald, als ich sie suche. Wie soll ich Euch die Schönheit des Dschungels beschreiben, das Rot auf der Brust des Spechts, das Geschwirr der Kolibris und Honigvögel, den Duft von Honig und Humus, den sinnlichen Schock der explodierenden Blütenfarben in dem grünsten Grün? Die Schmetterlinge, schöner als irgendwo auf der Erde! Die Majestät der Bäume! Das köstliche Aroma der Früchte, mit denen Anarapte, behend wie ein Reh, angelaufen kommt! Vielleicht war das Paradies indianisch und Anarapte dessen Eva? Nicht einmal die Schlange fehlt: Eine smaragdgrüne Baumboa mit weißen Flecken löst sich aus dem Grün und sieht uns mit ihren Rubinaugen an.

Alain ist blaß, als er von der Jagd zurückkehrt. Er erzählt, daß die Indianer durch den Wald rennen, nein, fliegen, als wären sie Vögel. Wie sie den Weg finden? Ganz einfach: sie brechen an bestimmten Bäumen Zweige ab oder hinterlassen andere Zeichen, die ein Uneingeweihter kaum wahrnimmt. Eine kleine braungefleckte Paka ist die Beute des Tages, eine gute Abwechslung zu unserer Fisch-Diät.

Nach zwei Wochen müssen wir unser neuentdecktes Paradies und unsere Freunde verlassen; wir ziehen wieder unsere Kleider an, stecken die Füße in unsere Schuhe, denn beim Stapellauf der Pen-Kalet dürfen wir natürlich nicht fehlen. Auf Wiedersehen, schöne Waianas, adieu ihr Freunde, die ihr uns alles gegeben habt, ohne dafür etwas zu nehmen. Sehen Sie, Monsieur Montesquieu, man kann sehr wohl Indianer sein!

X

Weihnachten auf der Teufelsinsel

Wieder zu Hause auf unserer Terrasse in Cayenne, entdecken wir, daß zusammen mit schönen Erinnerungen und guten Fotografien auch eine Menge Kriecher aus dem Dschungel in unser Gepäck eingedrungen sind. Unsere kleine Privat-Maraqué besteht – außer Mückenbissen – vor allem aus Zecken, jenen kleinen Insekten, die den Kopf im Körper ihres Opfers verstecken, dort fressen und gedeihen und die den Schädel als Pfand in der Haut zurücklassen, wenn man versucht, sie herauszuziehen, was üble Entzündungen hervorruft. Auch »Chics« sind dabei, die unter den Zehennägeln leben und nagen – eine Folge davon, daß man überall barfuß herumläuft, wie die Indianer. Am schlimmsten sind jedoch die Läuse, die ständigen Begleiter der Agutis. Die kleinen Waldtiere schmekken allerdings so lecker, daß ich, am Rande bemerkt, die Läuse verstehe! Doch wehe, wenn sie keine Agutis haben! Dann begnügen sie sich nämlich mit Menschenfleisch, diese Kannibalen. Und sie hüpfen nicht etwa wie gewöhnliche Flöhe auf dem Körper umher und beißen, nein, sie sind so zutraulich, daß sie ganz und gar unter die Haut kriechen, wo sie ewig fressend weiterleben und jucken wie tausend Mücken in Lappland. Es gibt keine Medizin oder Sprays, die sie dazu bewegen könnten, ihr Lieblingsrestaurant zu verlassen. Eine alte Kreolin hat mir neulich ein Rezept verraten: Wir sollen den Körper mit frischer Zitrone einreiben. Die kosten hier zehn Mark pro Kilo, obwohl sie überall auf den Bäumen wachsen. Mal sehen, ob es hilft.

Dies sind nur die Randerscheinungen unserer Dschungelfahrt. Ich nehme an, daß man Neugier in den Tropen früher oder später teuer bezahlen muß. Je schöner, desto gefährlicher! Als ich klein war, fand ich es immer höchst interessant und ziemlich romantisch, einer Person zu begegnen, die Malaria gehabt hatte. Aber die Wirklichkeit ist gar nicht romantisch. Seit mehreren Tagen liegt Alain in seiner Hängematte mit Schüttelfrost und hohem Fieber, das plötzlich unter die normale Körpertemperatur absinkt, um dann mit erneuter Stärke zuzunehmen. Erschreckend rasch magert Alain ab und redet im Fieber irres Zeug. Ich pflege ihn so gut es geht und gebe ihm bittere Chinintabletten, die der Arzt verschrieben hat und die Alain mit furchtbaren Grimassen herunterschluckt. Dann kehrt er zu seinen Halluzinationen zurück.

Eines Nachts wache ich mit dem Gefühl auf, ich müsse ersticken. Ein heftiger Knall erschüttert alles; ihm folgt ein unheimliches Schweigen, das nur vom heiseren Gekrächze der Geier im Geäst der Mangrovenbäume auf der anderen Kanalseite und vom Geräusch der Krabben unterbrochen wird, die sich aus dem Schlamm unter dem Plankenboden hervorwühlen, um einander während der

Ebbe, wenn die Pfade begehbar sind, zu besuchen. Die Ebbe kann man an dem gräßlichen Gestank von Moder und Abfall riechen. Aber ein völlig anderer, scheußlicher Geruch vermischt sich mit dem gewohnten Gestank. Meine Augen brennen, und die Tränen rinnen über meine Wangen. Meine Kehle ist zugeschnürt. Plötzlich noch eine Explosion! Es knallt und knattert wie aus einem Maschinengewehr. Was mag das sein? Irgendwo johlt eine Menschenmenge. Nein, es ist keine Einbildung! Es ist Tränengas, das vom Wind den Kanal heruntergetrieben wird und uns einnebelt: Aufruhr in Cayenne! In der benachbarten Hängematte wimmert Alain. Ich stehe auf, um ihn zu beruhigen, wechsle sein durchnäßtes Hemd und trockne seine Stirn. Das Tränengas bringt uns zum Weinen, so daß uns die ganze Nacht das Wasser aus den Augen läuft.

Am folgenden Tag habe auch ich Malaria, eine Woche nachdem Alain erkrankt ist. Er wird allmählich wieder so kräftig, daß er nun mich pflegen kann, obwohl er blaß wie ein Bettlaken ist und einem Romanhelden Guy de Maupassants sehr ähnlich sieht. Halluzinationen, Tränengas und der Lärm eines fernen Aufruhrs begleiten mein Fieber und meinen Schüttelfrost. Die Hängematte schaukelt. Die Geier krächzen, und die Krebse kratzen unter dem Plankenboden, und wenn die Flut den Kanal füllt, wie jetzt bei Vollmond, schwappt das Wasser zwischen den Planken hoch und näßt einem den Hintern. In der Nacht schleichen brasilianische Fischerboote wie Gespenster am Schleier meines Moskitonetzes vorbei, Wirklichkeit und Traum gehen ineinander über. Ist die kleine elegante Schlange, die sich an der Balustrade der Terrasse entlangringelt, Wirklichkeit? Gibt es etwas Bittereres als Chinin?

Der Aufstand dauert an. Die jungen Rebellen kämpfen für die Unabhängigkeit Guayanas. Weshalb, frage ich Thierry in einem meiner etwas lichteren Augenblicke. Der arme Thierry, der plötzlich zwei Kranke am Halse hat, antwortet prompt:

»Weil sie wie Brasilien ihre eigene Fußballmannschaft bei der Weltmeisterschaft haben wollen!« Dann wird er ernst:

»Du weißt, daß Guayana eine französische Provinz ist – wie die Normandie zum Beispiel – und daß die Einwohner hier die gleichen Gehälter und Rechte wie im Mutterland haben! Wovon sollen sie leben, wenn sie frei werden? Aber sie können die Weißen nicht leiden, wie du sicherlich gemerkt hast!«

Um mich zu trösten, spielt Thierry ein Stück von Sor auf der Guitarre, und fügt nach einer Weile hinzu:

»Wann werden wir endlich anfangen, nach der Farbe der Seele zu urteilen statt nach der des Körpers?«

Meine Amöben, die sich bislang freundlicherweise etwas zurückgehalten haben, sind wohl aufgrund der neuerlichen Störung munter geworden und kämpfen nun mit einer Menge Parasiten und Bakterien um die Herrschaft in meinen dünnen, armseligen Gedärmen. Wie die glücklichere Pen-Kalet, die schließlich ihre Holzwürmer losgeworden ist, wieder ins Wasser gelangt ist, vermag ich nicht zu sagen, da ich – von meinen drei Trabanten gepflegt – zehn Tage lang fast bewußtlos in ständigen Halluzinationen verbracht habe. Als ich mich wieder aufraffen kann, bin ich so schwach und blutarm, daß ich völlig verwirrt in einer schaukelnden und unwirklichen Welt umhertorkele! Die Ohren summen ständig vom Chinin, und das Sehvermögen hat derart gelitten, daß ich alles wie im Nebel wahrnehme. Und ich bin mir wohl bewußt, daß mein Skelett deutlich sichtbar ist, trotz der Kleider und obwohl ich eine Menge Haut im Gesicht und am Hintern zuviel habe.

Es ist ein etwas zitteriges Pärchen, das am Tag vor Heiligabend den Anker aus dem Schlamm im Hafen von Cayenne hervorzieht, um die Pen-Kalet nordwärts zu steuern. Da auf dem Meer nichts Horizontales oder Vertikales zu erwarten ist, fühle ich mich hier wirklich besser als auf den Straßen Cayennes, wo die Häuserfassaden dermaßen wankten, daß ich glaubte, sie würden auf mich herabfallen. Der Wind ist frisch und das Meer erbsensuppengelb. Mit Hilfe der Flut kommen wir über die himmelhohen Wellen hinweg, die sich an der Sandbarriere der Mündung brechen; begleitet von einem Hai, steuern wir an »L'Enfant Perdu« vorbei auf die »Îles du Salut« zu, jene schönen Inseln, die die französische Justiz ganz zu Unrecht in eine tropische Hölle verwandelt hat. Warum der ironische Name für die Inseln der Strafgefangenen? »Die Rettungsinseln!« Nun, die ersten Kolonisten, die wirklich nicht wissen konnten, wozu man die Inseln später verwenden würde, gaben ihnen jenen Namen, weil sie in dem günstigen Klima ihre Gesundheit wiedererlangten, nachdem sie zuvor auf dem Festland krank geworden waren. Da das Klima wohl noch das gleiche sein dürfte wie zur Zeit des Sonnenkönigs, sollte sich vielleicht auch unser Befinden etwas bessern.

Am Heiligen Abend verlassen wir die Pen-Kalet, die zusammen mit einigen zwanzig Krabbenfischerbooten wie ein Korken unter den vielen Haien in der Bucht bei der Île Royale umherschwimmt, und steuern unsere kleine Jolle auf die Teufelsinsel zu. Wir wollen die Heilige Nacht in einer Ruine der Strafkolonie verbringen, vielleicht in der Zelle, in der Kapitän Alfred Dreyfus, verurteilt wegen Hochverrats an Frankreich, von 1894 bis 1899 inhaftiert gewesen ist. Essen und Wein haben wir mitgenommen, dazu französischen

 Kognak, eine Taschenlampe, unsere Hängematten und die Moskitonetze, die wir von jetzt an bestimmt nicht mehr vergessen werden. Wenn es auch keine Moskitos auf den Inseln geben soll, so gibt es doch sicher andere giftige Insekten und Würmer in den verlassenen Ruinen, die der Dschungel gerade wieder zurückerobert.

Die Île Saint Joseph, die ihren Namen von dem Heiligen bekommen hat, der die erste von Ludwig XIV. ausgesandte Expedition beschützen sollte, taucht vor uns auf. Sie heißt auch Île du Silence, Insel des Schweigens. Hier wurden die Gefangenen in Einzelzellen gesperrt, streng bewacht von bewaffneten Wärtern; sprechen war verboten, nur durch Gesten und schriftlich durften die Häftlinge sich mitteilen.

Daß der Name der Teufelsinsel von dem fürchterlichen Getöse herrührt, das die Wellen erzeugen, wenn sie sich an den Klippen in der schmalen Überfahrt zur Île Royal brechen, kann ich bald verstehen. Unsere Jolle wird auf dem Wasser hin und her geworfen, und der kleine Seagullmotor schafft die Wellen und die starke Strömung kaum. Ich fühle mich schlaff und mir ist furchtbar schwindlig, sei es nun wegen des Seegangs oder wegen der noch nicht auskurierten Malaria. Es muß wohl ein letztes Nachwehen des Fiebers gewesen sein, denn als ich den Pfad zum Innern der Insel hochstolpere, schwankt er wie die Wellen auf und nieder, und die Kokospalmen neigen sich wie in einem Alptraum. Das ist nicht besonders gut fürs Fotografieren, aber ich versuche heldenhaft, einige der baufälligen Gebäude, in üppiges Grün eingebettete Treppen und Mauern zu verewigen.

Da die Insel nicht mehr bewohnt ist, wissen wir nicht, ob die Baracke, die wir schließlich als Nachtquartier auswählen, die gleiche ist, in der der französische Kapitän so viele Heilige Abende verbracht hat. Ich weiß nur eines: Der Weihnachtsmann wird nicht durch den rußigen Schornstein der Ruine herabkommen, weil er wahrscheinlich die Hoffnung aufgegeben hat, jemals ein paar brave Kinder hier unten zu finden. Aber das Feuer, das wir schließlich auf der Feuerstelle in Gang bringen, verbreitet Licht in der baufälligen Baracke und vermittelt uns einen Eindruck von der Nacht im Stall. Der ausgezeichnete Burgunder und die Gänseleberpastete mit Trüffeln – französische Erfindungen, um Jesus zu feiern – versetzen uns in eine angenehme Stimmung, und nach einem Glas alten Napoleon-Kognaks fallen wir etwas betrunken in unsere Hängematten, die wir auf der Terrasse der Baracke aufgespannt haben.

Ich erwache durch einen furchtbaren Lärm. Es ist stockfinster. Undefinierbare, vage Geräusche mischen sich mit dem mächtigen Orchester des Meeres, der Wind fegt die Palmwedel gegen die Dachziegel der Baracke, Zweige knacken und brechen. Der Gesang der Grillen, das Knistern im Holz, Füße, die durch das Gras laufen, das plötzliche Gekrächze eines Vogels, das Schlagen von Flügeln, Steine, die im Kies knirschen! Ich krieche aus der Hängematte, greife nach der Taschenlampe und werfe einen Lichtstrahl in den Raum. Ich glaube, Schatten zu sehen, die sich drinnen bewegen, aber ich wage mich nicht durch die offene Tür hinein. Ein plötzliches Schweigen, als hielte jemand den Atem an, ein Warten auf den Unbekannten! Ich fühle deutlich, daß jemand da ist! Mit zitternder Hand leuchte ich auf den Tisch. Alle unsere Speisereste sind weg! Die Weinflasche ist verschwunden! Ich lasse den Lichtstrahl meiner Lampe durch das Zimmer gleiten, in alle vier Ecken hinein, die Wände auf und ab. Sie geben ihre Geheimnisse nicht preis. Alle die Briefe, die die Gefangenen hier im Laufe der langen Zeit eingeritzt haben – sie bleiben für immer unbeantwortet und vergessen, sie sprechen nicht. Da man den Gefangenen den letzten Wunsch des Menschen, nicht vergessen zu werden und einen Grabstein zu bekommen, nicht erfüllte, wurden die Wände als Gedenksteine benutzt und mit Namen, Zeichnungen und den letzten wichtigen Worten vollgekritzelt, bevor die Haie auf ihre Kosten kamen. Ich trete näher, um zu lesen, zittere aber so, daß die Lampe aus meiner Hand fällt und erlischt. Draußen ist der Lärm jetzt abgeklungen, und ein kalter Wind weht durch die Baracke. Plötzlich kann ich ganz deutlich Geflüster hören, Seufzer und Stöhnen, Klagen und Schreie. Meine Haare sträuben sich auf dem Kopf, als sich aus dieser Kakophonie eine Stimme löst und monoton den gleichen Satz wiederholt. Ich horche gespannt, um die Worte zu verstehen, und schließlich höre ich Kapitän Dreyfus sprechen:

»La justice militaire est pour la justice ce que la musique militaire est pour la musique!«

»Sie haben das nicht gesagt, Kapitän!« schreie ich. »Das war Clemenceau!«

Danach herrscht eine unheimliche Stille. Ich bücke mich, um die Taschenlampe vom Boden aufzuheben. Als ihr Licht über die Bodenplanken gleitet, begegnet es einer großen Kröte, die mich unentwegt anstarrt. Ich fliehe hinaus, fort! Das Konzert der Natur beginnt wieder, und als ich aufwache, scheint die Sonne und die Vögel jubilieren.

»Du hast wieder einen Malariaanfall gehabt«, sagt mein Kapitän und streichelt mir liebevoll über die Stirn.

Wir sitzen auf dem Deck der Pen-Kalet und genießen einen farbenprächtigen Sonnenuntergang, weit hinter der Raumstation von Courou auf dem fernen Festland; wir essen unseren »Weihnachtsbraten«, riesige Krabben, die uns unsere Nachbarn in vollen Eimern gebracht haben. Wenn Franzosen essen, kennen sie meistens nur ein Gesprächsthema: das liebe Essen in der Vergangenheit, Gegenwart und Zukunft.

»Verbringst du dein erstes Weihnachten auf See?« fragt Alain.

»Nein, als ich Matrose auf dem norwegischen Frachter Arctic Gull war, verbrachte ich ein skandinavisches Weihnachtsfest mitten auf dem Karibischen Meer. Dort servierte ich in der tropischen Hitze meterweise Würstchen und schnitt den Weihnachtsschinken für ewig hungrige Matrosen, Söhne Walhallas, die sozusagen Tag für Tag das wieder auferstandene Schwein in sich hineinstopften. Damals konnte ich kaum ahnen, daß ich von unserem ›mythologischen‹ Schwein einmal bis aufs Meer verfolgt werden sollte!«

»Habt ihr ein ›mythologisches‹ Schwein?« fragt Alain ziemlich interessiert.

»Ja, ich stamme schließlich aus einem Land, in dem das Schwein seit uralter Zeit ein geradezu heiliges Tier ist!«

Alain blickt amüsiert drein.

»Lach nicht, es ist eine Tatsache, auch wenn sie inzwischen kaum noch beachtet wird. Das Schwein ist bei uns sehr populär und untrennbar mit Weihnachten verbunden, unserem größten Fest, das viel von der Tradition unserer heidnischen Vorfahren, dem ›Midvinterblot‹ der Wikinger, bewahrt hat. Unser Weihnachtsschwein ist nämlich ein würdiger Nachfolger des Ebers Serimer. Den schwedischen Löwen haben wir erst viel später vom Kontinent übernommen, sozusagen als heraldische Leihgabe; er ist ein Renommiertier und heutzutage ganz außer Mode. Denn immer noch versammeln wir uns andächtig um unser liebes Schwein, ein Symbol des Wohllebens in jeder Hinsicht. Schön geschmückt mit einem Apfel im Rüssel und Krauspapier hinter den Ohren; Schweinshaxn, Sülzen und frische Kochwurst; gar nicht zu reden vom Weihnachtsschinken und vom ›Eintauchen im Topf‹. Schwein, Schwein, Schwein in allen Formen! Schweine auf Tischtücher gestickt, aus Papier geschnitten und aus Holz geschnitzt. Schweine aus Pfefferkuchenteig, mit Zuckergirlanden darauf, hängen am Weihnachtsbaum zusammen mit Engeln und Weihnachtsmännern; Schweine aus Marzipan mit Schokolade auf den Schinken, Schweine als Kerzenhalter. Nicht einmal der Schwanz wird verschmäht: Geringelter Schwanz liegt auf den Weihnachtstischen in Skåne. So schlemmen wir in Schweinefleisch und Bier mit Schnaps und werden selber in fröhliche, rosafarbene Schweine verwandelt, die um den Weihnachtsbaum herumhopsen; ›Mutterschweinchen sind wir alle miteinander, alle miteinander, alle miteinander ...‹

Der Löwe fand gewiß nicht den Weg zum Paradies unserer Vorfahren, nach Walhalla. Aber dort gab es den Eber Serimer, der jeden Tag geschlachtet und vom himmlischen Koch Andrimmer im riesigen Kessel Eldrimmer geschmort wurde. Dann wurde das Schwein von den Einherjern verzehrt, um am nächsten Tag wieder aufzuerstehen und erneut geschlachtet, gekocht und wieder verzehrt zu werden. Eine Art Dauerschwein sozusagen. Jetzt verstehst du, was ich meine, wenn ich sage, daß das schwedische Schwein unser heiliges Tier ist. In welcher anderen Religion hat man das Schwein ins Paradies eingelassen und unsterblich gemacht?«

»Wer waren die Einherjer?«

»Im Kampf gefallene Helden, die Odin als seine Söhne in Walhalla aufnahm. Und Freyja, seine Gemahlin, bekam angeblich die Hälfte der Gefallenen! Walküren brachten ihnen Met in großen Trinkhörnern, Andrimmer kochte jeden Tag den Eber Serimer, und jeden Tag rüsteten sie sich zum Kampf, kämpften und fällten einander – aus Gaudi –, und wenn es Essenszeit war, ritten sie heim, um sich zum Trinkgelage niederzulassen.«

»So, das war also das Paradies der Nordmänner – ewiger Kampf und Streit, ewig Schweinefleisch und Bier – aber kein Wort von Frauen und Liebe!« sagt mein Franzose und umarmt mich, daß mir die Rippen krachen.

Würden wir es schaffen, bis Neujahr nach St. Lucia zu kommen? Während einer recht stürmischen und anstrengenden Segelfahrt träumen wir von verborgenen paradiesischen Sandstränden mit wehenden Palmen, von Korallenriffen im ruhigen, kristallklaren Wasser statt der brackigen See Guayanas und von einer munteren und sonnendurchtränkten Segeltour in frischen Passatwinden. Die Pen-Kalet schlägt sich bei einem Gegenwind von Stärke acht durch, sie zittert wie im Schüttelfrost, schwankt und schlingert mit ohrenbetäubendem Geächz in den hohen Wellen, deren Kämme im Phosphorlicht schäumen. Wir hängen zwischen Himmel und Meer, ohne zu wissen, wo die Grenze verläuft. Bei Sturm schrumpft unsere kleine Welt noch mehr zusammen und wird zu einem unglaublich kleinen isolierten Raum in etwas unglaublich Großem und Schrecklichem. Mit Mühe und Not sind wir mit dem Leben davongekommen, denn als wir nachts an Barbados vorbeisegelten, gerieten wir zu nahe an eine Sandbank heran und wurden der Spielball himmelhoher Schlagwellen, die die Pen-Kalet mit einem Krachen durchbrach, das sich wie ein Donnerschlag anhörte.

Wir sind bis auf die Seele von Regen und Salzwasser durchnäßt und todmüde nach dem vielen Wachen, als wir auf die beiden zukkerhutförmigen Berggipfel »Les Deux Pitons« auf der Leeseite

St. Lucias zuhalten, zwischen denen die Seekarte einen guten, windgeschützten Ankerplatz aufweist. Ach, die Berge nehmen uns nach und nach den Wind, der Regen stürzt weiter in schweren Schauern von einem bleigrauen Himmel herab, und erst spät in der Neujahrsnacht können wir in der Bucht unter den schwarzen Bergen vor Anker gehen. Die Bucht scheint keinen Grund zu haben! Die ganze Ankerkette verschwindet im Wasser und immer noch kein Grund! Wieder hoch mit dem Anker und näher ans Land heran! Dasselbe Ergebnis! Ein gezackter Mond sieht zwischen aschgrauen, bleigrauen und schwarzen Wolkenfetzen hervor, bis es dann mit unverminderter Heftigkeit weiterregnet.

»Werft uns ein Tau 'rüber, wir können es dann an einer Palme festbinden!« ruft plötzlich eine Stimme neben uns. Ein Fischerboot mit einigen Inselbewohnern, die schwarz sind wie die Nacht. Nach kurzer Zeit ist die Pen-Kalet sicher an einer unsichtbaren Palme am Strand festgebunden und hat außerdem den Anker auf Grund. Unsere Helfer verschwinden in der Nacht, wohlversehen mit Dankesworten, französischem Wein und Tabak aus Senegal.

In der Bucht ist es vollkommen still. Der ewige Bauchtanz ist zu Ende. Alles ist von Salzwasser durchtränkt. Niemand hatte je davon gehört, daß es zu dieser Jahreszeit in den Antillen regnen oder stürmen könnte! Hatten wir nicht brav in Guayana gesessen, um das Ende der Hurrikansaison abzuwarten? Und nun sitzen wir hier ziemlich bedeppert in der Silvesternacht, hinter dicken Vorhängen aus Regen.

»Hier ist ein kleines Geschenk, Prost Neujahr!« Die Stimme kommt aus der Dunkelheit, während gleichzeitig eine Hand im flackernden Lichtschein der Petroleumlampe an der Reling erscheint. Die Hand hält einen riesengroßen lebenden Hummer! Keine Rede von Bezahlung! Mit einem weiteren »Glückliches neues Jahr« verschwinden unsere neuen Freunde in der Nacht. Nie hat uns ein Neujahrsessen herrlicher geschmeckt; und endlich haben wir das Gefühl, in dem zwar etwas feuchten, aber dennoch wundervollen Paradies willkommene Gäste zu sein, den Inseln über dem Wind, dem Traum aller Segler!

Eher ein Duft als eine Bewegung, ein Lichtschein oder ein Geräusch wecken mich. Ich versuche mich zu erinnern, wo ich mich befinde. Meine Nase ist nach so langer Zeit in der geruchsfreien Meeresluft überempfindlich geworden und versucht, die Düfte, die durch das geöffnete runde Oberlicht in die Kabine hineindringen, zu identifizieren. Vanille? Rosen? Algen? Gewürze und Lorbeer? Ein sachtes Plätschern, ein undeutliches Rauschen in Palmenkronen. Ich krabble aus der Koje und gehe an Deck – und falle sofort über Bord. Mir ist, als kehrte ich in mein warmes, weiches und schaukelndes Bett zurück. Aber das Salzwasser öffnet mir allmählich die Augen. Über dem fast senkrechten Abhang zwischen den beiden Bergen geht gerade die Sonne auf und verändert die Tintenfarbe des Wassers in leuchtendes Türkis; sie setzt dem Spiel der Wellenkämme am Strand goldene Lichter auf; die Palmenblätter glitzern silbern; die schwarze Vegetation der Berge bekommt das Grün des Dschungels, und eine Wiese hinter der Palmenkulisse des Strandes wird zu einem Smaragd, durchbrochen von den Diamanten eines perlenden Baches. Unter mir kann ich den runden Bauch der Pen-Kalet mit dem roten Kiel sehen und der Kette bis zum Anker folgen, der säuberlich auf einem Bett aus feinstem Sand liegt. Farbenprächtige Kleinfische leisten ihm Gesellschaft, und auf einem Stein in der Nähe sitzen einige dunkellila Seeigel mit mehr als zwanzig Zentimeter langen Stacheln, nahe einer großen perlmuttschimmernden Helmschnecke. Da draußen liegt das Meer, blau wie die schwedische Flagge; und obwohl der Passat weht, daß die Wellenkämme weiß aufschäumen, kommt nicht der kleinste Windhauch in die Bucht. Der Duft frisch gekochten Kaffees lockt mich endlich aus meiner lauwarmen Badewanne.

Die Tage vergehen mit Baden und Faulenzen; hin und wieder fangen wir einen Fisch zum Mittagessen. Langsam kommt wieder Fleisch auf unsere Knochen und Farbe auf unsere Haut. Vielleicht wären wir auf unserer Segelreise nie weitergekommen als bis zu dieser zauberhaften Bucht zwischen den beiden bewaldeten Bergen, wenn uns eines Morgens nicht lauter Motorenlärm in die Wirklichkeit zurückgeholt hätte. Ein großer schöner Schoner mit glitzerndem Kunststoffrumpf steuert in die Bucht hinein und geht an der Nachbarpalme vor Anker. Das Schiff wimmelt von Touristen. Es ist ein modernes Piratenschiff in diesen alten Bukaniergewässern; ein Charterschiff. Da sich die Urlauber auf diesen Schiffen keine Drinks ohne Eis, keine Dusche ohne Warmwasser vorstellen können und auch auf tiefgefrorenes Fleisch nicht verzichten wollen, dazu noch genau berechnete Tagesetappen fordern, läßt es sich bei den hiesigen Windverhältnissen kaum vermeiden, daß die Motoren fast pausenlos arbeiten. Der Reiseplan muß um jeden Preis eingehalten werden. »Überraschungen« wie gegrillte Ferkel, Hummer und Steelbands warten in den versteckten Buchten unter Kokospalmen; die Cocktailstunde darf nicht ausfallen. Das Flugzeug auf der letzten Insel wartet nicht auf verspätete Segler. »Zeit ist Geld« für diese modernen Piraten!

Was ist ein übervölkertes Paradies mit ständigem Motorenlärm
 und unzähligen Adams und Evas in Bikinis, Schwimmflossen und

Schnorcheln? Wir entschließen uns, den Eindringlingen in unseren soeben entdeckten Garten Eden zu entfliehen und uns das Innere der grünen Insel anzusehen. Wenn der Wind aus einer bestimmten Richtung weht, können wir riechen, wie sich der Geruch von Sulfat mit dem Duft von Algen und der übrigen Vegetation mischt. Er kommt von warmen Quellen und Bädern auf der anderen Seite eines der Zuckerhüte, in der Nähe der Stadt La Soufrière; ein kleiner Pfad soll am Berghang direkt zu den Quellen führen. Auf dem Heimweg können wir die kleine Stadt besuchen und unsere Ankunft den Behörden melden, die – wie wir gehört haben – sehr empfindlich und strikt auf ihre neue Würde als selbständiger Staat bedacht sind. Der kleinste Verstoß gegen Gesetze und Verordnungen kostet viel Zeit und, wenn man Pech hat, auch ein Bußgeld.

Sehr richtig, ein kleiner Pfad folgt dem Bach durch Wiesen, Bananen- und Palmenwälder steil in die Höhe. Wir sehen Pflanzungen von Zitrusfrüchten, Kaffee, Kakao, Süßkartoffeln, Mais, Maniok, Tomaten und anderem Gemüse. Ich bin Klettertouren an Land nicht gewohnt und obendrein von der Malaria noch etwas geschwächt, so daß ich mich an Grasbüscheln und Wurzeln festhalten muß wie ein Affe. Und als wir den Gipfel erreicht haben, bin ich außer Atem und ziemlich schlapp. Die Pen-Kalet und ihre elegante Nachbarin sind als zwei kleine weiße Punkte auf dem tiefblauen Teller der Bucht mit palmengrünem Rand zu erkennen. Ein lauer Wind fächelt uns Kühlung zu, die Vögel singen, daß das Herz im Leibe hüpft, und der violette Luxus der Boungainvillea überwuchert die einzige Hütte, die wir sehen können. Vor der Tür sitzt ein Mann auf einer Holzbank und betrachtet seine grüne Welt. Das Haus ist alles andere als ein Palast – das Dach eine zerzauste Perücke aus Palmwedeln, und durch die undichten Wände können wir einiges von dem ärmlichen Interieur sehen. Aber die majestätische Aussicht ist der Traum eines Millionärs. Als wir den Mann begrüßen, legt sich sein geschnittenes dunkles Gesicht in hundert Falten aus Sonne und Lächeln, und mit ausgesuchter Höflichkeit bittet er uns, Platz zu nehmen und auszuruhen; dann fragt er, ob er uns Bananen und frisches Wasser anbieten dürfe. Franzose, ja, natürlich, er sei als Seemann einmal in Brest gewesen – und in Paris! Er verdreht die Augen und schmatzt mit den Lippen. Schweden, ja, da sei es immer kalt und weiß vor Schnee, aber da liefen die Leute nackt herum. Sein Blick streichelt das grünste Paradies, das diese Erde besitzt. Was kümmert es ihn, daß sein Strohhut viele Löcher hat, daß seine Hosen zerfranst sind und daß sein einziges Eigentum auf dieser Welt die Hütte ist und die beiden schwarzen Schweine, die unter einem Baum schlafen!

»Die ganze Bucht, alles, was Sie sehen, gehört einer Dame aus Chicago. Sie kommt aber nie her. Sie muß wohl in den Staaten bleiben und Geld verdienen!« Er sagt das ohne den geringsten Anflug von Neid oder Bosheit.

»Das ist ganz und gar gegen alle Vorschriften! Warum sind Sie hier? Sie müssen sofort nach Castries segeln, denn dort sind alle Einwanderungsbehörden!«

Der fette, dunkelhäutige Polizeichef schnauft und wischt sich immer wieder mit einem riesigen Taschentuch den Schweiß von der Stirn. In einer Ecke des Raumes, der diesem mächtigen Mann als Büro dient, stehen zwei rundpoige junge Mädchen in kurzen, engen Kleidern und bügeln kichernd die Hemden des Kommissars. Zwischen uns und der Freiheit sitzt eine Polizistin in regelrechter Uniform und einem Käppi auf den krausen Locken. Ihre Miene ist derart barsch, daß ich geradezu fühle, wie die Gittertür sich hinter mir schließt. Nachdem der Polizeichef stundenlang mit den Behörden in Castries angeregt telefoniert hat, erhalten wir endlich die Erlaubnis zu gehen. Wir müssen aber auf Ehrenwort versprechen, schon am nächsten Tag nach Norden zu segeln und uns bei den Einwanderungs- und Hafenbehörden zu melden. Gerade haben wir die Tür aufgemacht, um uns erleichtert an dem weiblichen Cerberus vorbeizustehlen, als uns der Polizeichef wieder zurückruft. Was will er jetzt?

»Heute abend findet in der Stadt ein Fest statt! Ich lade Sie herzlich ein. Kommen Sie doch bitte und tanzen Sie! Es gibt echten Santa-Lucia-Rum!«

Ist es wirklich der Polizeikommissar, der da tanzt, daß ihm der Schweiß von der Stirn perlt? Der Steelband des Städtchens gelingt es auf irgendeine geheimnisvolle Weise, auf leeren Benzinfässern, Büchsen und Dosen einen herrlichen Calypso hervorzuzaubern. Ist dieses hübsche Mädchen in dem knappsten aller Miniröcke und mit der roten Hibiskusblüte hinterm Ohr wirklich unser barsches Polizeifräulein? Eins, zwei, drei, ehe ich mich's versehe, hat mich schon unser verschwitzter Freund eingefangen und tanzt mit mir einen Mambo-Samba-Rumba-Irgendwas, während Alain mit Leib und Seele der schönen Polizistin von La Soufrière verfallen zu sein scheint.

Es gibt auch noch andere Vulkane in den Antillen. Der von St. Vincent droht schon lange auszubrechen. Alle Dörfer auf der Nordseite der Insel sind evakuiert worden. Wissenschaftler aus aller Welt verfolgen gespannt die Entwicklung, und draußen vor der Küste patroullieren Schiffe, um die Überlebenden einer möglichen Katastrophe zu retten. Aber als wir bei frischem Passatwind mit den fliegenden Fischen nach St. Vincent um die Wette segeln, ist keine Wolke am Himmel zu sehen, und die hohen bewaldeten Berge sehen friedlich aus. In der Cumberland Bay finden wir einen herrlichen Ankerplatz mit einem kleinen Fluß hinter den Kokospalmen am Strand, dessen Wasser klar und völlig sauber ist – welch ein Traum für jeden Hochseesegler!

Aber wo sind die Korallenriffe und die unbewohnten Inseln, auf denen es keine Hotels geben sollte? Das vielbesungene Bequia erweist sich als eine Art »Holiday Inn on Water« mit einer ständigen Modenschau von Schiffen aller Arten und Größen: von Ein- und Zwei- zu Drei- und Viermastern, mit Trimaranen, Katamaranen und Booten mit sogar vier Auslegern. Wir sehen skandinavische Fischkutter, Segelkanuten und Motoryachten in allen Variationen, die man sich vorstellen kann. Auch Boote, die ich »Selbstbediener« nenne, gibt es reichlich. Man kann diese Boote in Tortora voll ausgerüstet mieten. Leider sind auch Feldstecher im Preis inbegriffen, die von diesen Urlaubern dazu benutzt werden, das Tun und Lassen ihrer Nachbarn zu beobachten, vom morgendlichen Bad bis zum Gutenachtkuß, so daß man keine Minute vor den neugierigen Spähern sicher ist.

Welch ein Sammelsurium von Nationalitäten und Rassen in diesem Kollektiv-Paradies! Auf einem großen dänischen Fischkutter sehen wir eine moderne Piratenkönigin, geboren in den Betonschluchten Manhattans, mit einer Schar von Hippie-Untertanen. Vor dem orientalischen Sitzkissen auf dem Kabinenfußboden sind Buddha und Jesus in seliger Yoga-Eintracht auf einem Altar vereint, während Übelkeit erregender Weihrauch die Kabine erfüllt, als wäre diese eine guatemaltekische Kirche. Auf großen Luxusyachten versuchen schläfrige Millionäre ihre gelangweilten Tage mit Anstand dahinzubringen. Hier finden wir echte und falsche Weltumsegler; einige sind auf dem Weg nach Kap Horn, andere kommen gerade von dort; pensionierte Seeleute, die alle von einer kleinen Privatinsel irgendwo im Südpazifik träumen; Geschäftsleute mit blitzenden Charterbooten, die wahrlich aussehen wie Kunststoffkühe, die nur darauf warten, gemolken zu werden – im Gegensatz zu den soliden Booten der echten Segler, die an den Ankerketten zu zerren scheinen, um endlich in See stechen zu können. Hier haben sich Abenteurer aller Art eingefunden. Strandläufer, Touristen, Segler mit Hunden, Kindern, Katzen und Papageien, einsame Segler, Segler mit eigenen Frauen oder fremden – alle Kombinationen sind vertreten! Eine Menge berühmter Boote liegen vor

Anker, darunter »Lord Jim«, »Sandefjord«, Tabarins »Pen Duick III« sowie die holländische »Stormvogel«, die im Gegensatz zu vielen anderen mit vollen Segeln in den Hafen eingelaufen ist, im Wettlauf mit der Dschunke »Nosegay«. An Bord von Hannes Lindemanns »Elsie« treffen wir auch Frank Casper, den berühmten Einhandsegler, der behauptet, er besitze immer noch die kleine Mühle, mit der er Fischaugen zermahle, um Frischwasser zu erhalten. Diese Mühle hatte der berühmte Arzt bei seinen Atlantiküberquerungen im Kajak und Kanu benutzt.

Bequia ist auch das Zentrum einer alten Industrie – des Walfangs! Und wahrhaftig – messen wir uns nicht mit einem Wal, der uns auf dem Weg nach Mustique, unserem nächsten Ziel, verspielt begleitet? Ich weiß wirklich nicht, wer länger ist, das Boot oder der Wal, aber ich habe jedenfalls Angst.

Mustique ist durch die Geschichte vom Lord und dem Wrack bekanntgeworden. Vor Mustique spielte sich im Januar 1971 auf dem Meer ein Drama ab, das beinahe zu einer Katastrophe mit zahlreichen Toten geführt hätte, zum Glück aber als Tragikomödie mit großem Sachschaden endete. Der zweitgrößte Luxusdampfer Frankreichs, die »Antilles«, lief auf ein Korallenriff, etwa eine halbe Seemeile vor der Insel. An Bord brach sehr schnell Feuer aus, und die etwa fünfhundert Passagiere und Besatzungsmitglieder mußten in Rettungsbooten an Land gebracht werden, wo übrigens die Bevölkerung von Mustique auf vorbildliche Weise Hilfe leistete. Der riesige Schiffsrumpf aus verbranntem und rostigem Eisen, einem prähistorischen Monstrum ähnlich, bedeckt auf der Nordseite den gesamten Horizont und ist schon viele Seemeilen entfernt zu sehen. Der Eigentümer Mustiques, Lord Collin Tennant, fand natürlich, daß dieses Monument die Aussicht von seiner ländlichen grünen Insel nicht gerade verschönerte, und entschloß sich sofort, Besitzrechte am Wrack geltend zu machen, damit er es in Stücke sprengen lassen konnte. Gesagt, getan: Der Lord wurde schnellstens zu dem noch rauchenden Schiff hingerudert; Farbe und Pinsel hielt er schon bereit. Die hohe See ließ die Buchstaben zwar ein bißchen schief geraten, aber bald konnte man an der Längsseite des Wrackes deutlich lesen: »Mustique & Co.« Um ganz sicherzugehen, hißte der Lord noch die Flagge Mustiques, die speziell für diesen Anlaß in aller Hast entworfen worden war.

Der Sieg des Lords währte aber nicht lange. Die Franzosen sandten sofort einen Hubschrauber, dessen Piloten es mit großer Mühe gelang, zwei Mann als Wachtposten auf dem Wrack abzusetzen. Diese vertauschten auf der Stelle die Piratenflagge mit der Trikolore. Ein langwieriger und komplizierter Prozeß hat außer diplomatischen Verwicklungen zwischen Großbritannien und Frankreich noch kein Ergebnis gebracht, und das Wrack wacht über Mustique – oder umgekehrt. Die weltweiten Nachrichten über dieses Ereignis, die vierzehn Tage nach der Katastrophe noch um die Erde gingen, mögen den Lord ein wenig getröstet haben: heute verkauft er Grundstücke an Interessenten mit dicker Brieftasche. So hat kürzlich Prinzessin Margret von England einen großen Landsitz auf der idyllischen Insel erworben und verbringt ihre Ferien damit, im klarsten Wasser der Welt zu tauchen, in das man vierzig Meter tief sehen kann.

Sogar Ziegen baden auf Mustique! Immer wenn ich frühmorgens meine müden Knochen über die Reling hieve und ins Wasser springe, taucht eine weiße Ziege mit braunen Flecken auf, trippelt aus dem Palmenwald heraus, macht ein paar schnelle Sätze über den hellgelben Sand und spaziert ins Meer. Dann schwimmen wir herum, die Ziege und ich – in gebührendem Abstand voneinander, natürlich –, und wenn ich wieder an Bord klettere, sehe ich die Ziege wieder am Strand, wo sie sich wie ein Hund schüttelt. Dann klettert sie an der fast senkrechten Felsenwand zu ihresgleichen hoch – oder besser ihresungleichen –, denn eine badende Ziege kann ja vom Ziegenstandpunkt aus gesehen nicht normal sein.

Endlich haben wir die Korallenriffe und die kleinen, unbewohnten Inseln gefunden – wir sind in Tobago Keys! Ganz allein sind wir allerdings nicht, denn zwischen den Riffen liegen zehn andere Yachten vor Anker. Ich schwimme in einer fremden Welt umher, in einem glitzernden Unterwasserwald mit Algen, Fischen, Korallen und Schnecken, in einer Märchenlandschaft, umgeben von unendlichem durchsichtigem Blau. Eine lilafarbene Meereschrysantheme saugt langsam einen kleinen Zebrafisch in ihre schönen Blütenblätter hinein, während drei Schleierfische dazu den Todestanz vollführen. Über mir spannen die Korallen ihre Fächer zu zarten Spitzenmustern, und ein Orchester aus einer Seenadel, einem Flötenmaul mit glänzenden Schuppen und einem Trompetenfisch spielt einem häßlichen Sterngucker mit Augen auf der Oberseite des Kopfes auf. Im offenen Maul des Sterngucker entdecke ich drei Reihen spitzer Zähne. Die Arabesken, die die Tentakeln eines Tintenfisches im Wasser zeichnen, vermischen sich mit Seegras und Seeanemonen, und eine große opalfarbene Qualle mit einem purpurnen Stern auf der Kopfmitte schickt ihre fast unsichtbaren Fäden auf Erkundungsfahrt. Ein Papageifisch mit gestreiften Augenlidern in Gelb und Türkis verschwindet hastig in seiner Korallenbehausung, als er mich entdeckt, während die Polypen sich nicht stören lassen und neue Dörfer und neue Städte bauen. Eine Königskrabbe mit einem großen Stachel auf dem Rücken wartet beharrlich darauf, daß die Schnecke sich endlich öffnet, damit sie ihr Morgenmahl einnehmen kann; ein kleiner pechschwarzer Plattfisch mit kanariengelber Schwanzflosse läßt die Königskrabbe kalt, denn sie weiß, daß dieser Fisch genauso giftig wie schön ist.

Ein Schatten huscht schnell an mir vorbei – vielleicht war es einer der Meereshechte, ein gefräßiger Barracuda? Ich mache ein paar schnelle Schläge mit den Schwimmflossen, steige wieder an die Oberfläche und ziehe mich eilig an Bord der Jolle. Die Sonne trifft mich wie ein brennender Pfeil, und ihr Licht blendet mich. Alles um mich herum ist pfauenblau. Alain sitzt in der Jolle und angelt. Einige rosafarbene Meeresbarsche sehen mich mit riesigen Augen an, und um die Spitze der Unterwasserharpune windet sich eine Muräne mit ihrem grausamen Vogelgesicht. Nach einer Stunde steht eine nach Safran duftende Fischsuppe, nach provenzalischem Rezept mit Knoblauchzehen gekocht, auf dem Tisch. Als ich mich während der Siesta in meiner mexikanischen Hängematte an Deck langsam hin und her schaukeln lasse, weiß ich, daß dies endlich das paradiesische Westindien ist, von dem alle Segler träumen.

Alle Träume haben aber leider ein Ende. Die Zeit der Abreise rückt heran. Wir haben an Gewicht zugenommen, aber der Geldbeutel ist schmal geworden. Als wir bei Sonnenuntergang in den Hafen von Grenada, St. George's, einlaufen, findet an Land gerade der Karneval statt. Den Straßen des Hafens folgend, kommen wir an Trauben feiernder Menschen vorbei. Wir hören den ohrenbetäubenden Lärm der Steelbands, sehen Tausende schaukelnder, springender, sich drehender, lachender und farbenprächtig verkleideter Inselbewohner, ein Feuerwerk aus Farben und Tanz, Jubel und Musik; Menschen, die alle Mühen von gestern vergessen haben und noch nicht wieder an die von Morgen denken wollen; einige sind von Kopf bis Fuß in Schleier und Rüschen gehüllt – nur der Bauch ist frei –, andere tragen üppige Federkleider, die jeden Indianerhäuptling vor Neid erblassen ließen; wir sehen Könige für einen Tag mit Krone und Zepter, Scharen von Schönheitsköniginnen, einfach alles, was zum Karneval gehört, in dem man seine Hemmungen über Bord wirft, seine Sorgen, die Ungerechtigkeiten des Lebens und die Plackerei des Alltags vergessen kann. Hier tanzen all diese schönen Menschenkinder, deren Vorfahren einmal gegen ihren Willen von einem anderen Kontinent hierher verfrachtet wurden. Und heute sind die Nachfahren der Unglücklichen von einst durch eine Laune der Geschichte zu Herren dieser schönen Inseln geworden. Sie tragen – leider recht unvorbereitet – die volle Verantwortung für die Verwaltung ihres Inselreichs und sehen sich mit Tausenden von Problemen konfrontiert. Die Übervölkerung macht ihnen schwer zu schaffen, ebenso der Mangel an Schulen und Krankenhäusern. Die politischen Verhältnisse wechseln und sind voller Launen und Tücken wie der Karnevalstanz. Die Einfuhr übersteigt bei weitem die Ausfuhr, und als Einnahmequelle für Devisen gibt es eigentlich nur die eine nennenswerte Industrie: den Tourismus.

Die Probleme sind bekannt. Das neue Nationalbewußtsein äußert sich gelegentlich in übersteigerter Feindseligkeit gegenüber den Touristen, die man dringend braucht, aber wegen ihrer Hautfarbe nicht ausstehen kann. Die Inselbewohner weigern sich, sich so zu benehmen, wie die Touristen es sich vorgestellt haben: als unschuldige steelbandspielende Faulenzer mit pittoresken Strohhütten, ohne Sinn für die Bedeutung der Zeit, fröhliche Menschen, die in Bambushütten unter Palmen leben und mit einem Päckchen Zigaretten als Lohn für ihre Dienstwilligkeit zufrieden sind. Ihre Aggressivität ist aber oft nur äußerlich und verschwindet rasch, wenn sie einem Lächeln begegnen, ein freundliches Wort oder ein Kompliment für ihre schönen Inseln hören. Leider können wir nicht länger bleiben; nur allzu gerne hätten wir die Bevölkerung besser kennengelernt und Freundschaften über alle Unterschiede der Hautfarbe hinweg geschlossen.

Auf den französischen Inseln Martinique und Guadeloupe soll die Stimmung besser sein, aber wir dürfen nicht dorthin segeln! Alain hat von den Behörden nur die Erlaubnis bekommen, höchstens zwanzig Seemeilen von der französischen Küste entfernt zu segeln, wie man im Navigationsbuch nachlesen kann. So steuern wir nun die »Pen-Kalet« nach Cartagena in Kolumbien. Allmählich taucht die Halbinsel La Guajiras vor uns auf, und als wir an Bahia Honda vorbeisegeln, bitte ich meinen Kapitän, er möge in der herzförmigen Bucht vor Anker gehen. Dort ist nämlich ein Piratenschatz versteckt, doch davon später ...

XI

Das Dreieck im Kreis
oder
Journey into Desire

Es begann ganz harmlos. Eines Tages, gegen Ende des Jahres 1963, erzählte ich einer jungen Schauspielerin in New York, daß ich wieder auf dem Weg nach Kolumbien sei, diesmal, um nach Material über eine kriegerische Nonne zu forschen, die im 17. Jahrhundert Südamerika unsicher gemacht hatte; daraufhin sagte sie:

»Ich fahre mit. Wir können dort gleichzeitig einen Spielfilm zusammen drehen! Setz dich inzwischen hin, schreibe das Drehbuch und erfinde einen passenden Filmtitel. In zehn Tagen treffen wir uns; bis dahin habe ich das Geld für das Projekt aufgetrieben. Ich spiele die Heldin und kümmere mich um die Finanzen, mein Mann spielt den Helden und ist zugleich der Produzent, und du bist Drehbuchautor und Regisseur!«

Das feenähnliche Geschöpf mit den treuherzigen, hellblauen Augen entpuppte sich als ein kühl rechnendes Biest von Long Island, das genau wußte, was es wollte. Claudia, die süße, mit dem Herzen aus Stein und der Seele aus Stahl, dem Mut eines Löwen und den Ambitionen von tausend Dachsen, tauchte prompt nach zehn Tagen auf – zufällig am gleichen Tag, an dem Präsident Kennedy in Dallas ermordet wurde – und schleppte eine Unmenge Schwarzweiß-Filmstreifen von 35 mm Breite mit sich. Ihren Mann und einen weiteren Produzenten, oder besser Koproduzenten, den sie wegen seines Geldbeutels angelacht hatte, brachte sie auch gleich mit. Doch der sollte sich bald als ein Würfel mit Pokergesicht auf allen sechs Seiten erweisen und seine einzige gute Eigenschaft – das dicke Scheckbuch – war ebenfalls eine Fehlanzeige. Mit einem kolumbianischen Diplomaten hatte die tüchtige Claudia einen Vertrag abgeschlossen. Der Diplomat verpflichtete sich darin, uns Ausrüstung und technisches Personal seines Filmstudios in Bogotá zur Verfügung zu stellen, im Tausch gegen unser Talent und unsere Zeit. Nebenbei: das Filmstudio besaß weder das gutausgebildete Personal noch die versprochenen Gerätschaften.

Meinen Drehbuchentwurf hatte ich inzwischen fertiggestellt. »Journey into desire« schien der passende Titel für unseren Neunzig-Minuten-Spielfilm zu sein. Das Drehbuch war so abgefaßt, daß unser kleines Team auf die Suche nach Motiven ausziehen konnte, für die ich dann an Ort und Stelle die entsprechenden Traumszenen zu improvisieren gedachte. Im Film erlebt der Zuschauer reale und fiktive Reisen, während er gleichzeitig mit einem Ehedrama konfrontiert wird. Das Grundthema ist einfach, und berührt einen jeden von uns: die Schwierigkeit, miteinander zu sprechen und einander zu verstehen; die Unfähigkeit, an den verborgenen Gedanken und Wünschen des anderen teilzunehmen, Seele und Träume eines anderen Menschen ebenso zu »besitzen« wie seinen Körper.

Wir alle leben mit Träumen und Wünschen, die uns oft genauso wichtig erscheinen wie die Wirklichkeit. Für die meisten Menschen mag das Jetzt die Hauptsache sein, viele jedoch ordnen das reale Leben ihrer Phantasiewelt unter. So die Heldin unseres Films.

Es ist eine Dreiecksgeschichte: der Ehemann, die Ehefrau und das Publikum bilden die drei wesentlichen Elemente; das Ehepaar richtet einander zugrunde und läßt das Publikum als Richter über das Drama zurück. Die Ehefrau ist eine eingebildete, verwöhnte, reiche junge Frau, deren geheimnisvolle Schönheit den Gatten derart umgarnt und verzaubert, daß er ständig von dem Gedanken verfolgt wird, er könnte sie vielleicht verlieren. Im Verlauf des Films erkennt er dann mit zunehmender Angst sein Unvermögen, sie zu verstehen oder gar ein Teil jener Welt zu werden, die nur ihr gehört. Männer und Frauen leben in zwei verschiedenen Welten, nur gelegentlich begegnen sie einander für einen Augenblick auf der Grenzlinie. Aber dies will mein Held nicht wahrhaben. Ständig versucht er, ihr Geheimnis zu ergründen und ihre alabasterähnliche Unbeweglichkeit und Gleichgültigkeit zu durchdringen; ununterbrochen pendelt er zwischen Eifersucht, Lust und Zorn.

Nur das Publikum kennt die geheime Welt der jungen Frau, weil es die Eskapaden der Heldin miterlebt, die als Träume dargestellt werden und die sie dem Ehemann verschweigt. Gleichzeitig wird es Zeuge der entscheidenden Ereignisse in ihrem Eheleben, die nach der Rückkehr aus Kolumbien in den Staaten gefilmt werden sollen. Diese übrigens ohne Dialog aufgenommenen Szenen verbinden die Traumepisoden miteinander; das Publikum vernimmt lediglich die Stimme des Helden in seiner Angst, seinen Gedanken und Reaktionen, die der Ehefrau genauso verborgen geblieben sind wie ihre Träume dem Ehemann. Diese Technik macht die Synchronisation von Gesprochenem überflüssig, wie schon bei den Traumszenen, die nur gemimt werden, begleitet von einer lauten, heißen kolumbianischen Musik und gelegentlich von einer Stimme, die einen lyrischen Monolog spricht.

In den Traumszenen sieht der Zuschauer, wie sich die kühle und unerreichbare Ehefrau plötzlich in ein höchst lebendiges und blutvolles Geschöpf verwandelt, das in Dschungelbäumen umherklettert und im Magdalenenfluß mit einem Mulattenburschen um die Wette schwimmt, mit dem sie sich beim Liebesspiel in einem Fischernetz verfängt; wie sie über die Wüste von La Guajira irrt, auf der Suche nach ihrer Seele und ihrem Verstand ...

Die Stierkampfsaison ist in vollem Gange, und viele bekannte spanische und kolumbianische Matadore treten in den Arenen überall im Lande auf. Sie wohnen im gleichen Hotel wie unsere Filmgesellschaft, wir kennen sie alle. Wir sehen Stierkämpfe, sprechen von Stierkämpfen, filmen Stierkämpfe, träumen von Stierkämpfen – oder Stierkämpfern! Wir sind »Aficionados« geworden, von lauter Toreros, ihren Quadrillas, Managern und der intimen Gruppe umgeben, die einen Matador wie ein Idol verehrt und umschwärmt. Nur Männer! Die Frau ist aus diesem männlichen Sport ausgeschlossen. Mein Frauenstolz erwacht. Welche Rolle spielt dabei die Frau, welchen Platz hat sie im Stierkampf? Und während ich die von Stierkämpfern und Stieren träumende Claudia filme, vertiefe ich mich in die Geschichte des Stierkampfs.

Schon lange vor unserer Zeitrechnung gab es Stierspiele auf Kreta und in Thessalien. Meistens handelte es sich dabei um eine akrobatische Darbietung, bei der junge Männer ihre Kühnheit, Geschmeidigkeit und Grazie zeigen konnten, indem sie auf wilden Stieren ritten, Saltomortale über ihre Hörner schlugen usw. Ein Überbleibsel jener Spiele ist übrigens das »Jeu Provençal«, das ich vor vielen Jahren für ein Buch von Ewert Taube fotografiert habe.

Bereits vor den Punischen Kriegen wußte man, daß es in den Wäldern der Iberischen Halbinsel wilde Rinderherden gab, und die Jagd auf sie hatte sich zu einem Sport entwickelt. Man fing auch wilde Stiere ein, um sie mit zahmen Tieren für Kriegszwecke zu verwenden. So zum Beispiel im Jahre 229 vor Christi Geburt, als der Gründer Barcelonas, Hamilkar Barkas, seine eigene Stadt belagerte, die damals Barkinon hieß: Die Verteidiger der Stadt ließen neben zahmen zahlreiche wilde Stiere, an deren Hörner brennende Fackeln festgebunden waren, auf die angreifenden Kampfwagen los. Hamilkar Barkas fiel und seine ganze Armee wurde vernichtet. Schon damals waren die andalusischen Stierspiele berühmt, bei denen junge Männer eine Probe ihrer Kühnheit ablegten, bevor sie die gehörnten Bestien mit dem Speer oder der Axt töteten.

Das Volk in Rom schrie nach neuen Vergnügungen und Sensationen. Julius Caesar, der mit der Zeit gehen wollte, importierte fünfzig Jahre vor unserer Zeitrechnung iberische Stiere, und Kaiser Augustus baute das erste römische Amphitheater für Stierkämpfe.

Aber was geschah mit dem Stierkampf auf der Iberischen Halbinsel, die nach und nach von Alanen, Sueben, Vandalen und Westgoten beherrscht wurde? Unter den Westgoten wurden die Spiele fortgesetzt: Sie gaben den jungen Männern Gelegenheit, ihren Mut zu zeigen und die Überlegenheit des Menschen über das Tier zu demonstrieren. Im Jahre 711 kamen die Araber und hielten Andalusien besetzt, bis Königin Isabella und König Ferdinand sie 1492 endgültig vertrieben – fast achthundert Jahre maurischen Einflusses! Die Araber änderten mit der Zeit den Charakter der Spiele; hellenistisch-lateinischer Exaktheit fügten sie mystisch-orientalische Arabesken und das Gefühl für Rhythmus hinzu. Schon im 11. Jahrhundert erzählte man, daß maurische und spanische Ritter wilde Stiere auf den offenen Plätzen der Städte zusammentrieben, um mit ihnen zu kämpfen, und im Jahre 1090 führte El Cid Campeador den ersten Stierkampf in einer geschlossenen Arena vor.

Da die Araber gute Reiter waren, nahmen sie ihren Peonen die Speere weg und verwendeten ihre Knechte für einfachere Arbeit. Sie mußten den Stier mit ihren Capas so lenken, daß ihre Herren bei der Demonstration, wie man einen Stier stilgerecht tötet, besser zur Geltung kamen. Der Stierkampf wurde bald ein Sport der Könige und Ritter, der Höhepunkt jedes höfischen Festes. Karl V. tötete zum Beispiel einen Stier am Geburtstag seines Sohnes Philipp.

Erst im 18. Jahrhundert erhielt der Stierkampf seine heutige Gestalt. Da die pferdekundigen Adligen oft nur wenig von Stieren verstanden, erlangten die unberittenen Diener immer größere Bedeutung, bis sie schließlich das Töten selbst übernahmen – sie wurden Toreros, Kämpfer zu Fuß. Romero de Ronda war der erste bekannte Torero, sein Sohn Juan der erste, der Quadrillas organisierte, eine Gruppe von Helfern, die aus Picadores und Banderilleros besteht, und auch einer der ersten, der die Lidia in drei verschiedene Akte aufteilte. Dessen Sohn Pedro wiederum war der berühmteste Matador aller Zeiten; er gilt als Vater der »Tauromaquia«.

Das Wort Stierkampf ist wirklich irreführend und gibt Anlaß zu vielen Mißverständnissen. Jeder Zuschauer sollte wissen, daß er an einem prahlerischen Schauspiel teilnimmt: Es geht darum, nach allen Regeln der Kunst einen Stier zu töten. Mis à mort! Wie es auf allen Plakaten heißt! Aber nur der Matador ist an Regeln gebunden, und nur in der allerletzten Phase des Spiels trägt er eine Waffe. Von einem fairen Wettkampf kann allerdings nicht die Rede sein. Vielmehr wird vor aller Augen offenkundig, wie der anscheinend schwächere, aber an Intelligenz und Geschick überlegenere Mensch die ungebändigte Kraft und Wucht einer wilden Bestie bezwingt. Das Tier greift an, und der Mensch überlistet es – eine Demonstration der Stärke des Stieres und des Mutes des Mannes, ein Kampf, den ein oft undankbares, anspruchsvolles und kenntnisreiches Publikum unbarmherzig verfolgt, mit allen nur denkbaren Äußerungen der Leidenschaft: Sensationsgier, Zorn, Grausamkeit, Anbetung der Schönheit, Bewunderung, Haß, Liebe, Mitleid, Begierde in einem Fest der Farbe, Bewegung, Anmut und Dramatik.

Ich erinnere mich, daß ich vor langer Zeit ein Buch von Alexander Dumas dem Jüngeren las, in dem er eine Reise nach Spanien vor mehr als hundert Jahren beschrieb. Ein Kapitel handelt über den Stierkampf jener Zeit. Nicht genug damit, daß die Pferde der Picadores nicht mit Matten geschützt waren und man erleben konnte, daß während eines einzigen Kampfes oft viele Pferde mit heraushängenden Gedärmen aus der Arena geschleppt wurden: eine ganze Horde wilder Pyrenäenhunde ließ man in die Arena ein, um den Stier zu größerer Kampfeslust anzustacheln, wenn er sich nicht mutig, edel und angriffslustig zeigte. Die jungen berittenen Picadores waren damals meistens arme Edelleute, deren Leben man bedenkenlos in einer Art Volksbelustigung aufs Spiel setzte. Wenn sie überlebten, erhielten sie ein beachtliches »Honorar«, aber meistens bezahlten sie ihre Spekulation mit dem Leben.

Der Stierkampf unserer Zeit ist bedeutend zahmer und weniger blutig. Trotzdem bietet er viele Möglichkeiten des Todes und der Gefahr für den Matador, der immerhin gegen ein völlig wildes, oft über fünfhundert Kilo schweres Tier kämpft. Der Stier ist nie mit Menschen in Kontakt gewesen; er ist ungezähmt und bis zum äußersten gereizt.

Wovon träumen Mädchen? Von Prinzen, Poeten und Matadoren? Die Grundidee meines Filmes ist es, die ursprünglichen Gefühle und Leidenschaften einer Frau ohne die Schranken darzustellen, die ihr von der Gesellschaft und der Ehe auferlegt werden. Ist es nicht einer der Träume aller Frauen – zumindest in einem lateinischen Land –, wenigstens ein einziges Mal in die Arme eines Matadors genommen zu werden, wenn er siegreich von der sonntäglichen Corrida zurückkehrt?

Zeitlos ist der Wunsch der Frau, der Mann möge der Gefahr und dem Tod ins Auge blicken und siegreich mit dem Beweis seines Mutes zu ihr zurückkehren, damit er seine Belohnung empfangen kann. In einer modernen Gesellschaft gibt es wenig aufsehenerregende Gelegenheiten, Mut zu zeigen; ein Matador hat immerhin jeden Sonntagnachmittag die Möglichkeit, sich unter die Tapferen einzureihen. Und gerade einem Mann, der seinen Mannesmut und seine Virilität gezeigt hat, möchte sie vielleicht nach dem Kampf ein »Olé« ins Ohr flüstern!

Jede Geste und Bewegung eines Stierkämpfers stammt – wie wir wissen – von einer geheimnisvollen Sage, die vor Jahrtausenden auf Kreta und der Iberischen Halbinsel entstanden ist. Der Stier symbolisiert die Sonne, und der Sieg des Matadors ist der Sieg des Menschen über das wilde Tier – das wirkliche und das in ihm selber –, die Überlegenheit des Geistes über den Körper. Das Inzestmotiv: Ariadne, die ihren Bruder Minotauros im Labyrinth tröstet, trägt zu den Variationen der vielen Sagen bei. Alle jungen Mädchen in Thessalien besaßen angeblich die goldene Statue eines Stieres, der sich – wenn sie ihn in der Nacht liebkosten – in einen verliebten und leidenschaftlichen Prinzen verwandelte.

Während des Stierkampfes liebt die Frau den Stier und verlängert diese ihre Liebe später in den Armen des Stierkämpfers, wo sie – als das Symbol des Lebens – den Tod des Tieres rächt. Während der Matador seinen Feind liebt und seinen Bruder und Rivalen tötet, erweist sich das Publikum oft wilder als das wilde Tier selbst, und der Matador kämpft gegen zwei Feinde – gegen den Stier und gegen das Publikum! Dann fühlt die Frau vielleicht Mitleid mit dem Helden und verlangt danach, nach dem Kampf seine Narben zu liebkosen und mit dem schützenden Madonnenbildchen an seinem Hals zu spielen. Ihn, der gerade getötet hat, dazu zu bewegen, neues Leben zu zeugen, schließt symbolisch den Kreis von Leben und Tod, der mit dem Einmarsch in die Arena begonnen hat. Das ist, so glaube ich, die einzig mögliche Entschuldigung des Matadors und des mitschuldigen Publikums für die Opferung des Stieres! So wird die Frau endgültige Siegerin über die Sonne, über Stiere und Männer!

Du hast die Grenze zwischen Leben und Tod überschritten,
als Du die Sonne für den Schatten verließest,
wo der Stier Dich erwartete.
Ich habe Dich zweimal Dein Schwert heben sehen
das Tod bedeutet
im Augenblick der Wahrheit.

Du bist aus dem Schatten ins Leben zurückgekehrt
weil ich Dich erwartete,
und als die Entfernung zwischen uns schwand,
habe ich zweimal Dein Schwert entgegengenommen,
das Leben bedeutet
im Augenblick der Wahrheit.

War es zuviel Leidenschaft, zuviel Wein, zuviel Sehnsucht? Der Traum eines überspannten Regisseurs? Fühlte sich der berühmte Matador wie ein Verräter, weil er seine Laufbahn als Stierkämpfer beendet und die Frau endgültig den Sieg errungen hatte? Ein Verräter gegenüber dem Publikum, gegenüber sich selbst, ja auch gegenüber dem Stier, den er nun niemals mehr töten wird? Erschien ihm sein Leben ohne Inhalt, ohne Ziel, ohne Bedeutung? Ohne Leidenschaft, Gefahr und Schönheit? Wie fühlt man sich, wenn man urplötzlich ohne die Anbetung der Frauen und ohne die Bewunderung der Männer leben muß – ohne das grausame Publikum, den Feind in der Niederlage, dessen Olés aber den Sieg verlängern und die Genugtuung erhöhen? Dort kommt er, der es fertiggebracht hat, daß Tausende von Menschen atemlos gewartet haben, daß sie hemmungslos gebrüllt und vor Bewunderung aufgestöhnt haben – dort kommt er aus der Dusche, nur in seine Siegeszeichen von früher gekleidet – die Narben von den Hörnern der Stiere! In den Rausch gehüllt, den der Alkohol gewährt – ein nichtiger Rausch, ein blasser, ekelerregender Abglanz DES GROSSEN RAUSCHES, der beim Brüllen des einsamen Stieres und den Klängen der erregenden Musik beginnt, die plötzlich in einer sonnenüberfluteten Arena erschallt –, dort steht er in seinem imaginären »Traje de luz«! Er sieht bemitleidenswert schmächtig aus. In der Hand hält er das Badetuch wie eine über den Sand der Arena fegende Capa. Seine Augen blicken weit in die Ferne. Plötzlich verwandelt sich das Hotelzimmer Tequendamas in alle Arenen der Welt, und auf meinem einsamen Sofaplatz sitzen Tausende von schreienden Zuschauern, das Schweigen wird zur Musik, die von der Tribüne herabschmettert – und dort! – dort kommt der erste Stier! Er kommt aus der Ferne, von nirgendwo, aus der Mythe und Sage, von einer so starken Sehnsucht herbeigerufen, daß er deutlich sichtbar ist, nicht nur für den wartenden Matador, sondern auch für den einsamen Zuschauer.

Eine vollendete »Veronica« zwingt den vorbeistürmenden Stier, sofort stehenzubleiben und wieder anzugreifen. Die Füße fest auf dem Boden, den Oberkörper geschmeidig in alle Richtungen drehend, führt der Matador seine berühmten und unvergeßlichen Pasos aus. Er übertrifft sich selber, ist besser, als ich ihn je in den Arenen Spaniens und Südfrankreichs gesehen habe. Seine Capa beschreibt Kreise und Halbkreise, umhüllt seine Nacktheit, bleibt aber nie an den Hörnern des Stieres hängen, obwohl sie ständig den Körper des Stierkämpfers zu berühren scheinen. Jetzt spricht er zu dem Stier in der Sprache des Stieres, er flüstert, er ruft, er lockt! Er fordert seinen Feind heraus, er lockt seinen Freund! Ein Dialog, der Jahrtausende lang zwischen Mensch und Tier geführt worden ist. Festgenagelt, die Muleta mit den Armen und Handgelenken bewe-

Rechts: *Vater und Sohn auf Affenjagd.* Folgende Seite: *Täglich finden Hahnenkämpfe statt, ein grausames und blutiges Vergnügen.* Übernächste Seite oben: *Bei den Engaverá-Indianern; der Tambu Ramóns.* Unten: *Inez hat Arme und Beine wie Zweige um ihren Körper geschlungen; sie ähnelt einer Kröte.*

gend, kämpft er jetzt die Faena in einer solchen Nähe, daß ich erwarte, seinen nackten Körper vom Blut des Stieres besudelt zu sehen. Der Todesstoß sitzt perfekt im gebeugten Nacken des Stieres. Aber der Matador hört nicht meine Olés, er wartet kniend und schaut abermals in das Nichts, aus dem ein zweiter Stier angestürmt kommt. Die Capa, das Badetuch, liegt vor ihm auf dem Sand des Teppichs ausgebreitet.

Wie viele Stiere kommen aus dem Nebel der Erinnerungen noch angestürmt, wie viele liegen unbeweglich und besiegt auf dem Teppich, während der Matador demütig den brausenden Beifall des unsichtbaren Publikums entgegennimmt? Stundenlang sitze ich als einziger Zuschauer da und schaue einem der geschicktesten Matadore der Welt zu, der ganz allein seine Trauer und seine Sehnsucht tanzt. Eine Sehnsucht, die so groß ist, daß sie alle Räume füllt: unsere Gedanken, unsere Gefühle und die Zeit existieren nicht mehr.

Vor dem sonntäglichen Stierkampf sieht man Claudia Hunderte von Ösen und Haken zuknüpfen, die sich auf dem Toreadoranzug Paco Caminos befinden; einem Anzug, der mit seinen Perlenstikkereien fast komisch wirkt, aber dennoch dazu dient, die Männlichkeit und Anmut des Matadors, die der eines Ballettmeisters gleichkommt, hervorzuheben. Wir filmen auch den kolumbianischen Matador Vasques II., wie er in der Arena von Bogotá auf den Hörnern eines riesigen Stieres herumwirbelt und unmittelbar darauf den gleichen Stier mit einem einzigen Stoß tötet. Vasques, ein Halbindianer, ist so klein, daß er kaum bis zum Maul des Stieres reicht, aber sein Mut ist der eines Riesen. Claudia, als Matador verkleidet – sie trägt einen der Anzüge von Vasques –, küßt ihn leidenschaftlich; und nachdem ein weiterer Matador aus den Armen unseres Traummädchens verschwunden ist, bewundern wir El Cordobés. Ganze zehn Tage lang verbringen wir in seiner Gesellschaft. Wie in der Arena ist er auch im Privatleben eine leidenschaftliche Persönlichkeit. In der schweren Kunst, einen Stier zu töten, ist er dem jungen Picasso vergleichbar; denn El Cordobés will ebenfalls einer alten Kunst neue Dimensionen erschließen: gegen den Stier, das Publikum – und gegen die Tradition! Seine Art, dem Stier entgegenzutreten, und seine berühmten Nahkämpfe, bei denen er »das Territorium des Stieres« nicht respektiert, zeigen große Kühnheit und Geistesgegenwart.

Links: *Arturo, der kleine Engaverá-Junge. Was wird wohl aus ihm werden?*

Auch Miguelin, einen bescheidenen und edlen Matador, »Señor de su suerte«, treffen wir in Cali; er ist unübertrefflich darin, die Banderillos selbst anzubringen. Die beiden berühmten Rejoneadores, die Gebrüder Peralta aus Sevilla, sprengen zu Pferd in die Arena hinein, um gegen den Stier auf herkömmliche Weise zu kämpfen. Ihre Leistungen sind geradezu atemberaubend. Wenn eine Frau einen Mann so gut zu Pferd sitzen sieht wie jene beiden Brüder, weiß sie mit Sicherheit, daß er alles im Leben mit der gleichen Eleganz und Vollkommenheit tun wird.

Während der spanische Wein in der Bodega de Toros bei den maurischen Bögen der Arena in Bogotá fließt und die Spanier auf der Guitarre spielen und voller Heimweh Fandangos aus Huelva singen, diskutieren Luis Miguel Dominguin und ich über Stierkampf, Leidenschaft und Frauen, Themen, von denen er einiges verstehen müßte. Vielleicht bedarf es eines Tropfens guten Weines und einer gewissen Überredung, um ihm das Zugeständnis abzuringen, daß die eigentliche Inspiration für einen Stierkämpfer die Frau ist; sie allein spornt den erfahrenen und gewandten Meister dazu an, sich selbst zu übertreffen und die Wahrheit zu finden. Sie spielt die größte Rolle beim Stierkampf, sagt Luis Miguel nach einiger Zeit; in Wirklichkeit ist sie der Stierkampf!

Und während Pancho zur Guitarre singt, wiederholt mir Luis Miguel die Worte des Liedes:

»Digale Usted que ya la olvidé, pero no le cuente, por favor, que estuve llorando cuando lo decia!« – »Sagen Sie ihr, daß ich sie vergessen habe, aber erzählen Sie ihr bitte nicht, daß ich weinte, als ich es Ihnen sagte!«

Weshalb fällt mir zum Abschluß dieser kursorischen Gedanken über Frauen und Stierkampf ein Vorfall in Valencia vor vielen Jahren ein? Fiestawoche! Ein heißer Vormittag! Im leeren Rund der Arena drei riesige Stiere in einem Dreieck. In einem gleichseitigen Dreieck mit gleichen Winkeln. Die Blicke der Stiere bildeten die gleichen Seiten. Die Sonne stand im Zenit. Trotzdem war sie stundenlang das einzig Bewegliche in dieser unbeweglichen Geometrie. Drei schwarze Stiere im Dreieck im Rund der Arena. Wartend! Lauernd! Plötzlich galoppierte eine Herde Kühe an der Innenseite der Arena entlang und riß eine der Ecken des Dreiecks mit sich. Im gleichen Augenblick, als sich das Dreieck auflöste und zu einer Linie zusammenschrumpfte, sahen die beiden übrigen Stiere nur noch sich und stürzten aufeinander los. Ein ungeheurer Aufprall sprengte das Schweigen, und einer der Stiere lag tot im Sand. – Die Linie war zu einem Punkt geworden. Logisch! Kein Kommentar!

XII

Die wilden Männer Kolumbiens

»Barbarisch, schrecklich und unselig ist das Volk der Motilonen! Barbarisch, denn um ihrer Freiheit willen dulden sie keinerlei ausländische Richter. Weder sind sie je unterdrückt worden, noch ließen sie sich zum Christentum bekehren, noch haben sie die Herrschaft des Königs von Spanien anerkannt.«

Dies schrieb ein spanischer Priester, ein gewisser Padre Julian vor vielen hundert Jahren, und seit jenen Tagen hat sich nichts daran geändert, abgesehen davon, daß seit dem Freiheitskrieg Bolívars die weltliche Macht von den Regierungen Venezuelas und Kolumbiens ausgeübt wird. Die Geschichte der Motilonen ist voll von Kriegen gegen alle Eindringlinge in ihr Territorium und gegen jeden Versuch, ihre Unabhängigkeit zu beeinträchtigen. Sämtliche Städte, Klöster und Missionsstationen in ihrer Reichweite lebten jahrhundertelang in ständiger Furcht vor jenen kriegerischen und freiheitsliebenden Indianern, deren plötzliche Angriffe sich mit den Überfällen der Piraten vom Meer her ablösten. Im Jahre 1600 überfielen die Motilonen zum Beispiel die Stadt Gibraltar im heutigen Venezuela, setzten sie in Brand und drangen in die Santo-Cristo-Kirche ein. Sie schossen eine Anzahl Palmenpfeile gegen das Christusstandbild auf dem Altar, die mit solch einer Wucht abgefeuert wurden, daß sie tief in die Holzstatue eindrangen. Die Legende behauptet, daß Blut aus den Wunden des gekreuzigten Christus geflossen sei, aber selbst dieses Wunder hat keinen einzigen Motilonen bekehrt! Zwei Jahrhunderte lang versuchten Kapuzinermönche, in das Gebiet der Motilonen vorzustoßen und sie zum Christentum zu bekehren, aber kein einziger von ihnen kehrte lebendig zurück oder führte gar eine Motilonenseele der heiligen Mutter Kirche zu. Bis zum heutigen Tag ist kein einziger Motilone Sklave gewesen, getauft oder besiegt worden, weder von fremden Völkern noch von anderen Göttern als den eigenen. Ein gefangener Motilone verweigert jegliche Nahrungsaufnahme und begeht Selbstmord, indem er sich die Schlagadern durchbeißt. Sie sind als intelligente Krieger bekannt, die eine Taktik mit unzähligen rasch aufeinanderfolgenden Angriffen bevorzugen, und mit ihren Pfeilen und Bögen erreichen sie eine ungewöhnliche Treffsicherheit.

Die Meinungen über die Herkunft der Motilonen gehen weit auseinander. Die meisten Wissenschaftler behaupten, sie seien mit den stolzen Kariben verwandt, die einige Jahrhunderte vor der Entdeckung Amerikas vom Orinoco und Amazonas nordwärts fuhren. Zu jener Zeit war das Land der Motilonen viel größer als heute und soll sich von der See und den Lagunen des Maracaibo-Sees bis zu den Magdalena-, Cesar- und unteren Catatumboflüssen erstreckt haben. Beim Eintreffen der Weißen zogen sich die Motilonen zu den grandiosen Perija-, Bobadi- und Manaure-Bergen und zum Oberlauf des Catatumbo mit seinen Nebenflüssen zurück. Sie sind noch halbe Nomaden, die etwa alle sechs Monate ihre Wohnsitze wechseln, immer dann, wenn es dort kein Wild und keine Waldfrüchte mehr gibt. Sie sind in mehrere Stämme aufgeteilt, darunter die Yucos, das Bergvolk, und die Kunaguasayas, das Wasservolk. Ihre Sprache soll angeblich zur Chibcha-Gruppe gehören, doch auch hier sind die Meinungen der Fachleute geteilt.

Aber woher soll man Informationen über ein Volk erhalten, das nur wenige jemals zu sehen bekommen haben? Ein spanischer Priester, Padre García Herreras, und ein in Schweden geborener junger Sprachforscher, der Finne Bruce Olsen, sind – soviel ich weiß – die einzigen, die in jüngster Zeit nach Motilonien gereist sind. Keine Frau hat sich dagegen jemals dorthin gewagt. In den dreißiger Jahren bereiste eine Gruppe kolumbianischer und venezolanischer Ingenieure Motilonien, um das Gebiet kartographisch zu erfassen. Sie sahen vier – sage und schreibe vier – Motilonen, aber nur aus der Ferne. Das Projekt mußte bald aufgegeben werden, da die Pfeile der Indianer sowohl sichtbar als auch spürbar dagegen waren. Die armen Ingenieure verbrachten keine einzige Nacht, ohne angegriffen zu werden, und mußten außerdem etwa vierzig Giftschlangen pro Tag töten! In der Mitte der vierziger Jahre hielt sich ein Doktor Preston Holder vom American Museum of Natural History ein ganzes Jahr lang in der Nähe des Motilonenlandes auf, ohne auch nur eine Spur jener 3500 Indianer zu Gesicht zu bekommen, die doch angeblich existieren sollten! 1947 glaubte ein optimistischer Amerikaner, er könne sie mit Geschenken und Freundlichkeit zähmen. Um sich vor ihren Pfeilen zu schützen, bis er ihnen seine guten Absichten zeigen konnte, brachte er ein engmaschiges Drahtnetz über seinem Kanu an, das jedoch in der ersten Stromschnelle kenterte; der gute Mann ertrank, gefangen in seinen eigenen Maschen.

Der alles überragende Haß und die ständigen Kriege der Motilonen gegen die Bleichgesichter haben, von der Freiheitsliebe der Indianer einmal abgesehen, einen triftigen Grund jüngeren Datums. Vor nur wenigen Generationen zog ein Trupp Soldaten einen Fluß aufwärts und stieß dabei auf einige badende Motilonenfrauen und -kinder. Die Soldaten bekamen es mit der Angst zu tun und eröffneten das Feuer; es gelang ihnen, mehrere Indianerinnen zu erschießen. Die amerikanischen Ölkonzerne, zu deren Konzessionsgebiet große Teile Motiloniens gehören, hatten bei ihren Versuchen, mit den Motilonen zusammenzuarbeiten und zu einer vertraglichen Vereinbarung zu kommen, ebenfalls keinen Erfolg.

Zahlreiche Bohrarbeiter wurden von Pfeilen getroffen, und zur Vergeltung ließen die Konzernherren dann einige Wohnplätze der Indianer bombardieren; da die Indianer in Gemeinschaftshütten zu mehreren hundert Personen wohnen, wurden unzählige Indianer getötet. Heutzutage besiedeln Kolonisten das Territorium der Motilonen, und zwischen ihnen und den Indianern ist ein regelrechter Krieg im Gange. Täglich werden Pfeile und Kugeln über die markierten, aber unsichtbaren Grenzen hinweggeschossen, und in das Krankenhaus der Ölgesellschaft in Tibú werden oft Patienten eingeliefert, deren Körper von Palmenpfeilen durchbohrt sind. Der dortige Arzt hat ein eigenes Rezept entwickelt, die Pfeile herauszuziehen, ohne daß dabei das Gewebe durch die Widerhaken allzu sehr verletzt wird. Er führt ein langes schmales Glasrohr bis zur Pfeilspitze ein und zieht sie dann durch das Glasrohr hindurch heraus!

Wie kommt es, daß ich meine Filmgesellschaft dazu überredet habe, gerade jenen Stamm zu besuchen und dort eine der Traumepisoden zu filmen? Nun, als ich den Kolumbianern erzählte, ich wolle »wilde« Indianerstämme in ihrem Land besuchen, sagten sie nicht: »Fahr zum Amazonas!« oder »Reise zu den Kopfschrumpfern am Putomayo!«, sondern alle sagten scherzend: »Dann geh doch mal zu den wilden Männern Kolumbiens, den Motilonen!« Es fing wie ein Scherz an, aber inzwischen sind wir bereits am allerletzten Vorposten der Colpet-Ölgesellschaft, dem Lager am Rio de Oro in der Provinz Norte de Santander, angelangt, unweit der Grenze. Bei unserem Abflug war die gesamte Presse auf dem Flughafen von Bogotá versammelt, und in allen Zeitungen stand zu lesen, daß wir jene gefürchteten Indianer aufsuchen wollten, so daß es nun kein Zurück mehr gibt.

Das Lager, das von einem ungefähr drei Meter hohen Stacheldrahtzaun umgeben ist, sieht wie ein Konzentrationslager aus. Wenn die Sonne untergeht, wird das ganze Gelände von Scheinwerferlicht erhellt; Fenster und Türen sind nicht nur mit den üblichen Moskitonetzen verhängt, ein unerläßlicher Schutz gegen die Übertragung der Malaria, sondern auch mit einem stärkeren, grobmaschigen Drahtgeflecht – gegen Indianerpfeile! Eine handgreifliche Mahnung daran, daß die legendären Erzählungen über die wilden Männer in Kolumbien wahr sein müssen. In Seisenta, einer Niederlassung von Kolonisten nahe der Catatumbofähre haben die Motilonen vor einigen Monaten eine Familie ermordet, als Vergeltung für die vielen erschossenen Indianer; zahlreiche Kränze in der Umgebung des Ortes erinnern an getötete Bohrarbeiter, und mehrere Ölquellen hat man wegen der ständigen Indianerüberfälle aufgeben müssen.

Wir haben einige Tage in Seisenta verbracht, um uns ein Kanu zu besorgen, das stark genug ist, uns mitsamt der Ausrüstung zu tragen: der schweren 35-mm-Filmkamera mit Zubehör, den anderen Kameras und Batterien, Filmen und Hängematten, den Nahrungsmitteln und, nicht zu vergessen, den Geschenken. Denselben Geschenken übrigens, die, wie ich gelesen habe, Darwin seinerzeit mitgenommen hat: Salz, Zucker, Macheten (wir selbst haben keinerlei Waffen dabei) und farbige, vorwiegend rote Kabel. (Früher verwendeten die Indianer Lianen, um ihre Borkenschürzen festzubinden; als dann die Ölgesellschaften begannen, elektrische Leitungen zu legen, schnitten die Indianer die Kabel prompt ab, um sie als Gürtel und Halsketten zu benutzen. Schließlich mußten die Ölgesellschaften meterweise zusätzliche Telefonkabel und Leitungsdrähte auslegen, die gestohlen werden konnten, um nicht ständig von der Außenwelt abgeschnitten zu werden.) Wir haben auch bunte Seidenbänder, Kämme und Spiegel, roten Stoff, Nadeln und Faden gekauft, dies alles auf Anraten unseres Bootsmannes Choco. Choco, der aus Seisenta stammt, ist ein kleiner, drahtiger, kräftiger Mestize, mehr Indianer als Weißer. Er weiß, wo sich flußaufwärts ein Motilonenlager befindet, und er spricht außerdem ein paar Wörter ihrer Sprache.

Kein Angestellter der amerikanischen Ölgesellschaft, kein kolumbianischer Beamter hat sich jemals in das Reich der Motilonen hineingewagt, und als – bei einer blassen Morgendämmerung – das gesamte Lagerpersonal sich von uns verabschiedete, hatte man den Eindruck, als wäre es ein Abschied von Menschen, die sich auf ihre letzte Reise begeben.

Unser Dugoutkanu mit dem kleinen Johnsonmotor tuckert den Rio de Oro, den Goldfluß, aufwärts – auf dem Weg ins Land der Motilonen. Ich bin mir nicht sicher, ob es unter den schlüpfrigen Steinen des Flußufers tatsächlich Gold gibt; vielleicht kommt der Name von der bisweilen gelblichen Farbe des Wassers, das träge unter den Dschungelbäumen mit ihren tief herabhängenden Lianen dahinfließt. Choco behauptet, daß es Gold gibt, Mengen von Gold. Man könne es in einem kleinen Nebenfluß, der weiter oben in den Rio de Oro mündet, glitzern sehen, und er schlägt vor, einen kleinen Abstecher dorthin zu machen. Ab und zu schnellen Fische auf und durchbrechen die ruhige, spiegelglatte Wasseroberfläche, als wir lärmend durch den Nebel hindurch den Fluß hinaufgleiten. Der Wolkenwald steht still, als schliefe er. Nichts bewegt sich, außer vereinzelten dürren Blättern, die langsam herabtrudeln und sich auf den Wasserspiegel legen. Alles ist trocken im Regenwald kurz vor Beginn der Regenperiode! In der Ferne beginnt der langgezogene Klagelaut eines Lachfalken mit einem haarsträubenden Gelächter, und ab und zu hören wir durch den Motorenlärm hindurch das viertönige Gegacker eines Chachalacas. Der Chor der Klammeraffen im Baldachin der Zapotebäume verstummt, als wir uns nähern, um umso lauter wieder anzufangen, nachdem wir vorbeigefahren sind, als ob die Affen neuen Stoff zum Klatschen bekommen hätten. Subtropische Vegetation: tausendjährige Kapok- und Zapotebäume, Palmen verschiedener Arten, Ebenholz- und Balsabäume, geschmückt mit Moos, Reben, Lianen und Efeu, bedecken die vulkanischen Berge, die in allen Purpurfarben über dem Regenwald aufragen. Der Nebel verwandelt die Bäume in gespenstische Phantome, und obwohl es mitten am Tage ist und wir beinahe auf dem Äquator reisen, sieht die blasse, rötliche Sonne hinter dem Nebelschleier ganz krank aus und scheint eine ewige Dunkelheit mit ihren Strahlen zu durchdringen.

Gestürzte Baumriesen, deren verkrüppelte Skelette von einem verzweifelten Kampf ums Dasein erzählen, sehen wie riesige Krokodile aus, während die echten Krokodile trockene Äste zu sein scheinen. Hinter uns verschwindet der Fluß im Dickicht des Nebels und taucht geheimnisvoll in gleicher Entfernung wieder vor uns auf. Schwarze Schmetterlinge flattern so niedrig über das Wasser, daß sie ihre Flügel beinahe benetzen.

Auf einer Sandbank liegt ein weißes, meterlanges Krokodil. Gott sei Dank, es ist bereits ein Gerippe!

Ich habe vergessen, Manolo, unseren kleinsten Passagier, zu erwähnen, den kleinen Wickelbär, den Claudia vom Lagerchef geschenkt bekommen hat. Er ist ein süßer daunenweicher Liebling, der sich erschrocken an ihr festklammert und das Wasser mit seinen großen erstaunten Augen anblickt, wenn das Kanu sich zur Seite neigt. Mit seinem kleinen Bärengesicht sieht er wie eine Mischung zwischen einem Affen und einem Eichhörnchen aus. Er hat kleine Ohren, kurze Arme und Beine und wohlgeformte Hände und Füße, die geradezu menschlich wirken, und dazu noch als Krönung des Ganzen einen ellenlangen Schwanz, der länger ist als Körper und Kopf zusammen! Kinkaju, Martika und Nachtaffe sind andere Namen für dieses entzückende und gesellige Nachttier, das sich am liebsten in unserem Haarschopf aufhält. Manolo bekommt Bananen und Honig zu fressen, da wir gehört haben, daß er auf englisch auch Honigbär heißt. Wir haben ihn Manolo getauft, nach El Cordobés natürlich.

 Hinter einer Flußbiegung taucht die erste Stromschnelle auf. Das

Kanu stößt auf Steine, kentert beinahe und kommt nicht mehr weiter. Hinein ins Wasser und ziehen! Schwarze Stechrochen schwimmen um unsere Beine herum. Es wimmelt von Flußdoraden, die zwar nicht ganz so gefräßig sind wie Piranhas, sich aber nicht scheuen, gierig in jedes Stück Fleisch zu beißen, das sich ihrem Maul anbietet. Zitteraale sind ein weiterer Reichtum dieses Flusses, und daß Krokodile auf der Lauer liegen, wissen wir bereits zur Genüge. Blutsauger, Skorpione, giftige Schlangen und Spinnen sind ebenfalls gefährliche Reisebegleiter, während Fadenwelse die gefährlichsten Blutsauger des Flusses sind.

Stundenlang sind wir jetzt flußaufwärts gefahren und haben noch keinen einzigen Menschen gesehen, geschweige denn Anzeichen eines Lagers. Aber dort! Ein Motilonenfloß!

Choco erzählt uns, daß die Motilonen keine Kanus bauen können, sondern Flöße aus Bambusstangen benutzen, die mit Lianen zusammengebunden sind. Von der Besatzung entdecken wir keine Spur.

Gegen Abend machen wir Feuer auf einer Sandbank, kochen Kaffee und essen; dann rollen wir uns in unsere Decken und schlafen auf dem Boden, müde von den Strapazen des Tages. Mindestens zwanzig Stromschnellen haben wir passiert und das Kanu flußaufwärts gezogen! Die dürren Blätter rascheln in der Dunkelheit, die Sandbank ist hart, und die Mücken sind trotz des Insektenöls genauso lästig wie in Lappland. Die Träume sind jedoch tropisch, und die Stechrochen kommen an Land! Geschichten von Ameisenschwärmen, die einen im Nu auffressen können, von den bösen schwarzen Geistern des indianischen Dschungels, die nur in der Einbildung existieren, von Korallen- und Klapperschlangen fallen mir ein, höre ich etwa ein Zischen an meinem Kopf oder ein Klappern am Waldrand? Wie sieht die Makrelenschlange aus? Oder die »Pudridora«, die »Schlange, deren Biß Gestank und Verwesung bringt«!?

Ich setze meinen unaufhörlichen Dialog mit mir selbst in der Nacht fort; mir ist, als redeten mein träumendes und mein halbwaches Ich miteinander; ich versuche, mir über die Szenenfolge des Films klarzuwerden, den ich im Land der Motilonen drehen will. Wie kann ich den Zauber dieser gefährlichen, üppigen Natur einfangen, wie die Tabus, die magischen Vorstellungen, das Denken und Fühlen dieser Naturkinder sichtbar machen? Das Unaussprechliche aussprechen?

»Der schnellfüßige Indianer saß in den Zweigen des Kapokbaumes, um die vorbeieilende Göttin zu töten. Er spannte seinen Bogen, legte den Giftpfeil an, schloß seine mandelförmigen Augen und wandte ihr sein Profil zu, damit sein Blick ihn nicht verraten und sie warnen könne; dann schoß er den Pfeil ab, der ihr Herz durchbohrte und sie zu seiner Frau machte ...«

Mein halbwaches Ich erinnert mich daran, daß die Pfeile der Motilonen kein Gift haben – Gott sei Dank –, wohl aber mit Widerhaken versehen sind.

Mein träumendes Ich phantasiert weiter. Es sieht die ganze Leinwand vom Dschungel bedeckt, wie ein Gemälde des Zöllners Rousseau. Im wirren Geäst eines Trompetenbaumes, in dem rankender Mondwein und smaragdgrüne Baumschlangen die Lianen zusammenwinden, sitzt der heilige Vogel der Indianer, der Rabe, während ein grüner Pfefferfresser im Grün verschwindet, so daß man nur noch seinen großen gelben Schnabel und den weißen Fleck auf seinem Hals sehen kann. Ein junger Indianer erscheint. Er trägt nur eine Schnur und einen kleinen Taparau aus Borke um den Leib. Er schleicht langsam wie ein Panther umher und sucht etwas. Sein Haar ist kurz geschnitten und hängt ihm über die Stirn herab ...

Mein halbwaches Ich bemerkt: »Die Indianer schneiden ihre Haare mit ihren Pfeilspitzen, habe ich gehört. Übrigens, das Wort Motilón, das schon die Conquistadoren gebraucht haben, bedeutet ›die Leute, die sich die Haare abschneiden‹!«

Mein träumendes Ich: »Sei still! – Plötzlich bückt er sich, hebt vorsichtig ein Blatt vom Boden auf ... ein Auge in der Farbe des Flußwassers! Behutsam legt er das Blatt zurück und nimmt ein anderes. Blondes Haar und die zarten Linien einer weißen Schulter! Und so fort. Der Zuschauer sieht, daß eine Frau unter der Laubdecke verborgen ist ...«

Mein jetzt fast waches Ich: »So, nun hast du deine unvermeidliche Nacktszene gehabt! Und was kommt jetzt? Ich weiß es! Die Indianer sind sehr empfindlich und rachsüchtig, wenn ihnen ein Unrecht geschehen ist. Es kommt vor, daß sie die Frauen anderer Stämme rauben, was oft zu einer Vendetta führt.«

Mein träumendes Ich: »Zwei gekreuzte Pfeile auf dem Pfad bedeuten Krieg. Die Indianer kommen und tragen unseren gefallenen Helden zu der Hütte, in der die Göttin gerade sein Mittagsmahl zubereitet: rohe Würmer oder Schnecken, Affensuppe mit wilden Bananen ... oder Eidechsen, vielleicht Dantafleisch oder – das beste von allem, einen bunten Papagei, sein Lieblingsgericht. Mit etwas Asche als Nachspeise, damit die Speisen leichter zu verdauen sind. Der weißbemäntelte Königsgeier wartet, trauernde Tauben umgeben ihn ...«

Mein träumendes und mein waches Ich verlieren sich nun in Begräbnisvorbereitungen, bei denen Phantasie und Wirklichkeit einander durchdringen. Ein toter Motilone zu sein ist ein interessanter und recht abwechslungsreicher Zustand. Alle Indianer glauben, daß der Tod nur ein Durchgangsstadium ist und nicht das Ende bedeutet. Um das »jenseitige« Leben attraktiver zu machen, werden die Wünsche und Liebhabereien eines Motilonen stärker berücksichtigt, wenn er tot ist, als wenn er noch auf der Erde weilt. Wenn ein Motilone stirbt, räuchert man ihn drei Tage und drei Nächte lang ein, bis er eine Mumie geworden ist; dann wird er für einen Zeitraum von zwei Jahren beerdigt, mit Blick zur aufgehenden Sonne, eingewickelt in ein Borkentuch. Während dieser Zeit irrt seine Seele zwischen zwei Welten umher und besitzt eine unheilvolle, bedrohliche Macht für alle Überlebenden. Nie wieder wird sein Name genannt, und alle Dorfbewohner vermeiden es, sich der Hütte des Toten zu nähern, die die Schlange Semino, eine Materialisation seiner Seele, bewacht.

Nach zwei Jahren wird die Mumie wieder ausgegraben und dann erneut begraben, diesmal ein sorgfältig vorbereitetes Begräbnis, das bei Vollmond stattfinden muß. Die nächste weibliche Verwandte säubert die Mumie, wäscht Augen und Ohren und setzt die Zähne wieder ein, die während des irdischen Fegefeuers ausgefallen sind. Danach trinkt man ein Gebräu aus gekauten und vergorenen Maniokwurzeln und tanzt – die Gesichter mit Kohle und Urucasaft bemalt – drei Tage und Nächte lang rituelle Tänze. Der Tote darf wahrhaftig auch am Tanz teilnehmen. Einer der Tanzenden trägt ihn auf der Schulter und fragt ihn immer wieder, ob ihm das Essen geschmeckt habe, das man ihm zu Ehren zubereitet hat.

Jetzt muß die Witwe, wenn sie es nicht schon beim ersten Begräbnis getan hat, Selbstmord begehen: Mit einem der Pfeile ihres Mannes durchbohrt sie sich den Leib. Die Verwandten sollen aber so tun, als wollte man sie daran hindern; und meistens gelingt ihnen das auch; nach zwei Jahren völliger Keuschheit darf die Witwe wieder heiraten.

Immer noch tanzend, tragen die Trauergäste die Mumie nun zu den Hütten sämtlicher Verwandter. Jeweils drei Wochen lang hängt sie in jeder einzelnen von ihnen von der Decke herab, damit sie sich nicht allein fühlt. Dann wird sie schließlich zum Gemeinschaftsgrab getragen, das sich meistens in einer Berghöhle befindet. Die Seele des Toten kann jetzt frei umherfliegen und sich mit Posicho, dem Geist der Lüfte, vereinen. Die Indianer hören Posichos Stimme, wenn der Wind in den Zweigen der Bäume raschelt und im Gras der Erde flüstert; die Regentropfen sind seine Tränen, die vom Himmel herabfallen, und im Gewitter zeigt er seine Macht und Stärke. Er lenkt die Pfeile der Indianer gegen die Weißen …

Aqui hay otros blancos,
son rubios con ojos de agua.
Gentes con ojos de agua es gente ciega!
Nunca nos ven!
Guatiya, guanyo – los blancos son MALOS!

(Hier sind Bleichgesichter,
sie sind weiß mit Augen wie Wasser!
Leute mit Augen wie Wasser sind blind!
Sie sehen uns nie!
Guatiya, guanyo – Bleichgesichter sind BÖSE!)

singt Choco, während er im Morgennebel herumhüpft. Die Nacht ist vorüber. Der Rauch des Feuers dringt in meine schläfrigen Augen. Choco hat bereits einige Pampanos im Fluß gefangen; sie hängen in Astgabeln über dem Feuer und braten, der Kaffee ist fertig. Wir frühstücken.

Wie viele Stromschnellen haben wir schon passiert, wie viele Stechrochen habe ich gesehen? Der schlafende Fluß zieht sich endlos im ewigen Nebel dahin, abermals bricht die Dunkelheit über uns herein, und wir haben noch keinen einzigen Motilonen gesehen! Aber auf jeden Fall haben sie uns gesehen! Hin und wieder habe ich das sichere Gefühl gehabt, daß wir beobachtet werden. Schnell habe ich den Kopf gedreht und bemerkt, wie sich am Ufer die Blätter einer Bananenstaude langsam auseinander bewegten und sich ebenso behutsam wieder schlossen.

Aber plötzlich, als wir um eine Flußbiegung kommen, steht ein nackter Indianerjunge mit einer Beatle-Frisur vor uns. Mit einem Satz springt er in unser überladenes Kanu: er lächelt uns an und zeigt dabei eine Reihe blendendweißer Zähne, während er flußaufwärts deutet. Weiter oben steht mitten im Fluß sein Vater und harpuniert Fische. Der Junge springt aus dem Kanu und watet zu seinem Vater hinüber, der auch nicht besonders wild aussieht. Er begrüßt uns mit einer Geste, und wir benutzen zum ersten Mal eines der unentbehrlichen Wörter, die Choco uns beigebracht hat: »Barrira« – »Freund«.

Das Lager liegt weiter oben, am rechten Ufer des Flusses, also bereits in Venezuela, da der Rio de Oro die Grenze zu Kolumbien bildet.

Wir entladen unser Kanu und machen am Ufer, unmittelbar zu Füßen eines steilen Felsens, ein Feuer. Wir sitzen und warten, warten eine Ewigkeit. Und haben das Gefühl, daß man uns von den hohen Bäumen auf dem Felsen beobachtet. In der Finsternis um uns herum, im niederen Buschwerk raschelt es. Endlich treten einige dunkle, bernsteinfarbene Motilonenkinder in den flackernden Schein unseres Feuers. Sie nähern sich langsam, splitternackt, die Hände auf dem Rücken; ihre Bäuche sind aufgeschwollen. Auf dem Kopf eines Jungen sitzt ein kleiner Affe, dessen Schwanz er sich wie eine Boa um den Hals gelegt hat.

Jetzt ist Manolo an der Reihe, uns gegenseitig bekannt zu machen. Affen scheinen einander besser zu kennen als Menschen. Wir reichen den Kindern Brot und Süßigkeiten, eine Geste, auf die die Mütter offensichtlich gewartet haben: Sie verlassen ihr Versteck hinter den Bäumen und treten aus der Dunkelheit hervor, genauso nackt wie ihre Kinder, abgesehen von einem Lendenschurz aus Borke. Um den Hals tragen sie Kabel aller Farben und Halsketten aus Zähnen und Bohnen. Ihre Brüste besitzen eine Form, die ich noch nie gesehen habe. Sie sind dreieckig und spitz, sitzen weit auseinander und zeigen in entgegengesetzte Himmelsrichtungen. Von Statur sind die Frauen klein, fast wie Pygmäen, aber gut gewachsen und einige sehr schön, wie die Männer, die sich allmählich mit Pfeil und Bogen in den Händen zu uns gesellen. Sie blicken etwas wilder drein, stellen sich im Halbkreis um uns auf und starren uns lange an, ohne ein Wort zu sagen oder gar zu lächeln. Sie sind außergewöhnlich muskulös und harmonisch gebaut, wie wir auf den ersten Blick feststellen können, da sie lediglich einen winzigen Taparau anhaben, der mit einer Schnur um den Leib befestigt ist.

Stockdunkel ist es mittlerweile geworden, und Choco fragt die Indianer, ob wir unsere Hängematten oben im Lager aufhängen dürfen. Man gestattet es uns, und wir steigen in geschlossener Gruppe den fast senkrechten Pfad hinauf, eine recht mühselige Kletterei, denn wir müssen unsere gesamte Ausrüstung selber tragen. Keinem Motilonen würde es einfallen, das Eigentum eines Gastes anzurühren. Man hat ihn nie gelehrt, jemandes Diener zu sein.

Die Gemeinschaftshütte, die man uns zuweist, ist ziemlich klein: »Nur« etwa achtzig Personen finden in ihr Platz! Sie ist aus Bambus und Palmenblättern gebaut, mit einem Gerüst aus Stangen und kunstvoll geflochtenen Wänden, und besitzt mehrere Stockwerke. In der Mitte befindet sich eine riesige Feuerstelle; hier werden Hunderte von Fischen auf einem gitterförmigen Rost aus frischem, feuerfesten Holz über der Glut geräuchert. Vor dem Haus ist eine ähnliche Feuerstelle, wo ebenso viele Fische räuchern. Neben Wurzeln, Früchten und Wild zählt geräucherter Fisch offenbar zu den Hauptnahrungsmitteln des Stammes; alle Gerichte werden übrigens ohne Salz zubereitet.

Die Hütte ist sehr sauber und ordentlich. Auf der festgetretenen blanken Erde, dem Fußboden der Hütte, liegen Matten, aus Higuiera-Blanca-Lianen geflochten, die Schlafplätze der Frauen und Kinder. An den Stangen hängen Bastkörbe, Pfeile, Bögen und Speere, neben den Matten und selbstgefertigten Tongefäßen der einzige Besitz eines Motilonen.

Wir hängen unsere Hängematten auf und kriechen »zu Bett«. Aber ach, auf jeder Sandbank schläft man leichter ein als in einer Motilonenhütte! Die ganze Nacht über räuchern die Frauen ihre Fische, gehen umher, machen ein Schwätzchen, kichern und lachen; Kinder wimmern, und alles hustet in einem fort – ist Tuberkulose daran schuld oder der Rauch oder beides, was weiß ich? Die Mücken summen, und die Grillen zirpen – wir haben das reinste Dschungelkonzert in der Hütte. Vom Palmendach herab regnet es ununterbrochen Insektenschwärme: Grillen, Motten, Spinnen, Heuschrecken, Läuse, Flöhe und andere Kriechtiere, deren Namen ich nicht kenne, die sich aber desto unangenehmer bemerkbar machen! Die Bisse jucken. Es summt und brummt. Dazu eine Hitze wie in der Hölle! Der Rauch ist unerträglich. Wie gut dressierte Affen klettern die Männer an den Stangen der Hütte empor und rollen sich hoch oben unter dem Dach in ihre Hängematten aus Lianen. Dort liegen sie und starren uns die ganze lange Nacht hindurch an. Ich frage mich, ob sie auf Kriegspfad sind oder uns zu Ehren Nachtwache halten. Jede Viertelstunde gellt ein Pfiff durch den Raum, so schneidend, daß er einen Toten erwecken könnte, und ein anderer Motilone klettert zur Spitze der Hütte hinauf und hält Ausguck.

Felipe, mein Fotograf, der es tagsüber als echter lateinamerikanischer »Macho« für unter seiner Würde erachtet, einem weiblichen Regisseur zu gehorchen, kriecht nachts aus Angst vor seinen Dschungelbrüdern unter die Hängematte ebendieser Frau. Sein Schnarchen ist genauso nervenaufreibend wie die Flüche, die ich tagsüber ausstoßen muß, um ihn zum Arbeiten zu bringen. Ich bin glücklich, als endlich der Morgen graut und ich ins Sonnenlicht hinausstolpern und zum Fluß hinunterlaufen kann, um die Ängste der Nacht wegzuspülen. Dort schwimmen auch schon einige unserer neuen Freunde.

Gentlemen und Gauner trifft man unter allen Völkern. Es sind gewiß nicht die Kleider, die einem sagen, wen man vor sich hat. Ich bin Indianern begegnet, die lediglich das Allernotwendigste anhatten – eine Schnur um die Taille und einen kleinen Taparau, der ihre Blöße bedeckte –, aber mit mehr Würde und Höflichkeit auftraten als ein festlich gekleideter Bürger mit einer roten Nelke im Knopfloch. Die Motilonen haben sich sogar völlig entkleidet, um ins Wasser zu gehen, und ihre Taparaus liegen schön nebeneinander auf den Steinen am Ufer, damit sie nicht naß werden! Ich fühle mich plötzlich geborgen, als ich mich in meinem Bikini ins Wasser stürze. Die Indianer grüßen mich sehr herzlich und fahren fort, mit beachtlicher Geschicklichkeit Fische zu harpunieren. Etwas weiter oben ist der Fluß mit Bambusstangen und Palmenblättern gestaut, und viele Fische werden mit den Speerspitzen erbeutet. Ein junger Bursche ist anscheinend der Meisterharpunier des Stammes und sichtlich stolz auf sein Können; ich lasse Felipe ausrichten, er solle kommen und die Kamera mitbringen.

»Bittet die Motilonen um alles in der Welt nicht darum, ihre Pfeile und Bögen hervorzuholen – das ist eine Aufforderung zum Krieg! Und zeigt ihnen erst dann eure Kameras, wenn ihr sehr lange Zeit mit ihnen befreundet seid. Sie könnten glauben, es handle sich um Waffen.«

Immer wieder hat man uns das vor unserer Abreise eindringlich empfohlen. Doch die gutgemeinten Warnungen erwiesen sich als barer Unsinn, denn die Motilonen zeigen uns sofort ihre Waffen und erklären uns, daß die verschiedenfarbenen Fäden, die an der Stelle um die Pfeile gewickelt sind, wo die mit Widerhaken versehene Pfeilspitze am Bambusschaft befestigt ist, die Familie des Besitzers kenntlich machen. Sie posieren auch ungeniert vor der Kamera, kriechen in den Büschen umher, schleichen um die Hütten wie auf einer gespielten Jagd, fischen im Fluß und führen stolz ihre Sprößlinge zum Fotografieren vor. Kurz, sie verhalten sich genauso wie alle Menschen auf der Welt, setzen bewußt die Miene auf, von der sie glauben, sie stehe ihnen am besten, und starren dann wie gebannt in die Kamera hinein, lächeln recht einfältig und wollen verewigt werden.

Sie bringen uns auch viele Worte ihrer Sprache bei, wie *Baj baha:* wie heißt du? *Hoa baja:* komm her! *Nai barrira:* ich bin dein Freund. *Cacura:* Kind, *saisaini:* schön, *chimara:* Wasser, *goa:* neun, *aha:* ja, *meme:* essen, *dada:* trinken, *biora:* Frau und *sarira:* Schwester. So können wir nach einiger Übung sagen:

»Komm her, schöne Schwester, ich bin dein Freund. Komm und iß und trink und zeig mir dein schönes Kind. Wie heißt es?«

Ihr Verlangen nach menschlichem Kontakt und menschlicher Gemeinschaft ist unverkennbar; sie fassen uns um den Leib, streicheln uns, betasten mit Erstaunen unsere blonden Haare, wiederholen unsere Gesten und machen uns durch Zeichen deutlich, daß Manolo ein Leckerbissen sein muß – einfach kulinarisch! – und lachen herzlich über gelungene Scherze. Bald ist »barrira«, anfänglich als Selbstschutz verwendet, kein leeres Wort mehr. Nach einigen Tagen kann ich mir gar nicht mehr vorstellen, daß diese Indianer die »wilden Menschen Kolumbiens« sein sollen und seit Jahrhunderten so gefürchtet sind, daß ihr bloßer Name Schrecken verbreitet – und das in einem Land, in dem seit eh und je die Gewalt herrscht. Allerdings sind die Männer unseres Filmteams immer noch furchtbar ängstlich und meinen, wir sollten zurückkehren, bevor wir aufgegessen würden.

Gewiß, auch ich habe gelesen, daß die Angehörigen dieses Indianerstammes Kannibalen seien, wenn auch nicht aus Vergnügen oder Feinschmeckerei, sondern deshalb, weil sie der Hunger manchmal dazu treibt. Angeblich halten sie den Kannibalismus für einen unangenehmen Zwang, da die aus einem Mitmenschen bestehende Mahlzeit keine festliche Angelegenheit mit Musik und Tanz ist, sondern eine höchst traurige Zusammenkunft. Der Krieger, der vom Dorfrat auserwählt worden ist, den tötenden Pfeil abzuschießen, darf an der Mahlzeit nicht teilnehmen. Man wählt als Opfer eine Frau ohne Familie oder jemanden, der sowieso nur mit Mühe bei den ewigen Wanderungen mithalten kann.

Aber wer weiß, ob das stimmt? Übrigens bin ich weder die Jüngste noch die Leckerste unserer Gesellschaft! Die kleine Claudia, weiß und süß wie richtiges Marzipan, könnte sicherlich auch bei Nichtkannibalen den Wunsch erwecken, einmal kräftig hineinzubeißen, und Wid, ein Riese von zwei Metern mit sehr heller Haut, ist fett genug, um für mehrere Kannibalen-Mahlzeiten auszureichen. Dann haben wir noch Felipe für den konventionellen Feinschmecker. Er ist ein argentinischer Indianer und viel dunkler als seine Dschungelbrüder.

Immer noch sind die Nächte heiß, voller Geräusche und Insekten; das Geschnarche hält unvermindert an, obwohl Felipe beteuert, daß er nie schläft, und ich taumele tagsüber in einem halbwachen Zustand umher. Bevor wir zurückreisen, haben mich meine Freunde Urubu und Huiaj zu einer Jagd auf Spinnenaffen eingeladen, die ich nicht versäumen will.

Nur mit Pfeil und Bogen bewaffnet, begeben wir uns auf den fast unsichtbaren Pfad; er ähnelt einem verdeckten imaginären Gang, der geradewegs in den Regenwald hineinführt. Im Nu sind wir völlig vom Dschungel eingeschlossen, und ich habe jedes Gefühl für Dimension und Richtung verloren. Die Sonne hinter ihrem ewigen Dunstschleier bietet uns keine Hilfe, den Weg zu finden, da die Riesenkronen der Bäume ein Dach bilden, das so dick ist, daß wir uns in einem ständigen Halbdunkel bewegen. Lautlos schleichen wir weiter, leiser als drei Eidechsen.

In der weiten Krone eines Amberbaumes, der von Orchideen bedeckt ist, baut Urubu einen Schutz aus Blättern und Zweigen. Wir warten nicht lange, bis eine Schar von Papageien, grüner als die Blätter der Bäume, schreiend herbeifliegt und sich in Reichweite der Indianerpfeile niederläßt, die stumpf sind, um die Vögel nur zu betäuben. Wie Blätter fallen drei Papageien zu Boden, und einer der Jäger klettert geschmeidig hinunter, um sie aufzusammeln, ehe sie ihr Bewußtsein wiedererlangt haben.

Doch wir sind hinter den Spinnenaffen her! Wir warten lange, sehr lange. Habe ich eine Minute, eine Stunde, Tag und Nacht oder ein Leben lang auf jenem Baum mitten im Dschungel gesessen? Träume ich, daß sich eine ganze Familie von Spinnenaffen im Schatten der nächsten Baumkrone niederläßt, daß ihr Geschnatter plötzlich mit einem röchelnden Schrei verstummt, dem ein Klagelaut folgt? Nie werde ich den verzweifelten, traurigen Blick des verwundeten Affen vergessen, als einer seiner Verwandten ihm den Pfeil aus der Schulter herauszog, andere die Wunde ableckten und ein Affe mit einem Blatt von einem anderen Baum ankam, um es auf die Wunde zu legen! Die Affen streichelten und liebkosten ihren leidenden Gefährten, und niedergeschlagen saß ich in der Abenddämmerung da und nahm an dem gemeinsamen Affenessen teil. Ein wirklich abscheulicher Anblick, selbst wenn man nicht das Pech gehabt hat, an der Jagd teilzunehmen. Einer der Jäger nagt an einem kleinen schwarzen Fuß, während ein anderer an einem Schädel – groß wie der Kopf eines Kindes – saugt, und aus der fetten sämigen Suppe in der Kalebasse ragt eine kleine schwarzbehaarte Hand hervor, die eine Banane hält, um das ganze etwas appetitlicher zu machen.

Was wird die Wissenschaft zu unserer Reise sagen? Vielleicht, daß wir die Lebensweise der Motilonen nicht genügend untersucht haben. Daß es gar nicht so gefährlich gewesen ist, weil wir mit heiler Haut davongekommen sind. Eine planlose, unwissenschaftliche Reise. Haben wir die Pfeifen gesehen, die die Motilonen angeblich unentwegt rauchen? Oder irgendeines ihrer Instrumente? Pfeifen und Panflöten und kleine Bögen, die sie mit dem Mund und der rechten Hand festhalten, während sie mit der linken auf einer Lianensaite mit einem Holzstäbchen fiedeln? Ich habe auch keinen ihrer Holzkämme gesehen, die aus zugespitzten, mit einer Liane zusammengebundenen Zweigen hergestellt werden und altmodischen Schuppenkämmen ähneln. Daß die Motilonen dagegen keine spitz zugefeilten Zähne haben, wie man behauptet hat, kann ich bestätigen. Aber ich weiß nicht, ob es stimmt, daß sie eine andere Zeiteinteilung haben als wir und die Vergangenheit nach ihren jeweiligen

Lagerplätzen angeben: »Vor einem Lagerplatz«, »vor zwei Lagerplätzen« ... Wie alt werden die Motilonen? Ich habe niemanden angetroffen, der älter als vierzig Jahre war, aber vielleicht haben sie die alten Leute bei unserer Ankunft im Wald versteckt. Dies scheint mir glaubhafter zu sein als jene Geschichten, die alten Leute würden im Dschungel ausgesetzt – in der Hoffnung, daß die Geier sie nicht verschmähen werden!

Man mag viel über diese Dinge spekulieren. Eines weiß ich sicher: Unsere Reise war mehr als eine bloße Expedition zu einem fremdartigen, primitiven Volk, nämlich das Bemühen um Verständigung und Verständnis über die Grenzen unterschiedlicher Zivilisationen hinweg. Von diesen Naturkindern können wir lernen, was es heißt, frei zu sein, daß unsere Art zu leben nicht allgemeingültig und alleinseligmachend ist, daß es nicht nur einen Glauben und eine Wahrheit gibt.

XIII

Die Prinzessin der dürstenden Guajira

Wenn man mich fragt, wo ich sei, sage ich immer: Dort, wo gerade die Erdbeeren reif sind. Woher kommt dann aber der unerträgliche Durst, der mich in dieses Land treibt, das hinter Dürre und hoffnungsloser Unfruchtbarkeit verloren ist? Grausamkeit und Poesie sind miteinander verbunden wie Schönheit und Gefahr. Eine Redensart sagt: »Verirre Dich nie nach La Guajira, Fremder. Du wirst in dem Land, das von allen Göttern und Menschen verlassen ist, zugrundegehen!« Der Abenteurer, der weibliche Don Quijote in mir, erwachte mit der Gewißheit, daß mich in jener Wüste etwas Außergewöhnliches erwarte, etwas, das ich in keinem anderen Land finden würde.

Also mache ich mich mit meiner Filmgesellschaft auf den Weg nach La Guajira und Maicau, deren Namen allein schon Abenteuer versprechen. Unser Flugzeug startet in Barranquilla, und wir fliegen geradewegs nach Osten, der Küste des Karibischen Meeres entlang, nördlich der hohen schneebedeckten Berge der Sierra Nevada de Santa Marta. Unter uns schweben weiße Seevögel, und die Geier zeichnen – wie unser Flugzeug – schwarze Schatten auf das Mündungsgebiet des mächtigen Magdalenenstromes. Die Gipfel der Sierra Nevada, in ewigem Schnee und Eis unter der Äquatorsonne, erscheinen wie eine Vision im südlichen Nebel. Dort oben lebt ein Indianerstamm, Männer und Frauen mit langen, bis zur Taille reichenden Haaren, getrieben und gehetzt, endgültiger Vernichtung preisgegeben.

Bald verschwindet das opalschimmernde Blau des Meeres auf der einen und das Blau der Berge auf der anderen Seite, um eine blasse, durchsichtige Hülle um uns zu bilden: den Himmel über der Halbinsel La Guajira, die wie eine kräftige Faust aussieht, im Zorn geballt gegen alle und alles, was sich ihr nähert, sei es vom Meer der Seeräuber, der Karibik her, vom Land oder vom Himmel. Es gibt so viel Himmel in La Guajira und so wenig Erde! Eine dünne wüstenähnliche Kruste ohne Wasser und Vegetation, außer grauen verkrüppelten Bäumen und vertrockneten Orgelkakteen – in unendlich langen Reihen, stramm wie Soldaten.

Einmal im Jahr aber blüht diese Prärie! Nach neun bis zehn Monaten völliger Trockenheit verwandeln sich die Wege in reißende Flüsse und Bäche; wie durch ein Wunder grünen und blühen plötzlich die Bäume, und die Nomaden der Steppe wandern wieder voller Staunen in ein blühendes Paradies, vergessen allen Hunger und Durst. Zwei Monate lang regnet es ununterbrochen, die Wege sind unbefahrbar, und die Kinder lachen wieder, ohne sich daran zu erinnern, daß die Früchte der Kakteen während so vieler und langer Monate ihre einzige Nahrung waren – eine Nahrung, die unter brennender Sonne und zwischen scharfen Stacheln gepflückt werden mußte!

Das Flugzeug verliert an Höhe, wir fliegen auf eine Gruppe von Gebäuden zu und landen schließlich auf dem Flughafen von Maicau, der aus einem Stück stacheldrahtumzäunter Wüste besteht, aus einem Jeep vor einer Baracke und einer Horde kleiner Jungen. Kaum haben die Passagiere festen Boden betreten, stürzen sich die Jungen auf das Gepäck, um es fortzutragen – auf Nimmerwiedersehen. So gut wir können, überwachen wir das Abladen unseres gesamten Gepäcks, vor allem der Kameras und der unersetzbaren Batterien, verteidigen uns fast handgreiflich gegen die aufgezwungene Hilfe. In der Baracke werden der Luxus und Überfluß der ganzen Welt zollfrei angeboten: Seife und Lavendel aus England, Plastikartikel aus den Staaten, Sonnenbrillen aus Italien, Soyasoße aus China, Obstkonserven aus Hawai, Äpfel aus Kanada, indische Seide, Datteln aus Afrika, Zwieback aus Holland, Schokolade und Uhren aus der Schweiz, schwedische Streichhölzer der Marke »Drei Sterne«, Dreisternekognak aus Frankreich, Whisky aus Schottland – es scheint mehr Alkohol als Wasser in La Guajira zu geben!

Endlich haben wir unser Gepäck zusammen und fahren mit dem Jeep in die Stadt. Vor den ärmlichen Hütten mit ihren struppigen Palmenblattdächern und vor den aus Holzkisten, Planken und Bambus errichteten Baracken, die so baufällig aussehen, als würden sie beim nächsten schwachen Windstoß zusammenfallen, stehen brandneue, fast phosphoreszierende Cadillacs und Lastwagen in den buntesten Farben. Das Schmuggelbenzin wird aus buckligen Blechbehältern getankt, die an einem erstaunten und schreienden Esel hängen, der neben den Stahlungeheuern steht. Maicau ist – das haben wir schon feststellen können – das Paradies der kolumbianischen Schmuggler, ein Freihafen, in dem äußerstes Elend und phantastische Extravaganz einander begegnen und sich miteinander vermischen. Der Ort ist von Bars und Spielhöllen überfüllt, in denen Schlägereien, Mord und Überfälle eine alltägliche Zerstreuung sind, ohne daß der Schwache irgendeine Hilfe von den bestochenen Polizisten zu erwarten hätte. Dieser gesetzlose und lasterhafte Ort, an dem Maschinengewehre, Gewalt und Habsucht herrschen, ist auch das Zentrum des Waffenschmuggels von Maracaibo und Aruba zu den Desperados in den Bergen, der berüchtigten Banditenbande »La Violencia«.

Wir steuern die staubige und holprige Dorfstraße hinunter, zwischen den mit Schmuggelwaren beladenen Lastwagen und Jeeps hindurch, und fahren an den Marktbuden vorbei, in denen aller Flitter und Tand dieser Welt feilgeboten wird. In dem Gewimmel sieht man La-Guajira-Indianer. Die Frauen haben eine kurzgeschnittene Pagenfrisur und tragen lose Tunikas, die bis zu den Sandalen reichen, wo große Wollquasten den jeweiligen gesellschaftlichen Rang anzeigen; in La Guajira gibt es richtige Prinzessinnen wie in einem Märchen aus »Tausendundeiner Nacht«! Ihr Gang ist anmutig und majestätisch, und sie besitzen eine fast unbegreifliche, fremdartige Schönheit. Um den Unterleib tragen die Männer nichts außer einem Lendenschutz, einem »Guayuco«, meistens sogar nur einen Taparau. Auf ihren nackten Hinterteilen und Schenkeln tanzen bunte Wollquasten und eine bestickte Börse. Da sie zugleich große Sombreros, Hemden und gelegentlich auch Jacken tragen, sehen sie aus, als ob sie vergessen hätten, sich die Hosen anzuziehen, ehe sie von zuhause weggegangen sind!

Im Hotel Familial sind wir gut untergebracht, und so bitten wir den Wirt, einen höflichen Syrer, uns ein passendes Fahrzeug mit einem Fahrer zu besorgen, der die geheimnisvollen und gewundenen Pfade der gefährlichen Guajira kennt. Inzwischen gehe ich in die Stadt, um mich dort ein wenig umzuschauen und ein Kleid für unsere Filmheldin zu kaufen, das zu der Traumepisode passen soll, die ich filmen möchte. Es ist heiß! Trocken! Gnadenlos brennt die Sonne von einem wolkenlosen Himmel. Ich bin schon drauf und dran, vor Durst ohnmächtig zu werden. Einem Durst, der nur der Anfang des DURSTES ist. Die Trockenheit fühlt sich an, als würde heiße Luft durch die Kehle, durch die Brust und den ganzen Körper hinuntergepreßt. Man hat das Gefühl, einen Blasebalg verschluckt zu haben, atmet keuchend, schnappt nach Luft wie ein Fisch auf dem Land. Wasser! Außer mir vor Durst tauche ich in eine Bar hinein, die sich »Los Tres Maridos«, »Die drei Ehemänner« nennt! In der Tat, es soll nicht schwer sein, in diesem Land zwei-, dreimal hintereinander in schneller Reihenfolge Witwe zu werden. Die Bar liegt zwischen einem Waffengeschäft und einem Beerdigungsinstitut, der »Agencia de Jesus«, die hier ebenfalls ein lukratives Geschäft sein muß. Wimmernd sinke ich auf einen Stuhl, der vor einem Tisch mit einem karierten Wachstuch steht, auf dessen Karos Hunderte von Fliegen krabbeln.

»Un Coca-cola, por favor, Señor«, flüstere ich dem Schmuggler hinter der Theke zu. Wie kann ein alter pockennarbiger Franzose mit schlauen, aber sympathischen Gesichtszügen, der am nächsten Tisch sitzt, aus diesem kurzen Satz meinen französischen Akzent herausgehört haben? Er kommt an meinen Tisch herübergehumpelt und grüßt zierlich:

»Mademoiselle, permettez-moi de vous tenir companie!« und setzt sich dann ohne weiteres auf die andere Seite der Fliegen. Wegen meines Heimwehs nach Frankreich fühlte ich mich augenblicklich wie zu Hause, und bald sind wir mitten in einer langen und angeregten Unterhaltung. Plötzlich senkt mein neuer Freund die Stimme zu einem heiseren Flüstern, blickt mißtrauisch umher und sagt:

»Nur Ihnen, Mademoiselle, und niemandem sonst, werde ich mein Geheimnis anvertrauen! Ihnen werde ich endlich sagen, wo der Schatz begraben ist! Wenn es ein Kolumbianer erfahren sollte, würde ich bald trocken wie Zunder in der Grube liegen!«

Und nun, liebe Leser, werde ich Euch meinerseits die Geschichte erzählen, die mir der Ingenieur Jaky Cassery in der Bar »Tres Maridos« in Maicau zu lesen gab. Wenn dann irgend jemand von Euch Lust hat, nach dem Schatz des Grafen von Barsmon zu suchen, dann sollte er nicht vergessen, daß ich – so steht es in meinem Vertrag mit Jaky Cassery – das Recht habe, hundert Kilo Gold- und fünfhundert Kilo Silberbarren zu bekommen!

Nach seiner Rückkehr in die französische Heimat hat ein Seemann und Pirat namens Tony die Geschichte niedergeschrieben, in einem altertümlichen Französisch, und Monsieur Cassery hat sie mit Randbemerkungen versehen. Ehe wir uns verabschieden, schaut er mit einem verstohlenen Blick um sich, um festzustellen, ob vielleicht Zeugen uns beobachten, und holt dann ein kleines zusammengefaltetes Stück Papier aus der Jackentasche hervor; er entfaltet es rasch und zeigt mir auf einer Karte, wo der Schatz begraben ist. Die Stelle ist mit einem großen Kreuz gekennzeichnet, aber ich kann gerade noch den Namen *Punta Espada* lesen, dann faltet er die Karte wieder zusammen und versteckt sie, zusammen mit Tonys Geschichte, in seinem weiten und schmutzigen Jackett.

Die Legende vom Schatz des Grafen Barsmon

Im Jahre 1625 wurde der Graf von Barsmon in Agde in der Languedoc geboren. 1644, als er neunzehn Jahre alt war, ging er auf einer Piratenbrigg, die seinem Onkel gehörte, auf See; mit Erlaubnis des Königs von Frankreich wurde jener Onkel Seeräuber und kaperte die Schiffe der Spanier, die sich damals gerade im Krieg mit Frankreich befanden. So begann die abenteuerliche Freibeuterkarriere des Grafen.

Sie überfielen Gibraltar und gelangten zu den Westindischen Inseln, nachdem der Onkel in einer Schlacht gegen die Spanier gefallen war. Wegen des furchtbaren Hasses, den Barsmon nach dem Tode seines geliebten Onkels gegen die Spanier hegte, wurde er künftig von seinen Feinden »El Exterminador« genannt. Monbars war das Pseudonym, das der Graf von Barsmon aus Rücksicht gegenüber seiner Familie benutzte. Im Alter von achtunddreißig Jahren starb er an der Küste von La Guajira, wo auch seine Besatzung ihre Tage beendete – bis auf eine Ausnahme, wie wir bald erfahren werden.

Im Jahre 1663 wurde der Piratenkapitän Monbars, der in der Karibischen See sein Piratenhandwerk ausübte, durch seine Spione davon unterrichtet, daß drei mit Gold- und Silberbarren, Balsam, Zimt und anderen Gewürzen beladene Briggs vom Maracaibo-See aus nach Spanien segeln würden. Er überfiel die Spanier mit seinen gut bewaffneten Schiffen, ungefähr dreißig Seemeilen vom Maracaibo-See entfernt; nach einer fünfzehnstündigen Schlacht war er Herr der iberischen Flotte und nahm Gold, Silber und die übrige wertvolle Ladung an Bord seiner eigenen Schiffe. Danach steckte er die spanischen Schiffe in Brand, überließ die Besatzung ihrem Schicksal und steuerte sofort die Antillen an. Er wurde aber von spanischen Kriegsschiffen aus Maracaibo verfolgt, und da seine Schiffe während der Schlacht große Schäden erlitten hatten und viele Mitglieder seiner Besatzung getötet oder verwundet worden waren, konnte er sich auf keine weitere Schlacht mehr einlassen. Zudem war das Fahrwasser in Höhe der Insel Monjes von einer englischen Flotte verbarrikadiert; sie wollte Monbars' ungünstige Lage ausnutzen, um sich die Gold- und Silberschätze anzueignen, die er zuvor unter so großen Verlusten an Menschen und Material erbeutet hatte. Als Monbars dies erkannte, befahl er einem seiner Schiffe, der »Reine de Liberté«, zur Lagune von Tocacas zu fliehen. Durch die Lecks des Schiffes drang jedoch immer mehr Wasser ein, so daß alles Pumpen schließlich die Brigg nicht retten konnte. Da obendrein noch der Kapitän und der Steuermann im Kampf ihr Leben verloren hatten und mehrere spanische Schiffe ihnen den Fluchtweg aus der Lagune versperrten, versenkten die Piraten das Schiff mit zwölf Tonnen Silber an Bord, nachdem es ihnen zuvor gelungen war, eine Tonne Goldbarren an Land zu schaffen.

Der Küste entlang zogen die Überlebenden zu Fuß nordwärts. Die beiden anderen Schiffe segelten zur Ostspitze von La Guajira; um nun nicht von den Spaniern auf der einen und den Engländern auf der anderen Seite eingeschlossen zu werden, segelte Monbars' Piratenbrigg »Enfer des Mers« zwischen Riffen hindurch auf die Küste zu. Das Schiff ging zwar verloren, aber die Piraten hatten noch Zeit, das ganze Gold und Silber abzuladen, bevor das Schiff in den Wellen verschwand. Dies war der größte Teil der Beute (und das ist der Schatz, liebe Leser, hinter dem wir her sind)! Dem dritten

 Schiff, der »Star«, gelang es, einer Einschließung durch die Engländer zu entkommen und in letzter Minute ihren Teil des Schatzes in La Bahía Honda zu löschen (und dorthin, meine aufmerksamen Leser, werde ich Euch etwas später in dieser Geschichte führen). Leider blieb die »Star« nicht in der Lagune, sondern wurde später von den Engländern gekapert, die die Besatzung ohne Umschweife am Mast aufhängten. Die Piraten, die in Tocacas an Land gegangen waren, vereinigten sich bald darauf mit den Überlebenden der »Enfer des Mers«. Insgesamt fünfundfünfzig Piraten waren mit dem Leben davongekommen. Sie vergruben den geretteten Teil des Schatzes etwa zwei Meter tief unter der Erde und schlugen an der gleichen Stelle ihr Lager auf.

Fünfzehn Tage später starb Monbars an Wundbrand, eine Folge der Verletzungen, die er sich in der Schlacht zugezogen hatte. Er genoß gerade den Anblick seines Schatzes, als er den allerletzten Piratenseufzer ausstieß. Den Ort, an dem die Piraten den Schatz vergraben haben, kann man an einem Felsen erkennen, der am Strand steht und schon von weitem sichtbar ist. Zu beiden Seiten des Felsens befinden sich kleinere Felsen, und der einzige Guayacan-Baum, den es dort im Umkreis von mehreren Meilen gibt, ist ein weiteres Kennzeichen des Ortes.
Nach Monbars' Tod entschloß sich Tony, dessen richtiger Name Anthony Joumain lautete und der von der Insel Augigny an der Küste der Normandie stammte, nach Jamaika zu segeln, um Hilfe zu holen. Er und ein weiteres Besatzungsmitglied segelten mit einem Rettungsboot los, das beim Untergang gerettet worden war. Da sie viel zu wenig Lebensmittel und Wasser an Bord hatten, starb der Begleiter unterwegs und Tony gelangte in einem kläglichen Zustand allein auf Jamaika an. Nachdem er wieder zu Kräften gekommen war, versuchte er, die Engländer auf der Insel für eine Expedition zu gewinnen, deren Ziel es sein sollte, den Schatz und die Überlebenden zu retten. Doch man blieb seinen Wünschen gegenüber taub. Entmutigt besorgte er sich ein neues Boot und segelte zur Insel Tortuga, die von französischen Piraten besetzt war. Aber auch dort hörte man nicht auf ihn, so daß er tiefbetrübt und schwerkrank nach Frankreich zurückkehrte. Nach seiner Ankunft fuhr er sofort zum Grafen von Barsmon in der Languedoc; Tony wollte ihn überreden, eine Hilfsexpedition zu organisieren, aber vom Fieber geschwächt, das er sich in der Karibischen See zugezogen hatte, blieb ihm nur noch die Zeit, seine traurige Geschichte zu Ende zu erzählen und die Karte zu zeichnen, bevor auch er im Paradies der Seeräuber verschwand.

Die überlebenden Piraten blieben in dem Gebiet, das heute La Guajira heißt; da es jedoch in diesem unfruchtbaren Land kaum etwas zu essen gibt, begannen sie, Vieh und Getreide zu stehlen und die Frauen der Indianer zu rauben, so daß bald Streitigkeiten mit den solzen und wilden Guajira-Indianern entstanden. Eines Nachts kamen die Indianer und töteten an der Punta Espada alle Piraten. Der Name des Ortes besagt, daß dort vor langer Zeit ein Indianer ein Schwert gefunden hat.

»Ich, Jaky Cassery, habe den Ort, wo der Schatz mit Sicherheit vergraben ist, genau beschrieben; der Guayacan-Baum ist natürlich im Laufe der verflossenen dreihundert Jahre eingegangen. Es ist mir jedoch nach einer Unmenge von Expeditionen gelungen, ein Gebiet von ungefähr 50 Quadratfuß näher abzustechen, in dem der Schatz in einer Tiefe von etwa 12 Fuß begraben sein muß. (Das große Gewicht des Schatzes muß dazu beigetragen haben, daß er bis in diese Tiefe gesunken ist!) Ich habe fast bis zu dieser Tiefe gegraben und tatsächlich den Felsen gefunden. Außerdem ist es mir gelungen, den Ort mit Hilfe elektrischer Apparate zu lokalisieren ...«

Als ich bis hierher gelesen habe, unterbricht mich der charmante Landhai eifrig und zeigt mir seine Visitenkarte.

»Schauen Sie meine Karte an, Mademoiselle! Hier steht es geschrieben: Jaky Cassery, Ingenero O.O.P.P. – Old, Old, Pale, Pale! Ha! Ha! – Miembro activo de la Federacíon Colombiana de Minas y Petrólio. Especialista en Investigación Mineral y Aguas Subterráneas. Ha! Ha!« Er krümmt sich vor Lachen, läßt den Banditen an der Kasse der Theke völlig außer acht und fährt fort:

»Der Staat hat es mir ermöglicht, wertvolle Auskünfte über meinen Schatz zu sammeln; mit Hilfe von Flugzeugen und komplizierten Apparaten, die zu meiner Verfügung stehen, habe ich herausgefunden, wo der Schatz meines Ururgroßvaters begraben ist!«

Plötzlich wird ihm bewußt, daß der Besitzer der Bar anwesend ist; er wird leise und lehnt sich über das Wachstuch, daß die Fliegen erschrocken in alle Richtungen davonfliegen, und zischt:

»Als ich an dem Platz grub, fand ich VIELE SKELETTE VON PIRATEN, DIE EINEN GOLDBARREN IN JEDER HAND HIELTEN! Viele Legenden dieser Gegend berichten von ähnlichen Entdeckungen, und daß man Goldbarren mit dem Kennzeichen unseres Schatzes nach Venezuela verkauft hat, ist sicher. Dieses Gold gehört aber nicht zum Schatz, es ist der Beuteanteil eines jeden Piraten. Weil sie für das Gold ihr Leben riskiert hatten, hielten sie es wohl für logisch, damit begraben zu werden; vielleicht würden sie dann die Chance bekommen, es in den Piratenhimmel mitzunehmen. Ich habe auch Muschel- und Austernschalen in der Erde gefunden, die von den Mahlzeiten der Piraten an ihren Lagerfeuern übriggeblieben sind.«

 Das Dokument endet wie folgt:

»Der Person, die eine Expedition von Maicau, La Guajira, finanziert, verpflichte ich mich hiermit, 500 Kilogramm Gold in Barren und die Hälfte des ganzen Silbers zu geben, das wir finden.

Der Person, die sich mit einer Person in Verbindung setzt, die gewillt ist, diese Expedition zu finanzieren, gebe ich 100 Kilogramm Gold und 500 Kilogramm Silber, alles in Barren.

Der Graf von Barsmon (Monbars, El Exterminador) war mein Ururgroßvater und hat mir die Karte und diese Geschichte als Erbe hinterlassen.

Geschrieben in Maicau, La Guajira, Kolumbien im März 1964

Unterschrift:

Jaky Cassery, Ingeniero.«

Zusätzlich zu diesem Schreiben hat Cassery noch eine Liste all der Ausrüstungsgegenstände angefertigt, die man für die Expedition braucht. Und weil ich meine abenteuerlustigen Leser kenne und weiß, daß einige von Euch in der Phantasie bereits Goldgräber geworden sind, werde ich nun berichten, wozu die 5000 Bolivar verwendet werden sollen, die man vor der Abreise bar auf den Tisch legen muß. (Einen Willies- oder Power-Lkw müßtet Ihr auch zur Verfügung stellen!)

Cassery schreibt:

»Aufgrund des harten Windes kann man nicht in Zelten wohnen; vielmehr muß ein Lager errichtet werden. Deshalb sind Holzplanken, Nägel, Werkzeug, Draht und Leitungen, Spaten, Äxte, Macheten und Messer, Schlösser und Kisten für den Schatz, Laternen und Taschenlampen mit Batterien für die Nacht mitzubringen.«
Dann folgt eine lange Liste mit Vitaminen, Wismut, DDT, Fruchtsalz, Reis, Öl, Tomatensoße, Salz, Essig, Mais, Nescafé und Zukker, Milchpulver, Bohnen und Streichhölzern, Zigaretten, Alkohol, Corned Beef und Sardinen ... Petroleum, GEFÜLLTE WASSERTANKS (rot unterstrichen!), Pfannen und Töpfe, Bestecke und eine Mühle, um Mais für Tortillas zu mahlen. Außerdem Nahrungsmittel für die Tagelöhner, nicht gerade abwechslungsreich, nur Bohnen und Mais, um ganz ehrlich zu sein.

Petroleum, Öl usw.		200 Bolivar
Essen		2000 Bolivar
Verschiedenes		200 Bolivar
Lager		1500 Bolivar
Lohn für Tagelöhner		1100 Bolivar
	Summe	5000 Bolivar

Warum das Geld ausgerechnet in venezolanischen Bolivar bezahlt werden soll, weiß ich nicht; vielleicht sind Bolivar die offizielle Schmugglerwährung.

Jetzt muß ich mich, da ich von Berufs wegen leider kein Schatzgräber, sondern Filmregisseur bin, eiligst in die Stadt begeben, um das Kleid zu kaufen, und lasse deshalb meinen Leser mit dem hinkenden, pockennarbigen Urururenkel des Grafen von Barsmon-Monbars allein in der Bar »Die drei Ehemänner« zurück. Dort könnt ihr mit ihm die weitere Jagd nach dem Gold an der Punta Espada besprechen.

Als ich mit einem weiten schwarzen Witwenkleid, einer »Manta«, ins Hotel zurückkehre, finde ich dort einen roten japanischen Jeep mit einem defekten Sonnendach startbereit vor. Unter der Aufsicht Felipes ist das Aufladen bereits in vollem Gange. Obwohl er selbst unverkennbar Indianer ist, behandelt er alle Personen mit dunkler Hautfarbe in untergebener Stellung unglaublich herablassend; jetzt hat er einen neuen Sklaven zum Kommandieren gefunden – den ergebenen, immer hilfsbereiten Francisco mit seinem scheuen Lächeln, unseren Chauffeur und neuen Freund.

Wir verabschieden uns von unserem orientalischen Wirt und von Manolo, unserem geliebten kleinen Kinkaju, den wir dem Koch überlassen haben, weil er fest behauptet hat, unser kleines Nachttier werde vor Hitze und Durst sterben, wenn wir es mitnehmen. Manolo sitzt unter der Mütze des Kochs, und wir sehen nur seinen langen Schwanz am Ohr des Kochs hervorgucken, als wir mit dem Jeep auf die Dorfstraße hinausfahren. Wieder fahren wir in Zick-Zack-Linien zwischen Schmugglerwaren, Gesetzlosen, Banditen und Indianern hindurch und verlassen die Zivilisation, um dem Abenteuer auf holprigen, gewundenen Pfaden zu begegnen, die wie ausgetrocknete Flußbetten aussehen und es in Wirklichkeit auch sind. Während der Fahrt werde ich von einer sonderbaren Erregung ergriffen; diese ungewöhnliche, endlose und monotone, verwitterte, nackte und ausgemergelte Wüstenlandschaft mit ihrer rissigen Erdkruste und ihren saftlosen Kakteen, die alle egoistisch ihren Schatten für sich behalten, drängt mir die Frage auf, warum die Menschen in einem so trostlosen Land bleiben. Die einzigen Lebewesen, die wir außer einzelnen Indianern zu Fuß, zu Pferde oder auf einem Esel sehen, sind magere Schafe und Ziegen. Nach der Ziege kommt nichts mehr! Die Ziege nimmt das letzte, was ein Land zu geben hat, nach ihr ist alles aufgefressen und kahl. Kakteen! Kakteen und wieder Kakteen! Durst! Fürchterlicher Durst! Wieder ein Kaktus auf rissiger erdfarbener Wüste. Keine einzige Blume, kein grünes Blatt, nicht einmal der Gedanke an etwas Grünes, an einen Vogel, an den Gesang eines Vogels! Nur eine zehn Zentimeter dicke braungelbe Schlange, die sich widerwillig von der Straße fortringelt. Dies ist das Land jenseits unseres Planeten, jenseits unseres Verstands. Jenseits allen Durstes.

Über die Steppe schreitet eine Guajira-Indianerin, von einer türkisfarbenen Manta umflattert. Auf dem Kopf trägt sie einen Krug. Sie balanciert ihn wie eine orientalische Tänzerin, den Kopf seitwärts bewegend, damit die schwere Last nicht zu Boden fällt und auch nicht ein Tropfen Wasser, das Gold der Wüste, verschüttet wird. Ihr Gesicht ist rotschwarz bemalt, aber die Bemalung kann seine Schönheit nicht verdecken. Das kurze schwarze Haar weht im Schirokkowind, und ihre großen, mandelförmigen Augen verraten eine dunkle Leidenschaft, die im Gegensatz zu dem offenen Lächeln steht, das die weißesten Zähne entblößt, die ich je gesehen habe.

»Rose der Wüste, wie ist dein Name?«

»Irene«, lacht sie, »ich bin Irene, eine Prinzessin. Eine Prinzessin des Präriewindes und des wartenden Baumes. Ich bin die Oase der Wüste, ich bin der Tau auf der Blume, wenn die Sonne im Zenit steht. Ich bin die Entschuldigung für den Dorn, der den Fuß des Wanderers verletzt, und meine Tränen stillen allen menschlichen Durst. Ich bin Irene, die Prinzessin der dürstenden Guajira!«

Und der Wanderer antwortet:

»Irene, du bist die Erde, der Sand und die Hitze, und wenn du je zum Brunnen kommst, möchte ich dieser Brunnen sein, und wenn du je einen Schatten erreichst, möchte ich dieser Baum und seine Krone sein. Wenn du eine Minute ausruhst, möchte ich diese Minute sein.«

»Bier! Kaltes Bier, BIER! BIER! KAAALLLTES BIIIER!« brüllt meine Filmgesellschaft. »Francisco, wo gibt es etwas zu trinken in dieser unmenschlichen Hölle ohne Schatten und Mitleid?«

»Ruhe! Geduld! Bald kommen wir nach Cabo de la Vela! Dort finden wir vielleicht Bier, Essen und eine Unterkunft für die Nacht!«

»Bald«, das bedeutet noch einige Stunden Fahrt über die trockene Verzweiflung der Wüste, in der manchmal flüchtig ein unwirkliches Meer hinter den versteinerten Silhouetten der Kakteen auftaucht und in der die fernen, geisterhaften Berge nie Wirklichkeit werden. Cabo de la Vela liegt an diesem seltsamen Meer, das nicht zur Landschaft zu gehören scheint. Der Strand ist von schwarzem Teer bedeckt, der es unmöglich macht, ins Wasser zu gehen, das dick von Öl ist. Da es weder kaltes noch warmes Bier, ja nicht einmal Coca-Cola gibt, verspricht uns der Besitzer des einzigen Dorfladens gleichsam zum Trost, Hummer zuzubereiten und einen Tanz auf der Plaza zu organisieren. Und er verspricht uns außerdem, ein Haus aufzutreiben, in dem wir die Nacht verbringen können.

Nach langem und schwierigem Feilschen kommen die Indianer schließlich auf der Plaza für einen »Chichamaya«-Tanz unter der heißen Sonne zusammen. Zwei Trommler bringen sie mit, und während eine Flasche mit gekochtem und gegorenem Chicha kreist, wirbeln bereits die Trommeln ihr eintöniges Lied. In knöchellangen flatternden Tunikas und mit bemalten Gesichtern stellen sich die Frauen in einer Reihe auf, dann stoßen die Männer einen Burschen, der nur mit einem Taparau und einem Sombrero bekleidet ist, in die Mitte der Plaza. Er beginnt sofort, mit schnellen kurzen Schritten um die Trommeln zu tanzen. Eine Frau löst sich aus der Reihe. Wie auf Flügeln verfolgt sie den fliehenden Mann und breitet ihr Kleid mit den Händen aus, so daß sie wie eine bizarre, bunte Fledermaus aussieht. Tanzend versucht sie, den Mann einzuholen, ihn zu fangen und zu Fall zu bringen, frenetisch und rhythmisch wirbeln sie unter der brennenden Sonne durch den staubigen Sand wie wunderliche Wesen, weder Mensch noch Tier, monoton, aber zugleich leidenschaftlich und verführerisch. Ein anderer Mann übernimmt das Tanzen und wird zuweilen sogar von zwei geflügelten Vogelphantomen verfolgt. Die nackten Füße der Tanzenden wirbeln immer mehr Staub auf, der meine Poren durchdringt, so daß ich zu ersticken glaube. Zusammen mit der heißen Sonne, dem Durst und dem ununterbrochenen Hämmern der Trommeln, versetzt mich dies in Panik – ich möchte fliehen, bin aber wie am Boden angewurzelt. Und ach! Ich muß Felipe dazu bewegen, den phantastischen Chichamaya-Tanz zu filmen! Und das ist – wie ich zugeben muß – nicht einfacher als im Land der Motilonen. Bockig sitzt Felipe im Jeep und ist unerbittlich. Sand und Staub erlauben keine Kamera-Arbeit! Davon abgesehen: ohne kaltes Bier arbeitet er sowieso nicht.

»Sogar die Russen«, schreit er, »behandeln ihre Arbeiter besser als Sie!« Er hat außerdem wieder Angst und behauptet, jene Indianer seien noch wilder als irgendein Motilone. Er zittert vor Furcht, und das ist ja für einen Fotografen besonders peinlich.

»Sie tragen alle große Steinhämmer und ungeheure Macheten. In der Nacht werden sie uns überfallen, wenn nicht schon eher! Wir müssen weiterfahren, bevor es dunkel wird«, wimmert mein ängstlicher Sancho Pansa.

»Don Jesus hat versprochen, uns für die Nacht ein gutes Haus zu verschaffen; wir bekommen Hummer und frischen Fisch zu essen, und bald kommen auch die Frauen vom Brunnen und bringen Wasser«, sage ich, um ihn zum Filmen zu überreden.

Sehr richtig: wir haben ein Haus. Nach einem vorzüglichen Abendessen mit Hummer und Fischen, die so frisch sind, daß sie noch in der Bratpfanne zappeln, schaukeln wir auf unserem Wüstenkamel, dem roten Jeep, geführt von Don Jesus Partido, zu den Außenbezirken des Dorfes. Bevor wir dort ankommen, bittet Don Jesus sichtlich nervös um Entschuldigung, er habe etwas Wichtiges zu Hause vergessen, und springt ab; dann rennt er mit sonderbaren Zick-Zack-Schritten in Richtung Dorf davon. Die Hütte ist offen; Haushaltsgeräte stehen umher, auf dem Tisch befinden sich die Reste einer Mahlzeit, die vor kurzer Zeit in aller Eile abgebrochen worden sein muß. Ein paar zusammengeschrumpfte Tortillas, eine Schale mit schwarzen Bohnen und auf einem Teller die traurigen Gräten eines Fisches. Wir schaffen es gerade, unsere Hängematten aufzuspannen, bevor es dunkel wird. Die Nacht bedeutet Schlafenszeit in einem Land, in dem die Elektrizität noch nicht ihren Einzug gehalten hat.

Warum habe ich das eigenartige Gefühl, es sei noch irgend jemand in der Hütte? Ich liege in meiner Hängematte, und Felipe schläft – wie üblich – unter mir auf dem Boden, eine Machete in der einen und eine Taschenlampe in der anderen Hand; sein Schnarchen dringt mir ins Ohr, und ich weiß ganz gewiß, daß wir SECHS anstatt FÜNF in der Hütte sind! Ich setze den ständigen Dialog mit mir selbst über jenen Teil des Films fort, in dem ich so unerklärliche und unfaßbare Themen wie Poesie und unstillbaren Durst einfangen will. Mein halbwaches und mein halbträumendes Ich reden wie immer miteinander, aber hat sich nicht eine dritte Stimme zu uns gesellt und in die Unterredung eingemischt? Der Mondschein, der durch die Wände aus dünnen Bambusstangen dringt, erhöht das Gefühl der Unwirklichkeit; ein starker Wind fegt das Palmendach und erzeugt tausend raschelnde und flüsternde Laute. Unmengen kleiner Insekten sind Wirklichkeit, leider keine Illusion. Ach, warum lese ich manchmal Enzyklopädien? Und warum erinnere ich mich an das, was ich gelernt habe, nur im Dunkel der Nacht? Vielleicht hat man die Hütte wegen der riesigen Läuse verlassen, der »Pitos« oder »Vinchugas«, die Flügel haben und in den Palmendächern leben? Nachts fliegen sie herunter und verbreiten mit ihren Bissen eine Krankheit, die mit der afrikanischen Schlafkrankheit verwandt ist. Und – meine Haare sträuben sich auf dem Kopf! – ist nicht Felipe dort auf dem Boden durch das Spiel der Mondstrahlen plötzlich in ein Skelett verwandelt worden, das einen Goldbarren in jeder Hand hält? Ich kann die weißen Rippen, die leeren Augenhöhlen und die knochigen Finger, die sich um das Gold krümmen, deutlich sehen! Aber jetzt verschwindet der Mond hinter einer

Wolke, es wird stockfinster in der Hütte, und ich höre eine Stimme sagen:

»Ich bin Fortunado Pimentel, und es sind meine Bohnen und meine Tortillas, die ich in aller Eile verlassen mußte, um das Tal der Schatten aufzusuchen. Meine Abreise ging aber so schnell vonstatten, daß mir für letzte Ermahnungen an meine Frau, Lucila Vinda de Rojo Pimentel, keine Zeit mehr blieb. Deshalb bitte ich dich, mir für meine Gastfreundschaft einen Gefallen zu tun und ihr meinen letzten Willen auszurichten. Sie muß mit einem ›Encierro‹ regeln, wo unsere Tochter Josefina Evangelina mindestens vier Monate lang eingesperrt sein soll, damit sie lernt, Tortillas zu backen, Chicha zu kochen und Hängematten und ›Chinchorros‹ anzufertigen! Danach darf sie – zu meinem Andenken – nicht unter einem Preis von vier Mauleseln, einem mindestens einjährigen Schwein und dreitausend Peseten zur Heirat angeboten werden! Ich habe viel Zeit zum Nachdenken unter meiner eigenen Erde; eine Hütte nicht mehr zu betreten und einen ganz allein zu lassen, bloß, weil man zufällig gestorben ist, ist zwar in La Guajira ein alter Brauch; aber ich halte nicht viel davon. Niemand traut sich in mein Haus hinein, und die Leute laufen im Zick-Zack um es herum, damit meine Seele ihnen nicht folgen kann. Ha! Ha! Sie wissen nicht, daß ich mich in alles verwandeln kann, was ich mir wünsche: in eine Biene, eine Ziege oder eine Taube, in eine Schlange oder in den Abendwind ...«

In dem wiederkehrenden Mondschein erkenne ich deutlich eine weiße magere Ziege, die dort, wo Felipe liegt, wie Rauch vom Boden aufsteigt, um sich in eine Taube zu verwandeln, die wie eine Biene davonfliegt ...

Als ich aufwache, steht die Sonne schon hoch am Himmel, und ich habe die Schlafkrankheit, den Schatzgräber unter dem Boden und andere Gefahren vergessen. Felipe wacht auf und behauptet ärgerlich, er habe während der ganzen Nacht kein Auge zudrücken und daher nicht einmal schnarchen können. Danach verlangt er vor unserer Abfahrt noch ein ordentliches Frühstück. Um ihn in gute Stimmung für die tägliche Arbeit zu versetzen, sage ich, ich hätte irgendwo gelesen, daß nur richtige »Machos« schnarchen würden:

Oben: *Auf Fischfang im Uré-Fluß.* Unten: *Ramón, der alte Jagdfreund von Georg Dahl; er kennt die Gesetze der Natur, aber nicht die der Weißen.* Folgende Seite oben: *Ein Dschungeljäger bläst einen tödlichen Pfeil aus seiner Cerbatana.* Unten: *Vier Maya-Indianer in ihren bestickten Hosen.* Übernächste Seite: *Der Atitlán-See, der heilige See der Indianer.*

Sie seien nämlich die wahren Nachkommen der primitiven Steinzeitmänner, die in Höhlen und auf Bäumen lebten und die, um Frauen und Kinder zu schützen, die fürchterlichsten Geräusche ausstoßen mußten, damit die wilden Tiere während der Nacht fernblieben. Es macht nicht den geringsten Eindruck auf Felipe – er meint sicherlich, daß ein Frauenzimmer, das Filmregisseur werden kann, niemanden braucht, der es vor irgendwelchen wilden Tieren schützt.

»Don Jesus, wie heißt unser Gastgeber? Ich möchte ihm für seine Gastfreundschaft danken.«

Don Jesus beginnt voller Nervosität hinter der Theke auf- und abzugehen.

»Heißt er vielleicht Fortunado Pimentel?« frage ich eigentlich mehr zum Scherz. Don Jesus wird so geisterhaft bleich, wie es nur ein Indianer werden kann, und flüstert:

»Schweigen Sie, ich bitte Sie, Señora! Er liegt unter dem Erdboden seiner Hütte und kann niemanden belästigen, am allerwenigsten Fremde, deren Sprache er gar nicht versteht. Ich dagegen darf nicht einmal seinen Namen aussprechen, der ein Teil seiner Seele ist.«

Ich überbringe Don Jesus den letzten Wunsch Fortunados und frage:

»Don Jesus, was bedeutet es, wenn man von einer Ziege, einer Biene und einer Taube träumt?«

Don Jesus wird noch blasser, wenn das überhaupt möglich ist. »Eine Biene, eine Biene bedeutet, daß ein Freund einen verraten wird, eine Taube bedeutet natürlich Liebe, wunderbare Liebe, himmlische Liebe, aber eine Ziege, eine Ziege bedeutet verbotene Liebe!«

»Hüten Sie sich vor Bienen, Don Jesus, adios und danke für alles«, sage ich, und wir fahren wieder über die Wüste nach Bahía Honda. Ich habe meine Filmgesellschaft überredet, dorthin zu fahren, denn ich fühle, daß uns gerade dort etwas Außergewöhnliches bevorsteht.

Ich kann es kaum erwarten, Felipe zu erzählen, daß er die Nacht auf dem Hausherrn der Hütte zugebracht hat; das ist dann auch der Anlaß zu einer wahren Flut von Flüchen, die ich bisher noch nie gehört habe. Er schwört, man könne ihn nie wieder zu etwas so

Oben: *An dieser Stelle fand die Hochzeitszeremonie statt. Das Eukalyptus-Kanu brachte die Gäste herbei.* Unten: *Ein typischer Nachkomme der Mayas am Atitlán-See.*

Schrecklichem wie dieser Filmerei überreden. Fast handgreiflich gelingt es mir jedoch, ihn dazu zu bewegen, daß er die Kamera hervorholt und Claudia in schwarzer Witwentracht bei den Kakteen filmt: wie sie den Schatten der Kakteen aufsucht, wie sie hinter einer Schafherde herrennt und drei indianischen Schönheiten begegnet, die Claudias Gesicht auf die gleiche Weise bemalen wie ihre eigenen Gesichter. Am schwersten ist es allerdings, Felipe daran zu hindern, daß er Wolken aufnimmt – denn wer hat je weiße wollige Wolken in einem diffusen Traumbild gesehen?

Beim letzten Außenposten besteht Francisco darauf, daß wir einen Führer mitnehmen, da er selbst niemals bis Bahía Honda gekommen sei und wisse, wie leicht man sich verfahren und in der Sandwüste vor Durst und Hunger zugrunde gehen könne. Er überredet einen jungen Indianer, mit uns zu kommen, und wir fahren in eine Landschaft hinein, die so aussieht, wie ich mir die Sahara vorstelle. Nichts als Sand! Weit in der Ferne verschwinden bald die hellblauen Cocina-, Jarara- und Macuiraberge, so daß sogar die Erinnerung an etwas anderes als Sand unmöglich wird. Alles ist jetzt Sand, Trockenheit und Durst. Der Weg besteht nur aus kaum wahrnehmbaren Radspuren im Sand. Der Durst und ein Sandsturm, der jede Minute heftiger wird, sind unsere einzigen Begleiter. Aus dem Nichts tauchen nackte Indianer auf und verschwinden wieder darin, auf ihren Pferden davongaloppierend. Sie sind die einzigen Anzeichen von Leben in einer völlig farblosen Landschaft ohne die Spur einer Vegetation, nicht einmal von Kakteen und Agaven. Alles ist sandfarben – Himmel und Erde –, und es gibt keinen Horizont mehr.

Sand zu atmen, Sand zu kauen! Sand knirscht zwischen den Zähnen, in den Gedanken, im ganzen Körper! Die Lippen trocknen aus und platzen. Sand zu essen, Sand in den Ohren zu haben, in den Augen, in der Nase, Sand zu denken, Sand zu reden, Sand einzuatmen, Sand auszuatmen, nur Sand, so weit das Auge reicht ... Der Sandsturm tost und rast, man kann keine Hand weit sehen. Wir kämpfen uns weiter durch die Wüste, verloren und offenbar ohne jede Chance, jemals das Meer zu erreichen – oder gar zurückzukehren! Die Hitze ist unbeschreibbar. Nichts kann den Durst mehr löschen. So fürchterlich ist La Guajiras Durst, daß er einen schon von Neuem zu quälen beginnt, bevor man ein Getränk ganz heruntergeschluckt hat. Man leidet unter Dursthalluzinationen. Sogar ein türkisches Bad erscheint in dieser Hölle des Durstes abkühlend. Oh! Die Kühle des Feigenbaumes auf der Terrasse von La Petite Réserve in Antibes, Livingstons Palme, Guadalajaras Fontänen!

 Oh! Eine Menthe à l'eau auf der Terrasse des Café de la Paix in Paris, die Vision des ewigen Schnees auf dem Kebnekaise in Lappland, den ich vom Fenster unseres Kinderzimmers aus sehen konnte, der kalte Dschungelfluß und die Kokosnuß, aus der ich trank, als ich zuletzt am Meer war! Hier ist das Meer nur eine blasse Ahnung, die sofort wieder verschwindet. Stunde um Stunde kämpfen wir uns in der eintönigen Wüste durch den Sandsturm. Der Wind zerreißt das wild flatternde Sonnendach, unseren einzigen Schutz vor Sonne und Sturm. Alles, was wir nicht mit Stricken festgebunden haben, fliegt fort; der Durst ist der einzige treue Reisegefährte!

Aber dort, eine geheimnisvolle Bucht oder wieder eine Halluzination? Ist es das Meer? Mit seinen beiden, von einem hohen Felsen abgetrennten Stränden, die in einer engen Mündung auslaufen, hat Bahía Honda die Form eines Herzens. Das Wasser der Bucht scheint aber kein Wasser zu sein, sondern eine undurchsichtige und unbewegliche sandfarbene Flüssigkeit, ein heimtückisches Meer, in das zu springen mich nichts auf der Welt bewegen könnte. Es ist spät nachmittags. Keine Seele ist zu sehen. Auf einem der Felsen stehen mehrere Baracken, die Überreste einer verlassenen Salzmine. Am äußersten Felsenrand befindet sich – wie in einer griechischen Tragödie – eine weiße Säulenreihe; hier läuft Claudia dem wartenden Meer entgegen. Der Wind zerrt an ihrem schwarzen Witwenkleid, und als sie für eine Nahaufnahme mit wehendem Haar auf dem Felsenrand steht, sieht sie aus, als wäre sie der Bewohner eines fremden Planeten. Und als sie den Felsen hinunterklettert und den Strand entlangläuft – den noch nie ein menschliches Wesen betreten zu haben scheint – und ohne anzuhalten sich ihr schwarzes Kleid vom Leibe reißt, um nackt der Sonne und der Unendlichkeit entgegenzulaufen, weiß ich, warum ich diesen Durst ertragen habe! Kein Regisseur der Welt hätte sich einen besseren und vollkommeneren Platz für die letzte Traumszene des Films in La Guajira aussuchen können!

Ohne Sandsturm fahren wir bei glühender Sonne, die hinter den Sanddünen untergeht, zum nächsten Rancho zurück, wo wir die Erlaubnis erhalten, drei Hängematten vor dem Haus aufzuspannen. Felipe und Francisco sollen in einem Schuppen neben dem Jeep schlafen. Felipe versichert mir, daß es ein Schweinestall sei, in dem alle möglichen Tiere herumstehen, aber ich freue mich bereits auf eine Nacht ohne Schnarchen und kommandiere ihn zu den Schweinen und dem Jeep, er solle ihn dort bewachen, da er ja sowieso nie schlafen könne. Bald schaukele ich wohlig im lauwarmen Nachtwind. Der Mond erhellt die Wüste hinter einer stacheligen Kaktushecke, und durch die Zweige eines Baumes sehe ich die Sterne am Himmel glitzern. Was ist das für ein Baum? Vielleicht ein

Manzanillobaum, ein »Japicaracho«, der so giftig sein soll, daß man sterben muß, wenn man darunter schläft? Ich bin jedoch viel zu müde, um mich um so etwas kümmern zu können. Gerade bin ich eingeschlafen, als mich die blendenden Augen eines Riesen anstarren – die Scheinwerfer eines Lastwagens! Ein paar Schmuggler springen heraus und kommen laut gestikulierend an unseren Hängematten vorbei. Sie leuchten mit ihren Taschenlampen in jede von ihnen hinein, dann öffnet sich die Tür, und das Haus verschlingt sie. Alle tragen Maschinengewehre, Pistolen und Patronengürtel, große schwarze Sombreros und schwarze Schnurrbärte; sie sehen genauso aus, wie Banditen aussehen sollen, nicht nur im Film!

Sie unterhalten sich laut, und es fällt mir nicht schwer ihrem Gespräch zu folgen. Plötzlich sagt einer von ihnen: »Und wie findet ihr den Jeep des Gringo, ist das nicht eine leckere Beute, die wir nur mitzunehmen brauchen?«

»Nicht schlecht, die haben bestimmt Geld!«

»Ich bin müde und will nicht mehr arbeiten heute abend ...«

»Es wird nicht lange dauern ...« Er macht das unverkennbare Knattern eines Maschinengewehrs nach: »Tack, tack, tack, tack!«

Mein Filmpaar, Claudia und Wid, verstehen kein einziges Wort Spanisch. Ich weiß, daß in diesem Land kein Pardon gegeben wird und daß ein Leben oder fünf keinen Wert haben. Daß die Geier zusammen mit dem wirbelnden Sand die Spuren eines Verbrechens im Nu auslöschen. Leise rutsche ich aus der Hängematte und klopfe fest an die Tür. Ein langes, dramatisches Schweigen, das man fast hören kann, folgt.

»Wer ist da?« fragt eine erstickte Stimme.

»Ich bin es, öffne!« rufe ich laut. »Öffne!« brülle ich und klopfe noch fester.

Nach einer flüsternden Unterhaltung wird die Tür einen Spalt breit geöffnet, und ein schwarzer Schnurrbart guckt hervor, während eine Pistolenmündung auf meinen Bauch zeigt.

»Geben Sie mir ein Glas Wasser, por favor, Señor! – Und da wir morgen filmen werden und ich möchte, daß unsere Primadonna ausgeruht und schön aussieht, reden Sie bitte etwas leiser«, sage ich sehr resolut in meinem besten Spanisch.

Er trottet los und bringt mir Wasser. Es ist ihm sogar gelungen, Eis aufzutreiben. Ich danke ihm überschwenglich und frage ihn höflich, ob seine Schmuggeljagd erfolgreich und gewinnbringend gewesen sei, ob es ein guter Job sei und so weiter, und kann voller Genugtuung feststellen, daß die wilden Gesellen den Rest der Nacht flüsternd umhersitzen und uns in Ruhe lassen, ohne uns den Jeep oder unser Leben zu nehmen.

Zurück nach Maicau. Es ist der 5. April, mein Geburtstag. Wie soll ich den Luxus der kalten Dusche im Hotel Familial beschreiben, wo uns ein übernächtigter Koch unser liebes Nachttier zurückgibt, das – nachdem es die Tage schlafend unter der Mütze des Kochs verbracht hat – den Armen keine einzige Nacht hat schlafen lassen! Das Festessen wird unter rauschenden Bäumen gefeiert – mit kaltem Bier und Whisky und echtem Schmuggelchampagner – Veuve Cliquot natürlich! Das Grammophon spielt den »Tango Negro«: »Ich betrachte das Leben, und seine Versuchungen ziehen an mir vorbei. Sie sind alle schwarz wie ihr Kleid, und das ist der Grund, warum wir beide verloren sind ...«, so ähnlich lautet der Text. Da Felipe tanzt, wie es nur ein Argentinier kann, verzeihe ich ihm – aber nur für eine Weile!

XIV

Wo niemand eines natürlichen Todes stirbt!

Was hatte Damião gesagt? Wir sollten Iemanjá unser Schiff über die Meere steuern lassen! Ich glaube nicht, daß wir den Vogel gesehen haben, der den Sturm angekündigt hat, aber Sturm ist es! Die Pen-Kalet erinnert wirklich an Damiãos kleines Boot, das Geschenk an die Meeresgöttin; winzig und erbärmlich sieht sie in den himmelhohen Wellen aus, und ich blicke am Ruder sicherlich ebenso verängstigt drein wie die Zelluloidpuppe damals. Möge sie uns jetzt helfen, Iemanjá!

Es war nicht möglich, in Bahia Honda zu ankern. Der Piratenschatz muß warten. La Guajiras niedrige Küste gleitet schimmernd vorbei. Dort liegt Cabo de la Vela, wo die Indianer einen Chichamaya-Tanz im Sandsturm getanzt haben und wo Fortunado Pimentel unter dem Fußboden seiner Hütte begraben liegt. Und dahinter erstreckt sich der trockene und öde Kakteenwald. Wir fliehen mit Rückenwind auf die See, lenzen mit hoher Geschwindigkeit. Der Wind bläst immer stärker. Runter mit dem Großsegel! Nur »Analia«, die kleine Baumfock, führt uns vorwärts. Es wird Nacht.

Unser Segeln ähnelt allmählich immer mehr einer Fahrt auf der Achterbahn. Plötzlich sind wir hoch oben auf einem Wellenkamm, um dann mit dem Bug voraus in einen Abgrund hinabzustürzen. Und jedesmal haben wir das sichere Gefühl, daß unser Boot sich nie mehr aufrichten wird, daß es nicht über den nächsten Wellenberg kommt. Es ist eine See, die an Edgar Allan Poes »Maelström« erinnert: In der französischen »Bibliothek« der Pen-Kalet steht eine Übersetzung seiner außergewöhnlichen Erzählungen, dort können wir uns daran erbauen, auch an Arthur Gordon Pyms unheimlicher Segelfahrt zum Südpol. Unter unseren wenigen Büchern befinden sich noch »Das Tier im Menschen« von Zola, Hamsuns »Hunger«, Anaïs Nins Tagebücher, eine Menge Krimis, verschiedene Gedichtbände, Lieder und Chansons von Jacques Prévert und Brassens …

Das einzige tröstliche Buch, an das ich im Augenblick denken kann, ist Alain Bombards »Naufragé volontaire«, aus dem man lernen kann, wie man sich bei einem Schiffbruch verhält. Dieser mutige Arzt segelte allein in einem Schlauchboot vom Zodiaktyp über große Teile des Mittelmeers und den ganzen Atlantik, ohne Nahrungsmittel und Getränke mit sich zu führen. Mit seinen Experimenten hat er gezeigt, wie man auf See überleben kann; insbesondere sind seine Erfahrungen im Trinken von Salzwasser für Menschen in Seenot sehr wichtig. Bombard hat bewiesen: wenn man in kleinen Mengen Salzwasser trinkt – etwa einen Liter pro Tag – verliert man das Bewußtsein erst nach sechs bis sieben Tagen; trinkt man nichts, wird man bereits nach drei Tagen ohnmächtig.

Die Vorteile sind offenkundig, da man während der sechs bis sieben Tage körperlich fit bleibt und außerdem die Chance hat, Fische zu fangen und aus ihnen Süßwasser zu pressen. Nebenbei bemerkt ist es eine bekannte Tatsache, daß die Fische erst nach einigen Tagen auftauchen, wenn sie sich an das Boot gewöhnt haben. Während dieser Zeit kann man auch auf ein rettendes Schiff oder auf Regen warten.

Das Beste an Bombards Methode ist, daß man wieder Salzwasser trinken kann, wenn man drei Tage lang etwa die doppelte Menge Süßwasser getrunken hat. Beginnt man allerdings bei einem Schiffbruch nicht sofort mit der Salzwasserdiät, verliert man die körperliche Kondition, die man später nicht wiedererlangt, soviel Süßwasser man auch finden und trinken mag. Viele Schiffbrüchige sind dank der Experimente Bombards, die ihn beinahe das Leben gekostet hätten, gerettet worden. Ganze hundertdreizehn Tage ist er in seinem Schlauchboot gesegelt, um seine Theorie zu beweisen, die er im voraus sorgfältig durchdacht hatte. Bombard empfiehlt auch, im Rettungsboot möglichst viele Angelgeräte mitzunehmen.

Wir haben kein einziges!

Man braucht Kraft, um die Pen-Kalet auf dem richtigen Kurs in den haushohen Wellen zu halten, die uns zusammen mit dem Wind zu verfolgen scheinen. Die Nacht ist schwarz und lang. Als der Kapitän erschöpft in die Kabine hinunterkriecht, um zu schlafen und mir das Ruder zu überlassen, fühle ich mich alles andere als sicher. Zu Recht. Plötzlich mache ich beim Steuern einen Fehler, und eine Welle schlägt gegen das Heck und bricht mit einem fürchterlichen Getöse über uns zusammen. Das Ruder zieht mich nach Lee; ich werde aus dem Cockpit geschleudert und fast über Bord gespült. Nur durch Aufwenden meiner äußersten Kräfte gelingt es mir, das Boot wieder auf den richtigen Kurs zu bekommen. Das Cockpit ist ein viereckiges Loch, ein Meter im Quadrat ungefähr, in dem die Wasser- und Gasbehälter aufbewahrt werden – und unsere Beine und Füße, wenn wir beim Steuern auf dem flachen Glattdeck ohne schützende Reling sitzen. Es ist eine ziemlich ungesicherte Position, aber das Deck liegt hoch über dem Wasser, und es geschieht selten, daß eine Welle darüber hinweg spült.

Ein trübseliger, schmutziggrauer Tag findet uns ermüdet und vom Salzwasser durchnäßt etwa zehn Seemeilen vor Santa Marta. Mein ganzer Körper tut mir weh, als hätte ich am Wasa-Skilauf teilgenommen, und ich zittere bedenklich. Wir sehen genauso hohläugig und verängstigt aus wie Pym und sein Kamerad August am Ruder ihrer Ariel auf dem Schutzumschlag von Edgar Allan Poes Buch. Das Kaffeekochen ist ein recht akrobatisches Kunststück, auf das ich sehr stolz bin; kaum hat uns der Kaffee etwas aufgewärmt, kehren auch unsere Lebensgeister wieder zurück.

»Du bist ein tüchtiger Gast!« sagt Alain zur Aufmunterung und schlürft seinen Kaffee, bevor er überschwappt.

»Du schläfst wie ein Klotz! Ich habe wie eine Sirene geschrien, und du bist nicht aufgewacht! Ich habe mich nicht getraut, das Ruder zu verlassen! Wenn ich tüchtig war, dann nur, weil mir gar nichts anderes übriggeblieben ist!« antworte ich und erzähle meine nächtlichen Erlebnisse.

»Wir haben das gleiche Totem, du und ich! Ich habe Vertrauen!« sagte er und umarmt mich – und plötzlich habe ich keine Angst mehr. Die Pen-Kalet tanzt in den Wellen auf und ab, und »Analia« führt uns siegesstolz vorwärts. Als der Wind die Wolkendecke über der Stadt aufreißt, erscheint ein wahrhaft phantastisches Traumbild vor unseren Augen: Vor einem tiefblauen Himmel glitzern die schneebedeckten Gipfel der Sierra Nevada de Santa Marta in der Äquatorsonne! Bevor wir begriffen haben, daß das, was wir sehen, Wirklichkeit und nicht Abglanz des Paradieses ist, schließt sich die Wolkenkulisse wieder, und wir werden noch einmal von dem grauen Sturm erfaßt, eine natürliche Folge der über sechstausend Meter hohen Berge, die sich in unmittelbarer Nähe der Küste auftürmen.

Erst kurz vor Barranquilla, wo sich der Dreck und Schlamm des Magdalenenflusses besänftigend auf das unruhige Meer legt, läßt der Sturm nach. Nicht einmal bei der Teufelsinsel habe ich so viele Haie gesehen wie hier; ihre Flossen ragen überall aus dem undurchsichtigen grauen Wasser hervor. Mit frischem Wind segeln wir weiter nach Cartagena, und nach einer recht ruhigen Nacht taucht die Stadt zusammen mit der Morgensonne am Horizont auf.

Jawohl, dort liegt mein schönes Cartagena de Indias, die Perle der Karibischen See! Wir sehen das Fort San Felipe de Barajas, die Kuppeln der Barockkirchen, die über die Stadtmauer hinausragen, und das Kloster La Popa, in dem noch heute die Bettelmönche des Augustinerordens leben. Es ist recht verführerisch, durch Bocagrande zu segeln, das in der Nähe der Stadt liegt; aber würden wir das tun, begingen wir den gleichen Fehler wie viele Piratenschiffe in früheren Zeiten, denn dicht unter der Wasseroberfläche ist die Durchfahrt durch Riffe versperrt. Die einzige schiffbare Einfahrt nach Bahia de Cartagena, Bocachica, liegt auf der anderen Seite der Isla de Tierra Bomba, etwa zehn Seemeilen weiter. Hier müssen wir, wie einst die Seeräuber, an zwei imponierenden Festungen vorbeisegeln, wenn auch die Kanonen schon lange aufgehört haben, Schüsse auf sich nähernde Schiffe abzufeuern. Wir segeln in die

Einfahrt hinein, die sich zwischen allen Arten von Bojen hindurchschlängelt. Müde vom Kreuzen kürzt Alain die Segelstrecke ab – und hofft, daß der Wasserspiegel tiefer als 1,65 Meter ist, weil sonst die Pen-Kalet auf Grund laufen würde. Doch wir haben kein Glück – ehe wir's uns versehen, sitzen wir auf Grund!

Unser erster Kontakt mit den Kolumbianern verläuft dramatisch. Als man sich über unsere Lage im klaren ist, kommen sofort ein Fischerboot mit zwei dunkelhäutigen Burschen darin, ein Kanu mit einem Außenbordmotor, in der eine Menge Menschen von den nahe liegenden Islas del Rosario sitzen, und ein Motorboot für Sportfischen angefahren. Alle nehmen je ein Tau und ziehen gleichzeitig in drei verschiedene Richtungen! Rufe, Schreie und Gelächter! Die Organisation entspricht nicht der Hilfsbereitschaft. Die Pen-Kalet versucht zwar höflich, frei zu kommen, kann sich aber nicht entscheiden, welchen Helfer sie bevorzugen soll.

Daß unser kleiner Wein- und Rumvorrat während des Festes, das dem Sieg folgt, bis auf den letzten Tropfen ausgetrunken wird, bekümmert uns nicht; denn was entdecke ich, als wir zum Yachtclub von Cartagena am Pastelillofort segeln? Das Piratenschiff unseres Freundes Marius, die »Comte de Monte Cristo«, und in ihrem schwarzen Bauch lagern in Hunderten von Flaschen beste französische Weine und Champagner! Ich bin gewissermaßen dafür verantwortlich, daß Marius nach Cartagena gekommen ist!

Es geschah wie folgt. Als wir uns in Saint George's, dem Hafen von Grenada, begegneten, erzählte mir Marius, er befinde sich auf dem Weg zu irgendeiner Südseeinsel, um dort ein Restaurant zu eröffnen, wie er es auf Martinique besessen habe. Da bat und beschwor ich ihn, auf dem Weg nach Panama eine Weile in Cartagena Station zu machen.

»Du siehst aus, als wärst du aus Cartagena. Die Leute dort sind an deinen Anblick gewöhnt!« war meine Begründung, und das stimmt. Marius ist – obwohl Korse bis in die Knochen – die getreue Kopie eines der Piraten, die im Jahr 1586 dabei waren, als die Stadt von Francis Drake belagert wurde. Nicht nur, daß er einen Goldring an einem Ohr trägt und einen schwarzen buschigen Schnurrbart hat; sein Leben ist eine Kette von Abenteuern, die er dramatisch, poetisch, humorvoll und ziemlich wahrheitsgetreu zu erzählen weiß.

Keine fünf Minuten sind vergangen, seit die Pen-Kalet am Kai angelegt hat, und wir stehen schon, mit gefüllten Champagnergläsern in den Händen, auf dem Deck der »Comte de Monte Cristo« und hören Marius zu, der von Cartagena erzählt. Meine Eingebung war richtig. Liebe auf den ersten Blick – gegenseitig! Marius hat sich bereits entschlossen, in Cartagena zu bleiben und in der Stadt ein Restaurant zu eröffnen; er kennt schon alle, und alle kennen Marius, den heimgekehrten Piraten!

Ich kann es kaum erwarten, daß auch Alain mein Cartagena kennenlernt, eine der ältesten und schönsten Städte Südamerikas, ein dunkelhäutiges Sevilla, mit mehr Pfeffer und kräftigeren Farben als seine liebliche andalusische Schwester. Hier haben die Menschen heißeres Blut, eine noch unbarmherzigere Sonne brennt vom Himmel herab, das Barock der Paläste und der Kirchen ist noch üppiger, und die weißgetünchten Häuser haben Patios voller tropischer Pflanzen und Balkone, deren prächtige schmiedeeiserne Gitter an die Lianen und Weinreben des Dschungels erinnern. Die graue Stadtmauer zum Meer hin und die Festung San Felipe, die über die Baracken in den sumpfigen Niederungen aufragt, erinnern an Cartagenas Geschichte, als die Karibische See noch das Paradies der Seeräuber war.

Vielleicht wäre Cartagena noch berühmter geworden, hätte einer der größten Autoren aller Zeiten die Geschichte der Conquista geschrieben! Im Museum, im Palacio de la Inquisición, dem Sitz des Sanctum Officium, wie die infame Inquisition genannt wurde, befindet sich ein eingerahmter Originalbrief von Miguel de Cervantes Saavedra! Darin bittet er alleruntertänigst den Präsidenten des »Consejo de Indias«, ihm gnädigst eine Stelle als Buchhalter in La Paz, Guatemala oder »Las Galeras de Cartagena de Indias« zu besorgen! Der Brief datiert vom 21. Mai 1590; Cervantes hat ihn also lange Zeit, ehe Don Quijote auf seiner Rosinante in Kastilien umherzureiten begann, geschrieben. Der Brief berichtet von allen Feldzügen, an denen Don Miguel teilgenommen, und von allen Diensten, die er dem König von Spanien geleistet hat. Dieser Eifer hatte recht traurige Folgen: Zuerst verlor Don Miguel eine Hand in einer Seeschlacht; danach brachte er zusammen mit seinem Bruder das väterliche Erbe und obendrein noch die Mitgift der Schwester durch, um sich freizukaufen, nachdem man die beiden Brüder auf der »Galera de Sol« gefangengenommen hatte.

Ja, was wäre wohl in der Weltliteratur geschehen, hätte Don Miguel de Cervantes nicht die abschlägige Antwort bekommen, die in eine Ecke des Briefes mit einer unleserlichen Unterschrift hingekritzelt wurde:

»Busque por aca en que se haga merced en Madrid!«, was frei übersetzt heißt: »Versuchen Sie, Gnade in Madrid zu finden!«

»Ich besitze, was ich gegeben habe!« soll Cervantes gesagt haben. Geben und Nehmen sind mehr oder weniger zwei Seiten ein und derselben Münze! Wenn man niemanden findet, der ebenso großzügig ein Geschenk entgegennimmt, kann man auch nicht schenken! Es ist eine Gabe, schenken zu können, es ist eine Gabe, nehmen zu können.

Jemand, der die Gabe des Schenkens besitzt, ist Georg Dahl, der alte schwedische Indianer, Do-Hivi – »Der Adler vom Fluß« – wie ihn seine Freunde und Brüder, die Engaverá-Indianer nennen! Schon in meiner Kindheit hat mir Georg Dahl viel gegeben. Er hatte die vielen Indianerbücher geschrieben, die ich mir von meinen Brüdern auslieh und auf dem Bärenfell im Eckzimmer verschlang. Aber damals, als ich »Das Adlerauge« und »Zwei Jahre als Indianer« las, wußte ich nicht, daß ich eines Tages dem Verfasser – und seinen Freunden, den Indianern – begegnen würde.

Wie kann ein schwedischer Wikinger überhaupt Indianer werden? Ist es die Sonnenbräune, der Ausdruck mehr als die Farbe der Augen, die blau wie der schwedische Sommerhimmel sind? Aber die Falten des Gesichts, der Mund, seine Art sich zu bewegen, gemessen und geschmeidig zugleich, als wanderte er noch im Dschungel, von wilden Tieren umgeben – alles ist indianisch geworden! Vielleicht deshalb, weil er wie ein Indianer denkt, fühlt und lebt? Und wie ein Indianer spricht! Georg beherrscht die Sprache der Engaverá-Indianer und spricht außerdem zahlreiche andere indianische Dialekte. Er begrüßt mich jedoch in singendem Südschwedisch und bittet mich, Platz zu nehmen. In seiner Jugend, so erzählt er, sei er einmal meinem Vater in Kiruna begegnet. Wie ich ist er auf dem Weg über Lappland in die Tropen gekommen; er fuhr dorthin, um Robben zu jagen und sein erstes Buch zu schreiben. Dann wurde er Krokodiljäger in Kolumbien und lebte unter den Indianern, fünfunddreißig Jahre lang. Außer diesem Vergnügen ist er Lehrer gewesen, Professor an der Universität Bogotá, Verfasser von ungefähr zwanzig Büchern und Chef der Fischereibehörde in Nordkolumbien. In seiner Freizeit ist Georg auch Ichthyologe, ein Fischforscher; stolz zeigt er mir ein Aquarium, in dem viele kleine Fische umherschwimmen: »Ein ›Austrofundulus myersi‹, der seinen Namen nach dem bekannten Ichthyologen George S. Meyers bekommen hat. Und hier eine ›Rachovia splendens‹, beides meine Entdeckungen. Die Männchen tragen gerade ihr Laichkleid: lange Federbüsche mit phosphoreszierenden Flecken an den Schwanzflossen. Da die Weibchen ohne diese Augenweide an einem Zusammenspiel nicht interessiert zu sein scheinen, beißen die Männchen ihren Rivalen den Schmuck ab, um zu verhindern, daß sie ihren verführerischen Schleiertanz ausführen. Nicht nur wir Menschen kennen die Qualen der Eifersucht!« lacht Georg.

»Wie viele Fische hast du entdeckt?«

»Fünf Familien und ungefähr vierzig Arten«, sagt unser Professor recht bescheiden.

Auf Schränken und Tischen liegen Schädel von Krokodilen, Bisamschweinen und Schildkröten, so groß wie Menschenschädel, und ein »Raphiodon vulpinus« – mein Zungarofisch vom Amazonas! Sogar sein Skelett hat einen raubgierigen Ausdruck, und er scheint darauf zu lauern, mit seinen drei Reihen spitzer Zähne zuzubeißen, so daß ich zurückschrecke. In Spiritusflaschen verschiedener Größe befinden sich Fische, die niemals mehr schwimmen werden. An der Wand ist der größte Schmetterling der Welt, eine »Thysania agrippina«, festgenagelt und breitet seine Flügel mehr als dreißig Zentimeter lang aus. Eine Geckoeidechse löst sich aus einem Holzschnitt, der einen Alligator im Kampf mit einem Hirsch darstellt, und ringelt sich an der Decke fort. Auf dem Holzschnitt daneben gehen zwei hübsche Krokodile, die sich lebhaft unterhalten, hinter Seerosen spazieren.

»Das hier ist eine Jivorolanze aus Macanapalme mit Menschenhaaren am Schaft«, sagt Georg. »Und das hier sind Tanzmasken der Yukunaindianer, die mit den Haaren des Riesenameisenbären geschmückt sind.« So beginnt Georg, aus seinem reichen Erinnerungsschatz an seine Indianerzeit zu erzählen:

»Ich war ein freier Mann und ritt unter freien Männern über die Prärie; ich war bereits der Indianer geworden, der ich durch die Adoption werden sollte. Mit einem ungegerbten Jaguarfell als Sattel und einem Strick um den Unterkiefer des Pferdes – das reicht als Trense, wenn man jung ist. Wir machten einen Überfall, um ein Unrecht zu rächen – da war Blut zwischen uns und einigen anderen. Ich trug einen Lendenschurz und Kniebänder aus den Haaren eines Feindes! Ein Stirnband mit vier Federn – drei graue, die dritte mit einer weißen Spitze für die Lepra …«

»Die Lepra?«

»Jawohl, bei den Indianern mußte man sich die Federn verdienen – ich pflegte einmal einen Leprakranken. Eine andere Feder bekam ich, als ich gegen einen Bären kämpfte. Habe noch Narben und Schmerzen von dem Strolch! Der Speerstiel zerbrach – ich mußte im Nahkampf mit ihm ringen!« Dann kehrt er zu seiner Geschichte zurück:

»Die Kriegsbemalung war schwarz und rot für Jaguare, schwarze Ringe auf dem ganzen Körper. Wenn du diese Bemalung siehst, suche einen sicheren Ort auf und verhalte dich dort still! Jede Bemalung hat eine rituelle Bedeutung: man erkennt an ihr, von welchem Stamm oder Clan jemand kommt, ob er ein Häuptling oder ein Hai-bana ist, ein Medizinmann Hais, des Schutzgeistes. Man kann auch erkennen, ob jemand verheiratet oder ledig ist.

Nun gut, zurück zu meiner Kriegsbemalung! Mein Gesicht war auf die übliche Weise bemalt: ein schwarzer Strich auf dem Nasenrücken, zwei schwarze Linien vom Nasenflügel bis zum Ohrläppchen mit roten Punkten dazwischen, eine rote Linie von der Mitte der Unterlippe bis zur Kinnspitze, zwei schwarze Winkellinien von dort bis zu den Mundwinkeln und schwarze Doppelkreuze auf den Augenlidern, das Zeichen dafür, daß ich ein Medizinmann war.«

Ich versuche, mir den Beamten des kolumbianischen Staates in diesem Aufzug vorzustellen, was überhaupt nicht schwerfällt.

»Unsere Pfeile beantworteten die Mestizen, Diener der Heiligen Kirche, mit einer Salve von Gewehrschüssen; die Schüsse knallten, und die breiten Macheten klangen hell, als sie den Schwertern und Schilden begegneten. Es regnete Hiebe und Schläge, braune Haut zerplatzte unter den Stößen der Lanzen, und die erschrokkenen Augen der sich aufbäumenden Pferde sahen die Seelen der Toten davonfliegen. ›Er, der aus vielen Flüssen trinkt‹ war auch dabei, der Bruder des Mädchens, das von dem Priester vergewaltigt wurde ...«

»Was geschah mit dem Priester?«

»Er kam um! Er lag unter der Theke des Schankwirts, weil er glaubte, die Indianer würden nicht den Ort in Brand stecken, an dem sich das Feuerwasser befand. Er wurde an dem aufgehangen, mit dem er die Schwester hätte glücklich machen sollen! Im allgemeinen sind die Indianer sehr freundlich; aber mitunter geschieht es, daß sie jemanden für gemein halten; dann wird ihre Rache sehr grausam, aber nie grausamer als die der Spanier, die grausamer sind als irgendein Indianer! Ein pechschwarzer Neger, den wir ›die Stimme Afrikas‹ nannten, rettete mich. Die Krokodile bekamen in jener Nacht einen vollen Magen!«

»Woraus macht man das Gift für die Pfeile?« frage ich.

»Man befeuchtet die Pfeilspitzen mit ›Kurare‹, das das Nervensystem des Opfers lähmt, oder mit ›Yatevo‹, dem Saft einer Liane, einem tödlichen Gift.«

»Do-Hivi, Adler vom Fluß, das Leben muß dir jetzt recht fad erscheinen. Was ist aus deinen Indianern geworden? Sind sie nun genauso zahm wie du?«

»Einige leben noch dort, im ›Land, wo niemand eines natürlichen Todes stirbt‹, wie ich es nenne. Aber sie werden hoffnungslos ausgerottet. Mit Hilfe der katholischen Kirche, mit Alkohol und Feuerwaffen. Von den Siedlern und Landeigentümern, die nicht einmal bestraft werden, wenn sie einen Indianer töten! Dann die Auflösung der Sippen, der Zerfall der Tradition, keine Medizinmänner, keine Häuptlinge! Von der Tuberkulose und anderen Krankheiten, gegen die die Indianer wehrlos sind. Und von den Frauen der Indianer, die des öfteren die Siedler bevorzugen: die Siedler haben meistens Negerblut und sind bedeutend viriler als die empfindsamen Indianer. Blutrache und Massaker als Folge. Die übliche Geschichte von Eroberung und Besetzung. Frauen!«

»Weißt du einen Ausweg, Georg?«

»Ich habe jahrzehntelang versucht, den kolumbianischen Staat zur Einrichtung von Reservaten zu bewegen. Kein Erfolg!« antwortet er und sieht traurig aus. Er sitzt eine Weile schweigend da und sagt dann:

»Ich wünschte mir, ich dürfte im Dschungel sterben, in dem ich gelebt habe. Dann könnte der weißbemäntelte Königsgeier kommen, um das Leckerste aufzufressen, was ich habe, nämlich meine Augen, die so viel Schönheit gesehen haben. Das wäre eine Ehre für mich, denn er kümmert sich nicht um eine unwürdige Beute. Weißt du, wenn etwas Großes im Dschungel stirbt, wagen andere Aasfresser erst dann sich der Beute zu nähern, wenn der Königsgeier gekommen ist und sich das Seine genommen hat – die Augen und vielleicht die Leber. Aber mit der steht es nicht besonders gut! Zuviel Chilepfeffer, guter Wein und Schmuggelwhisky!«

Georg lacht herzlich und lädt mich prompt zu einem ausgezeichneten Mittagessen in das beste französische Restaurant von Cartagena ein.

Do-Hivis Wunsch geht nicht in Erfüllung. Der Königsgeier wird seine Augen nicht bekommen. Als ich das nächste Mal nach Cartagena komme, ist Georg beim Aufbruch. Mit seiner Frau Märta, die ihn in all diesen Jahren treu begleitet hat, soll er nach Schweden heimfahren. Ich versuche, mir diesen »Indianer« in einem Häuschen in Südschweden mit einem Garten davor vorzustellen – vielleicht mit Dahlien, die ihren Namen von einem der wissenschaftlich interessierten Vorfahren Georgs erhalten haben! Mit einer fetten Katze auf der Vortreppe anstatt des Pumas, der einst sein Haus im Dschungel bewacht hat! Mit Singvögeln in den Laubbäumen! Ohne die Gefahren und den Zauber des Dschungels! Ohne Indianer, Krokodile und Geier, mit einem ganz neuen Totemsystem! In einem Land, wo alle Fische schon einen Namen haben, wo die Kriegsbemalung den Frauen vorbehalten ist und alle Menschen eines natürlichen Todes sterben! Nein, ich kann mir Georg nicht in einem Häuschen auf dem Lande vorstellen. Aber sein Asthma hat sich verschlimmert, und die tropischen Krankheiten, die er sich im Laufe der Jahre zugezogen hat, setzen ihm sehr zu.

»Das traurigste ist, daß ich nicht einmal zu meinen Freunden fahren kann, um mich von ihnen, meinen Jagdkameraden, zu verabschieden! Willst du vielleicht mit Märta hinfahren und sie ein letztes Mal besuchen, um die wenigen, die noch leben, für mich zu fotografieren? Ich schreibe über sie, über unsere Erinnerungen, über Kolumbien, meine zweite Heimat. Du kannst ›Adlerauge‹ treffen, vielleicht auch ›Stehender Bär‹! Inez lebt noch, ich habe sie als junges Mädchen gesehen, auch Ramón, ihren Mann. Ein schöner Mensch ...«

So geschah es, daß Märta und ich eines morgens in einem schlecht gefederten Bus nach Uré fuhren, hoch oben in den Bergen der Cordilleras im Cordovadistrikt. Von dort aus setzten wir die Fahrt zu Georgs Freunden, den Engaverá-Indianern, fort. Verbrannte Urwälder – weiße Zebukühe auf schwarzer Erde. Verzerrte Riesenbäume, in Todesangst vom Feuer versteinert. Die Landschaft verändert sich. Das Klima auch. Die Flüsse sind nicht mehr befahrbar, wenn die Erde ausgetrocknet und von Wind und Regen wie Staub in die Flußbetten hinuntergetragen wird. Die Wüste wartet schon.

Lorica, Montería, häßliche, schmutzige, graue Orte! Der Bus bleibt stecken: Unzählige Schweine wühlen in den schlammigen Straßen der Stadt herum. In diesem Landstrich, wo der Preis für das Leben der Tod ist, haben die Leute – wie Märta erzählt – soviel Langeweile, daß ihr einziges Vergnügen darin besteht, die Leiche irgendeines armen Mannes von irgend jemandem zu kaufen, der sein Begräbnis nicht hat bezahlen können, und eine Totenwache mit einem Fest zu veranstalten, das viele Tage dauert. Der Tote auf seiner Bahre, von vielen Kerzen angestrahlt und von Blumen und Kränzen umgeben, wird von professionellen Klageweibern beweint. Er ist mit einem Leichentuch bedeckt – zu seinen Lebzeiten war er nie so elegant gekleidet! Eine Rede folgt der anderen, der Alkohol fließt in Strömen, und man prostet der gefeierten Leiche immer wieder zu, deren »Jenseits« auf diese Weise ganz vortrefflich im Suff beginnt. Nach und nach werden natürlich alle Begräbnisgäste betrunken, und es entstehen Streitereien und Schlägereien. Macheten und Feuerwaffen treten in Aktion, und wenn man Glück hat, bekommt man vielleicht noch eine Leiche und kann weiterfeiern: die Klageweiber vergießen noch mehr Tränen gegen Bezahlung, man trinkt noch mehr Alkohol und hofft, wenigstens noch eine dritte Leiche zu bekommen ... Eine Art »Perpetuum mobile« aus Tod, Tränen und Alkohol.

Nach einer Fahrt von zwei Tagen erreichen wir in Monte Libano das Ende der Landstraße; dort finden wir einen Jeep, der uns auf einer Piste das letzte Stück nach Uré bringt, wo alle Wege enden und das ehemalige Land der Indianer beginnt. Während Märta auf unserem Gepäck im Kolonialwarenladen sitzt und auf ihre Indianerfreunde wartet, die sie von unserer Ankunft benachrichtigt hat, gehe ich hinaus, um mich ein wenig umzusehen.

Monte Libano, das Dorf der Gesetzlosen und Abenteurer, der Gefangenen, die aus den überfüllten Gefängnissen Kolumbiens geflohen sind, der Spekulanten und Landbesitzer, besteht aus einer Reihe ärmlicher Palmenhütten entlang der Dorfstraße, vielen Bars und einem Kolonialwarenladen. Da es weder Kino noch Fernsehen gibt, werden nur zwei Vergnügungen angeboten: Mord und Hahnenkampf! Eine Woche ohne Mord gilt als langweilig – aber es darf beileibe kein Mord an einem Indianer sein! Indianer zählen nicht – weder für die Justiz noch für die Statistik oder gar als Lustobjekt.

Hahnenkampf findet täglich statt, ein grausames und blutiges Spiel, an dem ich alles andere als Gefallen finde. Gier, Brutalität und Verkommenheit stehen auf den Gesichtern der Männer geschrieben, die sich über die Einzäunung der Kampfbahn hängen und mit Rufen und Brüllen ihre Favoriten aufhetzen. Der Sieger bringt dem Spieler Geld ein, und der Spieler vergißt in seiner Ekstase, seine Gefühle zu verbergen. Blut spritzt auf, Federn wirbeln umher. Rote Augen starren. Tod. Als ein Hahn fast das Atmen aufgegeben hat, sehe ich, wie der Besitzer ihn vorsichtig in den Arm nimmt und ihm neues Leben in seinen Schnabel einhaucht. Ein Todeskuß, der den Mund des Peinigers mit Hahnenblut besudelt. Erneut wird der Hahn auf seinen Feind losgejagt. Mit Gebrüll begleiten alle, die ihre Peseten verloren haben, die letzten Todeszuckungen. Der Kerl trocknet das Blut mit dem Hemdsärmel vom Munde ab, und die nächsten beiden Hähne werden den Wettlustigen vorgestellt. Ein guter Kampfhahn hat nichts von der Stattlichkeit, die der Beherrscher des Hühnerstalls besitzt; er ist mager und sehnig und hat fast keine Schwanzfedern. Schlaff hängt sein trauriger Kamm auf den Kopf herunter, und der Hals ist so kahl, als hätte man ihn schon für den Kochtopf gerupft. An den Füßen glitzern rasierklingenscharfe Messer, die man an den Sporen befestigt hat und die zusammen mit dem nadelscharfen Schnabel die tödlichen Waffen des Hahnes sind.

»Sie trauen sich bestimmt nicht ins Dorf hinein!« sagt der Kolonialwarenhändler bedeutungsvoll, als die Indianer auf sich warten lassen. »Was wollen die Señoras übrigens bei ihnen machen? Es kann gefährlich sein!«

»Bestimmt nicht gefährlicher als hier, Señor«, erwidere ich. »Ich habe keinen einzigen Ihrer Kunden hereinkommen sehen, der nicht eine Menge Schießeisen am Gurt baumeln hätte!«

»Selbstverteidigung!« sagt der Kolonialwarenhändler selbstsicher. Ich begreife, daß wir keine andere Sprache gemeinsam haben als die der Peseten, und schweige. Erst später, als Inez die blutige und traurige Geschichte ihrer Familie und ihres stolzen Volkes zu Ende erzählt hat, verstehe ich, was der Kolonialwarenhändler mit seiner Bemerkung gemeint hat.

Wie ungeschützt, wie fremd wirken unsere Indianer, als sie schließlich auf der Dorfstraße auftauchen! Vier an der Zahl, die braunglänzenden, gutgewachsenen Körper nur mit einem roten Lendenschurz bekleidet, kommen barfuß daher und führen einen Maulesel für Märta mit sich, den sie – so erfahren wir später – von einem benachbarten Siedler geliehen haben. Bei der Begrüßung spüren wir deutlich die Freude der Indianer über Märtas Besuch, obwohl sie, wie üblich, ihre Gefühle nicht offen zur Schau stellen. Unter dem Hohn der Passanten schreiten wir danach die Dorfstraße hinunter. Ramón geht als erster und führt den Maulesel mit Märta; dann komme ich, gefolgt von den übrigen Indianern. Man hetzt bellende Hunde auf uns, die versuchen, uns in die Beine zu beißen. Im Vorbeigehen gibt ein Junge dem Esel einen Tritt; das Tier bäumt sich auf, was mit Hurrarufen begrüßt wird. Auf einem Pferd kommt ein Mestize angaloppiert, zieht seine Pistole und tut so, als ob er einige Schüsse abfeuern würde, indem er »Peng! Peng! Peng!« schreit. Die Gaffer am Straßenrand lachen und zeigen mit dem Finger auf uns. Keiner der Indianer verzieht dabei eine Miene oder ändert den Rhythmus seines Ganges. Sie gehen alle in einer Reihe weiter und blicken geradeaus; geheimnisvolle Wesen, deren Körper vulgärer Grausamkeit ausgesetzt sind, die aber eine innere Kraft besitzen, wie sie nur geistige Überlegenheit verleiht. Die Dorfstraße scheint kein Ende nehmen zu wollen; es vergeht eine Ewigkeit, bis wir aus dem Dorf herausgelangt sind und auf einem breiten ausgetretenen Pfad weitergehen können, über Felder und Moore und durch einen Buchenwald, der auf dem Sterbebett des Dschungels gewachsen ist.

Wir sehen mehrere Siedlertambus mit ihren Bewohnern, überwiegend Mestizen und Vollblutneger und Myriaden nackter schwarzer Kinder. Nach etwa einer Stunde kommen wir zu einer Indianerhütte, in der Juan, der Sohn Ramóns und Inez', wohnt. Märta, die seine Geburt und Kindheit miterlebt hat, wird seiner Frau vorgestellt, die den Erstgeborenen in den Armen hält, ein kleines braunes Bündel mit schrägen Schlitzaugen und einer üppigen schwarzen Haarmähne. Die Unterhaltung ist lebhaft. Juan fragt natürlich, wie es Georg geht, und will alles über dessen beide Söhne in Schweden wissen, die vor so vielen Jahren seine Spielgefährten im

Dschungel am Rio Vulcano waren. Unterdessen versuchen die Frauen des Tambus, mir verständlich zu machen, daß sie etwas von mir erwarten. Sie bitten Märta zu übersetzen:

»Sie sagen, es sei so mühselig, den Urucasaft für die rote Farbe zuzubereiten, mit der sie ihre Gesichter bemalen; deshalb möchten sie, daß du ihnen deinen Lippenstift schenkst!«

Ohne Bedauern trenne ich mich von meinem einzigen scharlachroten Lippenstift, den sie offenbar sehr mögen. Sofort kommen andere Indianerinnen herbei, bitten um Lippenstifte für ihre Kriegsbemalung und sind recht enttäuscht, daß ich keinen mehr habe.

Ramóns Tambu ist eine saubere Hütte mit zwei Stockwerken ohne Wände; sie liegt auf der gegenüberliegenden Seite, am Ufer eines reißenden Baches, und ist von schönen Bäumen umgeben, die sie vor aufdringlichen Nachbarn schützen. Auf einer Leiter klettern wir ins oberste Stockwerk hinauf; es hat einen Bambusfußboden, in dessen Mitte Inez sitzt. Sie ähnelt einer häßlichen Kröte, zusammengekauert, aber fertig zum Sprung, die Arme und Beine wie Zweige um ihren entstellten Körper geschlungen. Kaum hat sie Märta entdeckt, stößt sie einen ziemlich unindianischen Schrei aus, und ein Wortschwall ergießt sich aus ihrem Mund. Unsere Geschenke verschwinden für ewig in all den Bündeln, auf denen sie Tag und Nacht sitzt. Unterwürfig beginnt Ramón, im Tambu zu werkeln. An Inez' Seite sitzt Arturo, ein scheuer und verängstigter Junge, das Enkelkind, das man als Opfer ausgesucht hat, die gelähmte Großmutter zu pflegen. Was ist mit ihr geschehen?

Inez, die in der Missionsschule erzogen wurde und deshalb spanisch spricht – die Männer sprechen nur ihre Muttersprache –, beginnt zu erzählen.

»Hexenkunst! Eifersucht war es! Jemand, der mir schaden wollte, erzählte überall, ich sei eine ›Uena Kadjerua‹, eine böse Hexe. Beschuldigte mich, ich würde nach Ingromiá, dem Wohnsitz der bösen Geister, reisen und Geschäfte mit den Geistern der Ameisenbären im Berg und den Geistern der Fischottern im Wasser machen. Die Menschen begannen, mir aus dem Weg zu gehen. Dann schickten sie mir jemanden, der mir eine Zaubermedizin zum Töten von Hexen gab.«

»Früher hat man die Indianerhexen ausgezogen und mit ausgebreiteten Armen an einem Balsastock festgebunden; den Stock hat man in den Fluß gelegt, damit Krokodile und Flußdoraden die Hexe auffressen können ...« flüsterte mir Märta zu.

»Ich war zu stark! Ich starb nicht, aber meine ganzen Gelenke verzerrten sich in dieser Weise.« Sie streckt uns ein Paar knorrige

Hände entgegen, aus denen sich die Finger wie Raubtierkrallen hervorkrümmen.

»Und die Medizin hat uns unser ganzes Land gekostet! Alles, was wir besitzen! Es ist Ramóns Schuld, denn er kann ja weder lesen noch schreiben! Als er das letzte Mal zum Händler ging, bekam er nichts. Er zeigte nur das Papier, auf dem er unser ganzes Land für 20 000 Peseten verkauft hatte ...«

»Weshalb hat er das Land für solch einen Pfifferling verkauft, Märta?« frage ich.

»Mit einer Gewehrmündung zwischen den Rippen macht man sehr schnell sein Kreuz, das sowohl den eigenen Namen als auch den Tod bedeutet! Ramón weiß nicht, wieviel eine Peseta ist. Er kennt die Gesetze des Dschungels, aber nicht die der Menschen!«

»Aber das Land ist viel mehr wert, als das, was die Medizin gekostet hat!« protestiere ich. Inez wimmert weiter:

»Don Rodolfo hat nur gesagt, die 20 000 seien genauso viel wert wie die Medizin, die ich bis jetzt bekommen hätte; dann hat er Ramón ausgelacht, denn er wußte, daß Ramón nirgendwo Gerechtigkeit bekommen kann. Wenn er protestiert, schießen sie ihn nur nieder, wie sie es mit unserem anderen Sohn gemacht haben. Er ging zum Gefängnis, um dagegen zu protestieren, daß sie einen Kameraden getötet hatten, und sie schossen ihn auf der Stelle nieder!«

»Wo ist Ramiro, euer dritter Sohn?« fragt Märta.

»Er floh zu den Kuna-Indianern in San Blas, als sie seinen Bruder getötet hatten. Man sagt, daß sie in Panama die Indianer nicht umbringen. Viele von unserem Stamm sind dorthin geflohen. Einige sind angekommen, andere nicht. Ich weiß nicht, ob mein Ramiro in Sicherheit ist.«

Inez redet und redet ... Mit etwas singender Stimme erzählt sie von unmenschlichen Grausamkeiten, von einer Welt ohne Hoffnung, ohne Erbarmen! Den meisten Familien des Stammes ist ähnliches Unrecht widerfahren wie Ramón und Inez. Einige sind in die Berge geflohen, wo sie in ewiger Kälte und in ewigem Nebel leben, die meisten sind umgekommen.

Die gebräuchlichste Methode, den Indianern ihr Land wegzunehmen, ist, sie einfach zu erschießen. Dies hat den Vorteil, daß der Mörder sofort in den Tambu des Toten einziehen und seine Felder bewirtschaften kann. Eine der etwas raffinierteren Methoden besteht darin, daß man eine »Conjunta« veranstaltet: ein Fest, auf dem der Indianer betrunken gemacht und umgelegt wird – das ist die Selbstverteidigung, von der der Kolonialwarenhändler gesprochen hat! Oder man setzt einen Kaufvertrag auf und zwingt oder verleitet den Indianer dazu, sein Namenszeichen hinzukritzeln – das unübersetzbare Kreuz. Aber abgesehen davon, wie hoch die Kaufsumme auch sein mag, an wen soll sich der Indianer wenden, wenn er sein Recht bekommen will? Gibt es vielleicht Anwälte, die sich seines Falles annehmen? Unbestechliche Richter? Es ist nicht lange her, daß einige Landbesitzer irgendwo in Kolumbien vor Gericht angeklagt worden sind, einige zwanzig Indianer getötet zu haben.

»Aber das haben wir immer getan, wenn wir Land brauchten!« verteidigten sich die Angeklagten unschuldig. »Das Gesetz sagt, daß man kein Land nutzen darf, das Indianern gehört. Raten Sie uns, was wir tun sollen?«

»Es ist gegen das Gesetz, Indianer zu töten! Diesmal dürfen Sie gehen, weil Sie es nicht besser gewußt haben, aber tun Sie es nicht noch einmal!« sagte der Richter zurechtweisend und ließ sie frei!

Ganz außer mir nehme ich den kleinen Arturo an die Hand und gehe hinaus, um im Bach zu baden. Ich will die Bäume singen hören, fühlen, wie das Wasser meine Angst fortschwemmt. Aber nur für eine Minute lang spüre ich ein Gefühl der Erleichterung. Es ist, als hätten sich der Gesang des Baches, das Rauschen des Windes in den Bäumen, das Gezwitscher der Vögel, die Dschungelmusik in einen Todesmarsch verwandelt; als wäre der Schrei des Vogels in den Wäldern zum Todesschrei des Indianers geworden, das Rascheln im Laub zum Jäger mit dem Gewehr, dem Menschenjäger! Die Tiere, die Blumen, die Bäume – sie alle wissen es! Der Indianer weiß auch, daß er zum Tode verurteilt ist. Und ich weiß es – und mein Wissen ist schwer zu tragen.

Der kleine bemitleidenswerte Indianerjunge wirkt – von seiner grotesken Großmutter befreit – wie neugeboren. Keck trottet er mit seiner Schleuder in der Hand drauflos und zeigt, wie geschickt er ist in der Kunst, die Kehle des zwitschernden Vogels zuzuschnüren, die Iguana zu erschrecken, die sich zwischen grauen Steinen verborgen hält, den Fisch zu treffen, der sich schnell unter den Steinen im Bach versteckt. Wir folgen dem Bach ein Stück aufwärts. Die Indianer, die ihre Landschaft schützen, fällen nie Bäume oder Büsche an Gewässern, und die Natur ist schön ... Wie eine grüne Mauer steht der Urwald da und wartet.

Nach einem Abendessen aus gekochten, ungesalzenen unreifen Bananen und den härtesten »Arepas«-Maiskuchen, die ich je gegessen habe, strecke ich mich auf dem Bambusboden aus und verbringe eine angsterfüllte Nacht, die erste von sieben angsterfüllten Nächten. Unter dem Bambusboden grunzen die Schweine, und alle halbe Stunde kräht ein Hahn. Die Ratten nehmen weiß Gott keinen Umweg, sondern huschen geradewegs über mich hinweg zum

 Mais. Der Bambus ist knotig und hart. Inez' Stimme scheint ihre haarsträubenden Geschichten noch einmal zu wiederholen. Ich bin froh, als der Hahn endlich zu Recht den Tag ankündigt, und laufe zum Bach hinunter, um mich zu waschen.

Eine Woche lang grüne, ungesalzene Bananen! Wenn ich je wieder in meinem Leben eine Banane sehe, schreie ich! Und Inez sitzt auf dem Salz, das wir mitgebracht haben! Wie undankbar ich bin! Für die Indianer sind Bananen das Hauptnahrungsmittel. Mit etwas Abwechslung. Eines Tages nehmen mich zum Beispiel Ramón und seine Kameraden zum Angeln mit. Ihre Schießfertigkeit ist phantastisch; unzählige Fische werden, von Pfeilen durchbohrt, aus dem Fluß gezogen. Wir lachen, baden und schwimmen, schießen Fische, und amüsieren uns gut. Vergessen, was wir wissen. Genießen die Natur und glauben für eine Weile, daß sie noch uns gehört.

Inez' monotone Stimme ruft mich in die Wirklichkeit zurück. Die arme Märta sieht niedergeschlagen aus. Sie weiß jetzt, was ihren Freunden geschehen ist, mit denen sie so viele glückliche Jahre im Dschungel verbracht hat. Und sie muß damit fertig werden.

Vor unserer Abreise hat Ramón eine Jagd mit den wenigen noch lebenden Jagdgefährten Georgs organisiert, um mir die Gelegenheit zum Fotografieren zu geben. In große, rote Tücher gekleidet, die in Falten über die Schulter herabfallen, stehen sie stolz und ernst da, die langen Blasrohre in den Händen und die Kalebasse-Kolben mit den Pfeilen um den Hals, und lassen mich gewähren, wie ich sie in meinen Zauberkasten banne. Und noch einmal gehen wir durch die unsichtbare Pforte in der Dschungelmauer und wandern in das Dunkel des Dschungels hinein, auf unsichtbaren Pfaden, die nur die Indianer kennen.

Plötzlich setzt Ramón das Blasrohr an den Mund und richtet es gegen den Himmel. Weil ich kein Wild sehe, denke ich, Ramón möchte für meine Kamera posieren. Der Pfeil saust los, und ein kleiner grüner Papagei fällt wie ein Blatt zu Boden! Wie hätte ich sagen können, daß ich das nicht gewollt habe? Daß ich wünschte, der Papagei möge noch ein bißchen leben, noch eine Minute!

XV

Atitlán – der heilige See der Indianer

Tag und Nacht, in immer neuer inniger Umarmung, ohne Grenzen zwischen uns und den Elementen, in einer von der Natur gesegneten Vereinigung, gehen wir ineinander auf, im Meer; unser Lachen und unsere Rufe vermischen sich mit denen der Seevögel, mit dem Spiel der Wellen am Ufer, mit dem Rascheln der Palmenkronen; springende Fische, tauchende Vögel, wir sind in der Luft, im Wasser, in der Sonne, immer nahe, eng umschlungen: ich bin mit Neptun selbst verheiratet, mit Wind und Meer, in einem Hochzeitskleid, das nur aus Seegras und Korallen besteht. Die Pen-Kalet ist eine Muschel im Meer, und nachts, wenn der Mond vergeblich versucht, seine leuchtende Scheibe in das Bullauge der Kabine zu zwängen, setzt sich der ewige Dialog des Meeres in mir fort.

Islas Rosario, Ostersonntag. Das Radio sendet Johann Sebastian Bach. Bach ist elementar und kann von allen verstanden werden. Vielleicht hören die Fische auch Bach? Vielleicht der Vogel am Himmel? Aber der Pelikan, der angeblich am Tag das Achtfache seines eigenen Gewichts frißt, kümmert sich offenbar nicht um Bach. Mit gewaltigem Flügelschlag taucht er ins Meer, kommt schluckend hoch und beginnt sofort von neuem, nach etwas Freßbarem auszuschauen. Hier fehlt es weiß Gott nicht an Nahrung für Vögel und Menschen. Die Korallenriffe wimmeln von Fischen; Sardinenschwärme schneiden Silberstreifen in die Lagunen, und die Fische hinterlassen mit ihren Purzelbäumen Ringe auf der Wasseroberfläche.

Die Pen-Kalet ähnelt einem reisenden Aquarium. Als ich über Bord schaue, sehe ich im kristallklaren, türkisfarbenen Wasser Schwärme von Kleinfischen, tanzende Gruppen, die aus den Korallenkulissen auf die Bühne schweben, wie ein gut einstudiertes Ballett. In unserem Netz finden wir eine Menge Muscheln und Fische, einige so bizarr, daß sie aus der Sage zu kommen scheinen. Auch eine geheimnisvolle Helmschnecke haben wir gefangen, aus deren perlmuttschimmerndem Inneren der Besitzer verschwunden ist. Als ich sie an mein Ohr halte, singt das Meer für mich.

Das Radio ist von Bach zu Offenbach übergegangen. Jesus steigt vom Kreuz herab. Gemeinsam tauchen wir in unsere wundervolle Meereswelt hinab. Wolken silbriger fadendünner Fische schießen wie Feuerwerkskörper in alle Richtungen, eine große rötliche Maoma schwimmt stolz mit einem Ruck ihres Schwanzes vorbei, ohne anscheinend die Harpune, die sie streifte, zu spüren; ein schwarzer Engelfisch, der die Algen mit seinen Zähnen genauso wirksam zerschneidet, wie ein Rasenmäher, läßt sich nicht stören. Muränen und Meeresaale schauen aus ihren Höhlen hervor, und nur ihre furchtbaren Rachen und spitzen Zähne sind in dem dunklen Blau zu sehen. Auf einem Stein neben einem ungeheuerlichen Teufelsfisch, dessen Haut mit Warzen bedeckt ist, hat sich ein flacher Eidechsenfisch ausgebreitet und lauert auf vorbeischwimmende Beute. Alain spannt noch einmal sein Unterwassergewehr. Die Harpune saust auf einen der stattlichen Meeresbarsche zu, die mit Safran eine köstliche Fischsuppe abgeben werden.

Gerade, als ich mich zum Spitzenmuster der Korallenriffe hinunterschlängele, um mir einen Fächer zu suchen, schneidet die dritte Harpune durch das Wasser, und Alain taucht von der Oberfläche herab, die wie ein glitzernder Türkishimmel über uns liegt. Ich verliere mein Algenkleid, bekomme aber zum Trost einen Strauß Meeresanemonen. Eine Rose wächst im Meer. Ein Seestern funkelt. Wir klammern uns an die Ankerkette fest, dem einzig Greifbaren in dieser fließenden, schaukelnden, brodelnden und schimmernden Welt. Der Schatten der Pen-Kalet versteckt uns.

Jenseits der Riffe liegt das Meer indigoblau, aber hier ist das Wasser ganz ruhig und verschwindet zum Strand hin in kleinen Dünungen, die sich im Sand wiederholen bis zu einer Mauer aus Mangrovenbäumen und Meereswein. Über diese Mauer ragen die schlanken Kokospalmen wie auf den Kopf gestellte Ausrufezeichen gegen den Himmel; sie waren die einzigen Landmarken, die wir sahen, als wir von Cartagena zu diesen versteckten Koralleninseln im Karibischen Meer segelten.

Ein Kanu mit Gaffelsegel erscheint an der Landzunge der nächsten Insel. Juan und Maria machen ihren täglichen Besuch und kommen zu einem Plauderstündchen mit echtem kolumbianischen Kaffee herüber. Maria hält, wie es sich gehört, Jesus in ihren Armen – ein zappelndes Bündel, ihren Erstgeborenen. Sie hatten uns gerettet, als wir im Hafen von Cartagena auf Grund liefen, und wir fanden sie wieder in einer kleinen Hütte, versteckt zwischen Zitrusbäumen und Palmen, am Strand einer der Inseln. Wie können wir von unserem neugefundenen Paradies mit seinen frohen und freundlichen Menschen fortsegeln? Wir sind wie verzaubert und erwägen ständig die Möglichkeit, hier noch ein, zwei Jahre oder für immer zu bleiben! Die dunkle Wolke am Himmel unseres Glückes heißt Wirbelsturm. Fahrten auf den südlichen Meeren werden von der Hurrikansaison gelenkt. Wir müssen versuchen, nach Puerto Vallarta in Mexiko zu gelangen, bevor sie Anfang Juni beginnt. Und wir haben schon Ende März! »Poteau Noir« heißt eine andere Gefahr, die uns bei weiterem Zögern droht, ein riesiges Gebiet im Pazifik an der anderen Seite des Kanals, in dem niemals ein Wind zu blasen scheint. In alten Zeiten lagen dort viele Schiffe monatelang in der Windstille fest, bis sie von Holzwürmern zerfressen wurden und untergingen. Dort reicht kein Wasservorrat aus, und es gibt keinen Schutz vor der ständig brennenden Sonne.

Unsere Abreise verschiebt sich von Tag zu Tag, aber schließlich müssen wir – wenn auch widerwillig – den Anker lichten und durch die schmale Öffnung in den Korallenriffen aufs Meer hinaus steuern. Der Wind ergreift die Segel, und bald sind die Kronen der Palmen, die gegen den blauen Himmel aufragen, der einzige Beweis dafür, daß wir kein Märchen erlebt haben. Auch dieses letzte Traumbild vergeht, und wir sind nur noch vom Meer und einem kreisförmigen Horizont umgeben. Die Flossen eines Delphins, ein fliegender Fisch! Die Wolken malen chinesische Buchstaben an den Himmel, und der Wind steigert sich zum Sturm. Wir fliegen auf Panama zu bei heulendem Wind, der kraftvoll vom Atlantik her bläst, und lenzen bei hoher See. Die Schlafkabine im Bug des Bootes wird zur Taucherglocke, und durch das runde Bullauge sieht man nur schäumendes blaues Wasser. Es gluckst, strömt, braust und rauscht, es klopft und hämmert. Unsere Absicht, zu den Kuna-Indianern zu segeln, die auf den unzähligen Inseln des San-Blas-Archipels südlich von Panama leben, können wir nicht mehr verwirklichen; die Einfahrt zwischen den Korallenriffen bei diesem Sturm zu finden, ist selbst für meinen Kapitän zu abenteuerlich.

Endlich erreichen wir Cristobal, und nun beginnt die lange Reise durch den Panamakanal – eine Fahrt von drei Wochen, ungefähr siebzig Kilometer weit! Da wir keinen Motor haben, müssen wir einen besser ausgerüsteten Seglerkollegen finden, der gewillt ist, uns durch die Schleusen zu schleppen. Das ist in der Theorie leichter als in der Praxis. Gepriesen seien Hertha und Charles mit ihrem in Norwegen gebauten »Albatros« für ihre Großzügigkeit! Ohne ihre Hilfe säßen wir bestimmt noch im Yachtklub von Cristobal ...

Zwei Riesenkrokodile starren uns schläfrig an, als wir an ihnen vorbeifahren, gigantische Tarpunfische spielen in den starken Strömungen zwischen den Schleusen, und schwarze Flossen lassen auf einen Hai schließen. Und mit einem Mal werden wir in den Stillen Ozean hinausgestoßen und steuern sofort die Taboga-Insel an, damit wir bei Niedrigwasser den Bauch der Pen-Kalet sauberschaben und bemalen können, ehe wir weiterfahren.

Zuallererst wird der tropische Garten unter der Pen-Kalet, der genauso schnell wächst wie die Bäume des Urwalds, abgekratzt und eine rote Kupferfarbe aufgestrichen, danach kaufen wir viel Brot und Apfelsinen, und unsere Segelfahrt aus der Bucht von Panama beginnt bei schwachem Nordostwind. Pechschwarze Gewitterwolken hängen über Panama; es donnert und kracht, und die flammenden Blitze, die unsere aschgraue Welt erhellen, drohen den Himmel zu sprengen. Treibende Bäume, Kokosnüsse und Zweige, alle mit blinden Passagieren aus der Vogelwelt besetzt, machen das Segeln schwierig, so daß man sehr aufmerksam am Ruder sein muß.

Bei Gewitter schrumpft unsere kleine Welt noch mehr zusammen, und man fühlt sich wie der Mittelpunkt einer Zielscheibe. Ich bestehe darauf, daß Alain eine Kette als Blitzableiter an einem Stag ins Wasser hängt; er tut es widerwillig, wobei er etwas von Weibern murmelt. Täglich suchen uns jetzt Gewitter heim, und manchmal sehen wir Blitze in allen vier Himmelsrichtungen gleichzeitig. Wolkenbrüche hüllen uns in ihre schweren Wasservorhänge ein. Rabenschwarz sind die Nächte, nur von Blitzen erhellt, die unsere Augen blenden. Das Kreuzen entlang der Küste, zwischen den Inseln und Halbinseln, ist in der starken Strömung oft recht beängstigend. Nirgendwo habe ich jemals solch eine verlassene Küste gesehen wie die zwischen Panama und Costa Rica! Kein einziges Licht, keine Hütte, kein Kanu, kein Mensch! Keine Leuchttürme natürlich! Die elektrischen Spannungen des Gewitters lassen die Kompaßnadel umherwirbeln, so daß man nicht weiß, wo man sich befindet. Folglich steuere ich in einer Nacht geradewegs aufs Land zu, ohne es zu wissen; plötzlich höre ich das Geräusch der Brandung, die ans Ufer schlägt. Ich schaffe es gerade noch, einen Schlag zu machen, und vermeide mit Mühe und Not, in die Brecher hineingezogen zu werden.

Das Gewitter über dem Chiriqui-Vulkan, der dreitausendvierhundert Meter in unmittelbarer Nähe der Küste emporsteigt, erweckt den Eindruck, als sei die Welt im Entstehen begriffen oder gehe gerade unter. Ein prachtvolles furchterregendes Schauspiel. Wie klein ist doch die Pen-Kalet, welch winzige Würmchen sind ihre Besatzung! Dem Ausbruch des Gewitters gehen heftige Stoßwinde voran, danach folgt eine absolute Flaute – und das fast immer nachts, in der engen Fahrrinne! Da kann man nur noch dasitzen und beten, daß der Matrose im Ausguck eines sich schnell nähernden Schiffes die Laterne am Mast unseres Bootes und das Licht unserer winzigen Taschenlampe sehen möge, mit der wir eifrig die schlaffen Segel beleuchten.

Nach sechs Tagen Segelfahrt schaffen wir es endlich, am späten Abend in die Bucht von Golfito zu gelangen, trotz Gewitter und Fallböen, die uns immer wieder daran gehindert haben. Leise schaukelnd wachen wir frühmorgens auf und schauen hinaus auf eine grüne Welt, die grünste, die ich je gesehen habe. Aber hier regnet es auch neun Monate lang im Jahr, und die Berge sind von Bananenwäldern bedeckt.

Kapitän Tom, ein legendärer alter Schmuggler mit einem Holzbein und blauen Seemannsaugen, heißt uns in seinem Yachtclub willkommen, einer Hippiekolonie mit dem luxuriösesten Badezimmer der Welt – einem Dschungelfluß mit tropischer Vegetation! An der Bar, wo sich »Golfitos« von der Arbeit ausruhen und auf die Ankunft der Bananenboote warten, serviert ein französischer Bäkker, der die Öfen von Paris gegen die Hitze der Tropen ausgetauscht hat, kaltes Bier. Die Pen-Kalet bekommt noch einen frischen Bodenanstrich für die Segelfahrt nach Puerto Vallarta: zweitausend Seemeilen ohne Zwischenaufenthalt! Und schleunigst begeben wir uns wieder auf die Flucht vor dem »Poteau Noir« und der Regenperiode, deren Gewitter uns täglich daran erinnern, daß wir spät dran sind.

Es ist der 2. Mai. Der Wind im Golfo Dulce ist schwach. Ich versuche zu angeln, aber der Fisch scheint amerikanischen Speck nicht zu mögen. Plötzlich hören wir einen gewaltigen Schlag gegen die Bootsseite. Eine große Schildkröte schwimmt davon: Ihr ganzer Schild ist mit roter Kupferfarbe beschmiert! Alain flucht. Französisch natürlich! Apropos, ich kann nur auf französisch segeln! Die korrekten Seglerausdrücke kenne ich nicht! Da Alain sich das Segeln allein beigebracht hat, benutzt er die Seglersprache nicht. Man kann offenbar auch ohne sie auf dem Meer vorankommen!

Als letzter Gruß des Kontinents tauchen die fast viertausend Meter hohen Berggipfel des Mount Walkers und Buena Vistas funkelnd in der Abendsonne auf, dann verdunkelt sich der Himmel, und das Gewitter bricht über uns herein. Wie eine Sintflut prasselt danach der Wolkenbruch hernieder, und wir sind naß bis auf die Seele. »Analia« versorgt uns – wie schon in Arembepe – mit großen Mengen Frischwasser, wir können baden und Wäsche waschen.

Unverdrossen, Tag und Nacht, arbeitet sich die Pen-Kalet vorwärts; wie bei einem Geherwettkampf zählen wir jeden zurückgelegten Meter. Jeden Windhauch nützen wir aus, kreuzen dicht am Winde, setzen »Barbara«, holen sie wieder ein, hissen »Analia« und steuern ununterbrochen, um nicht vom Kurs abzukommen. Bald sind wir außerhalb der Gefahrenzone des »Poteau Noir«, und unsere Flucht gilt jetzt nur noch dem ersten Wirbelsturm.

Einige Seevögel streiten sich um den Platz an der Mastspitze. Es sind Tölpel, denen man nur weit draußen auf See begegnet. Sie sind grau und ziemlich häßlich, mit spitzen Schnäbeln und spähenden Raubtieraugen. Wer von ihnen keinen Platz auf dem Mast findet, setzt sich auf die Selbststeuerung. Tag um Tag sitzen sie wie angegossen auf dem Boot, halten immer das Gleichgewicht, wenn es auch noch so schaukelt, und kratzen sich ständig die Läuse aus ihren

Federn. Läuse scheinen ihre einzige Nahrung zu sein, denn sie verlassen ihre Plätze nie. Wie jedoch Vögel, die nur von dieser Diät leben, so viel Mist produzieren können, werde ich nie begreifen. Das ganze Deck ist voll davon. Die Vögel wollen uns nicht verlassen, sie fühlen sich wie zu Hause und zeigen keine Angst. Wir haben sogar Familienporträts mit ihnen zusammen aufgenommen.

Nie habe ich so lange nackt mit einem nackten Mann zusammen gelebt. Ich verstehe die Tätowierungen, den Federschmuck der Indianer, die Baströcke, die Nasenringe, den Ohrenschmuck der Neger, ich verstehe Striptease, Schleier, Feigenblätter! Mein Navajogurt, einige Immortellen, Perlenketten von Damião und eine Ararafeder müssen genügen. Der etwas löchrige Schirm, den ich im Yachtclub von Cristobal gefunden habe, schützt uns vor einer Sonne, die wie Feuer brennt, und schließlich muß ich sogar ein Laken aufspannen, um etwas Schatten zu bekommen.

Wir sind ungefähr hundertfünfzig Seemeilen vor der Küste Guatemalas. Es ist heiß, und der Wind weht schwach. Das Gewitter des Nachmittags hat nachgelassen. Gerade sinkt die Sonne ins Meer und färbt den Himmel purpurrot. Ich habe wieder im Schach verloren.

»Alain, dort oben auf dem Hochplateau liegt der heilige See der Indianer, der Atitlán. Dort habe ich einmal eine Hochzeit erlebt, bei der die Natur zugleich Priester, Kirche und Altar war: ja, selbst das Brautbett war ein See.«

»Erzähle«, sagt mein Kapitän und macht es sich bequem.

»Frühmorgens, ehe der gefährliche Chocomil zu stürmen begann, glitten die Kanus aus duftendem Eukalyptusholz über den klaren, tiefblauen See, in dem die Vulkane, deren Feuer vor Millionen von Jahren erloschen ist, ihre gleichmäßigen Kegelstümpfe spiegelten. In den langen Kanus saßen festlich gekleidete Indianer mit unbeweglicher Miene; nur die Paddel bewegten sich langsam und rhythmisch. Alle Gesichter waren einer Richtung zugewandt – dem Ufer. Dort, wo der Fluß in den See mündet, einige Kilometer nördlich von Panajahet, standen wir und warteten. Die Indianer kamen aus den vielen kleinen Dörfern, die um den See liegen und nach den zwölf Aposteln benannt sind.

Über uns ragte der Berg empor, an dessen Felswand die heilige Grotte wie ein unerreichbares Adlernest liegt. Dorthin war ich eines Tages hinaufgeklettert. Von den vielen Opferfeuern zu Ehren der Götter stieg noch der Rauch auf, und in der Asche zwischen den weißen Blumenkränzen und den verbrannten Maiskolben waren tiefrote Muster sichtbar: das Blut geopferter Hühner. Zeichen, die der Medizinmann deutet, um Gunst oder Mißgunst der Götter zu ermitteln. Aber weder er, der Medizinmann mit dem stechenden Blick und den vielen Glasperlen, noch der katholische Priester neben mir hatten das letzte Wort bei dem, was sich nun ereignen sollte. Die Natur selbst war Zeuge und Richter der eigentümlichen Hochzeitsfeier, zu der man uns eingeladen hatte.

Als alle Kanus angekommen waren, löste sich ein junger Mann aus einer Gruppe und stieg nackt in den See. Er trug Bogen und Pfeile und watete hinaus, bis das Wasser ihm bis zu den Hüften reichte; dann schritt eine junge Indianerin langsam aus einer anderen Gruppe nach vorn. Ihr einziger Hochzeitsschmuck war das hüftlange, schwarzglänzende Haar, und auch sie watete hinaus, bis das Wasser ihren Nabel bedeckte.

Der Abstand zwischen den beiden war sehr groß. Reglos standen die Hochzeitsgäste am Ufer, kein Laut war zu hören. Lange standen wir da und warteten; ein jeder schien sich zu konzentrieren, als wollte er der Natur Zeit lassen: Ungestört sollte sie alles mitansehen und anhören, um der Vereinigung der beiden jungen Leute ihre Zustimmung zu geben. Die Natur kennt keine Eile! Nach einer Weile spannte der junge Indianer seinen Bogen und schoß einen Pfeil in östlicher Richtung über den spiegelglatten See. Der Pfeil schnellte davon und senkte sich in einem weiten Bogen. Kein Laut war zu hören. Der Pfeil drang in das Wasser, als wäre es ein fester Gegenstand und keine Flüssigkeit. Ein Ring wurde geboren und dehnte sich aus ... Wieder warteten wir, stundenlang – aber so empfindet ein Stadtbewohner. Die Natur hat keine Uhr.

Dann nahm der junge Mann einen zweiten Pfeil und schoß ihn nach Westen. Scheinbar für immer schwebte er hoch oben am Himmel, bevor er eintauchte und einen Vulkan im Spiegel des Sees zertrümmerte. Mit unendlicher Geduld wurde das zerbrochene Spiegelbild des bläulich-roten Berges aus den Scherben wieder zusammengesetzt. Bei niemandem konnte man eine Bewegung wahrnehmen, weder bei den Zuschauern noch bei der Braut. Ich

Rechts: *Die schönen Maya-Töchter vom Atitlán-See.* Folgende Seite oben: *Sie fliehen lachend vor meiner Kamera.* Unten: *Ein Maya heißt uns mit einem breiten Lachen willkommen.* Übernächste Seite oben: *Der Palast von Tulum auf einem hohen Felsen über der Karibischen See; auf der gigantischen Treppe mein Kapitän.* Links unten: *Quintana Roo, ein kleiner Tempel in Tulum.* Rechts unten: *War es ein Fürst oder ein Priester, dessen wallendes Federgewand auf dem Fresko des Palastes von Palenque in Staub zerfällt?*

fühlte mich, als wäre ich am Boden festgewachsen und hätte schon viele hundert Jahre lang hier gestanden.

Endlich schoß der Bräutigam den dritten und letzten Pfeil ab, diesmal nach Süden – er stieg immer höher, bis er nicht mehr zu sehen war. Wie von nirgendwo flog ein Taubenschwarm über den heiligen See der Indianer – und mir schien, als fiele eine Taube an Stelle des Pfeiles vom Himmel herunter: Sie ließ eine tiefe Wunde im Antlitz des Sees zurück, die nie zu heilen schien. Ein leises Murmeln stieg aus den Reihen der Zuschauer auf, ein gemeinsames Atemholen, ein Seufzer vielleicht. Ein gutes oder ein böses Omen? Was wußte ich armer protestantischer Sünder, was wußte der katholische Priester davon, was die Natur ihren Kindern, den Indianern, den Nachkommen der Mayas, verkündete? War der Seufzer vielleicht der Wind, der hinter der nächsten Flußbiegung lauerte, um plötzlich aufzufrischen? Wie ein Dieb in der Nacht kommt er angeschlichen, der gefürchtete Chocomil!

Helle Töne durchbrachen plötzlich die Stille. Draußen im See spielte der Bräutigam auf einer Flöte; ihr Laut schwang sich über die Oberfläche des Sees, spielte Versteck in den plätschernden Wellen am Ufer, tanzte weiter, um das Schilfrohr zu necken, sprang wieder über das Wasser und stieg dann jubelnd zum Himmel auf. Das Schweigen, das folgte, Alain, war das tiefste, das ich je erlebt habe. Jetzt versammelten sich die Mitglieder des hohen Gerichts der Natur, jetzt sollten sie ihre Entscheidung fällen! Sogar mein stockendes Herz klopfte in der Brust. Was fühlten wohl die beiden Menschen im See? Würde die Natur ihnen die Hochzeit erlauben? Sie hatten ihre gewölbten Hände wie Muscheln an die Ohren gelegt und horchten auf das, was die Natur zu sagen hatte. Die Entscheidung muß günstig gewesen sein, denn sie gingen einige Schritte aufeinander zu.

Abermals führte der Flötentriller, von langen Pausen unterbrochen, Fürsprache für die Brautleute, und jedes Mal, wenn die Natur eine zustimmende Antwort gab, wurde der Abstand zwischen ihnen kleiner, bis schließlich kristallklare triumphierende Töne über den See hinaustanzten und siegesstolz am Ufer anlangten ... Wir horchten auf. Die Natur hatte ihre Zustimmung gegeben, der Richterspruch war gefällt! In inniger Umarmung stand das junge Paar; in das Hochzeitskleid der Braut gehüllt, sank es in den Atitlán-

Oben: *Detail aus der Fassade des Palastes von Tulum.* Unten: *Der »Tempel des belaubten Kreuzes« in Palenque, eine geheimnisvolle Tempelruine im Regenwald.*

See. Dort wurde der Traualtar zum Brautbett, und die Natur bekam das Geschenk zurück, das sie der jungen Frau gegeben hatte.

Alle schienen jetzt von unendlichem Glück und plötzlichem Tatendrang ergriffen zu sein. Der Medizinmann watete zu dem improvisierten Altar hinaus, um das junge Paar zu vereinen, wie es sein Amt war. Lange sprach er auf sie ein – was hatte er ihnen noch zu sagen? In ihrem durchsichtigen Brautbett hatten sie bereits alles erfahren. Dann wurden sie geholt, die Braut von den Frauen, der Bräutigam von den Männern; man kleidete das Paar in die Hochzeitsgewänder. Drei Tage und drei Nächte sollte das Fest dauern, wie es sich gehört. Wir begannen, uns umzusehen und einander zu begrüßen, etwas schlaftrunken und erstaunt über die merkwürdige Heirat.

Und dann kam der Chocomil mit furchtbarem Geheul angebraust – wie ein ungeladener oder verspäteter Gast und zerriß den Brautschleier in tausend Fetzen, der so zart war wie Luft, so daß wir ihn nicht sehen konnten. Die eben noch so ruhige Oberfläche des Sees kräuselte sich, die Vulkane versteckten ihre Spiegelbilder, und das Wasser wurde düster dunkelblau, fast schwarz. Die Laken des Brautbettes rissen entzwei und verwandelten sich in weiße Wellenkämme, die drohend rollten und schäumten. Die Natur hatte wieder gesprochen. Sie wollte uns daran erinnern, daß sie die Herrin ist und daß kein Geschöpf, auch nicht der Mensch, die Kraft besitzt, ihr zu trotzen.

Das Festmahl begann, und der Bräutigam fütterte seine Braut mit kleinen Bissen, während wir alle zusahen; er schob sie in ihren roten Mund und sagte:

›Dies ist für mein Lämmchen!‹ oder ›Dies ist für meinen kleinen Cenzontle.‹

›Dies ist für mein Täubchen!‹ sagte er auch, aber er sagte nie:

›Dies ist für meinen kleinen Quetzal!‹ Denn das ist der heilige Vogel der Indianer, dessen Schwanzfedern für den Kopfschmuck der Mayafürsten verwendet wurden.

Auf einem umgefallenen Baum saß ein Indianer vor einem Kind, das sehr traurig aussah. Er hatte einen Korb voll der schönsten Blumen, riß ihnen die Blüten ab und warf eine Handvoll nach der anderen in die Luft. Vor den Augen des Kindes flatterten sie zur Erde, wie ein bunter Regen. Ich trat näher, um besser sehen zu können.

›Das Kind ist krank, aber ich werde es heilen‹, sagte der Mann. ›Mit Schönheit!‹

›Woran leidet es?‹ fragte ich.

›Tiene tristeza!‹ sagte der Indianer und ließ die Blüten langsam aus seiner Hand fallen. Sie ist traurig.«

XVI

Das belaubte Kreuz

Die Vulkane spiegeln noch ihre ebenmäßigen Kegelstümpfe im blauschimmernden heiligen See der Indianer; aber dann zerplatzt plötzlich das Bild und wird chaotisch, als Alain und ich ins Wasser springen. Das Wasser ist wie Kohlensäure, sprudelnd und leicht. Es streichelt unsere Körper, wäscht den Staub der Landstraße ab ...

Nein, wir sind nicht vom Deck der Pen-Kalet auf den Flügeln unserer Wünsche hierher geflogen! Quer durch Mexiko haben wir den langen Weg mit dem Bus von Puerto Vallarta aus zurückgelegt, wo wir nach einer ununterbrochenen Segelfahrt von achtundzwanzig Tagen glücklich an Land gegangen waren. Der erste Hurrikan des Jahres, die »Anette«, streifte noch fast unser Heck. Nur zwei Tage, nachdem wir Cabo Corrientes umrundet hatten und in die Bahia de Banderas hineingesegelt waren, kam sie angeheult, um alles auf ihrem Weg zu zerstören. Jetzt ruht sich die Pen-Kalet, sicher vor allen Stürmen, seit vier Monaten im neuen Hafen von Puerto Vallarta aus. Die »Besatzung«, die zur Abwechslung in der Casa Chica wohnte, einem kleinen rosafarbenen Einzimmerhaus mit einer Wand aus ewig blühenden gelben Trompetenblumen, befindet sich, wie gesagt, auf der Reise ins schöne Land der Mayas.

Wir haben die Mariachi-Orchester in Guadalajara gehört, sind in Michoacáns Pátzcuaro dem kolonialen Mexiko begegnet. Tagelang streiften wir durch das anthropologische Museum im Chapultepecpark von Mexico City, in dem die mexikanischen Skulpturen, ähnlich Goyas Zeichnungen, ein anschauliches Bild vom sozialen Leben der verschiedenen Völker des Landes vermitteln, so lebendig, daß man das Gefühl hat, genauso viele neue Bekanntschaften geschlossen zu haben, wie man Lehmstatuen gesehen hat. Danach kletterten wir auf unzählige Tempelruinen und staunten darüber, wie der kleine Mensch so hohe Treppenstufen errichten kann; und wir besuchten Oaxacas kleine Indianerdörfer mit ihrer reichen, höchst interessanten Folklore.

Wo die Atlantikwinde ständig über den Isthmus, der die Bergmassen von Oaxaca und Chiapas voneinander trennt, und über die Bucht wehen – ein Greuel für jeden Segler –, bewunderten wir die stattlichen Frauen von Tehuantepec. Die Emanzipation der Frau, für viele eine höchst moderne Erfindung, ist seit Jahrhunderten in Tehuantepec eine Tatsache. In diesem Teil der Republik herrschen die Frauen sowohl in der Ehe als auch im öffentlichen Leben. Viele Frauen haben staatliche und kommunale Ämter inne; oft sind Frauen Direktoren großer Unternehmen und – da sie die einzigen Erbberechtigten sind – auch Landeigentümer.

Schon an ihrer Kleidung, ihrem Aussehen und ihrer Haltung erkennt man ihren gesellschaftlichen Rang. Wenn sie mit stolzer Miene und majestätischem Gang in weiten Röcken daherschreiten, mit Schmuck aus Gold und Edelsteinen behängt, und Krüge oder riesige Spitzenhauben balancieren, ähneln sie wahrhaftig Bienenköniginnen. Sie entscheiden auch, wen sie heiraten, und die Männer, deren Beschäftigung meistens darin besteht, die Kinder zu erziehen und zu Hause Strohhüte und Körbe zu flechten, sind klein und unscheinbar und treten im öffentlichen Leben nur selten auf. Man sagt, ein richtiger Mann – sollte er sich zufällig nach Tehuantepec verirren – würde sofort in andere Teile des Landes emigrieren, wo er dann wieder den berühmten mexikanischen »Macho« spielen kann, Mutters Supermann. Auf dem Marktplatz von Tehuantepec drängen sich die Frauen, schöne Frauen, und wenn ein Mann sich dorthin wagt, wird er wenig schmeichelhaften Scherzen ausgesetzt, was übrigens meinen Franzosen ziemlich verärgert und verwirrt hat.

Oben in Chiapas' Bergen ritten wir auf zwei nicht gerade feurigen Rossen von San Cristobal de las Casas nach Chimula. Dort weigerten sich die Indianer, irgend etwas mit uns zu tun zu haben; sie liefen fort und schlossen das Tor der Kirche, so daß wir sie nicht besichtigen konnten. Ich erinnere mich, daß es mir einmal gelungen ist, mich zusammen mit einigen mexikanischen Freunden in die Kirche hineinzuschleichen. Vor dem hölzernen Christus am Kreuz stand eine Indianerfamilie, der Mann, die Ehefrau und drei Kinder. Der Mann, der die malerische Chimulatracht mit kurzen Hosen und einer Menge bunter langer Seidenbänder am Strohhut trug, hielt eine Flasche Aguardiente in der Hand und schimpfte kräftig auf Jesus, weil dieser etwas vergessen hatte oder nicht besorgen konnte. Der Indianer drohte der Statue mit der Faust, schimpfte und schrie, nahm einen Schluck Branntwein und reichte dann den übrigen Familienmitgliedern einen Schluck, ohne dabei den Säugling auf dem Arm der Mutter zu vergessen; gestärkt vom Alkohol, setzte er seine lange und gründliche Beschimpfung fort. Der arme Jesus blickte recht schuldbewußt drein, wie er da oben am Kreuz hing. Vielleicht dachte er daran, wie die Indianer ihn einmal aus Wut über unerfüllte Versprechungen aus der gleichen Kirche hinausgetragen und vor der Kirchenwand mit dem Kopf nach unten in den Sand gestellt hatten, wo er sich – von allen Kirchenbesuchern verspottet – eine längere Zeit schämen mußte? Der Maisanbau ist gewiß nicht seine Spezialität, oder steht vielleicht das Rezept, wie man Regen macht, nicht in der Bibel?

Die alten Mayas wußten dagegen viel über den Maisanbau, und der Regengott Chac mit den T-förmigen Augen, Symbol des Regens und der Tränen, bekam nicht nur Gebete und Maiskolben als

Opfergaben, nein, Tausende der schönsten mit Gold und Jade behängten Mayatöchter wurden zu seinen Ehren in den heiligen Cenotern feierlich geopfert, in Wasserbehältern, die sich oft unter der Erde befanden. Da der Maisanbau nicht saisonbedingt ist, insbesondere nicht in dem fast tropischen Flachland, sondern von den Regenperioden abhängt, die wiederum mit dem Lauf des Mondes zusammenhängen, hatten die Wissenschaftler und Priester der Mayas in der Astronomie große Erfahrungen. Ihr enormes Wissen von den Gesetzen der Natur war der Hauptgrund dafür, daß es ihnen möglich war, die Macht über das Volk zu behalten. Schon im Jahre 503 nach Christus wurde ein astronomischer Kongreß in Copán abgehalten. Die Ergebnisse des Kongresses hat man auf einer Altarstele in der Hieroglyphenschrift der Mayas eingeritzt, die leider zum größten Teil noch nicht entziffert werden konnte.

Die alten Mayas kannten die Magie. Voller Bewunderung wandern wir durch die Tempelruinen, lassen uns von ihrer mystischen Schönheit verzaubern. Aber die stummen Zeugen geben nicht preis, warum die hochstehende Maya-Kultur untergegangen ist.

Das wehmütige und geheimnisvolle Tulum! Hierher kam einmal der schwedische Prinz Wilhelm, um nach verborgenen Schätzen zu suchen und die vergessene Weisheit der Mayas wiederzuentdecken. Saß er vielleicht wie wir in einem der kleinen Adoratorien und schaute zu, wie die Sonne langsam die verwitterte Kalksteinfassade des Tempels erhellte, bis der erste Strahl genau um zwölf Uhr auf den herniedersteigenden Gott trifft, der – den Kopf voraus, die Beine nach oben – durch den Äther herabstürzt, sich im Stuck des Freskos verfängt und mit einer Schlange eine schöne Arabeske formt? Eine flüchtige Sekunde lang läßt die Sonne den vergangenen Glanz der verwitterten Fresken wieder erstrahlen, und für den Bruchteil eines Augenblicks glaubt man zu verstehen, warum die Tempel in Form von Kegelstümpfen, die breitere Basis himmelwärts, errichtet worden sind: Vielleicht sollte Tulum einen mächtigen Anblick aus der Vogelperspektive des Gottes bieten – eine Höflichkeit gegenüber dem Gott? Die gleiche Logik führt dazu, daß die Tempeltüren oben weiter sind als unten: Nach beendeter Raumfahrt soll der Gott in sein Heiligtum eintreten können, ohne daß der herrliche Federschmuck auf seinem Haupt gefährdet wird.

Tulums überall anwesende Gottheit, »El Dios Descendiente«, der federgeschmückte Ikarus der Mayas, zu dessen Ehren die Tempel errichtet wurden, ist immer noch nicht mit Sicherheit identifiziert worden. Ist es vielleicht Muzencab, der Bienengott in jenem Land des Honigs, Quintana Roo oder einer der vier Bacabs, die angeblich den Himmel der Mayas tragen? Oder Tel Cuzan, der

Gott der Schwalben, der auf der Insel Cozumel angebetet wurde? Auf jener Insel hinter Korallenriffen, die das tintenblaue Wasser des Meeres in Smaragdgrün und Jade verwandeln, bevor es gegen den Felsen geworfen wird, auf dem »El Castillo« emporragt, eine Akropolis der Mayas, die einem griechischen Tempel ähnelt.

Das Meer umspült auch den kleinen, halbkreisförmigen Sandstrand unterhalb der Ringmauer; und so smaragdgrün ist das Wasser, daß die Seeschwalbe, die über unsere Köpfe fliegt, wenn wir baden, nicht weiß, sondern hellgrün unter dem Bauch ist. Während ich umherschwimme und zu der sonnengebleichten Pyramide des Palastes hinaufblicke, die mit dem Säulengang eines Tempels geschmückt ist, denke ich über die Geschichte Tulums nach; ich finde es bedauerlich, daß Vicente Guerrero, einer der beiden Spanier, die auf einer Reise von Darién nach Cuba Schiffbruch erlitten hatten und von den Mayas als Sklaven gefangen wurden, die Kunst des Schreibens nicht ebenso beherrschte wie das Kriegshandwerk. Der Mayafürst Kinich hatte Gonzalo nach Zama geführt, wie Tulum damals hieß, und als die Conquistadoren einige Jahre später nach Cozumel kamen, drang Cortés die Kunde von den beiden spanischen Sklaven zu Ohren, und er gab Jeronimo den Befehl, sie zu ihm zu führen. Aguilar gesellte sich wieder zu seinen Landsleuten, während Vicente Guerrero seine neuen Freunde, seinen neuen Lebensstil und Glauben nicht aufgeben wollte.

»Bruder Aguilar«, sagte er zu seinem Gefährten, als dieser zu ihm kam und ihn überreden wollte, sich wieder den Seinen anzuschließen, »ich habe hier eine schöne Frau und drei reizende Kinder, die Indianer haben mich zum Bürgermeister gewählt und mich für den Kriegsfall zum Befehlshaber ihrer Armee ernannt. Gehe nach Hause und Gott sei mit dir! Mein Gesicht ist tätowiert, und meine Ohren sind für Ohrgehänge durchbohrt. Was würden die Spanier sagen, wenn ich mich ihnen so vorstellen würde?«

Gonzalo, der spanische Maya, wurde übrigens geadelt und zum Heerführer der Mayas in der Schlacht gegen die Spanier bei Chetumal ernannt. Später fiel er in Honduras.

Vielleicht hätte Gonzalo viel über Religion und Alltagsleben im damaligen Tulum erzählen können! Über den herabstürzenden Gott, über die Geschichte der Mayas ... Wir wissen nur, daß eine Stele aus Tulum aus dem Jahre 564 nach Christus stammt, daß aber viele Tempel spätere Anbauten haben. Als die vier Schiffe der ersten spanischen Expedition unter der Führung Grijavas im Jahre 1518 an der Stadt vorbeisegelten – damals war Gonzalo schon dort, aber noch nicht Bürgermeister –, schrieb der Chronist Juan Diaz über Tulum:

»... so mächtig erscheint uns die Stadt, daß wir nicht behaupten können, Sevilla sei stattlicher oder größer ...« Das hört sich aus dem Munde eines Spaniers jener Zeit nicht schlecht an.

Aber heute wohnen nur Leguane, Eidechsen und Schlangen in den Tempelruinen Tulums, wo sie sich – unbeweglich wie ihre Abbildungen auf dem zerbröckelnden Stuck der Reliefs oder auf verblassenden Fresken – zwischen zerborstenen Säulen und eingestürzten Treppen sonnen. Auch in den rätselhaften Augen der Fürsten und tanzenden Priester, die von der federgeschmückten Schlange der Tolteken und Azteken umschlungen werden, findet man keine Antwort – ebensowenig in den Hieroglyphentafeln, die von der Zeit und den Fingern der Touristen immer mehr zerstört werden.

Palenque, oh Palenque in Chiapas' grünem Regenwald!

Moises Morales, Palenques Seele und Sagenerzähler, wurde zwar im Hochland von Mexiko geboren, ist aber – auch er – ein adoptierter Sohn der Mayas. Wir dürfen unsere Hängematten auf dem Dachboden seines Gasthauses in La Cañada aufhängen, und dann begleitet er uns zu den Ruinen der Tempel. Dort erzählt er uns unendlich viele Dinge über die Mayas und ihre Geschichte. Eines Tages führt er uns zu einem unausgegrabenen Tempel im Regenwald, zum »El Templo Encantado«, dem verzauberten Tempel.

Im Wald leben noch die Mythen und Sagen der Mayas, und man hat das Gefühl, er sei noch von den legendären Geistern der Mayas bewohnt. Hier kann man die Stimmen der Naturgeister hören; es flüstert, tuschelt und seufzt. Hören wir lediglich das Rauschen des kleinen Flusses Otulúm, oder sind es vielleicht die »Chaneques«, uralte Zwerge mit Kindergesichtern, die hinter den Wasserfällen hausen und ihre tausendjährige Unterhaltung fortsetzen? Der Puma und der Jaguar haben sich aus den zersprungenen Fresken gelöst und sind in den Dschungel zurückgekehrt. Ein Guaco lacht uns aus, als wir uns einen Weg durch den Lianenvorhang der himmelhohen Dschungelbäume bahnen, der aus Klettergewächsen, Parasiten und Misteln zusammengewoben ist. Kreuze in der Rinde der hohen Stämme des Zapotebaumes zeigen uns, daß Gummiarbeiter vor uns hier gewesen sind. Eine schöne Orchidee hat einen zierlichen Hongvogel mit einem purpurfarbenem Kopf zu sich gelockt, Papageien und Spinnenaffen spielen in den Zweigen, die so dicht sind, daß kein Sonnenstrahl hindurchdringen kann – und dort, inmitten der engen, erstickenden Umarmung des Regenwaldes, taucht der verzauberte Tempel auf. Obwohl man bereits die Riesenbäume, die den Tempel verdeckt haben, gefällt und die undurchdringliche Vegetation aus Zweigwerk und Gestrüpp beseitigt hat, die ihn während seines jahrhundertelangen Dornröschenschlafes schützte, sind die Konturen der von den Resten eines Tempelbaus gekrönten Pyramide kaum zu erkennen.

Was war Palenque, wozu dienten die Gebäude? War es ein Ort ritueller Feste? Eine Hauptstadt der Wissenschaft und Astronomie, ein okkultes Zentrum oder eine Residenz der Könige, ein Susa der Mayas? Oder eine Grabstätte der Mayafürsten? Wer war der Fürst oder Oberpriester auf dem »Schönen Relief in Palenque«, das der Graf von Waldeck vor mehr als hundert Jahren abgezeichnet und das in der Welt beachtliches Aufsehen erregt hat? Ach, von dem berühmten Stuckrelief ist nur das Fragment eines Thrones, der von zwei Jaguaren getragen wird, im »Templo del León« übriggeblieben. Der schöne Fürst ist mit seinem Federschmuck völlig verschwunden, die Hieroglyphen hat man, ohne sie gedeutet zu haben, ausgelöscht, und die Jaguare sind, wie gesagt, in den Dschungel zurückgekehrt.

»Glaubst du, Moises, daß es im Innern dieses Tempels eine Grabkammer gibt wie im ›Templo de las Inscripciones‹?«

»Man hat mehrere Gräber entdeckt, aber keines ist so stattlich wie dieses«, antwortet Moises. »Es ist ohne Zweifel genauso interessant wie irgendein ägyptisches Pharaonengrab. Als Alberto Ruz im Jahre 1952 die zugemauerte Treppe, die zur Grabkammer hinabführt, gefunden hat – die Kammer wurde von den Fürsten der Nacht, den Blon-ti-Kú der Maya-Mythologie bewacht –, hat niemand gewußt, daß die Pyramide Gräber enthält. Nicht einmal eine Frischluftanlage hatte man vergessen; eine stuckverzierte Röhre folgte den Treppenstufen bis in die Kammer, so daß der König atmen und mit der Außenwelt in Verbindung bleiben konnte. Als man aber die Steinplatte hochhob, auf der jener geheimnisvolle König wie ein Astronaut im Raumschiff abgebildet war, zerfielen seine verwesten Beine in einer roten Wolke von Cinnabar-Staub, und nur eine Menge Schmuck aus durchsichtiger blaugrüner Jade blieb zurück. Das Gesicht war mit einer Jademaske bedeckt, und im Mund hatte er eine große Jadeperle; vielleicht sollte er auf diese Weise nicht in Versuchung geraten, seine Geheimnisse zu verraten. Wir sind erst am Anfang unserer Untersuchungen.«

»Vielleicht war Palenque die heilige Stadt Palákwapé der Hopi-Indianer, die sagenumwobene rote Stadt in tropisch südländischer Landschaft, wo sie sich angeblich auf einer ihrer Wanderungen in die vier Himmelsrichtungen aufgehalten hatten, ehe sie sich in Arizona niederließen? Man sagt, die Hopis könnten die Hieroglyphen und die abstrakten Symbole auf den Stelen der Mayas lesen«, werfe ich ein, weil ich die Indianer Nordamerikas ein wenig kenne.

»Interessant«, sagt Moises nachdenklich. »Auf ihren Streifzügen sind sie vielleicht bis nach Palenque gekommen. Wir wissen zu wenig über die präkolumbianische Geschichte Amerikas.«

»Aber jetzt behaupten natürlich die Hopis, sie seien nicht nur die Begründer fast aller Zivilisationen, sondern stünden auch mit Völkern auf anderen Planeten in Kontakt. Und ihre Sprachgruppe gehört bekanntlich auch nicht zu der der Mayas«, füge ich hinzu. Und so sind wir genauso klug wie zuvor. Alain ist auf einen privaten archäologischen Ausflug gegangen und kommt mit mehreren Obsidianscherben zurück, die wie Messer geformt sind. Die Mayas benutzten diesen Stein nicht nur für Werkzeuge, sondern auch für Spiegel und Schmuck. Hier und da finden sich auch Bruchstücke von Lehmkrügen und Skulpturen in der schwarzen Erde unter dem Blätterteppich.

Wir verlassen die Sagenwelt des Waldes mit seinem verzauberten Tempel und kehren zu den restaurierten Tempelbauten zurück, die auf die grünen Ufer des Usumacinta hinabblicken. Auf unserem Weg kommen wir an Stuckreliefs mit tanzenden Fürsten unter Fragmenten vorsintflutlicher Tiere und Tier-Menschen vorbei und setzen uns schließlich an der Plattform nieder, wo einst die Pelota-Spiele stattgefunden haben.

»Als die brasilianische Fußballmannschaft einmal nicht Weltmeister geworden war, wurde sie bei ihrer Rückkehr fast gelyncht; ich will euch jetzt erzählen, was es mit dem Pelota-Spiel der alten Mayas für eine Bewandtnis hatte!« sagt Moises. »Pelota war nicht nur ein Volksvergnügen, sondern auch ein Teil magisch-religiöser Riten. Die Spieler repräsentierten verschiedene Gottheiten, und durch die Auslegung der Spielergebnisse ermittelten die Priester den Willen der Götter. Man behauptet, daß der Kapitän der besiegten Mannschaft nach dem Spiel geopfert wurde, wenn es die Götter verlangten; das muß die Spieler sehr stimuliert haben, sich selbst zu übertreffen, und zwar zum Nutzen der wettenden Maya-Fürsten auf den Zuschauertribünen, die sich genau hier befunden haben müssen, wo wir jetzt sitzen.«

Moises, der von Beruf Reiseführer ist, hat jetzt eine »Märchenstunde« für eine Gruppe französischer Touristen und verläßt uns; wir gehen über die Reste der Wasserleitung, den kleinen Fluß bei den Tempeln der Sonne und des Kreuzes entlang, zum »El Templo de la Cruz Foliada«. »Der Tempel des belaubten Kreuzes« ist fast nur noch eine Vision und wird bald völlig vom ewigen Grün des Dschungels überwuchert sein; er ist so verwittert und von Moos und Kletterpflanzen überwachsen, daß er schon ein Teil des Regenwaldes und der Geschichte geworden ist. Doch in der Dunkelheit des Tempelraumes, auf einem Relief, das der Vergänglichkeit geweiht ist, bringen die beiden Priester in ihrer Federtracht immer noch ihre Opfergaben dar. Sie stehen links und rechts des Kreuzes, an dessen Spitze das Sonnensymbol mit dem Quetzalvogel angebracht ist. Der heilige Vogel der Indianer ist mit der Maske des Regengottes geschmückt. Blätter sprießen aus dem Holz des Kreuzes hervor. Vielleicht ist das Kreuz ein stilisierter Maiskolben, ein Symbol des Lebens? Das Kreuz des Lebens und nicht das des Todes?

Wie immer geben die Hieroglyphen neben den opfernden Priestern keine Auskunft, außer der Jahreszahl 692, und wir laufen hinab zum Fluß unterhalb der Ruinen, um zu baden. Die bimssteinähnlichen Felsen in den hohen Wasserfällen sind mit der Zeit zu Skulpturen, Wasserbassins und Höhlen à la Gaudi geschliffen worden. Der Pfad auf der glatten feuchten Erde mit den schlüpfrigen Baumwurzeln gleicht einer fast senkrechten Rutschbahn, entlang der Riesentreppe der Kaskaden, und man muß sich an Lianen und Zweigen festhalten, um nicht hoffnungslos in die Tiefe zu gleiten. Und wie einst die alten Mayas verstecken wir uns in der Dämmerung hinter dem rauschenden Vorhang des Wasserfalles und bitten den Fluß, uns eine Antwort auf alle unsere Fragen zu geben.

Morgen in Palenque. Wir sind reisefertig und dem Weinen nahe; wir wollen Palenque nicht verlassen. Moises kommt und bringt eine Tarantel, die sich an einem Stock festhält. Ihr schwarzer Samtkörper mit den Samtbeinen klettert am Ende des Stockes. Die Damen kreischen. Der Hund mit seinem Spinnenaffen auf dem Rücken erwacht und beginnt wie üblich um den Hof herumzustreunen. Der schwanzlose Papagei, den Moises gestern einer alten Indianerin abgekauft hat, plustert sich auf und schaut gelangweilt mit seinem runden Papageienauge auf die Tarantel.

»Sag etwas!« kommandiert eine der Damen aus der französischen Reisegesellschaft.

»Chinga!« schreit der Papagei.

»Das ist ein altes Mayawort für Befruchtung«, sagt Moises in fließendem Französisch.

Durch das Autobusfenster schaue ich auf die flache yucatánische Landschaft hinaus, vereinzelte Dörfer und Kakteenfelder ziehen an mir vorbei; Jungen rennen mit bunten Drachen umher, die wie verzauberte Vögel über den Baumspitzen, den Wasserrädern und den Palmendächern der weißen Häuser schweben. Kleine Mayafräulein in weißen bestickten Huipiles, auf dem Kopf Krüge voll von goldfarbenem Mais, stehen da und bewundern das Spiel – und vergessen dabei, daß die Mutter auf den Mais wartet, um Tortillas für das Mittagessen backen zu können. An den Haltestellen steigen weißgekleidete Landarbeiter ein und aus. Es riecht nach Talkpuder und Seife, und so zerrissen und geflickt die Anzüge auch sein mögen, sie sind tadellos sauber. Ein Maya zieht ein Kleidungsstück, das er bereits getragen hat, nicht wieder an, ohne es zuvor gewaschen zu haben. Mangel an Sauberkeit war ein schweres Vergehen, das im alten Mayaland bestraft wurde.

Hier ist alles eben, lieblich, verträumt. Trotzdem fehlt etwas! Die schöne Landschaft mit ihren paradiesischen Früchten und Blumen, die vornehmen freundlichen Menschen mit ihren höflichen Gesten und leisen Gesprächen, die weißgestrichenen Häuser – alles ist wie ein heller Traum, nirgends gibt es einen schwarzen Farbfleck! In Yucatán habe ich noch nie einen Menschen in schwarzen oder dunklen Kleidern gesehen, es gibt keine Witwen in schwarzen Schleiern, keine schwarzen Särge oder düstere Trauermärsche! Wie die Lappen, so verabscheuen auch die Mayas die schwarze Farbe! Hier sind alle Farben hell: von Weiß bis Hellblau, Hellgrün, Rosa, Türkis, Ocker! Nichts ist braun, nichts beige, nichts grau! Es ist ein Land, in dem man sich kein Drama, keinen Krieg, Tod oder Verrat vorstellen kann.

Wir sind unterwegs nach Sisal, meinem kleinen yucatánischen Fischerdorf, wo ich einst mein erstes Buch »Das tätowierte Herz von Livingston« geschrieben habe. Plötzlich springt mein Herz in der Brust. Der Duft des Meeres strömt durch die geöffneten Fenster herein. Ich greife Alain am Arm, zeige eifrig mit dem Finger. Noch einige Huptöne, ein paar Kurven noch, und dort liegt die mexikanische Bucht, blauer als Blau! Wir taumeln auf die Dorfstraße zwischen den weißgestrichenen Lehmhäusern hinaus und wandern zum Meer. Wir kommen an der Ruine von Carlotas Haus vorbei, wo die unglückliche Kaiserin von Mexiko einmal einige Nächte verbracht hat und wo heute die Jugendlichen von Sisal unter dem eingestürzten Gewölbe des Säulenganges romantische Rendezvous vereinbaren, und passieren die Kaserne, in der die Soldaten noch Guitarre spielen. Kommen hinaus auf den Strand! Meinen Strand! Ein fast biblischer Strand mit einigen Fischerbooten in bunten Farben. Auf dem Leuchtturm hocken wie gewöhnlich die Geier und warten. Zwischen den Meeresweinbüschen in den Dünen spielen die Kinder Versteck – nichts hat sich verändert! Und dort steht mein Haus! Und Doña Higinia, meine schöne Mayafreundin, und die kleine Irasema, jetzt eine erwachsene Frau, breiten die Arme aus ... »Alain, hier ist Higinia, von der ich dir soviel erzählt habe. Hier bin ich glücklich gewesen. Erinnerst du dich noch an die Geschichte vom Weihnachtsfest in Sisal?« ...

XVII

Da ist eine Schlange in meinem Weihnachtsbaum

Als ich ihre Lippen sah, verstand ich ein für allemal die muselmanische Sitte, den unteren Teil des Gesichts der Frau zu bedecken. Groß, fleischig, feucht und halboffen waren sie wirklich unglaublich wollüstig. Das Kleid aus irgend etwas Glänzendem mit einem Muster von großen Blumen saß so knapp auf ihrem fülligen Körper, daß es nicht einmal die Vertiefung ihres Nabels verbarg. Mit einem Schopf blondgebleichter Haare über dem üppig schwellenden Körper, der das enge Kleid fast sprengte, erinnerte sie mich an einen reifen Granatapfel, mit einem Strohwisch gekrönt.

Als mir plötzlich bewußt wurde, daß ich sie – ohne es zu wollen – unhöflich anstarrte, wandte ich mich ihrem Begleiter zu und ertappte mich dabei, daß ich diese grauenhafte Erscheinung genauso rüde anstarrte. Er war das dürrste und knochigste Exemplar der Menschheit, das ich je gesehen hatte. Seine Haut war so über das Gerippe gespannt – ein Gerippe, das kaum von einem Gramm Fleisch bedeckt war –, daß sie in tausend mit Schmutz ausgefüllte feine Fältchen geborsten schien. Sein Mund war nur ein Strich ohne jede Andeutung von Lippen, seine fahlen Augen lagen tief in ihren Höhlen, und seine ganze Erscheinung war von einem so düsteren Grau, daß ich mich fragte, ob wohl noch ein einziger Blutstropfen in diesem Reisigbündel pulsierte. Er faszinierte mich, und – unhöflich oder nicht – ich konnte meine Augen nicht von ihm wenden.

Seine unglaublich großen Hände, knochig und fleckig, hingen wie knotige, dürre Zweige aus den Manschetten. Seltsamerweise erschien er hier am Strand mit Stadtanzug und Krawatte. Der Anblick seines Schädels – nahezu kahl und mit sichtbaren Nähten – hielt mich als Nächstes gebannt, bis mich etwas noch Erstaunlicheres fesselte, das sich unter seinem struppigen, farblosen Bart auf und ab bewegte. Dort waren die Konturen seiner Luftröhre deutlich sichtbar, und das Hüpfen des Adamsapfels erinnerte mich an ein Jojo. Endlich begriff ich, daß er eine Anstrengung machte, zu reden.

»Womit kann ich dienen?« fragte ich auf spanisch nach der Sitte des Landes.

»Buenos días, Señora!« Die Worte kamen wie eine Explosion aus seinem strichschmalen Mund.

»Buenos días, Señor, Buenos días, Señorita!«

»Habla Usted español?«

»Poquito.« Ich gestikulierte mit den Händen und zuckte die Achseln. »Poquito.«

Die Eruption spanischer Wörter, die nun folgte, machte, daß es mir kalt über den Rücken lief; immerhin begriff ich, daß er wissen wollte, was ich hier täte.

»Escribo un libro, Señor«, antwortete ich, als wäre damit alles erklärt.

Diese Antwort schien ihn aber zu verwirren und zu verärgern. Er nahm seine Begleiterin beiseite und führte mit ihr eine kurze, lebhafte Unterhaltung, von der ich kein Wort verstand.

Verdutzt stand ich da und fragte mich, was ich mit diesem seltsamen Paar machen sollte, das am Weihnachtsmorgen um neun Uhr versucht hatte, in mein Haus an einem einsamen Strand in Yucatán einzudringen, um meine heitere Abgeschiedenheit von der Umwelt zu stören. Ich war in meiner Hängematte schön eingeschlafen, als das unerwartete Geräusch der Türklinke, die jemand zu öffnen versuchte, mich weckte. Ganz verwirrt stand ich auf, warf mir einen Morgenrock über und öffnete schlaftrunken die Tür, um sie dort vorzufinden.

Jetzt blinzelte ich mit den Augen in der vagen Hoffnung, es sei vielleicht nur ein Alptraum und ich könne zu meiner Hängematte zurückkehren. Aber ein solches Glück war mir nicht beschert! Inzwischen war ihr »tête-á-tête« beendet, und sie näherten sich wieder der Tür, in der ich stand. Ich erinnerte mich daran, daß dieser Teil der Welt seiner Gastfreundschaft wegen berühmt ist, und in dem Bemühen, nicht gegen eine der Traditionen des Landes zu verstoßen, beschloß ich, daß mir jetzt nichts anderes übrigblieb, als sie hereinzubitten und zu versuchen, den Grund ihres Besuches herauszufinden. Ich brachte ein Lächeln zustande, stieß die Tür weit auf und sagte in meinem besten – freilich recht mäßigen – Spanisch:

»Wollen Sie nicht hereinkommen und meinen Weihnachtsbaum sehen?«

Ich hoffte indessen von ganzem Herzen, daß meine Nachbarin und Vermieterin, Doña Higinia, kommen und alles erklären würde, um mich wie schon so viele Male zu retten, wenn ich mich im Labyrinth der yucatánischen Traditionen verloren hatte.

Zuerst betrat die Frau das Halbdunkel meines spärlich möblierten Wohnzimmers mit seinen geschlossenen Fensterluken zum Strand – und zum Meer, das nicht weiter als ein Steinwurf entfernt lag. Der Mann schlenderte zögernd hinterher und kramte in den Taschen seines zu weiten Jacketts. Schließlich zog er ein paar zerknitterte Geldscheine hervor, drückte sie mir in die Hand und sah mich erwartungsvoll an.

»Porqué« fragte ich erstaunt und versuchte vergeblich, ihm das Geld zurückzugeben. In dem, was ich für verständliches Spanisch hielt, bat ich ihn um eine Erklärung, aber er schien mich nicht zu verstehen. Jedenfalls schüttelte er nur den Kopf und wies mit der Hand auf das Hausinnere; also ließ ich auch ihn herein.

Bevor ich mich ganz meinen Gästen widmete, sah ich draußen einige Nachbarskinder gaffen. Sie gehörten Rodillas, einer Feindin Higinias, die von ihr behauptete, ihre Hängematte sei außerordentlich gastfrei. Auch ihr Mann, Don Pedrín, so sagte sie, verwechsele oft ihre Hängematte mit der von Rodillas, besonders wenn er zu viel Aguardiente getrunken habe, was jedes Mal nach einem geglückten Fischfang geschehe. Rodillas war so ungeheuer dick, daß ihr gewaltiger Bauch, wenn sie sich setzte, um die letzte Frucht ihrer Sünden zu stillen, ihre Knie bedeckte und dem Baby keinen Platz mehr ließ. Beim Saugen mußte sich das arme Kind buchstäblich an der Brustwarze festhalten, um nicht herunterzurutschen. Ich hatte dem Kleinen eine glänzende Zukunft als Artist vorausgesagt. Den Spitznamen »Sin Rodillas« (ohne Knie) hatte ich der Mutter gegeben, die anderen hatten ihn in Rodillas abgekürzt.

Nun schleppte ich drei hölzerne Schaukelstühle in die Mitte des Zimmers, bat meine Gäste, Platz zu nehmen, und öffnete die Fensterläden, damit sie meinen berühmten Weihnachtsbaum betrachten konnten, der fast bis zu der geflochtenen Palmendecke reichte. Das ganze Dorf hatte schon meinen maritimen Weihnachtsbaum bewundert, ein phantastisches Meisterwerk, das jetzt im Sonnenlicht glitzerte. Viele silberne Seepferdchen mit Rubinaugen bäumten sich stolz zwischen goldenen Krabben und leuchtenden Seesternen auf. Kunstvolle Perlmuttblumen, mit glitzerndem Tang zusammengebunden, waren auf den Zweigen zwischen mannigfaltigen Blättern aufgeblüht, die ich festgeklebt hatte, bevor ich dann alles mit Silberfarbe bemalte. Sandwürmer blickten aus halbgeöffneten opalisierenden Muschelschalen zwischen Korallen und Anemonen. Und alles war mit feinem Goldstaub überpudert.

Wir saßen also in unseren Schaukelstühlen ohne ein Wort zu sprechen und betrachteten den Baum, bis ich schließlich in einem heroischen Versuch, eine Unterhaltung in Gang zu bringen, darauf wies und sagte:

»Hay una culebra en mi árbol de Navidad!«

(Da ist eine Schlange in meinem Weihnachtsbaum!)

Die Frau reagierte augenblicklich. Sie stieß einen markerschütternden Schrei aus und sprang angesichts ihres enormen Körperumfangs mit einer erstaunlichen Behendigkeit vom Stuhl auf.

Auch ich sprang auf und sagte auf spanisch:

»Sie brauchen nicht zu erschrecken, sie ist längst tot!«

Und um sie zu beruhigen, berührte ich die Schlange, die sich noch um denselben Zweig ringelte, an dem ich sie einige Tage zuvor gefunden hatte – mit Augen, die mit dem gleichen glitzernden Rubinblick wie die Seepferdchen in die meinen starrten. Higinia hatte sie mit einem einzigen Stockhieb getötet und mir dann erklärt, es sei eine sehr giftige Schlange. Die Mayas nannten sie Chaicam und glaubten, daß sie nachts von stillenden Frauen Milch sauge und mehrere Meter weit auf ihre Opfer springe, um sie mit ihren Giftzähnen zu töten. Ihr schuppiger, dunkelblauer, türkis- und goldfarbener Körper war aber so schön, daß ich ihr den Zweig meines Weihnachtsbaumes als letzte Ruhestätte angeboten hatte.

Die Frau blickte immer noch mißtrauisch auf die Schlange; dann ließ sie sich vorsichtig in ihrem Schaukelstuhl nieder – und wieder betrachteten wir schweigend meinen Weihnachtsbaum.

Die Dinge im Raum bewegten sich leise unter dem milden Windhauch. Die Zweige des Baumes zitterten. Die kleinen Seepferdchen schaukelten hin und her, Sonnenschein funkelte in ihren Rubinaugen, und die Tanggirlanden wogten langsam auf und ab. Aber der Mann sah nicht hin. Weder Weihnachtsbäume noch Schlangen schienen ihn im Geringsten zu interessieren. Seine ganze Aufmerksamkeit galt der Hängematte, die still hin und her schaukelte. Schließlich fragte er:

»Viva Usted en esta casa todo el año?« (Wohnen Sie das ganze Jahr in diesem Haus?)

»Si Señor, pero mi casa es su casa!« (Jawohl, mein Herr, aber mein Haus ist das Ihre!)

Die höfliche Floskel schien ihn eher zu verärgern. Ich spürte, daß er etwas von mir erwartete – aber was? Vielleicht war er müde nach der zweistündigen Autofahrt von Mérida bis hierher? Ich wies auf die Hängematte und schlug vor:

»Quere Usted descansarse un poquito, Señor?« (Möchten Sie sich ein wenig ausruhen, mein Herr?)

Er schaute seine Begleiterin auffordernd an, aber sie schüttelte entschieden den Kopf, nachdem sie mir einen vielsagenden Blick zugeworfen hatte. Ich beeilte mich hinzuzufügen, daß er sich ohne weiteres in unserer Anwesenheit ausstrecken könne, aber er murmelte nur etwas Unverständliches und blieb verärgert im Schaukelstuhl sitzen.

Wenn nur Higinia käme, dachte ich, sie könnte alles im Nu aufklären.

Verlegen, weil ich in Gegenwart meiner Gäste nur mit einem Morgenrock bekleidet war, bat ich nun um Entschuldigung und ging ins Hinterzimmer, wo ich mich schnell umzog und mein zerzaustes Haar kämmte. Der Gedanke, daß heute Weihnachten sei, ging mir immer wieder durch den Kopf. Gott allein weiß, welch eigenartige Weihnachtssitten die Leute in diesem Teil unseres Planeten haben! Und ich hatte versprochen, in die Kirche zu gehen!

Wie soll sich da nun ein Protestant aufführen? Und was war mit dem Geld gemeint, das mir der Kerl aufgezwungen hatte? Ich öffnete das Fenster auf der Rückseite des Hauses und rief nach Irasema.

Sie kam barfuß herübergelaufen, ihr schwarzes Haar wehte um ihr hübsches Gesicht, und die kurze Huipile flatterte um die winzige Gestalt. Sie war vier Jahre alt und eine meiner besten Freundinnen.

»Por favor, Irasema, wo ist deine Großmutter? Sei so lieb und bitte sie, sofort herüberzukommen!«

»Sie badet gerade!«

Zum ersten Mal fluchte ich insgeheim über die Badelust der Leute von Yucatán. Die Reinlichkeit der Menschen in diesem Teil Mexikos ist fast unheimlich. Überdies wußte ich, daß dieser geheiligte Brauch nicht verletzt werden darf, es sei denn, es ginge um Leben oder Tod. Nichts zu machen. Hilflos kehrte ich zu meinen Gästen zurück.

Sie saßen noch genauso da, wie ich sie verlassen hatte: Sie starrte wie versteinert die Schlange und er die Hängematte an. Ob ich ihnen etwas anbieten dürfte? Ich schlug gepreßte Guanabana vor, Apfelsinen- oder Pitahayasaft, Kaffee mit Dosenmilch und süße Brötchen, einen Apfel oder Tortillas mit gepfeffertem Fisch. Doch stets schüttelten sie betrübt den Kopf. Um mich nicht zu blamieren, holte ich kurz entschlossen eine Flasche Tequila und drei Gläser.

»Skål«, sagte ich. »Trinken wir auf Jesus!«

Die Frau kicherte und leerte ihr Glas. Der Mann öffnete plötzlich die Querspalte in seinem Gesicht und zeigte eine dunkle Höhle, gesäumt von abgenutzten Zähnen. Er zog den Tequila mit einem erschreckenden Schlürfen in sich hinein – es klang etwa wie das Rauschen eines einzelnen großen Brechers –, dann klappte er den Mund wieder zu und wurde still wie eine Maus.

Tapfer leerte ich mein Glas und hoffte auf eine neue Eingebung. Es kam aber keine. Ich füllte noch einmal die Gläser bis zum Rand. Diesmal tranken wir, ohne jemandem zuzuprosten, nur von dem Rauschen des einsamen Brechers begleitet, als das Getränk in den schwarzen Schlund des Mannes hineingesogen wurde.

Ich schenkte noch mehr Tequila aus und dachte daran, was für ein seltsames Weihnachten dies für mich war – wie weit entfernt in Zeit und Raum von dem Haus meiner Kindheit in Lappland. Dort war ich an den Weihnachtsmann gewöhnt gewesen, der durch eine schneeweiße Landschaft seine Geschenke anschleppte, Pfefferkuchen und Berge von Kerzen, die ständig brannten, um Licht in eine Nacht zu bringen, die ganze zwei Monate lang dauerte – und an Weihnachtsbäume ohne Schlangen!

Da für mich jeder Tag entweder ein Fest oder eine Katastrophe ist, unabhängig davon, was der Kalender sagt, bin ich mit den Jahren recht fatalistisch geworden; daher wartete ich auch mehr oder weniger geduldig, während ich mir insgeheim sagte: »Qué será, será!« Was geschehen soll, geschieht! Higinia schien in ihrem Weihnachtsbad ertrunken zu sein. Die Tequilaflasche enthielt nur noch ein paar Tropfen, und wir drei versanken immer tiefer in den Schaukelstühlen. Der Weihnachtsbaum hatte seinen Glanz verloren, und die Sonne war trübe geworden.

Doch dann füllte plötzlich Higinias massige Gestalt den Türrahmen. Sie stand da wie eine gereifte Nofretete mit rabenschwarzem Haar, das in einem mächtigen Knoten mit einem Riesenschmetterling von Schleife zusammengebunden war. Von den Ohrläppchen hingen Ohrringe aus Goldfiligran, besetzt mit smaragdgrünen Steinen. Kragen und Saum ihres weißwallenden Huipile waren mit bunten Blumen bestickt. Ein burgunderroter Schal lag über ihren Schultern, und zu Ehren des Weihnachtsfestes trug sie sogar Schuhe.

Irasema, eine perfekte Kopie ihrer grandiosen Großmutter, mit blauen Schleifchen im Haar, erschien nun in dem Türspalt zwischen Higinia und dem Türpfosten. Ihre schräggestellten Augen waren voll unverhohlener Neugierde. Bevor Higinia noch etwas sagen konnte, trat sie anmutig vor und sagte höflich:

»Wir sind da, um dich zur Kirche abzuholen. Es ist Weihnachten, und alle Leute gehen in die Kirche.«

Meine beiden Gäste saßen steif in den Stühlen. Higinia, die sich inzwischen an das Halbdunkel gewöhnt hatte, wollte sie begrüßen, hielt dann aber mit einem Ausdruck von Panik plötzlich inne. Dann raffte sie sich auf und schien etwas sagen zu wollen, doch kein Wort kam über ihre Lippen. Ihre Augen wanderten zwischen den Besuchern und mir hin und her. Der Verdacht, daß sie einander kannten, stieg in mir auf, aber ohne den reisigdürren Mann zu beachten, wandte sie sich an die Frau, verneigte sich ein wenig und sagte:

»Frohe Weihnacht! Gott segne Sie alle! Ich hoffe, Sie werden uns in die Kirche begleiten. Danach ist ›Fiesta‹, und ich würde mich freuen, wenn Sie mein Haus als das Ihre ansähen.«

Sie sprach höflich und würdevoll, schien aber immer noch absichtlich den dürren Mann zu ignorieren.

Die Frau war von dieser unerwarteten Einladung wie verwandelt. Strahlend sprang sie auf und rief:

»Ich war seit Jahren nicht zur Weihnachtsmesse. Ich komme gern!«

Ihr Begleiter dagegen sank noch tiefer in seinen Stuhl und warf

Higinia beschwörende Blicke zu, aber diese war viel zu sehr damit beschäftigt, den Kirchgang zu organisieren. Auch ich hatte keine Zeit mehr, sie um eine Erklärung zu bitten. Mich schickte sie fort, eine Mantilla für die andere herauszusuchen und Schuhe anzuziehen, ohne die Gott meine Gebete sicherlich nicht hören würde. Dann machten wir uns eilig auf den Weg, am rosaroten Leuchtturm vorbei, bei dem die Geier auf die Fischerboote warteten. Hinter dem Leuchtturm stand die Kirche.

Unterwegs grüßten uns stolze Mestizas, die alle kleidsame yucatánische Huipiles trugen, deren prächtige Blumenstickereien mit den Hibiskusblüten am Wegrand wetteiferten. Kardinalvögel sangen im Gebüsch, daß ihre feuerroten Brüste zu zerspringen drohten, Kokospalmen nickten im leichten Wind. Als Valiche, der Don Juan des Dorfes, uns erblickte, schwenkte er seinen riesigen Sombrero bis zur Erde. Unserer mexikanischen Fanny Hill zuzwinkernd, bat er, uns auf dem Rückweg einen Tequila in seiner Bar zu genehmigen. Higinia antwortete höflich:

»Con mucho gusto, Don Valiche!« (Mit viel Vergnügen, Don Valiche!), während die Dame mit einem einladenden und vielversprechenden Lächeln antwortete.

Dann passierten wir die Militärbaracke an der Brücke. Ein paar Soldaten mit Guitarren an Stelle von Gewehren pfiffen uns nach und vergaßen, daß es der heilige Tag des Jahres war. Und unsere mexikanische Fanny Hill trottete glücklich weiter, ohne sich allerdings dafür zu bedanken, daß ihr Charme so hoch im Kurs stand. Der Dürre folgte im Zickzack-Gang ungefähr einen Meter hinter uns. Mir war ein wenig schwindlig, und ich verspürte keine Lust, in die Kirche zu gehen, aber Higinias Arm stützte mich. Ich drückte ihr verstohlen das Geld in die Hand und flüsterte:

»Warum hat der Mann mir das gegeben?«

Sie schlug schnell ein Kreuz vor ihrem Busen, in dem die Geldscheine verschwanden und flüsterte zurück:

»Ich erkläre es Ihnen später. Überlassen Sie das mir!«

Sie bekreuzigte sich nochmals, und dann waren wir bei der Kirche angelangt. Es wurde gesungen, man kniete auf dem harten Steinfußboden, die kleine Glocke läutete, der Priester betete und predigte, unter der Decke flatterten die Lerchen ein und aus, und schließlich begann die heilige Kommunion. Die Frau stand sofort auf. Der Mann griff mit seiner knochigen Hand nach ihr, aber sie riß sich los, ging allein zum Altar und war die allererste, die die Heilige Kommunion empfing. Ihr Kleid war so eng und so kurz, daß sie – während sie Gott ihre Seele opferte – ihren Körper der Gemeinde preisgab, die ihn mit mehreren Kreuzeszeichen entgegennahm. Als sie zurückkam, leuchtete ihr Gesicht vor heiliger Begeisterung. Sie gönnte dem Mann, der neben ihr in sich zusammengesunken dasaß, nicht einen Blick. Als die Messe vorüber war, brachte ich ihn nur mit Mühe zum Aufstehen; schließlich folgte er uns stolpernd, diesmal auf dem Weg zu weltlicheren Vergnügungen.

Mit einem breiten Lachen erwartete uns Don Valiche an seiner Bar. Wir setzten uns an einen Tisch in seinem schattigen Garten; bei den Klängen von Boleros, Rancheros, Mambos und Sambas tranken wir Tequila und kauten zarte, knusprige Streifen geräucherter Schweineschwarte.

Als Don Valiche die Frau zu sich emporzog, um mit langen Schritten einen Bolero zu tanzen, sah ich, daß der dürre Mann sich Higinia näherte, die zustimmend nickte und ihm etwas zu erklären schien. Kein Zweifel, sie kannten einander und schienen sich jetzt geeinigt zu haben. Erleichtert stürzte ich mich in die Freuden meines ersten mexikanischen Weihnachtsfestes. Übrigens fragt man bei einer mexikanischen Fiesta nie, woher die Gäste kommen, und ebensowenig kümmert man sich darum, wohin sie nachher verschwinden. Vergnügen ist ihr einziger Zweck, nichts darf ihren natürlichen Ablauf stören, und jeder, der in ihren magischen Bannkreis gerät, wird akzeptiert und damit ein Teil des Festes.

Plötzlich wurde der Nationaltanz von Yucatán, die Jarana, gespielt. Auf allgemeinen Wunsch mußte Don Valiche die Señorita, vielleicht mit einem kleinen Bedauern, verlassen, um zusammen mit Higinia den Tanz anzuführen. Sie tanzte vollendet, der burgunderrote Schal umflatterte ihre Schultern, sie hob den Rock, um die feinen Spitzen ihres Unterrocks zu zeigen – für die Jungen eine bezaubernde Lektion.

Inzwischen waren auch die Fischer von der See zurückgekehrt, hatten ihr Weihnachtsbad genommen und gesellten sich zu uns. Der Tequila floß in Strömen, Tortillas wurden geknetet, gerollt und gebacken – und in der gleichen Minute gegessen, in der sie fertig waren; den Jaranas folgten Limbas, doch zwischen Mambos und Chachachas gab es immer wieder Jaranas und natürlich Boleros. Ich ließ mich von meinen Fischerfreunden herumschwenken und erinnerte mich nur vage an den Dürren, der ungeduldig auf einem Stuhl wartete und sich mit einem Glas Tequila nach dem anderen tröstete, während die Dame seiner Wahl vergnügt mit dem verliebten Barbesitzer tanzte. Im Vorbeikommen hörte ich, wie Don Valiche ihr ziemlich laut zuflüsterte:

»Tu eres una mujer mas sublime que las campanas de los campanarios!« (Du bist eine erhabenere Frau als die Glocken des Kirchturmes!) Während er tanzte und seiner Partnerin ähnliche

Komplimente zuflüsterte, lief Don Valiche der Schweiß in Strömen über das pockennarbige Gesicht; aber das schien sein Feuer nicht zu dämpfen.

Dann entschied Higinia, daß alles zu ihr gehen und die Fiesta dort weiterfeiern müsse. Singend marschierten wir Arm in Arm zu ihrer Hütte. Als ich auf unsere Fußspuren im Sand zurückblickte, erinnerte ich mich an die Spuren aufgeschreckter Hasen im Neuschnee, hoch oben im Lappland meiner Kindheit. Aber hier schien die Sonne von einem kobaltblauen Himmel, und es lag kein Frost in der Luft, nur die Heiterkeit des Festes. Ich hatte inzwischen völlig vergessen, mich über mein seltsames Besucherpaar zu wundern oder darüber nachzudenken, auf welch verschiedene Weise Jesus überall auf der Welt gefeiert wird.

Das Taxi, das meine Gäste von Mérida herübergebracht hatte, parkte noch vor Higinias Hütte. In ihm verschnarchte der Fahrer sein Weihnachtsfest. Wir weckten ihn rücksichtslos und bestanden darauf, daß er mitfeiern solle. Er protestierte und behauptete, er müsse in die Stadt zurückfahren. Doch der Tequila, den Don Valiche ihm in die Kehle goß, beschwichtigte ihn schnell. Danach war er einer von uns, und wir betraten das Haus Higinias.

Auch Rodillas kam und warf sich einladend in die Hängematte, deren Leinen sich bis zum Zerreißen strafften. Dies veranlaßte Don Pedrín, Higinias Mann, ihr sehnsüchtige Blicke zuzuwerfen, doch gerade in diesem Augenblick wurde er von Higinia, die vielleicht gesehen hatte, wohin sich seine Blicke verirrten, aufgefordert zu singen. Er schlenderte fort, um die Guitarre zu holen, und begann:

»Oh, pálida princesa, tu tienes la realeza, que enmarca la tristeza, yo tengo la nobleza de la melancolía ...« (Oh, bleiche Prinzessin, du hast die Würde, die Trauer bedeutet; mir bleibt nur der Adel der Melancholie ...)

Die Leute begannen zu tanzen und mitzusingen. Als Don Valiche meine üppige Granatapfelfrau durch den Raum schwenkte, hörte ich, wie er ihr ins Ohr flüsterte:

»Oh, pálida princesa ...«

Unterdessen stand der Dürre, rot vor Ärger, in einer Ecke und versuchte, mit Higinia zu sprechen. Sie nickte lächelnd und sah vage zu mir herüber; aber dann war sie sofort wieder damit beschäftigt, ihre vielen Gäste zu bewirten. Socorro und Bety, ihre beiden Töchter, halfen ihr, scharfgewürzte, mit Puterfleisch gefüllte Tacos herumzureichen und die Gläser unablässig mit Tequila und Aguardiente zu füllen. Nach und nach begannen alle, mit solcher Hingabe zu tanzen, daß die Hütte in ihren Grundfesten erbebte und ich befürchten mußte, sie würde uns auf unsere sündigen Häupter fallen.

Als ich zu den knirschenden Bambussparren hinaufblickte, konnte ich die Sterne zwischen ihnen hindurchblinken sehen, und es war, als sähen sie mit Wohlwollen auf unser Vergnügen herab. Der Dürre und seine wollüstige Begleiterin waren vergessen. Mit jedem Tequila wurde mein Spanisch flüssiger, so daß ich schließlich selber davon überrascht war.

Don Pedrín sang noch immer von Liebe und Melancholie. Ich tanzte die wunderlichsten Tänze mit der größten Behendigkeit. Alles war seligste Ausgelassenheit – und dann kam die Katastrophe: der Dürre brach mitten auf dem Tanzboden zusammen! Alles hielt inne. Rodillas wurde gebeten, etwas von ihrer Überfülle einzuziehen und ihm in der Hängematte Platz zu machen. Sie war willig wie immer, und unter ihrem unbändigen Lachen bettete man ihn an ihre Seite.

Auch die Granatapfelfrau brach in Gelächter aus, in Lachkaskaden, höher und höher, bis sie nur noch eine zitternde Fleischmasse war. Wir umstanden sie alle mit weit offenem Mund und verstanden überhaupt nicht den Grund ihrer maßlosen Heiterkeit. Dann erstickte ihr Lachen in letzten Konvulsionen, die in hilfloses Schluchzen übergingen. Alle seufzten erleichtert auf. Schließlich saß sie still und erschöpft auf ihrem Stuhl und reagierte nicht einmal auf Don Valiches Komplimente. Higinia schaute verlegen und ein wenig schuldbewußt drein. Rodillas schien beleidigt zu sein. Pedrín versuchte tapfer weiterzusingen, aber es hörte sich dünn und kläglich an. Der Dürre in der Hängematte schnarchte in seligem Vergessen.

In diesem Augenblick hoben alle, als stünden sie unter einem gemeinsamen Zwang, die Gläser an die Lippen, und außer dem Schnarchen des Dürren konnte man nur noch das Geräusch eines einzigen gemeinsamen großen Schluckes vernehmen.

Der Geist der Fiesta hatte sich verflüchtigt. Der Taxi-Fahrer bestand darauf, in die Stadt zurückzukehren; dort warte jemand auf ihn.

»Deine Frau?« fragte Don Pedrín.

»Nein, Freundin!« antwortete der Fahrer.

»Dann können wir Sie nicht halten.« Don Pedrín klopfte ihm verständnisvoll auf die Schulter.

Der Dürre wurde hinausgetragen und im Fond des Wagens verstaut. Seine Begleiterin setzte sich kleinlaut neben den Fahrer. Don Valiche küßte ihr voll Grazie die Hand und flüsterte ein letztes: »Oh, pálida princesa ...« und unter Rufen und Segenswünschen aller verschwanden Taxi und Gäste in einer Staubwolke Richtung Mérida.

Die Weihnachtsfiesta im Stil von Yucatán war vorüber. Alle Gäste verschwanden in der Sternennacht, und das Rauschen des Windes in den Palmenwipfeln war, zusammen mit dem Lied des Meeres, die einzige Musik in der Stille.

Higinia erbot sich, mich zu meinem Haus zu begleiten, und während wir Arm in Arm durch die Dunkelheit gingen, verflog die Wirkung des Tequila, und meine Neugier kehrte zurück. Ich bat Higinia, das Geheimnis des seltsamen Paares zu lüften. Sie zögerte und sagte schließlich:

»Dein Haus stand im Winter immer leer. Ich bin eine arme Frau. Ich habe Verpflichtungen. Du weißt, wenn der Nordwind weht, kann man wochenlang nicht zum Fischen fahren. Dann kommt nur wenig Geld herein. Und mein Pedrín, der ›Borracho‹ (der Saufkopf), braucht all unser Geld für Aguardiente, wie du auch weißt. Als dieser Herr, der Dürre, wie du ihn nennst, vor einigen Jahren zum ersten Mal mit einer ›Tochter der Freude‹ kam und fragte, ob ich ihm für ein paar Pesos ein Zimmer mit einer Hängematte verschaffen könnte, nur für ein paar Stunden, da habe ich ihm – Gott vergebe mir – die Schlüssel zu deinem Haus am Strand gegeben. Ich wollte es dir erklären, aber ich hatte keine Gelegenheit dazu ... die vielen Menschen ... das Fest ...«

»Wenn ich das gewußt hätte! Der Arme! Aber warum gerade mein Haus?«

»Er war früher Seemann!« sagte Higinia, als wäre damit alles erklärt.

»Ja ...?«

»Dein Haus ist das einzige, das nahe genug am Meer steht, um darin das Brausen der Brandung zu hören; und die salzige Brise streicht hindurch.«

»Und?«

Higinia schien ungeduldig, irgendwie verlegen und ein wenig verärgert zu sein. Endlich kam sie damit heraus:

»Er kann es nur in einer Hängematte!«

»Oh!«

»Und im Seewind!«

»Und vielleicht auch nur zu Weihnachten?« scherzte ich.

Wir gingen schweigend weiter, und ich hörte nur das klagende Lied der See.

Schließlich rief Higinia, als habe sie gerade eine bemerkenswerte Entdeckung gemacht:

»Wenn ich es mir richtig überlege, ist es wahr; er kam tatsächlich immer nur am Weihnachtstag.«

XVIII

Das Haus ohne Wände

Wir haben ein Rendezvous mit dem Vollmond! Unsere Reise ins Land der Mayas muß abgebrochen werden, und wir kehren nach Puerto Vallarta und der Pen-Kalet zurück, die das übliche Abschaben und Neustreichen des Rumpfes nötig hat, bevor die Segelfahrt gegen alle Strömungen und Winde beginnen kann – und im übrigen auch gegen alle Erfahrung, da Segler selten die Küste von Baja California ohne Hilfe eines Motors schaffen können. Jetzt, bei Vollmond im November, ist der Unterschied zwischen Ebbe und Flut am größten, und es genügt, daß die Ebbe eintritt, um die Pen-Kalet auf den Strand zu setzen, wie Alain es oft an anderen Orten gemacht hat, wenn er die notwendigen Reparaturen ausführen mußte.

Alles geht programmgemäß. Der Vollmond hat sich ebenfalls zu dem Rendezvous eingestellt, und in seinem Licht segeln wir die neubemalte Pen-Kalet – Orange mit schwarzem Rand und weißem Deck – vom inneren Hafen zum kleinen Sandstrand gegenüber dem neuen Verwaltungsgebäude des Hafens. Zwei Seile vom Masttopp befestigen wir an einigen Eisenketten am Strand, und als sich die Flut zurückzieht, steht die Pen-Kalet, auf dem Kiel balancierend, im Trockenen. Der ganze Rumpf ist sichtbar, und Alain fängt sofort an, Algen und Krebse abzukratzen, bevor er die schützende Kupferfarbe aufstreicht. Er singt und trällert, froh, daß er bald wieder auf See sein wird.

»Maman, les petits bateaux
qui vont sur l'eau
ont-ils des jambes?«
»Bien sûr, mon gros bêta,
si non, ils n'avanceront pas!«
(»Mama, haben die kleinen Boote,
die auf dem Wasser gehen, Beine?«
»Natürlich, mein Dummerchen.
Wenn sie keine hätten,
kämen sie ja nicht vorwärts!«)

Ich bin in der Kabine, um Vorbereitungen für die Segelfahrt zu treffen. Plötzlich schwankt und schaukelt das Boot; dann kippt es mit einem Krachen um, und gleichzeitig ertönt von draußen ein herzzerreißender Schrei. Ich schlängele mich hinaus so schnell ich kann und sehe, wie Alain unter dem Boot im Sand liegt und um Hilfe schreit! Ein Seil ist gerissen!

Von diesem Augenblick an ist alles Panik und Entsetzen, ein ungeheurer Alptraum! Alains Stöhnen mischt sich mit meinem Hilferufen, und mit Worten und Gesten beschwöre ich die herbeieilenden Hafenarbeiter, mir beizustehen, das fünf Tonnen schwere Boot zu heben. Welch ein Glück, daß wir nicht wie so oft allein auf einem weiten Strand sind, sondern in einem geschäftigen Hafen! Es gelingt den Männern, das Boot gemeinsam um einige Zentimeter zu heben, so daß ich darunterkriechen und Alain herausziehen kann. Als er das Boot fallen sah, konnte er sich gerade noch in die Einbuchtung zwischen Kiel und Bootswand werfen, so daß es ihn zwar schwer verletzte, aber nicht auf der Stelle tötete. Seine Beine und sein Bekken schleifen leblos im Sand, und ich lege ihn auf eine Decke, die irgend jemand herbeigebracht hat.

Wer hat die Ambulanz angerufen, die ein wahnsinniger »Macho« mit hundert Stundenkilometern und heulender Sirene über die holprigen Straßen fährt? Wie kann Alain die fürchterlichen Schmerzen während der Fahrt vom Krankenhaus zum Röntgenarzt des Ortes und wieder zurück ertragen? Woher nehme ich die Gewißheit, daß es unumgänglich ist, Alain in die Pflege geschickter Ärzte nach Guadalajara zu bringen, und woher die Kraft, ihn vor dem operationswütigen Krankenhausarzt von Puerto Vallarta zu retten, der Alains Bauch öffnen will, um *nachzusehen,* ob irgendein inneres Organ beschädigt worden ist? Ich weiß nur das eine: Alain muß unbedingt von hier fort, wenn er überleben will!

»Wenn er stirbt, ist es Ihr Fehler!« sagt dieser Arzt, der Alain kein Betäubungsmittel gegen die Schmerzen geben will, der die Röntgenaufnahmen falsch beurteilt, der weder Herz noch Blutdruck kontrolliert und sich lange weigert, die erforderlichen Papiere zu unterschreiben, die die Fluggesellschaft für einen Krankentransport nach Guadalajara verlangt.

Ich laufe und laufe. Ich versuche eine Telefonverbindung mit Guadalajara herzustellen. Das ist schwer, sehr schwer, fast unmöglich, aber endlich erreiche ich Irma Vargas, heute Ärztin bei der Sozialversicherung. Irma, eine hochbegabte Frau und großartige Freundin, assistierte als Medizinstudentin, als ich selbst vor vielen Jahren in der Cruz Roja, dem Armenkrankenhaus Guadalajaras, operiert werden mußte und dabei fast als Tapatio-Engel im Jenseits landete. Aber das ist eine andere Geschichte. Jetzt höre ich Irmas ruhige Stimme am Telefon – und weiß, daß sie meinen Kapitän retten wird.

Und was ist inzwischen mit seinem Boot geschehen?

Die Pen-Kalet ist nicht gesunken. Die hilfsbereiten Hafenarbeiter haben sie die ganze Nacht über leergeschöpft und wieder flottgemacht, und am nächsten Morgen segle ich sie in den inneren Hafen zurück. Zwar ist sie beschädigt und leckt stark, aber sie schwimmt.

Zurück ins Krankenhaus. Alain zeigt keine Reaktion, als ich ihm erzähle, daß sein Schiff gerettet ist. Er wird jede Stunde blasser und klagt über fürchterliche Schmerzen und Durst. Er darf sich keinen Millimeter bewegen und liegt immer noch auf der Decke, die voller Sand und Kupferfarbe ist.

Im Ort ist keine einzige Tragbahre aufzutreiben. Mit Mühe finde ich eine Liege, und mit Hilfe zweier Freunde, Daryll und Chuck, einem Arzt aus Vancouver, bekomme ich Alain zum Flugzeug – das ganze fünf Stunden Verspätung hat! Die Fluggesellschaft weigert sich trotz meiner Bitten, eine früher startende Maschine, die direkt nach Mexico City fliegt, in Guadalajara zwischenzulanden. Und jetzt beginnt der Endspurt meines Wettlaufs, mit einem Leben als Einsatz.

Irma wartet zusammen mit Beatrice auf dem Flughafen von Guadalajara, und Alain wird zu der wartenden Ambulanz getragen. Es ist mitten in der Nacht! Kalt! Der Ambulanzwagen hat unterwegs einen Motorschaden, und wir müssen auf einen anderen warten. Danach muß Alain seinen Namen unter unzählige Formulare kritzeln, nachdem wir mehr als eine Stunde vor dem staatlichen Krankenhaus gewartet haben. Irma gibt Infusionen, horcht sein Herz ab und versucht so gut sie kann, die mexikanische Bürokratie auf Trab zu bringen, denn ohne jene Formulare wollen kein Arzt und kein Krankenhaus etwas mit dem Patienten zu tun haben, sei er tot oder lebendig. Alain ist jetzt bewußtlos.

Im Krankenhaus der Nonnen von »San Francisco« warten die sechs Arztkollegen, die Irma mobilisiert hat. Einer von ihnen ist der beste Spezialist auf dem Gebiet der orthopädischen Chirurgie, Luis Navarro. Nach stundenlangem Kampf – zweimal hat Alains Herz ausgesetzt – gelingt es den Ärzten, meinen Kapitän mit Sauerstoff und Infusionen ins Leben zu neuen Segelfahrten zurückzurufen. Das schräg- und flachgedrückte Becken und der eine Oberschenkelknochen, der sich zum Rücken hin verschoben hat, müssen zurechtgerückt werden; erst dann hören die Blutungen der überdehnten Blutadern und Blutgefäße auf, die eine Bauchfellentzündung hervorgerufen haben. Hätte der Arzt in Puerto Vallarta Alain aufgeschnitten, wäre er innerhalb weniger Minuten gestorben!

Nicht einmal während seiner Malariaerkrankung habe ich Alain so blaß gesehen, wie in dem Augenblick, als er aus dem Operationsraum gefahren wird. Seine Augen sind eingefallen, er scheint kaum zu atmen. Stundenlang sitze ich auf einem Stuhl an seinem Bett, machte Wachdienst und kontrolliere, daß die Bluttransfusion und der »Suero« richtig funktionieren. Ich suche nach Lebenszeichen und sehe, wie die Farbe bei jedem Blutstropfen, den er bekommt, allmählich in sein Gesicht zurückkehrt. Langsam kommt er zu Bewußtsein, öffnet die Augen, fängt an zu flüstern, und ich weiß, daß er leben wird. Aber wird er je wieder gehen können, segeln, ein Mann sein?

Nach zehntägigem Aufenthalt im Krankenhaus fahren wir Alain zu einem kleinen Zimmer, klein wie die Kabine der Pen-Kalet, in der Pension Fonda de Fuente meiner mexikanischen Freundin Lilia. Es ist sogar das gleiche Zimmer, in dem ich einmal meine Genesungszeit verbracht habe und in dem mich Irma mit ihren Freundinnen oft besucht hat, um mich aufzumuntern. Nachdem Irma und Doktor Navarro Alain in einem gemieteten orthopädischen Bett untergebracht haben, einer Art Hängematte mit Gewichten für das Becken und anderen Gewichten an dem verkürzten Bein, sieht das Zimmer mit seinen Apparaturen, Flaschenzügen und Stahlgerüsten fast wie das Innere eines Raumschiffes aus.

An diese Gerüste hängen die drei Mädchen vom Zimmer nebenan nach und nach eine Unmenge Bilder der Madonna von Guadelupe. Und wenn sie nicht ihren Beruf, den ältesten der Welt, ausüben, liegen sie auf den Knien in der Kirche und beten, daß der schöne Franzose seine Gesundheit wiedererlangen möge. Bald ähnelt das Bett einem abstrakten Weihnachtsbaum, der einzige, den wir zu Gesicht bekommen, als Heiligabend da ist. Unsere Finanzen stehen schlecht, obwohl sich die Ärzte vornehm weigern, ein Honorar von uns zu verlangen. Die Nonnen dagegen sind steinhart; ich muß eine meiner Kameras verkaufen, und bei Freunden Geld leihen. Was täte ich ohne meine Freunde?

Wir sind glücklich, zuversichtlich. Dr. Navarro glaubt nicht, daß Alain operiert werden muß. Alain lächelt dem Leben wieder zu, obwohl er Monat für Monat geduldig wie ein Engel unbeweglich auf dem Rücken liegen muß. Nach dreieinhalb Monaten werden neue Röntgenaufnahmen gemacht, und der Arzt ist zufrieden. Er entfernt die Stahlnägel, und Alain darf wieder aufstehen. Die Beinmuskeln sind erschlafft, und es fällt Alain schwer, an Krücken zu gehen, aber jeden Tag wird er stärker und kräftiger. Bald kann er die Treppe zur Terrasse auf dem Dach nebenan hinaufhumpeln, den Tauben zuschauen, die so lange in sein Ohr gegurrt haben, und die Sonne sehen, in deren Schatten wir gelebt haben; er beginnt, vom Meer zu träumen, von neuen Segelfahrten ...

Unser Haus ist ein Haus ohne Wände mit Tapeten aus Liebe, ohne Fenster und Türen und ohne Schloß. Anstelle von Bildern hängt Liebe an den Haken, und die Winde wohnen mit uns, wenn sie nicht gerade in der Bucht von Banderas Versteck spielen. Unser Haus hat

Wände aus Liebe, in den Palmenblättern des Daches wohnt der Skorpion mit der Krabbe, und die Katze schleicht eilig zwischen Lianen und Pfählen hindurch ...

Unmittelbar vor der Hausecke beginnt das Meer. Es singt uns in den Schlaf, es weckt uns morgens, es spült die Füße der Berge unterhalb des Palmen- und Bananenwaldes. Man könnte glauben, man wäre in der Südsee, aber dieses »Pseudo-Tahiti« heißt Yelapa und liegt zwei Stunden mit dem Boot von Puerto Vallarta entfernt.

Alain sitzt auf der Brücke, die zum Haus gehört, und angelt; aber die Fische scheinen die aufgeschwemmten Schweinedärme vorzuziehen, die unser Nachbar Isidor ins Meer geworfen hat. Sie teilen sich das Fressen mit unzähligen schreienden Möwen. Alain, der jetzt ohne Krücken und nur mit einem Stock herumläuft, trägt sein Korsett, wie der Arzt es angeordnet hat; mit seinem struppigen Trotzkij-Bart sieht er recht verwegen aus. Der andere Franzose des Dorfes, Pierre, kommt mit seinen Angelruten. Pierres große Leidenschaft im Leben ist der Fisch. Zunächst lebend, dann gebraten oder in der Suppe und schließlich als Erinnerung. Nur daß Fische in der Bratpfanne leider kleiner werden, um dann mit der Zeit zu Riesen anzuwachsen, so daß beim Erzählen ein Arm nicht mehr ausreicht und eine Armeslänge zum Zentimeter wird. Keine Nylonschnur ist so stark, daß sie die Ungeheuer, von denen Pierre erzählt, hätte an Land ziehen können, ohne zu reißen; und es gibt keine Arme, die genügend Kraft dazu besessen hätten.

Bei Sonnenuntergang lege ich meine Arbeit beiseite – ich schreibe den Text zum Mexiko-Bildband Erwin Fiegers, ein willkommener Auftrag, bevor wir nordwärts segeln – und gehe zur Brücke hinunter. Dort liegen einige kleine Silberfische und zappeln. Ein Prachtexemplar von Pelikan kommt herbei und taucht vor uns ins Wasser.

»Vielleicht ist es Al!« sage ich und rufe: »Al! Al! Al!«

Ist es nur Einbildung oder sieht der Pelikan aus, als horche er auf?

»Al, warum nennst du ihn Al?«

»Nun, Al ist ein Pelikan, der in Yelapa gewohnt und wie alle hier Marihuana geraucht hat ...«

»Du und deine Geschichten ...« sagt Alain. »Aber erzähl nur, wenn wir auch kein Wort davon glauben«, fügt er hinzu. Auf diese Weise ermuntert, beginne ich meine Erzählung.

XIX

Die Geschichte von Al, dem Pelikan

Dies ist die Geschichte von Al, dem Pelikan.

Dort oben, auf den Höhen von Yelapa, saßen wir bei Winnie und Tony in einer der komfortablen Palapas – ihr könnt sie von hier aus durch das tropische Dickicht kaum sehen –, die man speziell für reiche Gringos gebaut hat. Ich erinnere mich deutlich an die einzelnen Mitglieder der merkwürdigen Gesellschaft von Sonnenanbetern und Schönheitssuchern – alle auf der Flucht vor der Wirklichkeit und dem Treiben der Großstädte –, die sich nach einem mexikanischen Festessen, zubereitet von Pedro, Winnies glühendem Verehrer, um den wackligen Bambustisch versammelt hatten. Da war Tony, der Gastgeber – mit einem Schädel wie aus Elfenbein geschnitzt –, dessen Beruf es war, die Schönheit zu lieben, nichts zu arbeiten, nichts anzuziehen, der ewige Strandläufer, der endlich sein Paradies gefunden hatte; und Winnie, seine Ehefrau, eine feingliedrige Tapisseriefigur, neben ihm in den Boden gestickt, die Beine zierlich gekreuzt. Mit den schwarzen, auf die Schultern herabfallenden Haaren und dem Kleid aus Oaxaca sah sie indianischer aus als eine Indianerin. Überhaupt nicht wie die schicke New Yorker Park-Avenue-Lady, die sie in Wirklichkeit war. Victor, ein mexikanischer Schauspieler, in dessen jungem, aber bereits zerfurchten Gesicht nur zwei Ausdrucksmöglichkeiten übriggeblieben waren – Sturm oder völlige Leere –, saß rauchend und unbeweglich da, ohne ein Wort zu reden. Seine schräggestellten Augen waren halb geschlossen, als schliefe er in wachem Zustand. Da war auch Ophelia mit ihren nicht immer geglückten Gedichten, die aber ihre frühere Lebensangst überwunden hatte, und Pat, aus augenfälligen Gründen »La Fruta« genannt, die ihre Weiblichkeit auf üppige Weise zur Schau stellte, peinlich sichtbar für jeden Mann – wehe ihm, wenn er es nicht gebührend zu würdigen verstand! Paul mit seinem hellroten Van-Dyck-Bart ähnelte sehr einem frustrierten, aber immerhin geistreichen Ziegenbock. Er hatte sich nie gestattet, von etwas anderem zu träumen als von wilden Sexorgien in diesem tropischen Paradies.

Rechts: *Der »herabstürzende Gott« von Tulum, der Ikarus oder Astronaut der Mayas.* Folgende Seite oben: *Vier Navajo-Medizinmänner kommen aus dem Schwitzbad heraus.* Unten: *Ein Ha-tah'lih der Navajos.* Übernächste Seite links oben: *Ein Webstuhl in der Wüste von Arizona. Hier werden die berühmten Navajo-Teppiche gewebt.* Rechts oben: *Eine Navajo-Indianerin mit einem Türkis-Herzen.* Unten: *Navajo-Sandmalerei in der Wüste des Monument Valley.*

An diesem besonderen Abend, als die Palmenkronen vor dem rötlichen Abendhimmel schwarz wurden, saßen wir gemütlich beisammen, den Magen voller Langusten, und ließen unsere Blicke über die Bucht schweifen, die einer farbenreichen Palette ähnelte.

Ein riesiger Flügelrochen hob sich aus dem Meer unten in der Bucht. Längere Zeit stand er dort wie ein Gespenst mit ausgebreiteten Flügeln und verdeckte die Sonne am fernen Horizont; dann versank er langsam im Meer, nahm die untergehende Sonne mit sich, und wir fragten uns, ob er überhaupt aufgetaucht sei.

Ophelias Stimme kam aus der Dämmerung:

Don't stay between me and the setting sun
let my eyes get blinded and my face all alight
what do I care when turned to the sun
that my shadow behind is longer than night!

(Steh nicht zwischen mir und der untergehenden Sonne,
laß meine Augen blind werden und mein Gesicht hell.
Was kümmert es mich, zur Sonne gewendet,
daß mein Schatten länger ist als die Nacht!)

»Deine Gedichte, liebliche Ophelia, sind genau so schön wie ein Pfau ohne Schwanz!«

»Laß die Schmetterlinge arbeiten«, summte Ophelia. »Laß, laß, laß die Schmetter-Schmetter-Schmetterlinge arbeiten.«

Der Halbmond trat aus den Wolken hervor und übernahm die Beleuchtung, während Miles versuchte, unsere umherschweifenden Gedanken an seine Musik zu fesseln, eine Musik, die aus einem Plattenspieler zu uns drang und sich mit dem Brausen der Wellen und dem Rascheln der Nachtbrise in den Palmwedeln vermischte.

In dieser Stunde der Melancholie und Einsamkeit, nachdem die Sonne im Meer versunken war, verspürten wir plötzlich alle das Bedürfnis nach tieferen philosophischen Gesprächen. Die Konversation, die mit dem Rauch unserer Zigaretten träge dahingeschwebt war, konzentrierte sich nun auf die Verwandlung des Menschen in andere Existenzformen, auf das Übernatürliche, auf die Verwandlung in Tiere, die die Fähigkeit haben, sich Menschen mitzuteilen.

Oben: *Ein Indianer aus den Navajo-Bergen von Arizona.* Links unten: *Arlène Sells, eine Navajo-Schönheit.* Rechts unten: *Ein Navajo-Reiter; sein Pferd ist allerdings nicht blau!*

Paul sagte:

»Menschen haben oft eigenartige Träume, in denen sie etwas anderes sein wollen – und der Traum ist der Vater der Realität.«

»Es ist umgekehrt, glaube ich«, sagte Tony. »Die Realität ist die Grundlage unserer Träume. Menschliche Bedürfnisse setzen oft gewaltige Kräfte in Gang.«

Mit unveränderter Miene, ohne auch nur die leiseste Bewegung seines Kopfes, sagte Victor:

»Ihr sagt beide das gleiche. Erst das reale Bedürfnis, dann der Traum und dann die Erfüllung des Bedürfnisses in der Realität, allerdings nicht immer so, wie man es sich wünscht – manchmal nur grob entstellt.«

»So ist es! Du hast es richtig ausgedrückt!« sagte Tony.

Pat inhalierte tief und blies dann Rauchwölkchen aus ihren Nasenlöchern, als wäre sie eine exotische Göttin:

»Wer war jener Mann, ein New Yorker Bankier oder etwas Ähnliches, der wie ein Wahnsinniger darauf versessen war, in eine Möwe verwandelt zu werden? Wie hieß er doch gleich?«

Ophelia starrte in die Ferne und antwortete sofort:

He told me his name
when he took me into his arms
I have forgotten the name
but I still feel the warmth
of his nameless embrace.

(Er nannte mir seinen Namen,
als er mich in seine Arme nahm.
Ich habe den Namen vergessen,
aber ich fühle noch die Wärme
seiner namenlosen Umarmung.)

»Hör auf, Ophelia, hör auf! Wer war das, Paul? Wie hieß er gleich?«

»Ich erinnere mich auch nicht, Pat. Aber vielleicht erinnert sich Tony. Er war ein Freund von dir, nicht wahr?«

»Jawohl, er war mein Freund.« Geistesabwesend zwirbelte Tony die Spitzen seines schwarzen Schnurrbarts zwischen zwei Fingern. »Man kann sogar sagen, daß er mein bester Freund war.«

Unsere Aufmerksamkeit konzentrierte sich auf Tony, der jetzt seine langen Finger vom Schnurrbart nahm und eine Zigarette zu drehen begann. Er machte daraus ein Ritual, siebte das Gras zu einem langen, schmalen gleichmäßigen Häufchen, während die Samen fortflogen und sich auf seinen braungebrannten Beinen niederließen, rollte langsam das Papier – und gewann auf diese Weise die Zeit, die er brauchte, um im Kopf die Bruchstücke seiner Geschichte zu ordnen. Als er eine solche Spannung erzeugt hatte, daß selbst die Grillen schwiegen, stieß er eine dichte Rauchwolke aus und begann endlich seine Erzählung:

»Natürlich hatte er einen Namen, Pat, nämlich Al; und er hatte die wahnsinnige Idee, nicht in eine Möwe, sondern in einen Pelikan verwandelt zu werden.«

»Ich wußte, daß es eine Art Seevogel war«, sagte Pat.

»Und er war Börsenmakler, nicht Bankier. In der Wall Street. Als Junge wollte er Pilot werden. Lungerte immer am Flughafen seiner Heimatstadt herum, bis seine Mutter, erschrocken über den gefährlichen Beruf, den ihr Sohn ergreifen wollte, ihn mit ihrer üblichen unwiderstehlichen Sanftheit überredete, seine hochfliegenden Pläne aufzugeben und etwas Praktisches und weniger Gefährliches zu werden. Zum ersten Mal begegnete ich Al in der Wall Street.«

Tony schwieg, und wir versuchten, uns die Wall Street und das Menschengewirr in den Betonschluchten New Yorks vorzustellen. Dann fuhr er fort:

»Wir wurden ziemlich rasch Freunde. Vielleicht weil ich ihn nicht ausgelacht habe, als er mir erzählte, er würde gern ein Pelikan werden. Ich erinnere mich noch an den gespannten, fast ängstlichen Ausdruck in seinen blauen Augen, als er das erste Mal davon gesprochen hat. Als ich sagte: ›Das könnte interessant sein!‹ war er auf einmal ein völlig anderer Mensch, seine Augen begannen zu leuchten, sein ganzes Gesicht strahlte. Nach und nach verwandelte sich sein zaghaftes Vertrauen in heitere Ungezwungenheit. Nach Börsenschluß saßen wir oft in aller Ruhe in seinem Büro und machten gemeinsam, umnebelt vom Rauch unserer Zigaretten, eine Reise in seine imaginäre Pelikanwelt.

Als ich Al zuerst kennenlernte, war er ein langer magerer Bursche mit einem Bäuchchen. Im Lauf der Jahre nahm der Bauch zu, der Oberkörper dehnte sich, und die Beine wurden kürzer. Er hatte immer schon einen hervorstehenden Adamsapfel gehabt, den er beim Sprechen hinunterzuschlucken schien, was ihm jedoch nie ganz gelang. Diese Eigenart führte dazu, daß sich der Hals nach vorne und der Kopf nach hinten bog; außerdem besaß er ein kleines Doppelkinn – seltsam genug für einen so mageren Mann –, und jedes Mal, wenn ich ihn sah, schien es größer zu werden.

Und dann Als Augen! Sein ursprünglich klarer und offener Blick wurde allmählich immer verschlagener und lauernder – als wäre er ein wildes Tier, das seine Beute sucht! Zunächst glaubte ich, es komme davon, daß er täglich die Börsenkurse las. Er war ein gewitzter Börsenmakler, dem bei seinen Spekulationen fast nie ein Fehler unterlief.«

Tony stieß unter seinem schwarzen Schnurrbart eine weitere Rauchwolke hervor und reichte die Zigarette seinem Nachbarn. Niemand sprach ein Wort, und schließlich nahm er seine Erzählung wieder auf:

»Kurz und gut, mit Als Hilfe machte ich ein Vermögen. Ich verließ New York, um mir ein Paradies zu suchen, wo ich meinen Reichtum genießen konnte, und gelangte so nach Yelapa. Hier vergaß ich alle Börsenspekulationen, Al und die Zeit, und die Hast des Großstadtlebens wurde durch ein gemächlicheres Tempo ersetzt.

Eines Tages, ich lebte schon lange in meinem bukolischen Paradies, sonnte ich mich auf einem Bambusfloß in der Lagune, die so voll Wasser war, daß sie fast überlief, denn die Regenperiode näherte sich allmählich ihrem Ende, und die Wassermassen des Flusses stürzten seit Wochen von den Jaliscobergen herab. Wir fragten uns, ob die kleine Sandzunge, die unseren ›See‹ vom Meer trennte, standhalten oder ob eine Katastrophe eintreten würde. Ein Jahr zuvor war ein Mann auf seinem Maultier just in dem Augenblick über die Sandzunge geritten, als sich die liebesbedürftige Lagune mit dem Meer verheiratete. Er wurde weggeschwemmt, und man hat ihn nie wieder gesehen.

Jedenfalls, als ich mich auf dem Floß sonnte, war alles ruhig und still, außer dem ewigen Lied der See, dem fast unhörbaren Rascheln des Palmenwaldes, dem leisen Atmen des Wassers gegen die Bambusstangen unter meinem Körper und dem plötzlichen Schrei eines Seevogels am Himmel. Dann und wann schnellte ein Fisch durch die Wasseroberfläche und hinterließ Kreise, deren Wellen im Nichts verschwanden. Ein Reiher flog an einem Taubenschwarm vorbei. Hyazinthen und Wasserkresse bedeckten den Strand der Lagune. Der Duft einer tropischen Blume mischte sich mit dem herben Geruch des Meeres, und die Sonne brannte heiß auf meine nackte Haut. Ich war glücklich. Ich dachte an nichts, fühlte nichts, freute mich nur über die Geräusche und Düfte, die mich umgaben.

Während ich so dalag, beobachtete ich durch den Rauch meiner Zigarette einen Schwarm von Pelikanen, die über meinem Kopf kreisten, die Hälse und Kehlhautsäcke ausgestreckt wie exotische Ausrufezeichen. Plötzlich löste sich einer von ihnen aus dem Schwarm, tauchte ins Wasser und schwamm zu meinem Floß. Etwa einen Meter davon entfernt hielt er an. Ich drehte mich zur Seite, um ihn besser ansehen zu können, und als sich unsere Blicke begegneten, wußte ich, daß es Al war.

Ein Gefühl des Triumphes ging von ihm aus. Seine wohlvertrauten humorvollen blauen Augen strahlten vor Glück. Schweigend betrachteten wir einander eine Weile lang. Dann neigte er den Kopf, als wollte er sagen, daß er meine Gedanken lesen könne, und ein Gefühl der Glückseligkeit und des Wohlbehagens durchdrang mich, weil ich nach all den Jahren meinen alten Freund wiedergefunden hatte. Ich rollte noch eine Zigarette, zündete sie an und reichte sie Al, wie damals im New Yorker Büro. Nur daß ich sie diesmal in seinen Schnabel steckte, denn seine Arme waren von ihrer neuen Funktion als Flügel völlig beansprucht. Er paffte mit sichtlichem Vergnügen, inhalierte tief und hielt den Rauch lange in seiner befiederten Brust fest, bevor er ihn langsam durch die beiden Löcher an seinem Schnabelansatz entweichen ließ.

Man sagt, Dunkelheit und Nebel förderten die Kommunikation zwischen Geistern und Menschen, aber an jenem strahlendhellen, sonnigen Tag hatte unsere Begegnung nichts Übernatürliches an sich. Al kam mir völlig natürlich vor, und ganz und gar zufrieden mit seinem Los, ein Pelikan zu sein.

Der Schwarm, den er verlassen hatte, um zu mir herunterzukommen, kreiste lautlos über unseren Köpfen, lauter Pelikanweibchen, die geduldig Als nächsten Befehl abzuwarten schienen. Ich muß gestehen, daß ich ein wenig neidisch auf ihn war.«

Winnie stieß ein gurgelndes Lachen hervor und blickte recht sonderbar drein. Irgend etwas Seltsames, das ich mehr spürte als sah oder hörte, war geschehen, so rasch und unmerklich, daß ich es nicht weiter beachtete und mich wieder Tonys Geschichte zuwandte.

»Kaum hatten wir die Zigarette zu Ende geraucht, drehte ich unter Als zustimmenden Blicken eine neue, und während wir sie gemeinsam rauchten, ich auf dem Floß liegend und er träge auf dem Wasser neben mir schaukelnd, erlebten wir zu unserer Freude die vollkommenste Harmonie und Gemeinschaft. Der Gedanke, daß er den ganzen Erdball umflogen hatte, nur um mich zu besuchen, stimmte mich froh und dankbar.

Schließlich verloren seine Augen den träumerisch-glücklichen Ausdruck; sein Blick wurde scharf und vogelgleich. Er seufzte tief, so daß sich seine sonnengetrockneten Federn aufplusterten, nickte mir zum Abschied zu, spannte seine Flügel und hob sich aus dem Wasser. Er zog einen eleganten Kreis über mir und dem Floß und schwang sich dann empor, um zu seinen Frauen zu fliegen. Ich sah, wie er sie in anmutiger Formation in Richtung Mismaloya führte.

Nach dieser ersten Begegnung kam Al an jedem regenfreien Tag. Ich lag dann gewöhnlich auf dem Floß, und er schwamm neben mir im Wasser. Wir rauchten schweigend unsere Zigarette, verstanden uns prächtig und freuten uns über die wiedergewonnene, lange entbehrte Freundschaft.

Mit keinem Menschen sprach ich über unsere Begegnungen, nicht einmal mit Winnie! Meine Verschwiegenheit verlieh ihnen in gewisser Weise einen besonderen Reiz. Das magische Vergnügen, das ich dabei empfand, würde verschwinden – so fühlte ich –, wenn ich darüber redete.

Allmählich regnete es immer heftiger, die Lagune schwoll an, und die kleine Sandzunge schien dem Druck der Wassermassen kaum noch standhalten zu können. Jeden Tag warteten wir darauf, daß sie nachgeben und die angestiegene Lagune sich ins Meer ergießen würde. Wir hatten sogar mehrere Häuser am Fuße des Berges mit Sandsäcken verbarrikadiert, um sie vor einer eventuellen Überschwemmung zu schützen.

Eines Tages fühlte ich deutlich, daß sich eine Katastrophe anbahnte. Der Himmel war völlig bedeckt, steingrau! Während der ganzen Nacht hatte es oben in den Bergen geregnet, und der Wind trieb das Wasser in weißen Wellenkämmen vor sich her, sogar in der Lagune. Das Meer brüllte, und furchtbare Brecher rollten heran. Winnie war ausgegangen, ich stand hier oben mit meinem Fernglas und hielt nach ihr Ausschau.

Plötzlich kam Al angeflogen. Er flatterte wild aufgeregt um mich herum, und seine runden Augen schauten mich entsetzt an. Zweifellos versuchte er, mir etwas verständlich zu machen, er winkte mir mit den Flügeln zu, als sollte ich ihm folgen! So lief ich ihm nach, den steilen Pfad hinunter, der zwischen windzerzausten Bananenstauden zum Strand hinabführte.

Die Lagune war inzwischen so gestiegen, daß sie unsere kleine Badehütte aus Bambus fortgeschwemmt hatte, und mächtige Wellen schlugen gegen den Strand. Ich bekam große Angst um Winnie, denn sie ging oft auf einsamen Spaziergängen die Sandzunge entlang, die jetzt von der Lagune und vom Meer her von wilden Wellen angegriffen wurde. Ich spähte in alle Richtungen, aber ich sah sie nirgends.

Al stieß laute Schreie aus und kreiste in großer Geschwindigkeit um meinen Kopf. Ich sollte offensichtlich ins Wasser hineinwaten. Als ich bis zu den Knien im Wasser stand, kam ein gewaltiger Brecher, warf mich um und trug mich hinaus. Ich kämpfte mich zur Oberfläche hoch und versuchte, den Strand zu erreichen, aber Al war dort und schlug mich hart mit den Flügeln, als ob er mir befehlen wollte, ins Meer hinauszuschwimmen.

 Im gleichen Augenblick ertönte ein gewaltiges Dröhnen, als erbebte die Erde in ihren Grundfesten. Das Wasser wogte auf, eine Riesenwelle ergriff mich und trug mich fort, als wäre ich eine Feder. Von ihrem Kamm aus konnte ich sehen, wie die Sandzunge von einer gigantischen Flutwelle fortgespült wurde und das Wasser der Lagune sich plötzlich ins offene Meer ergoß. Ich wurde fortgerissen, hilflos wie die entwurzelten Hyazinthen, die um mich herumwirbelten. Das Wasser schien mich auf seinem schäumenden Gischt aufzubojen, der blaßgelb wie Schwefel war, und ich erinnere mich deutlich an den Schwefelgeruch um mich herum.

Plötzlich, in einiger Entfernung von der zerstörten Sandzunge, erblickte ich Winnie, die mitten im Gischt der wirbelnden Wellen um ihr Leben kämpfte. In engen Kreisen flog Al eine Weile über ihr her, dann flog er so niedrig, daß sie seine Füße ergreifen konnte. Er war natürlich nicht stark genug, um sie aus dem Wasser zu ziehen, aber sie konnte sich an seine Füße hängen und den Kopf über Wasser halten.

Ich kämpfte mich zu ihr durch. Irgendwie brachte Al es fertig, sie über Wasser zu halten, bis ich bei ihr war. Als ich einen Arm sicher um sie geschlungen hatte, ließ sie Als Füße los; er flog etwas nach rechts hinüber und dann zurück, um über uns zu kreisen. Er wiederholte dies, bis ich verstand, daß ich ihm folgen sollte. Ich legte meinen Arm über Winnies Brust und zog sie langsam in die Richtung, die Al mir wies. Eine Ewigkeit, so schien es mir, kämpfte ich gegen die wütenden Elemente: die Lungen drohten mir von der Anstrengung zu platzen, und Winnies schwerer lebloser Körper zog mich oft zwei Schwimmzüge zurück, wenn ich gerade einen vorwärts gemacht hatte. Als ich schon alles verloren glaubte und wir in Gefahr waren, hilflos in den Wasserstrudel hineingerissen zu werden, berührte meine Hand etwas Festes! Mein Floß!

Mein Floß! Aus luftiger Höhe hatte Al es entdeckt und uns zu ihm geführt. Mit übermenschlicher Kraft, wie wir sie oft besitzen, wenn unser Leben in Gefahr ist, gelang es mir, Winnies leblosen Körper auf das Floß zu ziehen und nach ihr hinaufzuklettern. Dann verlor auch ich das Bewußtsein.

Nur ein Wunder kann uns gerettet haben, als wir auf dem zerbrechlichen Bambusfloß lagen, in einem Meer, das unter der Gewalt des Sturmes und des Erdbebens verrückt geworden war und in dem sich Haie und Schlangen tummelten. Ich erinnere mich, daß ich während dieses Alptraums hin und wieder ein wenig zu Bewußtsein kam, und trotz des schrecklichen Unwetters spürte ich die Anwesenheit von irgend etwas, das uns beschützte, ein Gefühl von Flügeln, die uns vor der Vernichtung bewahrten.

Wie wir gerettet worden sind, weiß ich nicht; es wird immer ein

Geheimnis bleiben. Aber, wie ihr heute abend selbst seht, sind wir nicht ertrunken. Unser Floß hat es irgendwie fertiggebracht, uns an Land zu spülen. Als wir das Bewußtsein wiedererlangten, strahlte die Sonne auf uns herab, und das erschöpfte Meer liebkoste friedlich den Sand; etwa fünf Meter von uns entfernt lag das zertrümmerte Floß. Es war ein fremder Strand, viele Meilen von Yelapa entfernt, und wir brauchten zwei Tage, bis wir wieder nach Hause zurückfanden, denn es gab, ebensowenig wie heute, keinen Weg nach Yelapa. Als wir zurückkamen, erkannten wir unser Dorf kaum wieder. Das Erdbeben hatte die Sandzunge vernichtet, und die anschließende Flutwelle hatte die meisten Häuser am Strand mit sich gerissen.

Das Traurigste von allem war für mich, daß ich Al, meinen Freund Al, verloren hatte. Seit jenem schrecklichen Ereignis habe ich ihn nie wieder gesehen. Ich fürchte, daß er sich bei unserer Rettung überanstrengt hat und im Meer ertrunken ist. Jedesmal wenn ich einen Pelikan sehe, hoffe ich, daß Al zu mir zurückkommt, um mit mir wie in alten Tagen eine Zigarette zu rauchen. Ich vermisse ihn sehr!«

Tonys Blick schweifte in die Ferne. Nach einer Weile fügte er betrübt hinzu:

»Ich habe mich nicht einmal bei ihm bedanken können, daß er meine Winnie gerettet hat!«

Winnie begann erneut leise vor sich hin zu lachen, während der Rauch ihrer Zigarette zwischen ihren feuchten halboffenen Lippen hervorringelte. Ich betrachtete sie genauer, wie sie da auf dem Boden am Stuhl ihres Mannes saß. Im trüben Licht des Halbmondes, der in den Palmenkronen hing, sah ich – oder bildete ich es mir ein? – durchsichtige Flügel unmittelbar hinter ihr flattern. Die glühende Zigarette jedoch, die in der Dunkelheit über ihr hing, war nicht durchsichtig, und auch der Rauch, der davon aufstieg, war keine Einbildung! Es war Wirklichkeit! Und ich wußte, daß Al noch am Leben war, und ich wußte auch, warum er nicht zu Tony zurückkam! Seine Belohnung hatte er bereits bekommen!

XX

Allein im zerbrechlichen Fahrzeug

Das Schwalbenpärchen, das sein Nest in »Analias« Bambusbaum gebaut hat, fliegt fort, gefolgt von einem Schwarm piepsender Junger. Zu ihrem Schrecken haben sie plötzlich entdeckt, daß sie sich weit draußen in der Bucht von Banderas befinden, auf dem Weg in die Vereinigten Staaten, und kehren in ihr grünes Paradies zurück. Alain und ich dagegen sind glücklich, endlich unterwegs zu sein, nachdem der Rippenbruch der Pen-Kalet repariert und sie vom Land wieder ins Wasser gelassen worden ist. Natürlich habe ich ein wenig Angst, daß die Wunde an Alains Hüfte wieder aufbrechen könnte, aber er tröstet mich und meint, es sei besser als früher; denn wenn ein Bein kürzer ist als das andere, sei es leichter, bei Seegang das Gleichgewicht zu halten und er merke schon gar nicht mehr, daß er hinke. Keine Macht der Welt kann ihn dazu bewegen, das vom Arzt verschriebene Korsett anzulegen; er hat seine Tätigkeit als Kapitän wieder aufgenommen und erinnert mich daran, daß ich nicht mehr Krankenschwester, sondern wegen meiner guten Dienste vom Gast zum Steuermann befördert worden sei.

Selbstverständlich bin ich auch immer noch Köchin, und wie auf Bestellung beißen zwei Meereshechte in die federbuschgeschmückten Metallfischköder, die wir hinter dem Boot herziehen. Den einen verwandle ich sofort in »Ceviche«: roh mit Zitrone, gehackter Zwiebel, Tomate und Chili, den anderen reibe ich mit Zitrone und Soyasauce ein und hänge ihn zum Trocknen auf. Und während die Sonne wie eine japanische Laterne über den Islas Marias hängt, Mexikos »Teufelsinseln«, auf denen die Staatsgefängnisse liegen, verliere ich im Schach und siege in der Liebe. Der Wind stirbt mit der Sonne, die den Himmel feuerrot färbt, die Nacht bricht an, und nach langer Zeit beginnt meine erste Wache auf See. Alain schläft.

Bei Flaute ist das Schweigen auf dem Meer tiefer als irgendein anderes Schweigen. Es ist so still, daß ich die Schläge meines eigenen Herzens hören kann. Ein gespenstischer Nebel umgibt mich und macht alles unwirklich, geheimnisvoll; zu einem Geheimnis wie dem der Dschungelnacht, auf das Meer übertragen. Die Segel sind schlaff, und das Boot dreht sich im Kreise, als zöge es ein unsichtbares Seeungeheuer. Das Schweigen wird von sonderbaren, glucksenden Geräuschen unterbrochen: sie stammen von Tieren und Fischen, die sich unter der ölig wirkenden Wasseroberfläche versteckt haben. Man hört Atemzüge, Flüstern, Seufzer. Ein schwarzer Vogel kommt aus dem Nichts und setzt sich mit ausgebreiteten Flügeln auf das Ruder. Er krächzt gräßlich. Ein unsichtbares Weibchen antwortet aus dem opalfarbenen Dunst. Die Sterne und der Mond,
 der den Nebel weißlich-matt schimmern läßt, sind nicht zu sehen,

und Himmel und Meer haben die gleiche Farbe oder eher den gleichen Mangel an Farbe. Endlose Einsamkeit umgibt mich. Plötzlich sehe ich einen schwachen Lichtschein. Unter dem schwarzen Vogel hängt ein phosphoreszierendes Skelett! Es ist unser Meereshecht, dessen planktonbedeckte Schuppen aufleuchten! Unsichtbare Flügelschläge stören das sonst so undurchdringliche Schweigen. Ein Delphin schnaubt.

Wie auf die Predigt das Amen folgt auf die Ruhe der Sturm! Er heult, brüllt und gröhlt! Der Wind zerfetzt den Nebel, und im Licht des Halbmondes sehen wir, wie das Meer in schäumenden weißen Wellen die Zähne zeigt. Anstelle von »Barbara« hissen wir »Analia«, dann wieder »Barbara« und so fort. Der Wind nimmt an Heftigkeit zu. Was für ein Lärm in der Kabine! Kräftige Stöße, als ob die Pen-Kalet ihren Holzrumpf mitten auf dem Meer gegen Steine schlüge; es pfeift und jammert, Ketten rasseln, und die Segel schlagen. Man wird wie ein loser Gegenstand umhergeworfen, verliert alle Begriffe von senkrecht, waagrecht, Süden und Norden, Osten und Westen. Himmel und Meer vermischen sich zu einem einzigen brüllenden Element. Es ist kalt. Nach so vielen Jahren in den Tropen haben wir keine Wollsachen, keine Handschuhe, Socken, Stiefel, Decken! Das Wasser, das in Kaskaden über das Deck spült, verbreitet Eiseskälte. Keine Rede von Schlaf oder Ruhe.

Es dauert ganze zehn Tage, bis wir mit gerefften Segeln Cabo San Lucas erreichen; vergebens haben wir zuvor zwei Tage lang versucht, Cabo Falso, die Südspitze von Baja California, zu umsegeln. Fischerboote, unzählige Segel- und Motoryachten haben ihre Zuflucht vor dem Sturm in der kleinen windgeschützten Bucht gefunden, in die nur der Südwind eindringen kann. Die Bar neben dem vornehmen Hotel von Camino Real ist voll von Krabben- und Thunfischern, Seglern und Touristen; bei Bier und Rum unterhält man sich über Stürme, Schiffbrüche und Piratenschätze aus alten Seeräuberzeiten; denn früher lauerten hier, in der zwischen zwei Meeren ideal gelegenen Bucht, die Piraten, um die Manila-Galeonen oder China-Schiffe zu überfallen. Mit Gold, Silber und Gewürzen beladen, segelten die Handelsschiffe im Juli von den Philippinen los, hielten Richtung Nordost, bis sie auf Kuro Siva, die japanische Strömung, trafen, die ihnen half, ungefähr bei Monteray Kalifornien zu erreichen. Danach segelten sie südwärts nach Acapulco, wo sie im Januar oder Februar des folgenden Jahres ankamen, es sei denn, sie wurden von den Piraten gekapert! Man munkelt, auch Francis Drake habe sich hier des öfteren herumgetrieben. Und der Schatz, den der englische Seeräuber Thomas Cavendish von dem spanischen Schiff »Santa Ana« geraubt habe, sei nie wiedergefunden worden, sondern liege immer noch, von bellenden Seehunden bewacht, in einer der Höhlen bei den südlichen Schären der Bucht begraben. Und es geht das Gerücht, daß Robinson Crusoe in Cabo San Lucas gewesen sei! Im Jahre 1710 soll der Seeräuber Woodes Rogers, der Retter Alexander Selkirks, wie Robinsons wirklicher Name gelautet hat, mit seinem Piratenschiff auf dem Weg von den Juan-Fernandez-Inseln nach England hier geankert haben und Selkirk sei ein Mitglied der Schiffsbesatzung gewesen.

Wenn auch nicht alles stimmt, so gibt es doch auf jeden Fall viele Seehunde und See-Elefanten in den Felsenhöhlen am Rande der Bucht. Die Meeresbewohner kriechen die Klippen hinauf und halten dort Messen, die noch in weiter Ferne zu hören sind. Ihr Chorgesang, der vom Orchester des Meeres begleitet wird, ähnelt natürlich eher einem Gebell oder Geheul, Robbenohren dürften ihn allerdings als harmonisch empfinden. Die Robben spielen im Wasser, umzingeln das Boot und starren uns den ganzen Tag lang an; eine von ihnen ist so gesellig, daß sie zusammen mit den Touristen an den Strand schwimmt. Seewölfe nennt man sie hier, Lobos!

Nach einigen Tagen willkommener Rast, in denen wir unsere Segel flicken, brechen wir wieder auf. Das Wetter ist schön, der Wind ziemlich stark. Bereits nach einer Stunde zerbricht die Saling und reißt ein Loch in die Genuafock; wir müssen in unsere geschützte Bucht zurückkehren, zu den bellenden Seehunden und zum kalten Bier in der Bar, wo man sich Geschichten von Seeräubern und Schiffbrüchigen erzählt. Die Fischer auf den Nachbarbooten, die das rustikale Äußere der Pen-Kalet und unsere Spanisch-Kenntnisse zu schätzen wissen, kommen jeden Tag mit Eimern voll riesiger Krabben, die wir auf die verschiedenste Weise zubereiten: gekocht mit Mayonnaise, gegrillt mit Knoblauch, nach mexikanischer Art mit Chili, Tomaten und Zwiebeln, als Suppe mit Kräutern und Safran, in Curry, paniert. Wir trinken Rum, reden über Mexiko und über das Meer, erhalten gute Ratschläge für unsere Segelfahrt nach Norden und Tips über Strömungen, gefährliche Kaps und Schären; und über Ankerplätze, die vor dem Nordwestwind geschützt sind, der während dieser Jahreszeit ständig weht – gerade aus der Richtung, in die wir segeln wollen.

Und so segeln wir wieder los. Aber glaubt nicht, daß es diesmal leichter ist! Erneut zerbricht die Saling und zerreißt das Segel, diesmal mitten in der Nacht. Alain muß in den Stagen hochklettern, um den Schaden zu beheben, während ich mich so gut ich kann festhalte und mit einer Taschenlampe leuchte. In der hohen See krängt das Boot, und ich habe Angst, Alain oder ich könnten über Bord fallen. Als wir, begleitet von Delphinen, in die Bucht von

Santa Maria einlaufen – begrüßt von den Walen, die Wasserstrahlen in die Luft spritzen, so hoch wie die Fontänen von Versailles –, sind wir ziemlich erschöpft.

Tag um Tag vergeht, der Wind ändert niemals die Richtung, nur die Stärke. Wir kämpfen weiter. Eines Nachts zerreißt das Großsegel, und während wir es reparieren, treiben wir südwärts ab und brauchen zwei ganze Tagesreisen, bis wir wieder an der Unglücksstelle sind!! Wir frieren, wir sind müde, blicken aber eisern geradeaus, nach Nordwesten.

In einer glitzernden Sternennacht mit unzähligen Sternschnuppen, so vielen, daß ich nicht für alle Wünsche habe, sitze ich am Ruder und denke an einen Vers, den ich als Kind von irgendwem gehört habe:

Ensam i bräcklig farkost vågar
seglaren sig på det vida hav
över honom stjärnnatten susar
under brusar hemskt hans grav
Framåt! så är hans ödes bud
i djupet bor liksom i himlen Gud!

(Allein im zerbrechlichen Fahrzeug
wagt sich der Segler aufs wilde Meer
über ihm saust die Sternennacht
unten braust fürchterlich sein Grab.
Vorwärts! ist das Gebot seines Schicksals,
in der Tiefe wie im Himmel lebt Gott!)

So erschöpft bin ich, daß ich schließlich das fürchterlich brausende Grab völlig vergesse und einschlafe. Ich träume, daß ich in einem Sarg begraben liege, aber trotzdem nach oben sehen kann. Ich sehe die Blumen, die unter der Erde wachsen, ihre Wurzeln, und beginne zu kratzen, um den Himmel sehen zu können. Unter meinen Nägeln sammelt sich schwarze Erde, und Erde fällt auf meine Augen, aber endlich kann ich sehen! Ich sehe eine Wiese mit den schönsten Sommerblumen, und der Himmel ist voller Sterne, obwohl es mitten am Tag ist! In diesem Augenblick weiß ich, daß ich sterbe. Das Leben entschwindet aus meinem Körper, Eiseskälte verbreitet sich in meinen Gliedern, zuerst in den Fingerspitzen und in den Zehen, dann allmählich im ganzen Körper; gleichzeitig lösen sich alle Sterne vom Himmel und fallen mit leuchtendem Schweif durch die Luft herab. Ein so überwältigendes Schauspiel, daß ich vergesse, mir etwas zu wünschen.

Dann höre ich Gelächter und Rufe. Ich entdecke, daß ich mit ausgestreckten Armen daliege und gekreuzigt werde. Jedesmal, wenn ein Nagel in meine Hände und Füße geschlagen wird, wächst aus dem Loch eine Blume. Ich bin glücklich, fühle keinen Schmerz. Ich höre Kinder lachen. Eine Schnur wird durch die Löcher in meinen Händen und Füßen gezogen, und man zieht daran, genau wie bei einem Hampelmann. Gehorsam bewege ich Arme und Beine und fühle mich glücklich über das Lachen der Kinder auf der Sommerwiese, wo ich liege. Ich spüre den Duft von Erde und Grün, den lieblichen Duft von Wiesenblumen ...

Lachen weckt mich auf.

»Wenn du so weitersteuerst, sind wir bald in Tahiti angelangt!« sagt mein Kapitän. »Du steuerst geradewegs in das Kreuz des Südens hinein!«

In diesem Augenblick fällt ein weiterer Stern vom Himmel, und ich wünsche mir etwas, was ich schon besitze. Über den Himmel rast eine Weltraumkapsel mit gelangweilten Astronauten darin, und der Mond öffnet seinen Schlund, um die erste Lande-Expedition zu schlucken.

Ungefähr jeden fünften Tag ankern wir in einer Bucht, um auszuruhen, unsere Kleider zu trocknen und die Segel zu flicken. Die arme »Barbara« sieht viel älter aus als sie ist. Werden die Segel halten, werden die Stagen halten, bis wir in San Diego sind?

Nach der Cedros-Insel Amalgua – Ullova, der die Insel im Jahre 1540 entdeckte und danach spurlos in Nebel und Meer verschwand, nannte sie »Insel des Nebels« – gelangt Alain zu der kleinen Vulkaninsel San Martin, bei dem täglichen Nebel fast ein Wunder! Oder war es das Bellen der Seehunde, das uns davor rettete, schnurstracks auf Grund zu laufen? Wie die Kulisse eines Horrorfilmes, gedreht an der Küste Schottlands, taucht die kleine Insel vor uns auf; sogar die schwarzen Enten wirken nur wie ihre eigenen Schatten, als sie geräuschlos das Dickicht passieren, das Himmel und Meer zugleich ist. Die Seekarte weist eine winzige Bucht, die Hassler Cove, an der Ostseite der kleinen runden Vulkaninsel auf, die nur anderthalb Kilometer im Durchschnitt mißt. Wir gleiten hinein und ankern hinter einer Art Mauer aus groben Steinen; nach der Legende wurde sie von Seeräubern errichtet, die die Insel als Zufluchtsort und Ausguck benutzten und – wie üblich – als Versteck für ihre Schätze. Die vielen Höhlen, die der Lavastrom aus dem Gestein der Insel gebildet hat, sind dazu bestens geeignet. Verschwommen im Nebel tauchen am Strand mehrere Holzschuppen auf, gebaut aus Teerpappe, Stangen und den Trümmern gestrandeter Boote. Auf einem der Schuppen befindet sich eine

Fernsehantenne! Mehrere Wracks, von Sonne und Wind gebleicht, Skeletten vorgeschichtlicher Ungeheuer ähnelnd, bewachen die Schuppen. Die »Chubascos«, die auf den Revillagigedo-Inseln entstehen, sind gefährliche Winde, und der kleine Leuchtturm am Krater hat kein Licht, obwohl die Seekarte es behauptet!

Wir lassen die Jolle ins Wasser hinunter und rudern über treibenden Seetang an Land. Nein, die Abalonefischer Jesus und Salvador haben kein Fernsehen, nur Humor! Der Mast befand sich auf einem Katamaran, der an Land geworfen wurde – mit einer schönen Frau als Besatzung! Und während sich das Boot in Schiffstrümmer verwandelte, überlebte die schöne Schiffbrüchige, die in Jesus' Erinnerung genauso schön wie immer blieb; Jesus erzählt gern von den Monaten, die sie hier war, bevor sie aus seinem Leben in den Nebeln der Vergangenheit verschwand. Jesus und Salvador werden unsere Freunde, und bei den täglichen Festmahlzeiten mit Hummer, frischem Fisch und Ohrschnecken, deren Perlmuttgehäuse den Strand bedecken, erzählt Jesus Geschichten von Piraten, gesunkenen Schiffen und verborgenen Schätzen, während der schweigsame Salvador die besten Tortillas aus Weizenmehl bäckt, die ich je gegessen habe.

Die Seehunde, die mit Salvadors Hund um die Wette bellen, überlassen uns nur ungern ihren Platz, den besten am Sandstrand der Lagune, und wir können dort baden, wo das Wasser lauwarm und ruhig ist. Eines Tages klettern wir bis zu dem blinden Leuchtturm am Rand des Kraters hinauf. Ein blühender Teppich aus Mauerpfeffer und »Teufelsfingern«, Eisblumen, Immortellen und Kakteen bedeckt die erstarrte Lava, die Schwämmen und Bimsstein ähnelt. Hier haben Tausende von Seevögeln ihre Nester, und man kann fast keinen Schritt machen, ohne nicht auf sie zu treten. Schwärme von Pelikanen, weißen Möwen, schwarzen Enten und Kormoranen kreisen schreiend über den Eindringlingen, voller Furcht, daß wir den Jungen schaden oder die Eier sammeln könnten. Und der Schatz in der Piratenhöhle muß abermals auf seine Entdecker warten, denn wir fanden dort nur unsere Liebe.

Im Radio können wir jetzt Rundfunkstationen aus den Vereinigten Staaten empfangen; wir hören eine Musik, die uns an Choräle erinnert und daran, daß unser Ziel sehr nahe liegt. Obwohl wir ungern die schöne Insel und unsere neuen Freunde verlassen, müssen wir doch eines Morgens die Segel hissen und gemeinsam den Anker lichten. Jesus und Salvador winken uns vom Strand aus zu, die Robben und der Hund bellen, die Vögel kreischen und etwas traurig steuern wir auf das Meer hinaus in Richtung auf »das große Land im Westen« ...

Mehrere riesengroße »Mörderwale« umzingeln vierundzwanzig Stunden lang das Boot, und wenn sie ihre Mäuler öffnen, dringt daraus ein penetranter Gestank von verfaultem Fisch hervor. Es stinkt so gräßlich, daß man sich ins Meer werfen möchte, um nichts mehr riechen zu müssen. Abfälle aus Plastik, leere Bierdosen und sonstiger Unrat zeigen an, daß wir uns der Zivilisation nähern; schließlich umrunden wir die Coronado-Inseln und segeln bei hohem Seegang und frischem Wind, der zum erstenmal aus der »richtigen« Richtung weht, auf Point Loma und San Diego zu. Die beiden Segel spannen ihre Dreiecke, die Sonne steht hoch am Himmel, und das Meer hat das Blau der Hoffnung. Ein Hubschrauber der Küstenwache schwirrt über uns. Die graue Masse eines U-Boots gleitet vorbei. Und wir gehen in San Diegos schöner Bucht vor Anker.

Iemanjá, hab Dank! Nach zweieinhalb Jahren Segelfahrt sind wir glücklich gelandet.

XXI

Süßes Salz
und Ohr des Windes

Ein junger Indianer kommt auf einem blauen Pferd angeritten. Daß es Indianer in den Vereinigten Staaten von Amerika gibt, wissen wir alle, aber nicht, daß es blaue Pferde gibt! Ist es vielleicht eines der über die Wüste jagenden Pferde, die der Navajokünstler Quincey Tahoma gemalt hat? Oder stammt es aus der indianischen Mythologie, die erzählt, wie die Sonne auf einem gigantischen blauen Pferd reitet, dessen Mähne aus Regen gemacht ist und dessen Augen schwarze Sterne sind? Wie kommt es überhaupt, daß in vielen Mythen der nordamerikanischen Indianer von Pferden die Rede ist? Brachten sie nicht erst die europäischen Eroberer ins Land? Die Wissenschaft sagt, es hätte bereits in früheren Zeiten auf dem amerikanischen Kontinent Pferde gegeben, aber sie wären schon zweimal ausgestorben, das letzte Mal kurz bevor sie von den Eroberern wieder eingeführt wurden! Und die ersten Pferde seien klein wie Hunde gewesen!

Der Indianer springt vom Pferd und kommt auf mich zu, als ich mich gerade mit meinem alten »Indian Trader«-Freund aus Monument Valley, Harry Goulding, unterhalte. Hotelwirt, Kolonialwarenhändler, Pfandleiher und Freund der meisten Indianer und einiger Weißer, hat er mich mit seinem Jeep hierher nach Flaming Gorge in Wyoming gefahren, vorbei an den Höhlenpalästen Mesa Verdes und der Canyonwelt von Utah mit vorkolumbianischen Felsmalereien, durch das Reservat der Ute-Indianer – einer Van-Gogh-Landschaft, in der die Fördertürme wie schwarze Raben auf den kahlen Hügeln hocken und im Takt das schwarze Gold aus der Erde hervorpumpen.

»Ein Steelduster«, sagt mein alter Cowboy mit Kennermiene und betrachtet das Pferd. »Fast genauso schnell wie mein Jeep!«

Ich schaue nur auf den Indianer, und er sieht mich mit seinen Wasserkompaßaugen an. Dann sagt er, ohne sich um Harry zu kümmern:

»Ich gebe dir mein blaues Pferd, wenn du zu mir kommst!«

Ich mache einen Schritt vorwärts, aber Harry faßt mich am Arm und brüllt mich fast an:

»Er ist betrunken, komm!« und öffnet die Tür des Jeeps.

Der Indianer hat sich keinen Zoll bewegt und wiederholt, ohne die Augen von mir zu wenden:

»Du bekommst mein blaues Pferd!« Dann fügt er hinzu: »Komm mit nach Neola, zum Sonnentanz!«

»Wie heißt du?« fragt Harry den Indianer, während er mich fast mit Gewalt in den Jeep hineinzieht.

»Wakara!«

 »Ha! Ha!« lacht mein Trader, während er den Jeep startet.

»Wakara! Der berühmte Held der Ute-Indianer, der sie gegen Mormonen, Navajos und Amerikaner anführte. Der Sklavenhändler selbst! Wakara, der Habicht der Berge, der Napoleon der Wüste! Ha! Ha!«

Der Indianer hat sich auf sein Pferd geschwungen und ist so schnell davongaloppiert, daß ich sicher bin, daß das blaue Pferd beflügelt war und nur einen Schatten des größten Kriegers der Ute-Indianer auf dem Rücken trug. Harry tritt mit einer solchen Wucht auf das Gaspedal, daß der Jeep einen wilden Sprung nach vorn macht und ich mit dem Kopf gegen das Dach stoße. Er versucht, den Reiter einzuholen; aber ohne Erfolg, denn er ist bereits wie eine Vision verschwunden. Ich flehe meinen Reisebegleiter an, mich nach Neola zu fahren; aber davon will er nichts hören.

»Du bist hier, um die Navajo-Indianer für ein Buch und die Pueblo-Indianer für ein anderes zu fotografieren! Wir sind schon weit genug von ihnen allen entfernt! Ich kenne die Navajos, aber die Utes sind anders; sie sind wild, gefährlich, und sie mögen es nicht, wenn die Bleichgesichter ihren Festen zuschauen. Sie werden es uns nicht erlauben, den Tanz anzusehen; da bin ich sicher!«

Keine Argumente helfen. Der Gedanke an den stattlichen, vielleicht etwas angetrunkenen Indianer auf dem blauen Pferd geht mir nicht aus dem Sinn, und schließlich überrede ich meinen alten Trader-Freund doch noch, nach Neola oben in den Bergen zu fahren.

»Erzähl mir etwas über den Sonnentanz, Harry«, bitte ich während der Fahrt, denn ich weiß, daß Harry Goulding Indianerspezialist ist. Mehr als sechzig Jahre lang hat er unter ihnen gelebt, davon die meiste Zeit bei den Navajos.

»Der Sonnentanz soll zwar wie die meisten rituellen Tänze dem Wohl des Stammes dienen, ist aber im Grunde eine Wiederbelebung des alten Sonnenkultes, der in der Religion der Utes eine große Rolle gespielt hat und noch spielt«, beginnt Harry. »In alten Zeiten mußten die Männer, die man als Tänzer ausgewählt hatte, eine Probe ihrer Männlichkeit ablegen: Sie mußten einen Feind im Kampf töten. Wie sie es heutzutage machen, weiß ich nicht. Man sagt auch, daß die jungen Ute-Indianer, um die Hilfe der überirdischen Mächte, vor allem der Sonne zu beschwören, bei den Einweihungsriten Selbstquälereien verüben; es soll heute noch vorkommen, daß sie sich an einen Ast hängen lassen, um ihre Ausdauer im Ertragen von Schmerzen zu beweisen. Sie hängen dann an Stricken, die man unter ihre Brustrippen gezogen hat, und starren tagelang in die Sonne!!!«

Hier findet Harry es für angebracht, eine kleine Pause zu machen und sich einen Schluck aus der Kognakflasche zu genehmigen.

»Der Mann, der das Fest bezahlt, ist der ›Pledger‹; er ist von seinem Vorgänger genau unterwiesen worden, wie die kultischen Handlungen zelebriert werden. Das Ganze ist ein Gebet. Jedes Detail – Gesten, Blicke, Tänze, Gesänge – wird sorgfältig eingeübt. Die Tanzenden und Priester haben vier Tage lang weder gegessen noch getrunken. Der Oberpriester muß die Nacht vor dem Fest mit der Frau des Pledgers schlafen, vielleicht deshalb, weil es dem Pledger selbst nicht erlaubt ist, eine Frau zu lieben, solange die Vorbereitungen für den Kult andauern. Er und seine Frau sind ›Heilige‹. Während des Tanzes sitzt sie bei den Priestern, und es gehört zu ihren Pflichten, die Frau des künftigen Pledgers in den Kult einzuweihen.«

Harry schweigt und scheint nachzudenken; dann sagt er:

»Eine merkwürdige Sitte! Denn in alten Zeiten schnitten die Utes, die viel konservativer sind als die Navajos, treulosen Ehefrauen die Nase ab. Aber der Sonnentanz hat magischen Charakter und entstammt wohl den Mythen, in denen die Sonne stets der Erzeuger verschiedener Helden und Götter ist.«

Der Sonnentanz ist schon in vollem Gange, als wir nach Neola kommen. Nach langwierigen Verhandlungen, bei denen die Tatsache, daß ich Schwedin und nicht Amerikanerin bin, mein bestes Argument ist, bekomme ich die Erlaubnis, dem Kult zuzuschauen, darf aber nicht fotografieren. Harry dagegen erhält die strenge Anweisung, sich unter keinen Umständen dem großen kreisförmigen Platz zu nähern, der mit Ahornbäumen abgesteckt ist und in dem der Tanz stattfindet.

Die Tänzer stehen an der Peripherie des Kreises vor ihren jeweiligen Unterständen, wo sie sich zwischen den Tänzen ausruhen, die drei Tage lang andauern. Sie kehren dem Baumwollbaum in der Mitte des Kreises den Rücken zu. Am Stamm des Baumes hängt ein ausgestopfter schwarzer Büffelkopf mit Hörnern. Aber ich sehe keine jungen Männer dort hängen, die in die pralle Sonne starren. Auf der Estrade sitzt eine Gruppe stoischer Indianer, vermutlich die Priester, und mitten unter ihnen eine Frau – die Frau des Pledgers nach ihrer Liebesnacht! Hinter ihnen befinden sich die Trommeln, und auf den Tribünen die Zuschauer. Daß die Umzäunung die Sonne und die jungen Männer ihre Strahlen darstellen sollen, wird deutlich, als sie sich rückwärts in kleinen gleichmäßigen Tanzschritten auf die Mitte zu bewegen: vor und zurück, vor und zurück, immer den gleichen Spuren folgend, begleitet von Trommeln und dumpfem eintönigen Gesang. Sie sind alle hoch und schön gewachsen. Keine Miene rührt sich in ihren ernsten Gesichtern. Ihre nackten, unbehaarten Oberkörper, die gelb und rotgelb mit dem Zeichen der Sonne und der »vier alten Männer«, den Winden, bemalt sind, tragen als Schmuck nur einen Biberschwanz an einem Band um den Hals. Um die Hüfte ist ein knöchellanges buntes Tuch geschlungen, das von einem perlenbestickten Gurt festgehalten wird. Adlerfedern, die in ein ebenfalls mit Perlen besticktes Stirnband gesteckt sind, wehen im Rhythmus der Schritte, wie die Federn und Glöckchen an den Waden. Federn hängen auch an den kleinen Flöten, die sie spielen, während sie vor und zurück, vor und zurück auf den Baum mit dem Büffelkopf zutanzen.

Unter dem Baum steht weißbemalt der Pledger, und an seiner Seite steht ein alter Mann, vielleicht ein »Sänger«, ein Medizinmann? Der Pledger starrt in die Sonne, berührt dann mit dem Finger einen Erdhaufen an der Wurzel des Baumes, danach seine Zunge. Er nimmt eine Handvoll Erde von dem Haufen und legt sie auf den Kopf des Alten, die nächste auf dessen rechte Schulter und die dritte auf die linke, während er Gebete und Beschwörungen murmelt. Mit einem Adlerflügel bürstet er die Erde wieder ab und sammelt sie sorgfältig auf; dann berührt er unter unaufhörlichem Murmeln die verschiedenen Glieder des Mannes mit dem Flügel. Dies versetzt den Alten nach und nach in ein Zittern: er zittert im Rhythmus der Trommeln und Klappern, der Flöten und Glöckchen, im Rhythmus der Gesänge und des Tanzes.

Alles, was ich bis dahin gesehen habe, alle, die ich bis dahin gekannt habe, lösen sich auf, werden zu Schatten, während ein fast überirdisches Licht die Tänzer bestrahlt. Die Zeit hat aufgehört zu existieren, und ich vergesse, daß ich ein unwillkommener Gast bin, die einzige Weiße unter Indianern. Ich vergesse den Indianer auf dem blauen Sonnenpferd; ich bin im Kreis der Ahornbäume eingeschlossen, im Rascheln der Zitterpappeln und Weidenblätter an den Zweigen, die die Zuschauer im Takt der Musik auf- und abschwingen, in dem eintönigen Gesang, der mich überwältigt, im Trillern der Flöten, im Glockenspiel; es ist ein großes geistiges Erlebnis, eine Halluzination, ich bin im magischen Kreis gefangen und zittere bald selbst in dem hypnotisierenden Rhythmus wie der Alte am Baum. Stehe ich dort eine Stunde oder eine Ewigkeit lang, von allen vergessen, alles vergessend? Monoton und ewig scheint sich der Tanz hinzuziehen; vor und zurück, vor und zurück tanzen die Männer und spielen auf ihren Flöten aus Adlerknochen; die Glöckchen klingen, Federn wehen; eintönige Trommelwirbel und der Gesang, vermischt mit dem Rascheln der Blätter, nehmen kein Ende. Die Reden und die Gebete des Pledgers lassen den Alten wie im Schüttelfrost erzittern, und in der allgemeinen Ekstase gehört auch mir die Sonne, der Vater der Ute-Indianer.

Ist mein Indianer da? Sieht er mich? Ich weiß es nicht. Ich weiß kaum, wie es gekommen ist, daß ich mich wieder im Jeep auf der Landstraße befinde. Die Sonne ist untergegangen. Stumm und geistesabwesend, wie betäubt, sitze ich da. Fast wie ein Schlafwandler gehe ich in mein Zimmer hinauf, im kleinen Hotel an der Landstraße. Vor meiner Zimmertür bleibe ich wie angewurzelt stehen. Auf dem Teppich entdecke ich ein Muster, das aus feinen Holzstöckchen gelegt ist. Fasziniert starre ich auf das, was dort geschrieben steht: »WAKARA«.

Wakara, der Habicht der Berge, hat mich gefunden.

Das Monument Valley, in dem die Ruinen der Natur aus karminrotem Sandstein an Pracht und Größe alles übertreffen, was der Mensch je an Bauten geschaffen hat, ist die einzige Landschaft, der ich einen Brummschädel zu verdanken habe! In der roten Wüste und auf weiten, welligen Sandmeeren, auf denen der Schäfer seine Herde hütet, erheben sich die Ruinen der Berge, von Sonne, Wind und Frost in monumentale Bauwerke verwandelt: in Brücken, hoch wie der Regenbogen, in riesige römische Foren, in Tempel mit Säulengängen von vollkommener griechischer Harmonie, in ägyptische Pyramiden und in arabische Festungen mit Türmen und Zugbrükken. Am Orgel-Felsen sitzt der einsame Organist und spielt auf der roten Orgel, deren Pfeifen weit in den Himmel ragen; und am Rande des tiefen Canyons mit seinen senkrechten Wänden, die die Wüste gespalten haben, lauschen versteinert Buñuels Generäle. Dies ist das Land des »Diné«, des Volkes, wie die Navajo-Indianer sich selbst nennen, ein halb nomadisches Volk aus Schafhirten, Maiszüchtern, Poeten und Silberschmieden.

Die vier Indianer, alle Ha-tah' lihs – Medizinmänner oder Sänger –, sammeln Steine und Holz und bauen eine Hütte für ein rituelles Schwitzbad in der Wüste. Sie sind nackt bis auf einen Lendenschurz und Türkisohrgehänge. Ein Feuer lodert und erhitzt Steine für die Sauna. Es riecht nach Wacholder, Zwergkiefer und Salbei. Der Fuchs hat sich versteckt. Am türkisfarbenen Himmel kreist ein Adler. Die Sonne steht hoch. Die Frauen – in Blusen aus Seidensamt und weiten Röcken –, die eine Unmenge von Silberschmuck mit Türkisen, Jettsteinen, Ohrschnecken und Korallen tragen, bereiten das Essen unter einem Baumwollbaum zu, der direkt unter der senkrechten Felswand wächst, die rot wie die Wüste ist.

Die Männer richten drei Stangen auf, die sich oben kreuzen, stellen zwei Stangen als Tür in Richtung Osten auf, bedecken die Seiten mit Zweigen und dichten das Ganze mit Sand und Erde ab. Eine Navajo-Sauna wird wie ein Hogan gebaut, die meist achteckige

Hütte, die den Navajo-Indianern als Wohnung dient; ein Hogan ähnelt aufs Haar genau einer Sommerhütte der Lappen, die aus Bauholz gefertigt, mit Erde und Rinde bedeckt ist und einen Rauchabzug in der Mitte des Daches hat. Allerdings weiß ich nicht, ob die Lappen die Tür immer nach Osten bauen, wie es die Navajos in Übereinstimmung mit ihren Mythen tun.

»Der Hogan ist einfacher konstruiert als die Sommerhütte der Lappen«, sagt Harry, als wir unterwegs einen Hogan besuchten. »Sieh mal, wo der Webstuhl der Hausfrau steht, immer gegenüber der Tür! Sobald der erste Sonnenstrahl am Horizont erscheint, kann sie beginnen, Teppiche und Decken zu weben, die wie die Silberschmiedekunst der Navajos wegen ihrer Schönheit und Qualität sehr berühmt sind.«

Solch eine Decke wird nun über die Öffnung der Sauna gehängt, damit die Hitze der Steine nicht entweichen kann. Dann wirft jeder Ha-tah'lih etwas Erde auf das Dach und ruft einige Worte: die »heiligen Menschen« der Navajos werden eingeladen und die Geister beschworen, die Menschheit von der Armut zu befreien, übersetzt Harry; dann kriechen sie auf allen vieren in die Sauna hinein.

Sofort beginnt ein sonderbarer gutturaler Gesang aus dem Schwitzbad herauszudringen. Zunächst langsam und zögernd, dann immer stärker, bis uns eine Mauer aus monotonem Gesang in einen unsichtbaren Kreis einschließt, in eine Wüste im Wüstenmeer, getrennt von allem Irdischen. Plötzlich habe ich das Gefühl, als hätte ich irgend etwas schon oft erlebt! Der Gesang ist mir vertraut! Ich habe ihn früher schon gehört! Aber das ist doch unmöglich, denn es ist das erste Mal, daß ich die Navajos singen höre! In einem anderen Leben vielleicht? Nein, jetzt weiß ich es! Es ist das »Joiken« der Lappen in Mutter Ojas Hütte, der Gesang unter der ersten grünenden Birke des Sommers im Gebirge! Wie oft hörte ich den Gesang der Lappen, als ich klein war! Und hier in der Wüste Arizonas höre ich ihn wieder!

Vier Strophen des Schwitzbad-Gesanges müssen unbedingt gesungen werden; vorher dürfen die Badenden nicht wieder herauskommen. Vielleicht singen sie sogar noch mehr Strophen, denn es dauert recht lange. Der Gesang beschreibt, wie die erste Sauna gebaut wurde, als das »Diné« durch ein riesiges Schilfrohr auf unsere, die fünfte Welt emporstieg, auf der Flucht vor einer Überschwemmung in der Unterwelt.

Nah-yeh-nez-gha'ni wird die Erde bedecken mit
wunderbaren Blumen,
eine beständige Welt, eine friedvolle Welt.

Tso-ah-naht'le-he dehnt die Himmel,
streut bunte Sterne,
ein beständiger Himmel, ein friedvoller Himmel.

Kley-yah-nay-ya'ni schuf die weiblichen Berge,
schuf die gehörnten Tiere in vielen Farben,
beständige Berge, friedvolle Berge.

Kam mit Wasser, kam mit Wasser
Toh-ba'ad-zi-zi'ni brachte den weiblichen Regen zum Fallen
vom Himmel, um Wasser zu machen,
und die Eisenspäne vom Ufer ließen die Flüsse glitzern;
beständiges Wasser, friedvolles Wasser.

Er baute es, er baute es.
Der erste Mann baute das Schwitzbad
am Rande des Loches, aus dem sie kamen.
Er baute »den Sohn der weiblichen Dunkelheit«,
er baute es aus kostbarem, weichen Holz,
beständig und friedvoll, er baute es.

Sie baute es, sie baute es.
Die erste Frau baute es.
Sie baute es aus früher Morgendämmerung,
sie baute es aus kostbarem, harten Holz,
beständig und friedvoll, sie baute es.

Endlich kommen die Männer aus der Sauna heraus. Ihre langen schwarzen Haare hängen naß und schweißglänzend auf den Rücken herab. Sie werfen sich auf den Boden, rollen sich im roten Sand und reiben sich mit rotem Sand ein, der hier dieselbe Bedeutung hat wie der Schnee bei einer Lappen-Sauna. Roter Sand färbt ihre Körper noch röter. Dann kriechen sie wieder in die Saunahütte hinein, und der Gesang hebt erneut an. Monoton, unergründlich strömt er auf die rote Wüste hinaus. Die Navajos suchen Harmonie mit der Natur, mit dem Universum, mit ihren Göttern.

Wie gut schmeckt das Gericht aus Hammelfleisch, gekochtem Kürbis und in Öl gebackenem Weizenbrot mit Hefe, dem besten, dem einzig guten Brot, das ich in den Vereinigten Staaten gegessen habe. Wir lachen und plaudern. Harry übersetzt. Im Schatten des Baumes hängt eine Art Wiege aus Weidenruten, in der ein Baby eingeschnürt liegt. Die Wiege ähnelt dem »Komsion« der Lappen und kann wie dieser von der Mutter auf dem Rücken getragen werden. Sind die Farben auf den gewobenen Bändern nicht ebenfalls ähnlich? Und die Schnallen an den Silbergürteln? Und das Kaninchenfell als Matratze in der Wiege – genau wie das weiche Hasenfell, das die Lappenmutter unter ihr Baby legt!

Dann wird Kaffee serviert, starker und guter Kaffee.

»Ashilakhan?« fragt mich einer der Männer.

»Was ist das, Harry?«

»Süßes Salz! Ashi heißt Salz, lakhan süß! Zucker natürlich!« grinst er. »Die Indianer haben sehr bildhafte Namen für Menschen und Dinge: ›Lederohr‹ nennt man einen Tauben, ›hartes Wasser‹ sind Glasfenster ...«

Ein Ha-tah'lih legt ein paar Bissen unserer Mahlzeit auf einen Teller und stellt ihn unter einen Stein – damit sich der Wind nicht dafür rächt, daß wir die Steine benutzt haben! Dann schwingen sich die Indianer auf ihre Pferde, wir klettern in unseren Jeep, und es geht heimwärts über die Wüste. Die Sonne geht unter und färbt die Blütenblätter des Salbeis purpurrot. Die Wolken wandern über den abendblauen Himmel, die Schatten vertiefen sich. Im roten Wasser des kleinen Sees betrachtet der rote Tempel sein verkehrtes Spiegelbild, während die Mondsichel aus der Wüste aufsteigt und zu den Sternen hinaufwandert. Die Navajos reiten auf ihren Pferden davon und singen ein Reiterlied.

Wieder fahren wir in unserem Jeep durch das Monument Valley. Auf einem Aussichtspunkt hoch über dem glühenden Wüstensand hält Harry an, um mich das Wüstenmeer mit seinen Inseln aus Bergklippen betrachten zu lassen. Touristen stehen neben uns. Bevor ich Zeit gehabt habe, einen Gedanken zu formulieren, zeigt eine Frau auf eine sonderbare Sandsteinformation, die einem Flügel gleich von der Felswand absteht. In seiner Mitte ist ein kreisförmiges Loch, durch das der blaue Himmel leuchtet.

»Sieh mal«, schreit sie auf. »Eine Kaffeekanne! Und die ganze Landschaft sieht aus wie Karamellen!«

Harry blickte sie streng an: »Der Name der Indianer für diese Kaffeekanne heißt ›Das Ohr des Windes‹, Madam.«

Auf einer der Bergformationen, einem schwindelnd hohen Obelisken, steht ein Volkswagen! Mit Hilfe eines Hubschraubers aufgestellt, um für Werbezwecke fotografiert zu werden! Das ist etwas, was die Dame versteht: Ein Auto ist ein Auto und gehört wie Kaffeekannen und Karamellen zur Notdurft des Lebens.

»Reklame«, sagt Harry, als wir wieder im Jeep sitzen. »Ich erzähle dir gleich die ›größte Werbekampagne aller Zeiten‹. Der Werbeleiter einer großen Firma in Phoenix, die für irgendein neues Produkt Reklame machen wollte, kam auf die fabelhafte Idee, den Navajos, die ja nicht Weihnachten feiern wie wir, etwas zu schenken, was sie nicht besitzen: den Weihnachtsmann! Aber nicht einen gewöhnlichen Weihnachtsmann, der durch den Schnee angetrottet oder im Rentierschlitten angefahren kommt, nein, einen Weihnachtsmann, der vom Himmel fällt! Einen magischen Weihnachtsmann, den sie unter ihre Götter aufnehmen sollten. Ein Weihnachtsmann, der fix und fertig in ihre Mythologie eintreten konnte, sollte mit einem Fallschirm zu den Navajos schweben!

Als das Flugzeug startbereit war, entdeckte der zukünftige Wohltäter der Navajos jedoch, daß der Mann, der die Rolle des Weihnachtsmannes spielen sollte, völlig betrunken war. Was tun? Die Werbeaktion war vorbereitet, die Zeit festgelegt! Scharen von Indianern hatten sich für das Ereignis versammelt, alle höchst erwartungsvoll. Sie waren von weither gekommen, zu Pferd, mit Kutschen, mit Autos und Lastwagen aus dem ganzen Reservat, das, wie du weißt, etwa 65 000 Quadratkilometer mißt. Der arme Werbeleiter besorgte in aller Eile eine Strohpuppe, zog ihr die Kleider des Weihnachtsmannes an und hoffte, daß er im allgemeinen Durcheinander nach der Landung die Puppe mit dem Trunkenbold auswechseln konnte.

Endlich kam das Flugzeug angebrummt. Alle starrten in die Höhe. Der Weihnachtsmann flog heraus, ein winziger Punkt dort oben am Himmel. Aber – oh weh! – der Fallschirm öffnete sich nicht! Wie ein Stein fiel der Navajo-Weihnachtsmann vom Himmel herab und wurde vor aller Augen zertrümmert! Panik natürlich! Schwangere Frauen bekamen Frühgeburten, viele wurden ohnmächtig und erlitten Herzattacken, Kinder weinten und schrien, und der arme Veranstalter heißt nun bei den Navajos: ›Er, der den Weihnachtsmann tötete‹.«

Mein Trader-Freund hat diesmal etwas Außergewöhnliches fertiggebracht: Ich darf bei einem »Sandmalerei-Ritual« anwesend sein und es für mein Buch fotografieren. Da ich das während all der Monate, die ich im Reservat gewesen bin, nicht habe erreichen können, bitte ich ihn, mir den Sinn dieses Rituals zu erklären.

»Für Indianer ist es seit uralten Zeiten ein Grundsatz gewesen, daß man den Körper eines Kranken nicht heilen kann, ohne sich mit seiner Seele zu befassen. Es ist der Patient und nicht die Krankheit, die behandelt werden soll. Der Medizinmann versucht vor allem durch Beobachtung der Sterne und das Lauschen auf die Stimmen der Natur zu ergründen, was die Ursache des Übels sei. Danach müssen die Mitglieder der Familie und des Clans zusammenkommen, um bei einem magischen Ritual gemeinsam die überirdischen

Mächte um Hilfe anzurufen. Es gibt so viele unterschiedliche Zeremonien, so viele Gesänge und Legenden, so viel verschiedene Symbole und Gottheiten, daß lange Studien erforderlich wären, um den Weg in das Labyrinth der Navajoreligion zu finden. Ihre Schöpfungsgeschichte ist so kompliziert, daß unsere eigene wie ein Märchen für kleine Kinder erscheint, einfach und ohne Schnörkel.

Ich weiß nur, daß die rituelle Handlung für ein junges Mädchen veranstaltet wird, das böse Träume hat, seit eine Schlange in das Schaffell hineingekrochen ist, in dem sie schläft. Wahrscheinlich wird der Ha-tah'lih den ›Beauty Way‹-Gesang anstimmen, den man gegen Schlangen verwendet.«

»Kennst du den Gesang?«

»Ein wenig! Navajo-Namen sind vor allem reine Poesie: Die Morgendämmerungsfrau war mit der Sonne verheiratet, und ihre Kinder haben folgende Namen: ›Knabe, der mit einem einzigen Türkis hereinkommt‹, ›Mädchen, das mit einem einzigen Maiskorn wiederkehrt‹, ›Tau-Blatt-Mädchen‹, ›Pollen-Knabe‹, ›Mädchen der vielen Juwelen‹ und ›Im-Wasser-verschwand-das-Geräusch-Kind‹. Die Legende des ›Beauty Way‹-Gesanges berichtet von zwei Navajo-Schwestern, die sich gemeinsam auf die Flucht begaben, weil man sie als Belohnung zwei Taos-Kriegern versprochen hatte. Die Älteste rauchte einen besonders würzigen Tabak, ihr wurde schwindlig und sie verlor das Gedächtnis – dann kam der alte ›Große Bär‹ und verführte sie, während die alte ›Große Schlange‹ die Jüngste entführte und sie in einem Haus aus schwarzem Wasser versteckt hielt, das nur ein Zimmer hatte, dessen Tür der Wind war ...«

Noch ehe Harry das Märchen zu Ende erzählt hat, treffen wir am Schauplatz des Rituals ein. Dort befinden sich schon viele Indianer, alle in bunte Navajo-Trachten gekleidet. Und unser Hah-tah'lih singt und beginnt, im Wüstensand zu malen. Aus kleinen Kürbisschalen holt er mit spitzen Fingern die Farben – sie bestehen aus pulverisierter Kohle, Getreide, getrockneten Blumen, Blütenstaub, zerstampften Mineralien und Muscheln – und malt mit sicherer Hand ein symbolisches Kunstwerk auf den Sandboden. Er fängt in der Mitte des Gemäldes an und läßt die Farben langsam zwischen Daumen und Zeigefinger hervorsickern. Weiß ist die Farbe der frühen Morgendämmerung, der Dämmerung, die dem Tag, an dem die Götter im Osten versammelt sind, vorangeht, und er singt:

»Die Stimme verschwand, hinter ihr verschwand die Stimme der Morgendämmerung. Ich hörte ihre weiße Stimme, ich hörte den Wind ihrer weißen Muschel, ich hörte den Kopfschmuck aus weißen Muscheln, ich bin das Mädchen, das mit der Dämmerung erscheint ...«

Er legte Blau auf, denn Blau ist die Farbe des Abendhimmels und der blauen Abenddämmerung und bedeutet Glück, und singt ein Lied mit seiner blauen Stimme. Schwarz ist der Norden und die Nacht, symbolisiert aber auch schwarze Wolken, was in diesem regenlosen Wüstenland Glück bedeutet. Gelb und Rot ist die Sonne und wird auch für den Regenbogen und den Lichtkranz verwendet, der das Haupt der Götter schmückt. Die Sonne wird auf blauen Grund gemalt, und der Mond ist weiß, und beide haben wie Picassos Faune Hörner auf dem Kopf. Dort ist der »schwarze Wind« mit weißen Dreiecken als Augen und einem viereckigen Mund, dort ist der »gelbe Wind«, während »das Volk des roten Windes« für uns auf Wache steht, damit kein Windstoß das Opfer des Sängers störe. Er singt beim Malen, er singt mit seiner weißen Stimme, er singt mit seiner blauen Stimme, er schwenkt seinen heiligen Gebetsstab mit den vielen Federn, er klappert mit der Kalebasse-Klapper, und der Rauch wohlduftender Kräuter umhüllt das Mädchen zu seinen Füßen und uns alle, bevor er wie eine Wolke über der Wüste verfliegt. Abstraktionen von Schlangen, Bären und Käfern, von Mais und Kürbis wachsen hervor, und schließlich ist das Gemälde fertig. Die Sonne steht mitten am Himmel, es ist heiß, still.

Die Mutter zieht jetzt dem Mädchen die Bluse aus und nimmt ihr den Schmuck ab. Sein langes schwarzes Haar ist zu einem großen Knoten zusammengebunden, der Haartracht der Navajos. Das Mädchen trägt einen Büstenhalter, wahrscheinlich weil Harry und ich anwesend sind. Der Sänger stellt sie mitten auf das Gemälde und fährt mit seinen Beschwörungen, Gebeten und Liedern fort. Er gibt dem Mädchen aus einer Kürbis-Schüssel zu trinken, er schwenkt seinen Gebetsstab, berührt damit verschiedene Teile ihres Körpers, danach die abstrakten Figuren des Gemäldes. Schließlich legt er einen Türkis auf den Kopf des Mädchens, und sein Gesang wird hoch und eindringlich, er ruft, er betet zu den Göttern und Geistern, zur Sonne und zum Mond! Seine Stimme ruft über die einsame Wüste – die Kirche der Navajos –, hallt von den Sandsteintafeln wider, rollt über die Sanddünen und dringt durch das Ohr des Windes!

Ich gehe mit Schönheit vor mir,
ich gehe mit Schönheit hinter mir,
ich gehe mit Schönheit unter mir,
ich gehe mit Schönheit über mir.
Um mich ist alles Schönheit.
Um mich ist alles Schönheit.
Um mich ist alles Schönheit.
Um mich ist alles Schönheit.

Viermal wiederholt er die Verse, denn vier ist die heilige Zahl der Navajos. Das Wort »Schönheit« bedeutet in der Navajosprache viel mehr als in unseren Sprachen: Harmonie, Schönheit, Glück, Gemeinschaft mit der Natur, mit dem Universum, mit Göttern und Geistern, mit sich selbst und anderen. Wir haben kein Wort für die Schönheit der Navajos!

Dann ist alles still. Wir horchen alle auf das Schweigen. Der flüchtige Besuch der überirdischen Mächte ist vorüber. Der Hatah'lih sammelt die Farben auf, fegt sie vorsichtig mit Hilfe eines Adlerflügels zusammen und gibt sie der Natur mit demütigem Dank zurück. Von dem Gemälde, das nur einen Augenblick lang existiert hat und jetzt in unserer Erinnerung fortlebt, bleibt keine Spur, kein Zeichen zurück. Die Wüste liegt genauso unbewegt da wie zuvor, und der rote Sandwind braust über sie hinweg und fegt sogar die Erinnerung fort.

Raymond Friday Locke ist nicht nur der Verfasser eines Buches über die Navajos, zu dem ich auf seinen Wunsch hin die Fotos gemacht habe, er ist auch mein großer guter Freund. Es ist erstaunlich, daß ein so junger und anspruchsloser Mann so viel Weisheit besitzt. Ray, in dessen Adern indianisches Blut der Choctaws und Creeks fließt, ist nicht nur ein guter Autor von Büchern und Filmskripten, sondern auch Doktor der amerikanischen Geschichte und gilt in den Staaten als einer der fünf besten Indianerspezialisten. Als Gründer der Monatsschrift »Mankind«, bei der er auch viele Jahre Redakteur gewesen ist, hat er mehrere Artikel über die Lebensverhältnisse der Indianer veröffentlicht, über ihre Geschichte und über die Ungerechtigkeiten, die ihnen widerfahren sind und noch immer widerfahren. Ich bin glücklich, daß er mein Freund ist, obwohl ich keinen Anspruch darauf erheben kann, Indianerin zu sein. Vielleicht bin ich eine Indianerin in der Seele, denn ich fühle mich stets zu ihnen hingezogen, wo immer wir einander begegnen.

Das große Indianerfest in Gallup ist vorüber. Ein Fest für das Auge und die Kamera – ein Gewinn für alle weißen Geschäftsleute in Gallup, das ja nicht in einem Indianerreservat liegt! Mit Ray zusammen sah ich die Indianer tanzen, Gruppe um Gruppe, aus Kanada im Norden bis Mexiko im Süden. Hier kamen die Pueblo-Indianer aus Nembé in weißen Rehfellen mit Hörnern auf den Köpfen für den Tanz zu Ehren des Rehs, dort wurde mit schleifenden Adlerflügeln der Adlertanz getanzt. Apachen sprangen umher mit weißen Hauben, tätowiert für ihren »Montain Way«-Tanz, der von den Weißen als »Clown-Tanz« bezeichnet wird; ernste Sioux schritten in einer Prozession daher und waren in genauso stattliche

Federtrachten gekleidet, wie ich sie aus den Indianerbüchern meiner Kindheit kenne. Dort schwebten Mexikaner wie fremdartige Vögel um eine Stange herum, dort tanzten federgeschmückte Taos-Indianer einen akrobatischen Seiltanz, dort applaudierte man den Zuni-Mädchen in ihren bunten Trachten, mit ihrem schönen Türkisschmuck und den Tonkrügen auf den Köpfen. Adlerfedern wippten, Kalebasseklappern rasselten, Trommeln wirbelten und Gesang erscholl. Dort blies das Hornorchester der Navajos – und dort hörten wir – mitten in den Vereinigten Staaten von Amerika! – den Präsidenten des Festes bei der Eröffnung durch den Lautsprecher rufen:

»Indianer! Wir alle sind hierhergekommen, aus dem Norden, aus dem Süden, aus dem Osten, aus dem Westen, um unsere Zusammengehörigkeit zu beweisen und unsere Götter anzubeten!«

Vier Navajos ritten durch das Dämmerlicht des Platzes; sie ritten langsam um die vier Feuer und – als käme es von weit her, aus der Steppe, aus der Sage, aus meinen Kindheitserinnerungen an die Weiten Lapplands – sangen ihr Reiterlied in die Nacht.

XXII

Das Volk diesseits des Lichts

Meine Kindheit war von Halluzinationen erfüllt, die phantastischer waren als irgendein psychedelisches Erlebnis, das ich als Erwachsener gehabt habe. Ich bin im Lande der Mitternachtssonne, im Land der hohen Berge und unendlichen Tundras geboren, hoch oberhalb des Polarkreises, wo der Sommer ewig hell ist und wo die Sterne in vielen Monaten des Winters Nacht und Tag erstrahlen und nur beim Schein des Mondes und beim Leuchten des geheimnisvollen Nordlichts verblassen; ein sprühendes, flüchtiges Licht, farbiger als der Regenbogen, gleitet über den Himmel bis zur schneebedeckten Erde hinab, wo es einen einhüllt und auf eine schwindelnde und zeitlose Reise zu anderen Sphären mitnimmt.

Während der Frost Sternbilder auf die Fensterscheibe des Kinderzimmers zeichnete und uns von der langen schwarzen Winternacht abschirmte, erzählte meine Mutter Märchen und Sagen; sie erzählte von Ländern, in denen die Bäume immer grün sind, von grenzenlosen Meeren, die nie von den Ketten des Eises gebändigt werden und von Menschen und Tieren nah und fern. Unser Lieblingsmärchen war Zacarias Topelius' Erzählung von dem kleinen Lappenjungen Sampe Lappelill und seinem verzauberten Rentier mit den silbernen Hörnern. Was es heißt, wenn man bei dreißig Grad Kälte in die Winternacht hinausging, den Schnee unter den mit feinem Heu ausgestopften Lappenschuhen aus Rentierfell knistern hörte und spürte, wie die Kälte einem den Atem raubte, das wußten wir Kinder. Aber wir waren von Sampes Freiheit fasziniert und konnten uns immer wieder die Geschichte anhören, wie Sampe aus dem Zelt der Eltern hinausschlich und durch die nordlichtglänzende Winternacht zum Fest des Riesen reiste. Sein Rentier mit den Silberhörnern, schneller als der Nordwind selbst, lief über die endlosen Schneeberge, und Sampe hatte alle Mühe, das Gleichgewicht in seiner kleinen bootsähnlichen »Pulka« zu halten. Wie spannend war es, immer wieder zu hören, wie der Eiszapfenbart des Riesen zu schmelzen begann, als plötzlich die Sonne als ungebetener Gast auf dem Fest erschien, gerade rechtzeitig, um Sampe vor der Wut des Riesen zu retten.

»Die Sonne, seht, die Sonne!« schrien alle Tiere und kleinen Trolle, die zum Fest gekommen waren, genau wie wir Kinder in jedem Jahr, wenn sich die ersten bleichen Sonnenstrahlen nach vielen Monaten der Dunkelheit zwischen den Tapetenblumen unseres Kinderzimmers zeigten.

Die schönsten der Lappensagen handeln von der Sonne, der Tochter der Sonne, Beijen Neita, und den Söhnen der Sonne, Beijen Barnek. Auf der Sonnen- oder Tagseite von Lappland, südlich des Polarkreises, wo die Sonne im Winter nie ganz verschwindet, nannten sich die Menschen »das Volk diesseits des Lichts«. Diejenigen, die oberhalb jener Grenze wohnten, wo nach der Sage »die Dunkelheit unter der Erde sitzt und der Sonne viele Monate lang die Strahlen raubt«, wurden »Söhne und Töchter der Nacht« genannt. Ich bin also, geographisch gesehen, eine Tochter der Nacht, mit einem ewigen, unlöschbaren Durst nach Sonne geboren.

Vor langer Zeit, so erzählt die Sage, fingen die Tochter der Sonne und die Tochter der Nacht je ein Rentierkalb. Die Tochter der Nacht behandelte ihr Tier so schlecht, daß es bald geschlachtet werden mußte, und sie wurde als Strafe auf den Mond geschickt, wo sie sich immer noch befindet. Die Tochter der Sonne hingegen behielt ihr Rentierkalb, das schließlich sogar eine große Rentierherde gebar.

So wurde Beijen Neita die Stammutter der Sonnensöhne. Einer von ihnen ist der Held einer Sage, eines der wenigen noch erhaltenen Lappen-Epen. Es erzählt, wie der Sohn der Sonne die Küste hinaufsegelt, um sich eine Braut zu suchen. Im Reich der Nacht fand er die schöne Tochter des blinden Riesen, die er heimführte. Und er zeugte mit ihr die Kalla Barnek, die Karlssöhne, berühmte Männer, die die Skibretter erfanden, auf Bärenjagd gingen und Rentiere zähmten. Das Gedicht hat viele Wiederholungen, ein typisches Merkmal aller mündlich überlieferten Sagen, die so leichter im Gedächtnis haftenblieben. Die Sage beginnt:

Eine Sage hat gesprochen,
ein Märchen hat gesungen.
Hinter dem Nordstern
im Westen von Sonne und Mond
glühen von Gold
blinken von Silber
Klippen und Steine
Schneeberge spiegeln sich im Meer
blicken lächelnd auf ihr glitzerndes Bild.

Die Verse rufen in mir die Erinnerung wach an die Sommer meiner Kindheit im nördlichen Norwegen mit seinen Gletschern und geheimnisvollen Fjorden, wo Silberberge ihre Zwillinge im tiefblauen Wasser suchen. Vorwärts in seinem Boot, von Hanfsegeln beflügelt, segelte der Sohn der Sonne,

mit dem Ostwind,
vorwärts am Mond vorbei, vorbei
am glühenden Ring der Sonne ...

bis diese Himmelskörper nach und nach genauso klein wie der Nordstern wurden, der seinerseits größer als die Sonne selbst erschien, als der junge Lappe nach einjähriger Segelfahrt endlich das Land des Riesen erreichte. Das Gedicht erzählt nun die Liebesgeschichte zwischen dem Sohn der Sonne und der Tochter des Riesen, und wie schließlich der Riese mit der Verlobung einverstanden war, nachdem der junge Lappe viele Proben seiner Stärke und seines Verstandes abgelegt hatte.

Der Riese, des Augenlichts beraubt,
führt sie und stellt sie
auf des Meereskönigs Haut, des Walfisches.
Ritzt die kleinen Finger der beiden,
mischt das Blut zusammen,
legt Hand in Hand,
Brust an Brust,
knotet die Küsse zusammen,
entfernt den häßlichen Knoten der Eifersucht,
trennt die Hände,
löst die Knoten der Verlobung ...

Dies ist ein alter Verlobungsbrauch: in ein Band schlang man Knoten, die bei der Hochzeit wieder gelöst wurden, als Zeichen dafür, daß das eheliche Zusammenleben nunmehr erlaubt war.

Die Sage fährt fort mit der abenteuerlichen Rückkehr ins Reich der Sonne. Das junge Paar wurde von den beiden Söhnen des Riesen verfolgt, die den fliehenden Seglern nachruderten ...

beginnt dann der Westwind zu wehen,
hebt die Töchter des Meeres, die Wogen,
spannt straff die Segel,
die Brüder bleiben weit zurück.
Äußerste Kraft gebrauchen sie,
Blutschweiß wird abgewischt.
Die Hände versteifen, die Rücken krümmen sich,
harte Finger wurzeln sich fest
wie Klauen, eingedrückt in die Riemen.
Die Herzen erglühen, das Boot schwimmt,
die Wellen des Meeres werden durchschnitten,
sie holen wieder auf.

Dennoch gelang es unserem Paar allmählich, außer Sicht zu kommen. Am anderen Morgen kletterten die Riesenbrüder auf einen

Berg, um nach der Schwester Ausschau zu halten, aber das Sonnenlicht verwandelte sie in Felsen:

Versteinerte Standbilder sind
bei den Lofoten noch zu sehen.
Das Kupferboot wurde zum Fels.
Auf einer Bärenhaut, auf dem Fell
einer zweijährigen Rentierkuh,
traute man die Braut.

Drum schauten wir Kinder jedes Jahr, wenn wir in den Sommerferien ans Meer fuhren, am Lofoten-Fjord nach den versteinerten Söhnen des Riesen, aber nie konnten wir uns darüber einigen, welche der hohen Klippenformationen an der gegenüberliegenden Seite von Rombaksbotten die richtige war.

Natürlich kannten wir Kinder die Lappen, die Sonnensöhne! Wie feierlich war es, wenn sie in ihren bunten Trachten nach Kiruna kamen mit ihren »Raiden«, einigen fünfzehn bis zwanzig zahmen Rentieren, die in einer langen Reihe zusammengebunden waren; jedes von ihnen zog einen »Pulka«, gefüllt mit Hausrat, Rentierhäuten und Rentierfleisch zum Verkauf, mit Babys und alten Leuten, während die jüngeren Leute zu Fuß oder auf Skiern nebenher liefen und mit gellenden Rufen die Rentiere antrieben. Die Hunde kläfften und bellten, der Schnee wirbelte umher, und es dauerte keine Viertelstunde, bis der Schneeballkrieg und das Spiel zwischen uns und den Lappenkindern in vollem Gange war.

Wir wußten, daß der Priester nach einer Weile kommen würde, um eine Predigt in dem kleinen rotgetünchten Blockhaus im Hof von Mutter Ojas Lappen-Hotel zu halten. Die Nasen flach an die Fenster der Baracke gedrückt, betrachteten wir mit großen Augen, wie die gefühlvollen und leicht gerührten Lappen sofort in Ekstase, »Liikutuksia«, gerieten, auf dem Boden umherkrochen, sich das Haar rauften, sich auf die Brust schlugen und laut weinend mit Zeichen größter Verzweiflung ihre Sünden bekannten. Danach umarmten sie einander, und das »Joiken«, ihr eigenartiger gutturaler Gesang, gemischt mit den lappländischen Worten des Predigers, erfüllte das kleine Zimmer und drang durch die Tür des Blockhauses hinaus, zusammen mit dem Rauch, dem Schweißgeruch und dem unverkennbaren Duft nasser Rentierfellschuhe.

Wie oft stand ich da und betrachtete staunend den »Seite«, ein seltsam geformtes Götzenbild aus marmorartigem Stein, ehemals von den »Samen«, wie die Lappen sich selbst nennen, zur Anbetung verwendet, das unter allerhand lappländischen Gegenständen auf dem Kaminsims in unserem Wohnzimmer stand, und fragte meine Mutter danach.

»Nein, das ist nicht der Gott selbst, sondern ein Symbol des Gottes, wie die Heiligen- und Prophetenbilder in christlichen Kirchen«, erklärte Mutter. »Die Samen hatten weder Tempel noch Kirchen wie andere Völker, die es sich selbst und ihren Göttern bequem machten. Sie hielten ihre Gottesdienste unter offenem Himmel ab, und ihre Götzenbilder waren Wetter und Wind ausgesetzt.«

Vielleicht war unser »Seite« Horagales selbst, der Gott des Wetters, der älteste und höchste Gott der Lappen – auch Tjernes genannt, der über Wetter und Wind, das Meer und alle Gewässer sowie über das Wohl und Wehe der Menschheit regierte. Er ist auf allen Trolltrommeln oder – wie man sie auch nennt – »Run-Bommar« abgebildet und hat immer sein besonderes Werkzeug, den Kreuzhammer, in der Hand. Oft wird er dargestellt, wie er auf einem Sonnenstrahl wandert, zusammen mit seinem Hund und dem Bären, den die Samen »Großvater im Pelz« nennen, oder wie er auf dem Regenbogen sitzt, den er als Bogen verwendet, um Pfeile gegen böse Geister abzuschießen. Deshalb heißt der Regenbogen auch »Aijeke Dauge«, Großvaters Bogen.

Manchmal machten wir lange Schlittenfahrten in das Reich der Samen, und lediglich das Schellengeläut und das Schnaufen der Pferde störten dann die tiefe Stille über den weiten verschneiten Ebenen, auf denen sonst nur Wolf und Luchs ihre Fußspuren hinterließen. Wie schön war es, in die geheizte Hütte einzutreten und nach dem eisigen Winterwind auf den Rentierfellen zu sitzen und Kaffee mit Rentierkäse darin oder einen Becher dampfender Rentierbrühe aus dem immer siedenden Kessel über dem offenen Feuer zu trinken! Und während die Erwachsenen gedämpft miteinander sprachen, das Feuer knisterte und über alles in der Hütte ein flakkerndes Licht warf, fielen mir Erzählungen ein von versteckten Trolltrommeln, in die Zeichnungen mit Rentierblut und Erlenrindesaft eingeritzt waren, und ich bildete mir ein, den Gesang und die Beschwörungen des »Noiads« und die Schläge auf die gespannte Trommelhaut zu hören, mit denen die Götter und die Naturgeister um Hilfe und Schutz angerufen wurden. Hatte ich nicht viele Hörner geopferter Rentiere auf einem alten »Basse«, einem Opferplatz im Hochgebirge, bei einer herbstlichen Schneehuhnjagd gefunden? War nicht das Kreuz an der Hüttentür der Kreuzhammer Horagales', und nicht das Kreuz Christi, wie viele glaubten?

Als im Frühjahr das Joiken in das Silberlicht des eisigen Himmels emporstieg und sich mit dem Brausen des Windes vermischte, hörte
 ich da nicht alle Stimmen der Natur sprechen – die Orgelmusik der

Schilfrohre, den Schrei der Nachteule, das Zwitschern der Vögel und das Geheul des Wolfes, das Geräusch der sich entfaltenden Blätter und den Sturz des Wassers die Stromschnellen hinunter, endlich von der heftigen Umarmung des Eises befreit? Glaubte ich nicht, dort oben auf der Bergspitze die Statue einer zu Eis erstarrten Rentierkuh zu sehen, deren Körper durchsichtig wie Bergkristall war – oder war es nur die Legende, die ich sah?

»Lange bevor der Kranich angeflogen kam, um die Ankunft des Frühlings zu verkünden, opferten die Lappen in alten Zeiten eine Rentierkuh, um Glück bei der Rentierzucht zu haben. Die Lappen kamen dann alle herbei, ihre schönsten Rentiere mit sich führend, unter denen dann der ›Noiad‹ die allerschönste ›Vaja‹ und den prächtigsten Stier auswählte. Zuerst wurde die Kuh mit Hilfe der traditionellen Steinmesser geschlachtet und abgehäutet. Metallwerkzeuge waren streng verboten. Nachdem das Rentier abgehäutet war, richtete man es auf, damit es einfror. Der Kopf wurde zum Himmel gedreht – das Tier sollte die abwesende Sonne suchen – und das Maul zu einem stummen Muh geöffnet. So trug man das kalte Fruchtbarkeitssymbol unter Gesang und Gebeten zur Spitze eines Berges und weihte es zur Gottheit. Dann kam der auserwählte Stier an die Reihe, den man der heiligen Kuh opferte. Sein Fleisch schälte man von den Knochen, ohne dabei einen einzigen zu brechen. Sein Maul, seine Ohren und Augen, Lunge und Herz, ein Stück von jedem Glied, auch vom Geschlechtsglied, wurden dann der Eiskuh geopfert, und ihre Augen mit dem Fett des Stieres eingerieben. Das warme Blut des geopferten Stieres spritzte man über die tiefgefrorene Eisstatue, und der Sänger formte darin symbolische Zeichen, die sofort als geheimnisvolle Arabesken zu Eis erstarrten.

Einige Monate später, wenn die Sonne von ihrer Reise südlich des Polarkreises zurückkehrte, begann das Blut von der abgehäuteten Eisgottheit wieder abzufließen und färbte die Blüten der ersten weißen Anemonen rot. War es wirklich so, wie die Legende sagt, daß der geopferte Stier in seinem Borkesarg zu Füßen der Kuh sein ihm versprochenes Leben wiederbekam, ja, sogar noch stattlicher wurde, wenn die Blutstropfen auf seine Knochen fielen, die der ›Noiad‹ genauso wieder zusammengefügt hatte, wie sie im Leben angeordnet waren?«

So kam der Tag, an dem die Tochter der Sonne, Beijen Neita, die Ehefrau des Lappen Njavvis und Stammutter des »Volkes diesseits des Lichts«, auf dem Sterbebett lag. Dieses Gedicht, das von ihren letzten Stunden handelt, ist vor mehr als hundert Jahren aufgezeichnet worden, so wie eine alte Lappenfrau es erzählt hat, und ist dadurch der Nachwelt erhalten geblieben:

Lag an heil'ger Tür der Hütte
Beijen Neita, Njavvis Witwe
Müd' der schweren Last des Lebens
wollte fort zur andren Gegend
Jubmel sehen, Herrn der Welt
Tjermes sehen, Feind der Riesen
Sonne sehen, ihren Vater,
wartend auf den Geist des Todes.
Lag an heil'ger Tür der Hütte
Beijen Neita, Sonnentochter.

Sie, die mit gezähmtem Rentier
schenkte Licht den Sonnensöhnen
muß jetzt auf die letzte Fahrt.

Stand am Kopf des Bett's der Sohn,
Mörder böser Attjis' Witwe.
Stand am Fuß die Pflegetochter
Attjis' Witwe junge Tochter.
Spricht die schöne Sonnentochter
redet mit gebrochener Stimme
Hört genau! Erinnert Euch!
Beijves schöne Tochter spricht.

Sonne geht, es kommt die Nacht
Dunkel senkt sich auf die Erde
Über schönes Samenland
Niemand weiß, wann Morgen kommt.

Sonne senkt sich. Kommt der Wolf
schleicht sich gern herum in Nächten
gut versteckt im Hinterhalt
Niemand weiß, wann Morgen kommt.

Sonne senkt sich. Und die Herde
wird durch Pest und Mücken kleiner
lichte Kinder fahr'n im Dunkeln
Niemand weiß, wann Morgen kommt.

Sonne senkt sich. Beijen Neita
fliegt empor zum hellen Lichte
Sonne bringt sie jetzt nach Hause
Niemand weiß, wann Morgen kommt.

Der dokumentarische Roman vom Untergang der Comanchen im Sommer 1874

Werner Egli hat jahrelang die Geschichte der Comanchen erforscht. Er lebte zusammen mit den Nachfahren der Comanchen in ihren Reservaten in Texas und Kansas. Alles, was er in seinem Buch beschreibt, beruht auf Tatsachen, ist durch Dokumente belegt.

Das sinnlose Büffelmorden durch geldgierige Killertrupps war die Ursache eines letzten, verzweifelten Kriegszuges der in ihrer Existenz bedrohten Comanchen. Ein erbarmungsloser, gnadenlos grausamer Kampf entbrannte im Sommer 1874 zwischen Weißen und Indianern. Die Comanchen hatten keine Chance, diesen Kampf zu gewinnen. Sie wurden gejagt wie die Büffel.

Werner Egli hat ein Buch geschrieben, das mehr ist als ein dokumentarischer Abenteuerroman: Werner Eglis Roman über den Untergang der Comanchen ist eine erschütternde Anklage!